K행정학

김동신 · 김태운 · 박동균 · 박상철 · 송건섭 · 이시철 · 이윤석 · 이준호 · 황성수

박영사

서 문

　학부 수준이나 각종 국가고시 등의 필독서로 자리매김할 수 있는 행정학의 교과서를 집필하고 발간하는 일들이 행정학을 가르치고 연구하는 모든 분들의 숙원이다. 그러나 이 일이 그리 만만하거나 녹록하지 아니한 것이 사실이었다. 그리고 지금도 또한 사실이다. 이와 같이 이상과 현실이 상반되거나 괴리되고 있는 행정학의 학문적이거나 교육적인 현실에서 『K행정학』의 출간을 결정한 집필진 교수들도 마찬가지로 행정학 개론서의 필연성을 깊이 통찰하고 있다. 그럼에도 불구하고 행정학 원론의 수많은 교과서들이 현존하고 있는 출판시장에 과연 '꼭' 필요하고도 적절한 책이 될 수 있을 것인가 하는 것도 고민하고 또 고민하면서 이 책을 구성하고 출판하고자 뜻을 모았다. 따라서 학문적인 정체성과 현실적인 타당성의 비난에 골머리를 앓고 있는, 소위 행정이론과 현실의 불일치나 간극의 벌어짐을 이 책이 조금이라도 좁히거나 일치시키려고 노력하고 있다는 것을 전제로 하면서, 저자들은 행정학을 공부하는 독자들에게 기본적인 이론이나 실천방법 등을 소개하고 설명하기에 혼신의 힘을 다하기로 했다.

　먼저 서문에서 밝혀야 할 것으로, 이 책의 명칭을 'K'행정학이라고 한 특별한 이유나 연유(緣由)는 없다는 점이다. 단지 한국의 행정학자들이 한국의 행정학을 공부하는 독자들을 대상으로, 한글을 사용하여, 한국 땅에서 책을 쓰고 발간한다는 뜻으로, 한국을 대표하는 영문자의 하나인 'K'를 '행정학' 앞에 붙인 것이다. 즉 접두사 정도의 것이다.

　『K행정학』도 행정학의 기초이론을 설명하는 원론적인 교과서이기 때문에 일반적으로 한 학기 강의용 수준에 맞추어 내용을 만들고 구성하였다. 각 분야를 전문적으로 연구하고 가르치는 교수들이 총 열 개의 장을 구분해서 집필을 담당하였다. 먼저 행정학의 기초이론을 행정과정 중심의 개념에 따라서 동국대 이준호 교수가 제1장을 집필하였다. 이에 따라서 행정학의 핵심적인 각론에 해당되는 조직이론을 대구대 김동신 교수, 인사행정론을 경북대 이시철 교수, 재무행정론을 계명대 이윤석 교수, 정책이론을 경북대 김태운 교수 등이 각각 설명하였다. 그리고 행정학 기초이론이나 핵심이론의 응용 편에 해당될 도시행정을 포함하는 지방행정론을 김태운과 이시철 교수가 공동으로 썼다. 계속해서 디지털행정론을 영남대의 황성수 교수가 쓰고, 공기업론을 영남대의 박상철 교수, 위기관리행정론을 대구한의대학의 박동균 교수, 행정책임론을 대구대의 송건섭 교수 등이 각각 집필하였다.

여기서 이 책의 특징을 즉시(卽視)할 수 있다. 즉 행정학의 각론이나 기타 응용이론을 '이론'으로 일관적으로 명칭을 사용하여 조직학이나 정책학 등과 같은 '학'의 수준과의 차이를 분명히 했다는 점이다. 또한 위기관리행정론이나 공기업행정론 등을 응용이론으로 설명하여 각종 국가고시 등을 준비할 수 있는 기본 교재의 성격을 충실히 지키고자 했다. 특히 제9장의 위기관리행정이론은 2020년부터 시작되고 있는 범지구적 위기상황인 코로나 바이러스의 창궐에 의한 국가의 위기대응에 필요한 행정이론이나 전략 등도 시기적절하게 설명하고 있다.

또한 서문에서 이야기해야 할 이 책의 특징 두 가지가 더 있다. 먼저 각 장의 내용을 일목요연하게 정리하여 이해할 수 있도록 각 장의 앞에 그의 내용과 설명의 방법에 관한 것을 그림으로 정리한 것이다. 이것은 행정학을 처음 공부하는 독자뿐만 아니라 수험용으로 행정학 이론을 전체적으로 정리하여 이해하고자 하는 독자들에게도 매우 유용할 것이다. 두 번째의 특징으로, '생각꾸러미'라는 다양한 사례를 각 장의 끝이나 중간에 제공한 것이다. 하나의 예로서, 제10장의 '생각꾸러미: 국가경쟁력과 행정개혁'을 들 수 있다. 응용사회과학인 행정학이 현실을 외면하게 되면 그의 학문적 존재가치가 감소한다. 그래서 독자들에게 행정학의 내용을 실천적으로 이해하고 응용할 수 있도록 저자들이 생각꾸러미의 사례를 소개한 것이다.

『K행정학』을 발간하기 위해서 태동의 단계에서부터 완간될 때까지 온 정성을 쏟으신 박영사의 박세기 부장님과 장규식 과장님께 공동 저자는 진심으로 감사를 드린다. 그리고 거의 열 명에 가까운 저자들의 까다로운 일정과 입맛에 맞추어 가면서 원고를 정리하고 훌륭히 편집을 마무리해 주신 배근하 과장님께도 감사의 인사를 드린다. 나아가 흔하지 않은 제목에 따라서 멋지게 이 책의 표지를 디자인 해 주신 조아라 과장님께 이 기회를 빌려서 감사드린다. 특히 무엇보다도 어려운 출판환경과 조건에도 불구하고 흔쾌히 이 책을 출간해 주신 박영사의 안종만 회장님께 저자들의 감사인사를 빠트릴 수 없다.

　『K행정학』이 한국의 행정학계와 실무 등에 도움이 될 수 있도록 저자들은 공동으로 최선을 다하고자 했다. 또한 행정의 현실이나 환경의 변화에 따라서 더 좋은 책이 될 수 있도록 저자들은 잘못이나 부족한 점이 발견되면 수정과 개정의 노력을 다하여, 개정판 등을 발간하면서 동도제현의 학은(學恩)에 조금이라도 보답하고자 한다.

2021년 1월

집필발기인 대표　이 해 영(영남대) 씀

차 례

제1장 행정학의 기초

제1절 행정과 행정시스템 ·· 4
　　　1. 행정이란 무엇인가? ··· 4
　　　　　1) 공공부문과 민간부문, 그리고 제3섹터 _ 4
　　　　　2) 공공부문 관리의 필요성 _ 8
　　　　　3) 행정의 개념과 특성 _ 11
　　　2. 행정시스템 ··· 13
　　　　　1) 행정환경 _ 14
　　　　　2) 행정프로그램관리 _ 17
　　　　　3) 행정자원관리 _ 18
제2절 행정의 가치 ··· 19
　　　1. 행정가치의 의미 ··· 19
　　　2. 행정가치의 종류 ··· 20
　　　　　1) 법적 가치 _ 20
　　　　　2) 정치·사회적 가치 _ 21
　　　　　3) 행정관리적 가치 _ 24
제3절 행정이론의 전개 ·· 25
　　　1. 행정연구의 전통적 관점 ·· 25
　　　　　1) 매디슨주의 관점 _ 25
　　　　　2) 잭슨주의 관점 _ 26
　　　　　3) 윌슨주의 관점 _ 26
　　　　　4) 루즈벨트주의 관점 _ 28

2. 행정이론의 다원화 ··· 28
   1) 행태이론 _ 28
   2) 신행정학 _ 29
   3) 공공선택이론 _ 30
3. 최근의 행정이론 ·· 32
   1) 신공공관리론 _ 32
   2) 뉴거버넌스 _ 34
   3) 공공가치론 _ 35

제2장 행정조직론

제1절 조직과 조직이론 ··· 40
1. 조직의 의의 ··· 40
2. 조직의 유형 ··· 42
3. 조직의 환경 ··· 43
4. 조직이론의 흐름 ·· 44
   1) 고전적 접근 _ 45
   2) 인간관계론 _ 47
   3) 시스템이론 _ 48
   4) 상황적 접근 _ 48
제2절 조직의 미시적 차원 ··· 49
1. 개인특성 및 인간관 ·· 49
2. 동기부여이론 ·· 51
   1) Abraham H. Maslow의 욕구계층제 모델 _ 51
   2) Clayton Alderfer의 변형된 욕구계층제 _ 52
   3) Frederick I. Herzberg의 2요인이론 _ 53
   4) David McClelland의 성취동기이론 _ 54
   5) Chris Argyris의 성숙-미성숙이론 _ 55
3. 집단과 리더십 ··· 56

1) 성격특성이론 _ **57**
2) 리더의 행동이론 _ **58**
3) 리더십의 상황이론 _ **61**
4) 변혁적 리더십 이론 _ **61**

4. 권력과 갈등관리 ·· **62**
5. 의사전달 ·· **65**

제3절 조직의 거시적 차원 ·· **66**

1. 조직구조의 요소와 유형 ·· **66**
1) 집권과 분권 _ **66**
2) 계선과 참모 _ **67**
3) 공식조직과 비공식조직 _ **68**
4) 위원회 조직 _ **69**
5) 동태적인 조직 _ **70**

2. 조직의 목표와 효과성 ·· **71**
3. 조직문화와 조직혁신 ·· **72**

제4절 관료제와 포스트 관료제 ······································ **75**

1. 관료제의 관리 및 원리 ·· **75**
1) 계층제의 원리 _ **76**
2) 통솔범위의 원리 _ **76**
3) 명령통일의 원리 _ **76**
4) 분업·전문화의 원리 _ **76**
5) 조정의 원리 _ **77**

2. 초기 관료제론 ·· **77**
3. 포스트 관료제론 ·· **80**

제3장 인사행정론

제1절 인사행정의 의의와 특성 ······································ **88**
제2절 인사행정의 체계와 제도 ······································ **91**

1. 우리나라 인사행정의 법적 기반 ·· 91
2. 중앙 및 지방의 인사행정기관 ·· 92
3. 한국의 공무원, 규모와 유형 ·· 93

제3절 인사행정의 기본 가치와 공직유형 ······································ 96
1. 엽관제와 실적제 ·· 96
2. 대표관료제와 현대적 변용 ·· 100
3. 직업공무원제 ·· 102
4. 계급제와 직위분류제 ·· 103

제4절 인사행정의 과정 ·· 105
1. 인적자원의 확보: 모집, 신규 채용 ·· 105
2. 공무원 채용시험 ·· 107
3. 내부임용 ·· 109
4. 능력발전과 교육훈련 ·· 111
5. 공무원에 대한 평가 ·· 114
6. 보상 체계: 보수, 연금, 복지 ·· 116
   1) 공무원의 보수 _ 116
   2) 공무원 연금, 기타 복지 _ 120

제5절 공무원의 책임과 노동조합 ·· 121
1. 책임 체계: 규범, 징계, 구제 ·· 121
2. 공무원의 사회적 책임 확보를 위한 제도 ······························ 123
3. 공무원 노동조합 ·· 126

제4장 재무행정론

제1절 재무행정의 의의와 특성 ·· 134
1. 재정의 의의 ·· 134
2. 재정의 3대 기능 ·· 135

1) 자원의 효율적 배분 _ 135
2) 소득의 재분배 _ 137
3) 경제의 안정화 _ 138

제2절 예산의 개념과 원칙 ·· 139
  1. 예산의 개념 ·· 139
    1) 재정과 예산 _ 139
    2) 회계연도 _ 140
  2. 예산의 원칙 ·· 140
    1) 사전 의결의 원칙 _ 140
    2) 완전성의 원칙 _ 140
    3) 한정성의 원칙 _ 142
    4) 단일성의 원칙 _ 144
    5) 통일성의 원칙 _ 144
    6) 공개성의 원칙 _ 144

제3절 예산의 종류 ·· 145
  1. 일반회계 예산과 특별회계 예산, 기금 ······································ 145
  2. 예산의 총계·순계와 통합재정 ·· 147
  3. 예산의 구분과 과목 ·· 149
  4. 예산의 분류 ·· 150
  5. 조세지출과 조세지출예산 ·· 151

제4절 예산의 불성립과 변경 ·· 152
  1. 본예산 ·· 152
  2. 예산의 불성립 ·· 152
  3. 예산의 변경 ·· 153

제5절 예산과정과 결산 ·· 154
  1. 예산결정이론 ·· 154
  2. 예산 편성 ·· 155
  3. 예산 심의 ·· 156
  4. 예산 집행 ·· 158
  5. 결산과 감사 ·· 159

제6절 　정부회계와 조세행정 ·· 161
　　 1. 정부회계 ·· 161
　　 2. 조세 체계 ·· 162
　　　　 1) 국세와 지방세 _ 162
　　　　 2) 직접세와 간접세 _ 162
　　　　 3) 보통세와 목적세 _ 163
　　　　 4) 종가세와 종량세 _ 163

제5장 정책이론

제1절 　정책이론의 기초 개념 ·· 168
　　 1. 정책의 의미와 필요성 ·· 168
　　　　 1) 정책의 개념 _ 168
　　　　 2) 정책의 구성요소 _ 169
　　　　 3) 정책의 필요성 _ 169
　　 2. 정책 유형 ·· 171
　　　　 1) 개요 _ 171
　　　　 2) 분배정책 _ 172
　　　　 3) 재분배정책 _ 172
　　　　 4) 규제정책 _ 172
　　　　 5) 기타－구성정책, 추출정책, 상징정책 _ 173
　　 3. 정책과정 ·· 173
제2절 　정책 참여자와 권력구조 ·· 174
　　 1. 정책 참여자 ·· 174
　　　　 1) 개요 _ 174
　　　　 2) 공식적 참여자 _ 174
　　　　 3) 비공식적 참여자 _ 176
　　 2. 정책과정과 권력구조 ·· 178
　　　　 1) 개요 _ 178

2) 엘리트 이론 _ 178
3) 다원주의 이론 _ 179
4) 마르크스주의 이론 _ 179
5) 조합주의 이론 _ 179
3. 정책 네트워크 ·· 180
1) 개념 _ 180
2) 구성요소 _ 180
3) 유형 _ 181

제3절 정책의제 설정 ·· 182
1. 정책의제 설정의 의미 ·· 182
1) 개요 _ 182
2) 정책문제의 유형과 정의 _ 183
3) 정책의제의 설정과정과 유형 _ 183
2. 정책의제 설정 모형 ·· 183
1) 외부주도모형 _ 184
2) 동원모형 _ 184
3) 내부접근모형 _ 185
3. 정책의제 설정의 영향요인 ··· 185
1) 정부의제 진입과 정책의 창 _ 185
2) 정책의제 설정을 좌우하는 요인 _ 186

제4절 정책목표와 정책분석 ·· 187
1. 정책목표의 의미와 우선순위의 설정 ·· 187
1) 정책목표의 의미와 속성 _ 187
2) 정책목표의 우선순위 설정 _ 188
2. 정책분석의 의미와 단계 ·· 189
1) 정책분석의 의미 _ 189
2) 정책분석의 단계 _ 189
3. 정책대안의 개념과 비교·평가의 기준 ·· 190
1) 정책대안의 개념과 원천 _ 190
2) 정책대안의 비교·평가 기준 _ 191
3) 정책대안의 비교·평가 방법 _ 192

제5절   정책결정 ··· 193

　　1. 정책결정과 합리성 ·· 193

　　　　1) 정책결정의 의미와 특징 _ 193

　　　　2) 정책결정의 합리성 _ 194

　　2. 정책결정 모형 ··· 195

　　　　1) 합리모형 _ 195

　　　　2) 만족모형 _ 195

　　　　3) 점증모형 _ 196

　　　　4) 혼합탐사모형 _ 196

　　　　5) 최적모형 _ 197

　　　　6) 회사모형 _ 197

　　　　7) 쓰레기통모형 _ 198

　　　　8) 앨리슨 모형 _ 198

제6절   정책집행과 평가 ·· 199

　　1. 정책집행의 의미와 중요성 ··· 199

　　　　1) 정책집행의 의미 _ 199

　　　　2) 정책집행의 중요성 _ 200

　　2. 정책집행의 접근방법과 영향 요인 ···································· 200

　　　　1) 정책집행의 접근 방법 _ 200

　　　　2) 정책집행에 대한 영향 요인 _ 202

　　3. 정책평가의 의미 ·· 202

　　　　1) 정책평가의 개념 _ 202

　　　　2) 정책평가의 필요성과 목적 _ 203

　　4. 정책평가의 유형 및 절차 ··· 203

　　　　1) 정책평가의 유형 _ 203

　　　　2) 정책평가의 절차 _ 204

제6장 지방행정론과 도시행정

제1절 지방자치의 기초 이론 ··· 210

　1. 지방자치의 개념과 구성요소 ··· 210

　　1) 개념 _ 210

　　2) 지방자치의 구성요소 _ 211

　2. 지방자치의 가치와 문제점 ··· 211

　　1) 지방자치의 가치 _ 211

　　2) 지방자치의 문제점 _ 212

제2절 지방자치단체와 자치권 ··· 213

　1. 지방자치단체의 종류 및 계층 ··· 213

　　1) 지방자치단체의 개념과 특성 _ 213

　　2) 지방자치단체의 종류 _ 214

　　3) 지방자치단체의 계층 _ 214

　　4) 지방자치단체의 구역 _ 215

　2. 지방 자치권 ··· 216

　　1) 의미 _ 216

　　2) 자치입법권 _ 216

　　3) 자치행정권 _ 217

　3. 사무배분 ·· 218

　　1) 지방자치단체의 사무 _ 218

　　2) 중앙과 지방 간의 사무배분 _ 219

제3절 주민참여 ··· 220

　1. 주민참여의 개념 ·· 220

　　1) 주민참여의 의미 _ 220

　　2) 주민참여의 필요성 _ 221

　　3) 주민참여의 한계 _ 221

　2. 주민참여제도 ··· 222

　　1) 주민 협력적 참여수단 _ 222

　　2) 주민 감시적 참여수단 _ 222

　　3) 주민 권력적 참여수단 _ 223

제4절 지방의회와 집행기관 ·· 224
　1. 지방자치단체의 기관구성 형태 ·· 224
　　1) 기관통합형 _ 224
　　2) 기관대립형 _ 224
　2. 지방의회 ··· 225
　　1) 지방의회의 지위와 권한 _ 225
　　2) 지방의원의 신분과 의무 _ 226
　　3) 지방의회의 조직과 운영 _ 226
　3. 집행기관 ··· 227
　　1) 집행기관의 의미 _ 227
　　2) 지방자치단체장의 권한 _ 228
　　3) 보조기관과 하부 기관 _ 228
　　4) 지방교육자치 _ 229
　4. 지방의회와 집행기관에 대한 통제 ·· 230
　　1) 의미 _ 230
　　2) 지방의회에 대한 통제 _ 230
　　3) 지방자치단체장에 대한 통제 _ 231
제5절 지방재정 ··· 231
　1. 지방재정의 의미 ·· 231
　　1) 지방재정의 개념과 특징 _ 231
　　2) 재정분권 _ 232
　2. 지방세와 세외수입 ··· 233
　　1) 지방세입의 의미 _ 233
　　2) 지방세 _ 233
　　3) 세외수입 _ 234
　　4) 지방채 _ 234
　3. 정부간 재정조정제도 ·· 235
　　1) 정부간 재정조정의 의미 _ 235
　　2) 지방교부세 _ 235
　　3) 국고보조금 _ 236
　4. 지방정부 예산에의 주민참여 ··· 236
　　1) 재정 민주주의 _ 236

      2) 주민참여 예산제도 _ **237**

제6절 도시행정 ·· **237**

  1. 도시행정의 의의 ··· **237**

  2. 도시와 도시화 현상 ··· **238**

  3. 정부간 관계와 광역행정 ·· **239**

     1) 정부간 관계 _ **239**

     2) 광역행정 _ **240**

  4. 도시행정의 주요 관심사 ··· **241**

제7장 디지털행정론

제1절 디지털 행정의 등장과 의의 ··· **246**

  1. 디지털 행정의 의미와 필요성 ··· **246**

  2. 정보통신기술의 발전 ·· **247**

  3. 행정환경의 변화와 정보통신정책 ·· **250**

제2절 전자정부 ·· **251**

  1. 전자정부의 개념과 전자정부 평가 ·· **251**

  2. 전자정부 성과와 행정혁신 ··· **253**

  3. 전자정부와 시민참여 ·· **256**

제3절 디지털정부 ··· **258**

  1. 디지털 전환 ·· **258**

  2. 디지털 정부로의 변화 ·· **260**

  3. 데이터 기반행정과 애자일 거버먼트(Agile Government) ···· **263**

  4. 미래정부의 모습 ··· **265**

제8장 공기업론

제1절 공기업의 개념과 현황 ·· 272
    1. 공기업의 개념 ·· 272
    2. 공기업의 유형과 법률체계 ································ 274
제2절 공기업 경영원리와 주요 이론 ····························· 277
    1. 공기업의 경영원리 ·· 277
    2. 공기업 경영상의 주요 이슈와 연계된 주요 이론 ········ 278
제3절 공기업 경영평가의 이해 ···································· 280
    1. 공기업 경영상의 문제점 ·································· 280
    2. 공기업 경영효율화를 위한 대안 ························· 282
        1) 경영효율화를 위한 민영화와 시장화 _ 282
        2) 경영평가제도의 활용 _ 284
제4절 공기업과 사회적 가치 ····································· 290

제9장 위기관리

제1절 위기관리의 의의와 특징 ···································· 302
    1. 위기관리의 의의 ·· 303
        1) 위기의 개념과 특징 _ 303
        2) 위기관리의 개념과 의의 _ 304
        3) 정부가 위기관리에 개입해야 하는 이론적 근거 _ 306
        4) 위기학습 _ 306
    2. 위기관리의 제약요인 ······································ 309
        1) 위기속성상의 제약요인 _ 309
        2) 정치적인 제약요인 _ 310
        3) 재정적인 제약요인 _ 310

3. 지방자치단체의 위기관리 _ 311
　　1) 지방자치단체의 위기관리 중요성 _ 311
　　2) 위기관리에 있어서 지방자치단체의 역할 _ 313

제2절 위기관리의 과정과 활동 ·· 314
　1. 위기발생 이전단계 ··· 315
　　1) 위기예방단계 _ 315
　　2) 위기대비단계 _ 316
　2. 위기발생 이후단계 ··· 318
　　1) 초동대응단계 _ 318
　　2) 위기복구단계 _ 321

제3절 급격한 환경변화와 새로운 위기관리 정책 ······························· 322
　1. 감염병 위기관리 ·· 323
　2. 새로운 재해구호의 등장 ··· 327
　3. 재난불평등 ··· 329
　4. 테러와 위기관리 ··· 332

제10장 행정책임과 통제, 개혁

제1절 행정신뢰 ··· 342
　1. 행정신뢰의 본질과 속성 ··· 342
　2. 행정신뢰의 결정요인 ··· 343
　3. 행정윤리 ··· 345
제2절 행정책임 ··· 346
　1. 행정책임의 본질과 속성 ··· 346
　2. 행정책임과 기준 ··· 347
제3절 부정부패와 행정통제 ·· 350
　1. 부정부패의 의의 ··· 350

2. 부정부패의 통제 ··· 352
    1) 법제도적인 통제 _ 352
    2) 부패기회와 동기를 감소 _ 353
    3) 부패이미지 개선 _ 353
3. 행정통제와 모형 ··· 355
    1) 행정통제의 의의 _ 355
    2) 행정통제의 모형 _ 357
4. 행정통제의 유형 ··· 359

제4절 행정개혁 ··· 361
1. 행정개혁과 특징 ··· 361
    1) 행정개혁의 의의 _ 361
    2) 행정개혁의 특징 _ 362
2. 행정개혁의 접근방법과 과정 ·· 364
3. 행정개혁의 저항과 극복방안 ·· 366
4. 주요국의 행정개혁 동향 ··· 367
    1) 미국의 행정개혁 _ 367
    2) 일본의 행정개혁 _ 368
5. 한국의 행정개혁과 과제 ··· 370
    1) 행정개혁의 변천 _ 370
    2) 행정개혁의 필요성 _ 373
    3) 행정개혁의 방향과 혁신과제 _ 375

색인 ··· 383

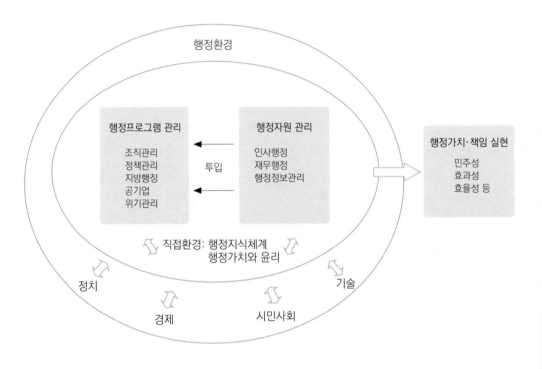

행정시스템의 구성요소와 과정

제1장

행정학의 기초

제1절 행정과 행정시스템
  1. 행정이란 무엇인가?
  2. 행정시스템

제2절 행정의 가치
  1. 행정가치의 의미
  2. 행정가치의 종류

제3절 행정이론의 전개
  1. 행정연구의 전통적 관점
  2. 행정이론의 다원화
  3. 최근의 행정이론

제1장
행정학의 기초

제1절 행정과 행정시스템

1. 행정이란 무엇인가?

1) 공공부문과 민간부문, 그리고 제3섹터

(1) 공공부문(public sector)과 민간부문(private sector)

인간이 살아가기 위해서는 다양한 재화(goods)와 서비스(service)가 필요하다. 그래서 우리는 공공부문의 정부(government)를 통해 공공재(public goods)와 공공서비스(public service)를, 그리고 민간부문의 시장(market)을 통해 사적재(private goods)와 민간서비스(private service)를 구한다. 이 세상 어디에도 공공부문 또는 민간부문 중 어느 한 영역만으로 인간이 필요로 하는 모든 재화와 서비스를 제공해 줄 수 있는 곳은 없으며, 이 두 영역은 반드시 공존한다.

공공부문과 민간부문은 각각 서로 다른 이념과 작동원리가 지배한다. 공공부문은 공동체 전체의 시각에서 공익(public interest)을 추구하는 것에 비해, 민간부문은 개인이나 특정 집단의 입장에서 사익(private interest)을 추구한다. 또한 공공부문은 정부에 의해 독점적 방식으로 운영되는 것에 반해, 민간부문은 시장체제 내의 개인 또는 기업들 간의 자유로운 경쟁 속에서 작동한다. 추구하는 가치의 측면에서 보면, 공공부문은 형평성, 민주성, 합법성, 책임성, 효율성, 효과성 등 다양한 차원의 가치를 고려하게 되지만, 민간부문은 주로 효율성, 효과성, 경쟁성과 같은 경제적 가치에 집중한다.

공공부문의 정부에는 중앙정부와 지방정부, 그리고 공공기관이라고 일컫는 공기업과 준정부기관이 포함된다. 이에 비해 민간부문의 시장은 개인과 개인들에 의해 소유된 기업으로 구성된다.

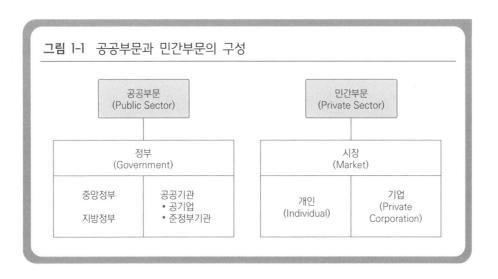

그림 1-1 공공부문과 민간부문의 구성

근대사회 이후 19세기를 거치는 동안, 서구국가들은 '최소의 정부가 최선의 정부'라는 사상을 바탕으로 한 자유방임국가시대를 구가하였다. 공공부문은 위축된 상태에서 민간부문의 시장을 주축으로 하여 자유로운 경쟁을 통해 눈부신 산업발전을 이루었던 것이다. 그러나 20세기 현대사회에 들어서면서 경험하게 된 시장실패(market failure)와 복잡다기한 사회문제는 시장의 불완전한 기능을 보정하기 위해 공공부문의 기능 확대가 불가피함을 일깨워 주었다. 즉, 1930년대를 전후하여 발생한 세계 대공황(the great depression)과 1960년대 이후 산업화 과정에서 노정된 다양한 사회문제(예를 들어, 주택, 교통, 환경, 빈곤, 범죄문제 등)들은 공공부문의 정부에게 시장결함의 보완자 또는 공공문제의 해결자로서의 역할을 요청하게 된 것이다.

국가마다 사회적 배경과 시기의 차이가 있지만, 미국을 위시한 서구국가들을 중심으로 본다면, 1960-70년대를 거치는 동안 정부기능의 확대와 폭발적인 재정팽창이 이루어졌다. 그러나 이러한 공공부문의 확장은 그다지 오래가지 못하고, 정부관료제의 근본적인 한계를 의미하는 정부실패(government failure)에 따라 좌절된다. 정부는 공공정책의 추진에서 관료제의 체제적 결함으로 인해 비능률적이고 비생산적인 결과를 낳아 재정위기를 초래하였던 것이다. 이에 따라 20세기 후반부터 신자유주의 사상에 따른 '작은 정부론'이 대두되면서 공공부문은 축소되고 비효율적 영역이 민간부문으로 옮겨가거나, 민관(民官)이 공동으로 협력하는 형태로 변화하게 된다.

이와 같이 공공부문과 민간부문은 각기 절대적이거나 고정적인 영역과 기능을 가지고 있는 것이 아니다. 앞서 살펴보았듯이 시대적 배경에 따라 다르고, 사회적 상황에 따라 차이가 나타날 수 있는 것이다. 이는 공공부문과 민간부문의 역할과 기능을 이해할 때, 상대적 기준에 따라 파악할 필요가 있다는 것을 의미한다.

(2) 제3섹터(the third sector)

제3섹터는 공공부문도 민간부문도 아닌 제3의 부문을 뜻하며, 흔히 시민사회라고 일컬어진다. 1970년대 이후, 정부와 시장이라는 두 가지 영역만으로는 충분히 해결하기 어려운 틈새(niches)가 존재한다는 것을 인식하게 되었고, 이러한 틈새를 보충할 필요성에 따라 제3섹터가 대두되었다. 즉, 공공부문에서도 그리고 민간부문에서도 해결하지 못하는 사회문제에 대해 제3의 해결자가 등장한 것이다.

이러한 맥락에서 제임스 더글라스(James Douglas, 1983)는 제3섹터의 등장 배경을 정부가 가지는 한계를 극복하고, 우리사회에서 요구되는 재화와 서비스를 보충해 주기 위한 것으로 설명한다. 그가 제시하는 정부의 다섯 가지 한계는 다음과 같다.

첫째, 정부는 범주적 한계(categorical constraint)를 가진다. 정부로부터 제공되는 공공재와 공공서비스는 국민이나 주민 전체에 대해 보편적이고 통일적인 형태를 띤다. 이럴 경우, 어떤 개인은 자신의 선호에 따라 불만족할 수 있는데, 이에 대응하여 제3섹터가 자발적인 노력으로 추가적인 재화 및 서비스를 공급할 수 있다는 것이다.

둘째, 정부는 다수적 제약(majority constraint)을 가진다. 정부는 정치적 속성으로 인해 사회구성원 다수(majority)의 요구에만 반응하기 쉽고, 소수(minority)의 이슈와 수요에 대해서는 제대로 대응하지 못하는 경우가 적지 않다. 이러한 틈새를 보충하기 위해 제3섹터는 소수의 이슈를 제기하고, 그 수요를 요구하는 역할을 담당할 수 있다.

셋째, 정부는 시간범위의 제약(time horizon constraint)을 가진다. 정부는 공무원의 비교적 짧은 시간안목이나 인센티브로 인해 단기적 이슈나 결과에 집중하기 쉽다. 따라서 정부에 대해 보다 장기적인(long-term) 사회이슈나 관심을 제기하는 역할이 요구되는데, 제3섹터가 이를 담당할 필요가 있다는 것이다.

넷째, 정부는 지식제약(knowledge constraint)을 가진다. 정부관료제는 독점적이고 계층적 방식으로 조직됨으로써 정책이슈에 대해 지적 결정을 하는 데에 요구되는 정보, 아이디어, 연구, 조사 등을 충분히 활용하지 못한다. 이러한 틈새를 보충할 목적으로 제3섹터에서 옹호집단(advocacy group), 연구센터 등의 기관들이 활동한다.

다섯째, 정부는 규모의 제약(size constraint)을 가진다. 전형적으로 정부관료제는 대규모 조직이며, 권위적 형태의 조직이기 때문에 평범한 사람들이 정부와 직접적으로 상대하기 어려울 때가 많다. 이 경우 정부와 시민 사이의 조정 역할이 필요하며, 이를 제3섹터가 담당할 수 있다는 것이다.

제3섹터의 주된 행위자는 비정부조직(NGO: non-governmental organization) 또는 비영리조직(NPO: non-profit organization)으로 지칭된다. 다양한 견해가 있지만, 비정부조직은 공공부문의 역할을 정부가 아닌 조직이 담당한다는 의미를 담고 있고, 비영리조직은 민간부문의 영리성을 추구하지 않는 자발적 봉사조직이라는 의미를 함축하는 것으로 보인다. 제3섹터, 비정부조직, 비영리조직 중 어떠한 용어로 표현되더라도 공통적인 것은 사회를 보는 시각이 공동체로서 인간의 인격·휴머니티를 존중하는 인간애의 가치에 바탕을 두고 있다는 점이다.

이처럼 정부의 제약요소 또는 시장의 결함을 보완하는 차원에서 제3섹터의 자발적 조직화와 공동체의 설립이 활성화되어 왔지만, 제3섹터는 정부 또는 시장과 무관하게 독자적으로 활동하기보다는 여러 방면에서 정부 및 시장과 상호 협력적으로 연계되어 있다. 예를 들어, 제3섹터에서는 그 재원을 회비와 자발적 모금을 통하여 운영하기도 하지만, 많은 경우에 있어서 정부의 지원금 또는 민간의 기부금과 자원봉사에 의존하고 있다. 따라서 제3섹터는 공공부문 또는 민간부문과 떼어서 파악하기 어려우며, 상호 연계하여 이해해야 한다.

2) 공공부문 관리의 필요성

만약 우리가 민간부문의 사적인 영역을 통해서만으로도 필요한 모든 재화와 서비스를 제공받을 수 있고, 사적 이익과 공적 이익이 언제나 조화로울 수 있다면 공공부문은 불필요할 것이다. 그러나 민간부문의 시장은 완벽하지 않고 결함이 있을 뿐만 아니라 우리에게 필요한 모든 재화와 서비스를 공급해 줄 수도 없다. 또한 개인의 이기적인 결정은 전체 사회에 해로울 수 있고, 그것은 다시 개인들에게 손해로 돌아갈 수 있다. 여기서 전자는 '시장실패'를 말하는 것이며, 후자는 '공유지의 비극'을 의미하는 것이다. 이와 같은 시장실패와 공유지의 비극은 공공부문의 존재와 정부의 공공부문 관리가 필요하다는 점의 논거가 되는 것이다.

(1) 시장실패(market failure)

19세기 서구국가들의 자유방임주의(laissez-faire) 시대에서 정부는 소극적인 질서 유지만을 담당하고, 인간 생활에서 요구되는 대부분을 시장의 자율적 기능에 맡겼다. 이러한 형태가 가장 효율적이고, 그에 따라 사회 전체에도 이익이 되는 것으로 여겼다. 즉, '최소의 정부가 최선의 정부'라는 신념하에 정부는 되도록 시장에 개입하지 않는 것이 원칙이었다.

그러나 '보이지 않는 손(invisible hand)'에 의해 언제나 효율적일 것이라고 믿었던 시장은 점차적으로 자체의 결함을 드러냈는데, 이것이 바로 시장실패(market failure)인 것이다. 시장실패는 몇 가지 특징적인 원인을 나타내는데, 이러한 부분에 대해서 정부가 시장에 개입하여 결함을 보완하거나 보충할 필요성이 제기된다(심익섭 외, 2017).

① **공공재(public goods)의 문제**

우리는 보통 시장을 통해 필요한 재화와 서비스를 얻지만, 그렇다고 해서 시장이 모든 재화와 서비스를 공급해 주지는 못한다. 본래 재화와 서비스가 시장에서 공급되기 위해서는 배타성(가격을 지불하지 않는 사람에게는 소비를 제한할 수 있어야 함)과, 경쟁성(가격을 지불하지 않은 사람이 소비하면 지불한 사람의 소비에 불편이 있어야 함)을 가져야 한다. 그러나 어떠한 재화나 서비스는 인간이 살아가는 데에 반드시 필요한 것임에도 불구하고, 배타성과 경쟁성을 갖지 않기 때문에 충분히 공급되지 못한다. 전형적으로 국방, 치안과 같이 배타성과 경쟁성을 갖지 못하는 재화나 서비스를 공공재(public goods)라고 하며, 이러한 공공재는 정부가 세금과 같은 공공재원을 통해서 보편적으로 제공해야 할 필요성을 가진다.

② **외부효과(externalization)의 문제**

누군가의 행위가 의도와는 달리 제3자에게 어떠한 영향을 주는 것을 외부효과라고 한다. 이러한 효과는 사회 전체에 긍정적인 것일 수도 있지만, 부정적인 것일 수도 있다. 예를 들어, 누군가 자신의 필요에 따라 도로를 만들었는데, 제3자인 이웃들도 이 도로를 함께 이용할 수 있다면 이는 긍정적 외부효과라고 할 수 있다. 반면에 생산활동을 위해 공장을 가동하면서 발생시킨 환경오염이 인근 주민들에게 피해를 주게 된다면, 이는 부정적 외부효과라고 할 수 있다.

사회 전체적으로 볼 때, 긍정적 외부효과는 많을수록 좋고, 부정적 외부효과는 적을수록 바람직한 것이다. 그러나 그대로 방치할 경우 긍정적 외부효과는 적게 나타나고, 부정적 외부효과는 많이 발생하게 된다. 왜냐하면, 긍정적 외부효과를 낳을 수 있는 도로의 경우, 건설하거나 사용하는 데 비용을 지불하지 않은 채 무임승차하는 사람(free rider)이 많은데도 불구하고 자신의 비용으로 도로를 건설하려는 개인은 거의 없을 것이다. 또한 부정적 외부효과를 야기하는 환경오염의 경우, 인근 지역주민들의 건강문제, 의료비 등 사회적 비용을 발생시키지만, 이것이 기업의 생산비에 포함되지 않는다면 무분별하게 배출하게 될 것이다. 이러한 이유에서 행정은 긍정적 외부효과를 높이기 위하여 도로, 항만, 공원 등 사회간접자본(SOC)을 건설하는 한편, 부정적 외부효과를 줄이기 위하여 환경오염 규제를 실시하게 된다.

③ 독점(monopoly)의 문제

시장이 효율적인 기제로 작동하기 위한 기본 전제는 시장에 진입과 퇴출이 자유롭고, 무수한 생산자들이 자유롭게 경쟁하는 것이다. 그러나 시장에서는 자본의 집적이나 기술의 전문성 등으로 인해 독점이나 과점이 형성될 수 있다. 만약 시장 내에 독과점이 발생하면 독점생산자는 생산량과 가격을 임의로 결정할 수 있게 되는데, 이는 시장을 비효율적으로 만들 뿐만 아니라 수요자들에게는 가격횡포의 피해를 주게 된다. 이러한 이유에서 행정은 시장에 개입하여 적정가격에 공급하도록 하는 조치를 취하게 된다. 예를 들면, 정부의 공정거래위원회에서 독과점 규제를 하는 것 등을 들 수 있다.

④ 정보의 비대칭성(asymmetric information)

자유경쟁시장은 생산자와 소비자 사이에 완전한 정보가 제공되어야 한다. 그러나 실제에서는 생산자와 소비자 간 정보의 불균형을 낳는 비대칭성으로 인해 시장실패를 야기한다. 그렇기 때문에 행정은 소비자 보호를 위해 생산자에게 상품이나 서비스에 대한 충분한 정보를 소비자에게 제공하도록 의무를 부과하는 것이다.

(2) 공유지의 비극

일반적으로 인간이 어떠한 판단과 행동을 할 때, 자기 자신에게 이익이 되는가를 기준으로 하는 것이 합리적이다. 그런데 개인에게는 합리적이고 이기적인 행동이 공동이익에 해를 끼칠 수 있고, 이로 인해 손상된 공동이익은 다시

되돌아와 개인의 이익을 감소시킬 수 있다. 즉, 개인들이 가지는 사리사욕의 집합은 부지불식간에 사회의 체계적 파괴를 가져와 결국 개개인에게도 손해로 귀결된다는 것이다. 이러한 현상을 하딘(Garret Hardin)은 '공동의 비극(The tragedy of the commons)'이라 하면서 중세의 봉건적 토지 소유형태로서 장원(莊園)의 예를 들고 있다(박우서·박경원, 1995).

중세 영국의 어느 시골마을에서 사람들은 다른 사람들의 행동이나 이것의 축적된 결과가 시간의 경과에 따라 어떠한 영향을 미칠지에 대하여 개의치 않고, 가능한 많은 소를 먹이기 위해 공동의 방목지를 이용하였다. 토지비용이 전혀 없기 때문에 공동방목지에 경쟁적으로 방목하는 것이 개인들로서는 합리적인 결정이었던 것이다. 그러나 이러한 무분별하고 과도한 방목으로 인해 공동방목지는 황폐화되어 풀 한포기 나지 않는 황무지로 변하게 되어, 결국 그 마을은 더 가난한 처지에 놓이게 되었다. 이 때, 만약 전체의 이익을 위한 조정자가 있어서 간단한 할당제를 실시하였더라면, 공동자원을 보존하면서도 각 개인들에게 적당량을 분배할 수 있었을 것이다.

어느 사회이든 자연환경, 산림, 강 등과 같은 공동의 자원을 가지고 있고, 이를 통해 사회구성원들은 이익을 지속적으로 공유할 수 있다. 그러나 이러한 공동자원의 활용을 개인들에게만 맡기고 방치한다면, 개별 개인들에게는 비용의 부담이 없기 때문에 마구 이용하거나 훼손하여 황폐화될 수 있다. 이러한 이유에서 전체 사회의 이익을 추구하는 공유자원의 관리가 필요하고, 이러한 관리가 바로 행정의 역할인 것이다.

3) 행정의 개념과 특성

전통적으로 행정(public administration)은 정부의 집행 및 관리활동으로 인식되어왔다. 여기에는 헌법체계에 따른 법령의 집행과 함께 선출직 공직자(정치가)의 공공정책을 실현하는 데에 요구되는 제반활동을 포함하는 것으로 가정된다(Starling, 2005). 그런데 이러한 정의는 지나치게 단순하여 현실사회의 다양하고 복잡한 행정의 의미를 파악하기에는 부족하다. 특히 행정과 경계가 모호한 여타의 영역들과 구별하여 보다 체계적으로 이해할 필요가 있다. 이를 위해서 행정은 '어떠한 목적'으로, '누가', '무엇을·어떻게' 하는 것인지에 대한 시각을 가져야 한다.

(1) 행정은 '어떠한 목적을 추구하는가?'

행정을 정의하는 데에서 가장 중요한 속성은 추구하는 목적이 공익(public interest)이라는 점이다. 이 때문에 사익(private interest)을 추구하는 경영과 뚜렷한 차이를 보이게 된다. 일반적으로 목적이란 궁극적으로 도달하고자 하는 지점으로서 그 방향을 제시해 주고, 도달 가능한 과정과 방법을 안내해 준다. 따라서 목적이 다르면 당연히 결과가 달라질 뿐만 아니라 과정이나 수단까지도 다르게 선택될 수 있다. 예를 들어, 행정과 경영이 모두 관리활동이더라도 공익을 목적으로 하는 행정은 경제적 효과 보다는 사회적 가치를 중시하게 된다. 반면에 사익을 목적으로 하는 경영은 사회적 배려보다는 이윤 추구를 중시할 것이다.

한편, 공익이라는 행정의 목적은 내용이 추상적이고 질적인 측면이 강한 것에 비해(예를 들어, 노인주거 환경의 개선), 사익이라는 경영의 목적은 보다 구체적이고 양적인 것(예를 들어, 생산량의 증대 또는 순이익의 증가)이 위주가 되기 쉽다. 그런데 이와 같은 목적의 차이는 성과에 대한 평가에서도 차이를 가져오게 된다. 즉, 행정의 성과평가의 기준은 수량으로 측정하기 어려울 때가 많고 질적으로 측정되어야 하는 데에 비하여(예를 들어, 주민들의 복지서비스에 대한 만족감) 경영에서는 상대적으로 명확한 성과측정이 가능하다(예를 들어, 몇 퍼센트의 생산량 증대).

(2) 행정은 '누가 하는가?'

과거에는 행정의 행위자(actors)라고 하면 주로 행정가를 의미하였지만, 최근에는 행정가만이 아니라 사회의 다양한 주체들이 포함되는 것으로 인식된다. 즉, 행정은 반드시 정부관료제를 통해서만 수행되는 것이 아니라, 다양한 행위자(예를 들어 민간기업, 시민단체, 연구기관, 교육기관 등)들과의 협력적 상호작용

속에서 일어난다는 것이다. 예를 들어, 국민들에게 복지서비스를 제공하는 행정을 한다면, 먼저 정부에서 구체적인 복지정책을 개발하고, 보건복지부 및 그 산하기관과 지방자치단체에서 복지담당을 조직화하여, 이에 요구되는 인력과 재원을 동원하게 될 것이다. 하지만 이러한 행정은 정부의 활동만으로 끝나지 않는다. 정부의 복지사업을 위탁받아 수행하는 민간복지단체 및 비영리조직들이 있고, 여기에 기업들은 기부금을 냄으로써 동참할 수 있으며, 개인들은 자원봉사를 제공하는 등 다양한 주체들이 연결되어 있기 때문이다. 이처럼 최근의 행정은 다양한 행위자들이 연결되어 네트워크를 형성하고 상호 협력적 과정에서 전개된다는 특성을 띠는데, 이러한 형태의 행정을 '거버넌스(governance)'라고 한다.

(3) 행정은 '무엇을·어떻게 하는가?'

행정은 공공부문(public sector)에서 공공재와 공공서비스의 생산·분배를 위하여 법규와 정책의 집행기능을 담당한다. 예를 들어, 국방·외교, 치안과 같은 공공재를 생산하고, 환경법규에 따라 환경오염의 규제를 집행하며, 복지정책에 따라 복지서비스를 전달하는 역할을 한다.

한편, 이러한 집행기능은 정부조직의 구성과 활동, 인적·물적 자원의 동원과 같은 관리작용을 수반한다. 즉, 집행을 담당할 정부조직 체제를 갖추고 공무원 인력을 관리해야 하며, 정부예산을 다루어야 한다는 것이다.

이상과 같이 살펴본 개념적 요소들을 종합하여 행정의 의미를 정리해 보면, '행정은 공익을 목적으로 정부 및 거버넌스를 통한 공공재 및 공공서비스의 생산·분배과정'이라고 할 수 있다.

2. 행정시스템

시스템(system)은 여러 개의 하위요소(sub-system)들로 구성된 하나의 전체라는 의미를 지닌다. 즉, 시스템은 그것을 구성하는 여러 부분요소들이 유기적으로 상호 연계되어 작동하는 하나의 전체이다. 예를 들어, 컴퓨터는 연산장치,

저장장치, 입력장치, 출력장치, 제어장치 등의 부분요소들이 연계되어 작동하는 하나의 시스템이다. 또한 생물은 다수의 기관(organ), 즉 감각기관, 호흡기관, 순환기관, 소화기관, 배설기관 등이 유기적으로 연결된 하나의 시스템인 것이다. 여기서 기계적인 시스템인 컴퓨터와 살아있는 시스템인 생물 간에는 커다란 차이점이 있는데, 그것은 시스템과 시스템의 경계 밖에 있는 외부환경 간의 상호작용의 여부이다. 기계적 시스템은 환경과의 상호작용이 없지만, 살아있는 시스템은 환경과의 상호작용이 생존의 필수요건이기 때문이다.

이러한 시스템적 관점에서 보면, 행정은 공익 실현을 목적으로 다양한 관리부문이 상호 연계되어 작동하는 공공부문의 집행·관리시스템이라 할 수 있다. 즉, 행정시스템은 정책·조직·지방행정·공기업·위기관리의 행정프로그램과 인사·재무·정보의 행정자원관리와 같은 부분요소들로 구성된 하나의 전체이며, 이는 행정시스템 경계 외부의 행정환경(예: 정치, 경제, 시민사회, 기술 등)과 밀접한 상호작용을 함으로써 행정가치와 행정책임을 실현한다.

이처럼 행정시스템은 다양한 구성요소가 결합되어 복잡하게 연계되기 때문에 전체적인 차원에서 어떻게 구조화되어 있는지, 그리고 어떠한 과정에 따라 전개되는지를 파악하기 어렵다. 따라서 행정을 하나의 시스템 구조와 과정의 틀에 입각하여 살펴본다면, 전체적 윤곽을 형성하는 데에 도움이 될 것이다.

〈그림 1-2〉는 행정을 하나의 시스템이라는 차원에서, 행정을 구성하는 구성요소들과 그들의 관계를 나타낸 것이다.

1) 행정환경

〈그림 1-2〉에서 중앙의 타원 내부 부분이 행정시스템이다. 이러한 행정시스템은 바깥쪽 타원의 행정환경에 둘러싸여 상호 영향을 주고 받는다.

행정환경이란 행정시스템의 경계(boundary) 외부에 존재하면서 행정과 영향을 주고받는 일체의 것을 말한다. 이러한 행정환경은 정치·법제도·경제·사회·문화·교육·기술 등 매우 다양하지만, 특히 행정과 밀접한 상호작용을 하는 것으로는 정치, 경제, 시민사회, 기술시스템을 들 수 있다.

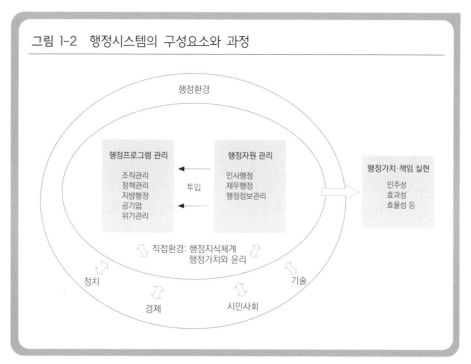

그림 1-2 행정시스템의 구성요소와 과정

자료: Starling. (2004: 18)의 행정과정의 개념도에 기초해서 작성.

행정시스템과 행정환경과의 관계를 간략히 살펴보면 다음과 같다.

첫째, 정치는 국가방향과 법·제도, 정책을 결정하여 행정시스템을 통하여 집행하도록 한다. 그러나 정치와 행정의 관계를 정치는 결정, 행정은 집행과 같이 단순하게 구별하기에는 무리가 있다. 그러한 이유는 행정 역시 입법 또는 정책결정과정에 실질적인 역할을 담당하고 있기 때문이다(예: 행정부의 정책입안·법률안 제출 등). 따라서 정치와 행정은 결정과 집행의 연속선상에 있으며, 일정 부분 중첩적인 밀접한 관계에 있다고 할 수 있다.

둘째, 행정과 경제의 관계는 시대에 따라, 그리고 국가에 따라 커다란 차이를 보인다. 먼저 시대별로 보면, 경제에 대한 행정의 간여가 극히 제한적이었던 19세기 자유주의 경제체제로부터 행정의 적극적 역할이 강조되던 20세기 초·중반의 케인지언(Keynesian) 경제체제를 거쳐, 다시 행정의 역할을 줄이는 20세기 후반 이후의 신자유주의 경제체제로 변화되어 왔던 것이다. 또한 국가형태에 따라 살펴보면, 자유주의 경제체제와 사회주의 경제체제 사이의 어느 지점에 놓여 있는가에 따라 행정과 경제의 관계적 밀접성에서 차이를 나타낸다. 또한, 국가별로 일정 부분 정도의 차이는 있지만, 일반적으로 현대사회의 행정은 경제 하부구조(infrastructure)를 구축하고, 재정정책을 통하여 경제성장, 경제안정, 경기조절 기능을 수행하여 경제 전반에 영향을 끼친다.

셋째, 세계적으로 1970년대 이후 재등장한 시민사회는 민주주의적 가치의 재생산, 인간소외 극복 등의 문제들과 밀접하게 관련된다. 시민사회는 공공선을 실현하기 위해 국가기구에 영향력을 행사하는 역할로서 현대 민주국가체제에서 핵심적 요소로 부상한 것이다. 이에 따라 최근의 행정은 시민사회에서 개인적 권리와 자유 등이 자유롭게 경쟁할 수 있도록 보장하면서, 동시에 시민사회와 유기적이고 협력적인 거버넌스를 구축하는 관계를 형성하고 있다.

넷째, 정보화사회를 거쳐 제4차 산업혁명으로 이행하는 시기에 기술은 국가의 미래를 결정하는 중요한 요소이다. 따라서 행정은 핵심분야의 기술발전을 위한 정책을 수립하고 국가 R&D 사업을 추진한다. 한편, 발전된 기술은 행정에 도입되어 정부의 성과 제고에 도움을 준다. 예를 들어, 정보·통신기술의 도입으로 전자정부 또는 디지털정부를 구축하여 행정서비스의 양적·질적 향상을 가져올 수 있는 것이다.

한편, 지금까지 살펴본 행정시스템 외부에 존재하는 행정환경 이외에도 행정시스템 내부에서 행정과정에 영향을 미치는 직접환경이 있다. 행정의 지식체계는 행정시스템에서의 현상을 설명하고 행정시스템 관리에 관한 지식을 제공해 준다. 반면에 행정실무에서 발견되는 행정현상은 행정의 이론화에 기여한다. 또한 행정의 가치(value)와 윤리는 공직자들의 행정관리의 수행과정에서 가져야 할 사고체계와 행동에 지대한 영향을 준다. 특히 행정가치는 행정시스템의 직접환경이기도 하지만, 궁극적으로는 행정시스템이 추구하는 목적이기도 하다. 즉, 행정이 달성하고자 하는 목적이 공익, 민주성, 형평성, 효과성, 효율성과 같은 행정가치의 실현이기 때문이다.

2) 행정프로그램관리

행정시스템은 공공가치와 책임을 실현하기 위해 행정프로그램을 관리하여야 한다. 여기서 행정프로그램이란 행정이 공공서비스를 제공하거나 어떠한 이슈(범죄, 국가안전, 경제성장, 교육, 건강, 에너지, 환경 등)에 대한 대응방안을 수립하여 실현해 가는 일련의 절차와 과정을 의미한다. 즉, 정부조직을 중심으로 공공정책(public policy)을 수립하고, 지방자치단체, 공공기관 등을 통하여 집행하는 관리체제를 갖추고 있다는 것이다. 또한 최근에는 국가의 위기적 상황까지도 프로그램화된 관리체제에 포함시키는 경향을 보인다.

첫째, 행정조직은 행정목표를 달성하기 위하여 분업과 통합의 활동체계를 갖춘 사회적 단위이다. 이러한 행정조직은 국민의 행정수요에 효율적으로 대응하고, 공공정책을 민주적이고 효과적으로 수행할 수 있도록 관리되어야 한다. 따라서 효과적인 행정조직을 구조화하고, 효율적인 절차와 과정으로 작동시킬 수 있는 조직관리의 기술이 요구된다.

둘째, 정책은 복잡하고 다양한 사회문제를 해결하기 위한 행정의 목표지향적이고 계획적인 방침이다. 현대사회의 정책 영역은 국방정책, 외교정책, 경제정책, 환경정책, 교통정책, 주택정책, 복지정책, 범죄예방정책 등 실로 다양하며, 개별 정책마다 다양한 이해관계자들 속에서 복잡하고 동태적인 과정으로 전개된다. 따라서 행정시스템은 정책의 성공을 위해 정책의제 설정-정책결정-정책집행-정책평가에 이르는 정책과정 전반을 분석적이고 체계적으로 수행할 수 있는 정책관리 능력을 가지고 있어야 한다.

셋째, 지방행정은 행정의 단위를 중앙과 지방으로 구분했을 때, 중앙정부의 행정에 상대되어 지방정부가 수행하는 행정이다. 일반적으로 정책의 수립과 기획은 중앙정부를 중심으로 이루어지는 반면, 그것의 집행은 지방정부 단위에서 시행된다. 뿐만 아니라 지방의 자치사무에 대해서는 지방정부 스스로 자주권을 가지고 지역정책의 수립으로부터 집행까지 전권한성을 가지고 처리할 수 있다. 이러한 지방행정 관리에서는 중앙정부와의 관계, 지방재원의 확보, 주민들에 대한 행정서비스 전달 등이 핵심적 과제이다.

넷째, 공기업은 국가 또는 지방자치단체가 전액을 출자하였거나, 대부분의 지분을 소유하는 기업을 말한다. 공기업을 설치하는 목적은 민간부문에서 감당하기 어려운 대규모의 기간산업 육성, 국가전략적 산업의 유지, 전매사업이나 재정수입 확충 등으로 다양하게 나타난다. 이러한 공기업의 특성은 민간기업과는 달리 공공성이 요구되면서도 동시에 정부기관과는 달리 기업성을 지닌 효율적 운영이 요구된다는 데에 있다. 따라서 일반적인 행정조직과는 차별적인 특별한 방식으로 관리될 필요가 있는 행정프로그램이라 할 수 있다.

다섯째, 위기관리는 최근 사회가 복잡화되면서 빈번해지는 각종 위험요소에 대하여 행정시스템이 관리 가능하도록 하는 노력에서 비롯되었다. 즉, 자연재해뿐만 아니라 대형사고와 같은 인공적 재해, 감염병의 범람 등 다양한 국가적 재난이 빈번해지고 있기 때문에, 이에 대한 정부의 효과적인 대응과 관리체계의 구축 및 운영이 요구되고 있는 것이다.

3) 행정자원관리

어떠한 시스템이든 목표를 성공적으로 수행하기 위해서는 필수적인 자원이 확보되어야 하고, 또한 그것이 효율적으로 운영·관리되어야만 한다. 아무리 체계적인 행정조직을 갖추고 바람직한 정책목표를 수립하며 합리적인 정책수단을 확보한다고 하더라도, 필수적인 자원이 동원되지 못하거나 비효율적으로 운영된다면 목표달성은 불가능할 수밖에 없기 때문이다.

행정시스템에서 요구되는 핵심적인 자원은 인적 자원과 물적 자원, 그리고 정보자원이라 할 수 있는데, 이러한 자원들의 관리는 전체 행정시스템의 성패를 좌우할 만큼 대단히 중요하다.

첫째, 인사행정은 행정시스템의 인적 자원, 즉 공무원 관리에 관한 것인데, 여기에는 공무원 인사의 기본원칙, 공무원제도, 공직분류에 대한 기본 원리와 함께 인력계획에 따른 모집 및 선발에서부터 배치, 근무성적평정, 교육·훈련, 보수체계, 사기 등의 인력자원 관리기술이 포함된다.

둘째, 재무행정은 행정시스템의 물적 자원인 정부예산의 형성과 집행을 다룬다. 즉, 행정활동을 위한 조세와 세외수입을 통해 재원을 조달하여 지출하는 행정을 말한다. 이러한 재무행정은 예산을 중심으로 이루어지기 때문에 예산제도, 예산과정 등이 관리의 중심주제가 된다.

셋째, 행정정보자원의 관리는 최근 정보사회의 고도화 및 제4차 산업혁명 시대의 진입에 따라 중요성이 커져가는 분야이다. 행정시스템이 효율화되어 질 높은 행정서비스를 제공하기 위해서는 정보분석·처리 등의 정보관리 능력이 요구되기 때문이다. 이에 따라 최근 우리나라 행정의 정보관리는 전자정부의 구축을 통하여 체계화함으로써 전체 행정시스템의 효율성을 제고하고 있다.

제2절 행정의 가치

1. 행정가치의 의미

일반적 의미에서 가치(value)는 인간의 삶에서 중요한 것에 대한 판단의 원칙(Principles)을 뜻한다. 이러한 가치의 판단원칙은 '선(善: good)'과 '의(義: right)'의 차원으로 구성되어, 사람들은 어떠한 행동을 하고 싶어 하거나, 어떠한 행동을 해야 한다는 방향성을 설정하게 된다. 예를 들어, 금전에 가치를 두는 사람은 돈을 벌기 위한 노력을 할 것이고, 박애에 가치를 두는 사람은 어려운 사람들을 도와야 한다는 마음으로 기부하게 될 것이다. 이처럼 가치는 사람들이 무엇을 하고 싶거나, 무엇을 해야 할 것인지에 대해 판단할 때의 기준이 되는 것인데, 이는 개인에게만 국한되는 것이 아니라 사회적으로도 공유된다. 즉, 공공영역에서도 사회구성원들이 공유하는 좋고 나쁘고, 옳고 그른 것에 대한 판단의 원칙이 있다는 것이다.

행정가치는 공공목적을 추구하기 위한 판단의 원칙으로서 공공정책의 결정이나 공무원들의 행위에 지침이 된다. 민주사회에서 행정가치는 정부가 사회에 기여하는 가치로서, 그 종류와 내용은 어딘가로부터 주어지기 보다는 집단적으로 형성되는 과정을 거치게 된다. 그렇기 때문에 행정가치의 종류와 내용은 특정 시대 또는 특정 사회에 따라 달리 나타날 수 있다.

한편, 행정가치의 문제에서 중요한 점은 다양하게 추구되는 가치가 병존하기 때문에, 가치 간 갈등과 충돌에서 어떻게 조화시킬 수 있는지에 대한 고려가 필요하다는 것이다. 따라서 다양한 행정가치의 개념과 의의를 살펴보고, 특정가치와 다른 가치 간의 관계를 이해할 수 있어야 한다.

행정가치의 구성요소는 무엇을 기준으로 하는가에 따라 다양하게 분류할수 있지만, 본서에서는 기능적 측면에서 법적 가치, 정치·사회적 가치, 행정관리적 가치로 구분하여 살펴보기로 한다.

2. 행정가치의 종류

1) 법적 가치

(1) 합법성(legality)

절대왕정을 타파하고 성립된 서구 근대사회의 입법국가 시대에서는 행정의 자의적 판단과 집행을 방지하기 위해 입법부가 제정한 법에 집행이 구속되어야 한다고 생각했다. 따라서 행정은 법에 합치되어야 한다는 합법성이 강조된 것이다. 미국 건국초기 대통령이었던 매디슨(Madison)이 "행정이 지나치게 강력해지는 것을 방지하기 위해 법에 의한 집행을 해야 한다"고 주장한 것도 마찬가지의 맥락이다.

합법성은 행정이 법에 따라 이루어져야 한다는 '법치행정'을 의미하는데, 이는 국민에 대한 권리 침해를 막을 수 있을 뿐만 아니라, 행정을 안정적이고 예측가능하게 할 수 있다는 장점이 있다. 그러나 성문화된 법은 사회변화를 신속하게 수용하기 어려울 뿐만 아니라, 상황에 따라 유연하게 합목적으로 대처하기 어렵게 하는 문제점도 안고 있다.

(2) 책무성(accountability)

책무성은 어떤 행위자가 다른 누군가에게 그의 행위에 대해 설명하고 정당화해야 할 의무감을 느끼게 하는 사회적 관계(social relationship)를 의미한다(Rovens, 2005). 이렇게 볼 때, 행정의 책무성은 행정기관 또는 공무원들이 그들의 행위에 대해 상급기관 또는 상급자, 그리고 국민이나 주민들에게 설명하고 정당화해야 할 의무감을 느끼는 관계라고 할 수 있다. 현대국가의 대의제 민주주의는 주인-대리인 관계의 구조를 띤다. 즉, 국가의 주인인 국민으로부터 정치가들에게 국가정책의 결정권이 위임되고, 이는 다시 행정공무원들에게 집행권으로서 위임된다. 이러한 다 단계 '위임의 사슬(the chain of delegation)'에 따라 의무감을 갖는 관계로서 책무성이 설정되어 있는 것이다.

현대 행정국가와 같이 양적·질적으로 확대된 공공정책의 영역에서 공무원들은 국민들의 세금으로 확보된 막대한 예산을 집행함에 있어 실질적인 재량권을 행사한다. 그런데 이러한 과정에서 주인과 대리인 간 정보의 비대칭성으로 인해 행정권의 오·남용이 발생할 여지가 커지고 있는 것이다. 따라서 민주국가의 주인-대리인관계에서 행정의 책무성은 필수불가결한 요소인 것이다.

행정 책무성의 기능 중에서 가장 중요한 것은 '책임의 사슬(the chain of accountability)'에 따른 민주적 통제이다. 예를 들어, 행정부 내에서는 하급기관에 대하여 상급기관이 감시·감독하고, 의회와 행정부의 관계에서는 행정부에 대하여 의회가 행정통제(예를 들어, 국정감·조사, 예산통제 등)를 실시하는 것이다. 둘째, 행정의 책무성은 정부의 건전성 강화기능을 한다. 이를 위해 부패, 정실인사, 권력의 오·남용을 방지하는 다양한 행정통제 장치가 필요한 것이다. 셋째, 행정의 책무성은 성과를 개선할 수 있다. 정해진 규범에 따르는 행동은 바람직한 방향으로 이끄므로써 이것이 성과로 나타날 수 있다는 것이다.

2) 정치·사회적 가치

(1) 민주성(democracy)

민주국가에서는 정치뿐만 아니라 행정에 있어서도 민주성의 가치에 근거하여야 한다. 행정의 민주성이란 사회구성원들의 의지가 정부활동의 기초가 되어야 하고, 사회구성원들은 그들의 삶을 형성하는 공공정책에 영향을 줄 수 있는 수단을 가져야 함을 의미한다. 이러한 행정의 민주성은 두 가지 차원으로 구분하여 살펴볼 필요가 있다. 그 하나는 행정의 대외적 측면에서 국민 또는 주민들에 대한 민주성이며, 다른 하나는 행정의 대내적 측면에서 조직관리의 민주성이다.

대외적 민주성 측면에서 민주주의는 모든 합법적 권력의 원천이 시민이어야 하고, 그렇기 때문에 행정활동과 공공의 선호 사이에는 연결성이 있어야 한다. 전통적 관점에서 행정의 민주성을 유지하고 강화하기 위한 최선의 방법은 행정가들이 정치가들에 의해 계층적인 통제를 받는 것이라고 보았으나, 최근 거버넌스 행정의 관점에서는 권력의 다중적 원천이 존재하도록 하고 참여적인 네트워크를 활용하는 것이 진정한 민주주의를 달성하는 최선의 방법이라고 주장한다(Deleon, 2005).

대내적 민주성 측면은 행정조직 내 관리방식의 민주성을 의미한다. 행정조직 내 민주성은 두 가지 측면에서 중요성을 가진다. 하나는 효율성의 요청이고, 다른 하나는 사회적 자본 형성에 기초라는 점이다.

효율성 관점은 조직 내 의사결정 과정에서 조직구성원들이 민주적으로 참여하는 것이 효율적 결과를 낳을 수 있다는 의미를 내포한다. 의사결정의 민주적 참여는 현장의 사정을 잘 아는 일선 공무원들의 현실적인 방안을 반영할 수 있고, 다양한 의견의 투입이 더 나은 결과를 낳을 수 있으며, 의사결정에 참여한 사람이 집행과정에서도 보다 더 협조적이기 쉽다는 점에 근거한 것이다.

사회적 자본 형성의 관점은 조직 민주주의가 협력, 갈등관리와 같은 시민성을 위한 기술을 발전시킨다고 주장한다. 조직구성원들은 서로 간의 상호작용을 통해서 가치를 공유하고 서로에게 동조하는 행동을 하게 된다. 그리고 이러한 상호작용은 일반적인 이익, 공동체의 의미에 관해 바람직한 태도를 발전시킨다는 것이다.

(2) 책임성(responsibility)

대의제 민주주의 체제에서 행정의 책임성은 선거시스템을 통한 시민들의 선택을 행정으로 전환시키는 과정과 관련이 있다. Boven(1998)은 전통적 의미의 책임성이 공무원들이 상사에 대해 또는 행정기관이 상급 행정기관이나 정치적 통제기관에 대해 엄격한 복종을 하는 개념이었다면, 최근에는 공무원들이 동료들에게 그리고 시민들에게 충성하는 개념으로 바뀌었다고 주장한다. 따라서 조직에 대한 충성이 갈등적일 때, 충성과 불만, 그리고 이직 간의 선택의 기로에 놓인다(Hirschman, 1970). 예를 들어, 상사가 위법하거나 부당한 지시를 할 경우 부하직원은 책임성의 측면에서 심리적 갈등 상황에 놓일 것이다. 이러한 경우 책임성은 다음과 같은 네 가지 요소에 의해 조절된다(Deleon, 2005). 첫째, 공익과 전문성이 요구하는 것에 대한 판단, 둘째, 입법 의도를 인식하고 법령에 따르는 판단, 셋째, 다양한 이해관계를 참작하는 균형, 넷째, 현실적 고려의 합리성이다.

이러한 관점에서, Deleon(2005)은 현대적 의미에서 책임성은 전통적 개념에 비해 합법성보다는 조직에 대한 충성과 정치공동체의 시민으로서의 역할 사이에서 적절한 균형감을 유지할 수 있는 것으로 이해되어야 한다고 주장한다.

(3) 형평성(equity)

형평성은 공평과 사회정의의 의미를 내포한다. 즉, 형평성은 동등한 자격을 가진 사람이 동등한 대우를 받는 공평의 의미를 가지는 한편, 대조적으로 열악한 처지에 놓인 사람이 특별한 배려를 받아야 한다는 사회정의의 의미도 포함한다.

특히 사회정의의 의미에서 형평성의 고려는 단순한 평등이 아니라 사회에서 소외되거나 불우한 사람, 사회적 약자들에게 불균형을 시정하는 배려적인 분배를 하는 것이다. 우리 사회에서는 형식적으로 기회가 주어져 있다 하더라도 출발점이 다르기 때문에 결과를 그대로 받아들이는 것이 불합리할 경우가 많다. 예를 들어, 성별의 차이, 불우한 환경, 장애 등으로 인해 발생하는 사회경제적 차이를 방치한다면 정의롭지 못할 것이다. 따라서 형평성은 행정으로 하여금 이러한 불이익을 받는 사람들에게 특별한 배려 또는 혜택을 부여하도록 하는 방향성을 제시한다. 그런데 여기서 문제가 되는 것은 이러한 특별한 배려가 어디까지 용인되는가이다. 특별한 혜택이 지나치면, 오히려 역차별이 발생할 수 있기 때문이다. 따라서 어디까지가 합리적 이유에 근거한 형평성의 배려인지에 대해서는 사회적 합의가 필요한 것이다.

3) 행정관리적 가치

(1) 효율성(efficiency)

효율성은 투입에 대한 산출을 의미한다. 즉, 적은 비용으로 최대의 산출을 낳는 개념인 것이다. 따라서 동일한 산출을 얻더라도 비용절감을 통하여 투입을 줄일 수 있거나, 동일한 투입으로도 산출을 늘리게 된다면 효율적이라 할 수 있다.

행정에서 효율성의 가치는 '행정을 관리하는 것'이라는 관념을 탄생시킨 근원이다. 국민들의 세금을 통해 운영하는 정부관리가 낭비적이고 비능률적이어서는 안되며, 절약과 효율적인 관리가 요구된다는 사고에 바탕을 둔 것이다. 그러나 행정이 효율성의 가치를 추구하는 데에는 상당한 어려움이 있다. 다른 가치들과의 갈등관계에 놓이는 경우가 많기 때문이다. 예를 들어, 효율성을 강조하면 민주성이 훼손될 수 있고, 반대로 민주성을 강조하면 효율성을 희생될 수 있다.

(2) 효과성(effectiveness)

효과성은 행정의 목표달성도를 의미한다. 이는 행정의 결과가 처음에 설정한 목표에 얼마나 도달하였는가를 평가하는 데에 중요한 지표로 사용된다. 행정과정은 목표설정에서 시작하여 목표달성을 위한 수단을 동원하며, 종국적으로 얼마나 목표달성을 하였는가를 평가하여 피드백(feedback)하는 단계로 진행된다. 따라서 정책평가에서 가장 중요한 평가기준 중 하나로서 효과성 지표가 이용되는 것이다.

제3절 행정이론의 전개

행정은 인류역사에서 국가가 성립했을 때부터 존재해 왔다. 아마도 기원전 이집트 피라미드가 건설되었던 시기까지 거슬러 올라갈 수 있을 것이다. 그럼에도 불구하고 1900년대 초반 미국에서 행정연구가 시작될 때까지 심도있고 체계적인 연구는 나타나지 않았다. 비록 18세기 프로이센에서 절대군주제의 유지를 위한 근대적 행정의 연구로서 '관방학(官房學)'이 있었지만, 그 명맥이 이어지지 못했기 때문이다.

현대 행정연구가 미국에서 시작되고 발전하면서 이론적 전개가 이루어졌고, 우리도 이러한 미국의 행정학을 도입하여 토착화 과정을 거쳤다는 점에서 미국을 중심으로 한 행정이론의 전개를 살펴보기로 한다.

1. 행정연구의 전통적 관점

미국에서 행정에 대한 시기별 관점은 왜 미국에서 행정연구의 시작이 늦었는지, 그리고 행정에 대한 관점이 어떻게 변해왔는지를 알려준다는 의미를 가진다. 스탈링(Starling, 2005)은 이렇게 구별되는 시기를 매디슨(James Madison), 윌슨(Woodrow Wilson), 루즈벨트(Franklin Roosevelt)와 같은 세 명의 대통령을 중심으로 설명하였는데, 본서에서는 스탈링의 구분을 소개하고, 여기에 잭슨(Andrew Jackson)대통령 시기를 추가하여 논의하기로 한다.

1) 매디슨주의 관점

미국 건국의 아버지 중 한 사람인 매디슨은 행정권력(특히 집행권)이 지나치게 강력해지는 것을 경계했다. 그렇기 때문에 매디슨주의자들은 법률이야말로 행정권력을 제한하는 데에 가장 유용한 방법이라고 믿었다. 당시 대부분의 미국인들은(오늘날까지도) 가변적이고 선택적 행동을 할 수 있는 행정기관은 불공정할 것이라는 본질적인 두려움을 가지고 있었다. 따라서 사람에 의한 지배가 아닌 법에 의한 지배가 최상의 방법이며, 이러한 관념은 미국이 건국되던 1787년부터 지금까지 철칙으로 받아들여지고 있다.

2) 잭슨주의 관점

잭슨 대통령은 미국에서 일반 참정권이 확대되고 양당정치가 성립되던 시기에, 일반 국민들을 정치에 참여하게 하고 정치적으로 임명된 공직자들이 빈약한 정부서비스에 대해 더 많은 책임을 지게 할 수 있다는 사고를 바탕으로 1829년부터 엽관주의(spoils System)를 실시하였다. 엽관주의는 정치가뿐만 아니라 일반행정가들까지 정치적으로 임명하는 공무원 인사행정제도이다. 즉, 선거 때마다 승리한 정당이 행정의 모든 공직을 독차지하는 방식으로, 선거에 따라 공직을 순환하게 하는 방식이다. 선거를 통한 민주적 방식에 따라 행정도 책임질 수 있게 하는 제도인 것이다. 잭슨주의자들은 또한 공무원의 재임기간이 길어지면 부패할 수 있으므로 공무원을 정기적으로 교체해야한다고 생각했다. 그러나 역설적으로 정당에 대한 충성심을 강조하고 정치적 논리에 따르다보니 낭비와 비효율이 만연하였고, 행정의 전문성을 확보하지 못하여 무능하고 때로는 부패한 공무원을 고용하는 것으로 이어졌다.

3) 윌슨주의 관점

1887년 윌슨(W. Wilson)은 미국행정의 시작을 상징하는 "행정의 연구(The study of administration)"라는 논문을 발표한다. 윌슨주의자들의 관점에서는 현대 사회의 규모와 복잡성이 "행정과학(the science of administration)"으로 초점을 옮겨가도록 했다고 본다. 그리고 이러한 관점에서 행정은 정치가 아닌 경영의 영역으로 받아들여지게 된 것이다. 앞선 잭슨시대에는 엽관주의로 인해 정치적으로 이루어지는 행정이 비능률과 낭비, 부패로 이어지게 했다는 점에서 행정을 정치로부터 엄격하게 분리할 것을 요구하게 된 것이다.

미국 행정학의 아버지 굿나우(Goodnow, 1900)는 "정치와 행정(Politics and

Administration)"에서 정치는 국가정책과 의지의 표현이라면, 행정은 그 정책들의 집행과 관계가 있다고 하였다. 윌로비(Willoughby, 1927)는 「행정의 원리(Principles of Public Administration)」에서 행정에는 과학적 원칙이 존재하여, 일단 그것들이 발견되면 실무에 적용된다고 주장하였다. 이러한 행정의 관점은 당시 기업의 경영관리에 종사하면서 과학적 관리론의 시각을 제공한 테일러(Frederick Taylor)와 패욜(Henri Fayol)이라는 두 명의 개인들로부터 지대한 영향을 받은 것이었다.

테일러는 경영의 합리화 및 관리의 능률화를 위한 지식체계로서 과학적 관리론의 개창자로 일컬어진다. 테일러가 주장하는 과학적이라는 말은 분석적·합리적이라는 의미이며, 그가 내세운 관리의 지도원리는 계획, 표준화, 능률화 등이다.

패욜은 프랑스의 광산개발 기업에 근무한 경험을 통하여 좋은 행정은 어떠한 조직에서든 일반적으로 요구되는 조건으로 구성된 과정이라고 주장하였다. 이러한 과정으로서의 행정이 갖추어야 할 14가지의 관리원칙은 다음과 같다. ① 업무의 분화(division of work), ② 권한−책임(authority), ③ 훈련(discipline), ④ 명령의 일원화(unity of control), ⑤ 업무추진의 단일화(unity of command), ⑥ 전체이익의 우선(subordination of individual interests to the general interest), ⑦ 보상(remueration), ⑧ 집중화(centralization), ⑨ 위계서열(scala chain), ⑩ 질서(order), ⑪ 공정성(equity), ⑫ 고용의 안정(stability of tenure or personnel), ⑬ 자발성(initiative), ⑭ 집단정신(*esprit de corps*)

이러한 관리의 원칙에 대한 또 다른 대표적인 개척자로서 굴릭(L. H. Gulick)은 POSDCORB 원칙을 제시하였는데, 행정관리자는 기획(Planning), 조직(Organizing), 인사(Staffing), 지시(Directing), 조정(Coordinating), 보고(Reporting), 예산(Budgeting)의 역할을 수행하여야 함을 나타낸다.

이러한 행정관리의 원칙들은 1940년대 행태이론가들에 의해 분석·평가에 있어서 과학성이 부족하다는 점, 원칙 간 모순이 존재한다는 점, 하향적 관료제에 과잉 의존한다는 점에서 비판받는다. 하지만 윌슨식 관리의 관점이 공공행정을 이해하는 데에 본질이라는 점을 부정하지는 못한다(Starling, 2005).

4) 루즈벨트주의 관점

1929년부터 시작된 세계 대공황과 제2차 세계대전 기간을 통해서 윌슨주의자들의 관점으로는 새로운 행정현실을 파악하기에 충분하지 않다는 것을 인식하게 된다. 달(Robert Dahl)은 윌슨주의의 관점이 정치와 행정을 엄격하게 이분화한 것이 문제라고 지적하였다. 그러면서 행정은 정책형성을 포함하고 있고 재량권을 행사하는 정치적 과정이라는 점을 주장하였다. 이러한 주장에는 왈도(D. Waldo), 애플비(P. Appleby), 셀즈닉(P. Selznick) 등 다수의 학자들이 동참하였는데, 이러한 배경에는 두 가지 이유가 있다. 첫째는 당시 많은 행정학자들이 뉴딜정책과 제2차 세계대전에 정부를 위해 봉사하면서 행정의 실제를 경험하였기 때문이며, 둘째는 루즈벨트주의자들의 관점에서는 당시 미국 대통령들이 행정의 목적을 달성하기 위하여 정치적 수단을 사용하는 것을 목격했기 때문이다.

2. 행정이론의 다원화

1) 행태이론

윌슨식 행정이론은 조직의 구성원들에 대한 인간적 측면을 고려하지 않고, 표준화·획일화된 관료제에서 기계적인 작업을 반복하게 함으로써 인간성 상실의 부작용을 낳았다. 이러한 기계적인 능률성에 대한 도전으로서 1930년대의 인간관계론(human relation)은 행정문제에 대한 실제적인 관점을 제시하였다. 하버드 경영대학원의 메이요(Elton Mayo) 등이 수행한 호손(Hawthorne)공장의 실험은 근로자들의 심리적·사회적 문제를 연구하여 행정의 인간적 측면을 부각시켰다. 이는 근로자들이 기계적 능률을 추구하는 단순한 부속품이 아니며, 심리적 만족을 추구하는 사회적 존재라는 인식으로 전환됨을 의미한다. 따라서 인간관계론 학자들은 행정관리에서 인적 자원을 최대한 활용하려는 심리적 동기부여, 비공식적 조직, 리더십, 사기 등의 동기에 관한 변수를 식별하는 데에 연구의 초점을 두었다.

이러한 인간관계론은 사이몬(Herbert Simon)을 위시한 일대 학파에 의해 행동과학 이론의 방대한 연구로 이어졌다. 사이먼이 전파한 행태과학은 윌슨식 행정원리가 그것의 기계론적 방식에 따라 원리 간 모순성을 가지며, 엄격한 과학적 방법이 결여된 단순한 격언에 불과하다고 비판하였다.

일반적으로 행태이론가들은 인간행동의 규칙성을 발견하여 일반화함으로써 이론을 구축하고자 하였다. 따라서 예측과 설명이 가능한 과학을 추구하여 사실(fact)을 규명하는 데에 집중하고, 가치(value)의 부분은 배제하는 특성을 지닌다. 결과적으로 행태주의는 행정의 과학화와 행정학의 이론화에 공헌하였지만, 그에 따른 한계도 명확히 지적받을 수밖에 없었다. 즉, 행태주의의 인간행태에 관한 일반화는 행태의 내면적 의미를 파악하는 데에 한계를 가질 수밖에 없고, 가치문제의 배제는 실제 사회문제나 사회변동의 문제에 소홀할 수밖에 없다는 것이다.

2) 신행정학

신행정학의 등장배경은 행정의 이론적 측면과 현실적 측면이 복합적으로 작용한 것으로 볼 수 있다. 즉, 신행정학은 행태주의가 지닌 이론적 적실성의 한계와 1960년대 미국의 현실적 사회문제에 대한 대안 부재에서 비롯된 것이다.

왈도(Dwight Waldo)는 미국이 1960년대에 산업화 과정에서 각종 도시문제, 소득불균형문제, 인종문제 등 다양한 위기에 직면했고, 행태이론은 이러한 문제에 대한 해결책을 제시하지 못했다고 주장했다. 현실사회에서 행정을 개혁할 필요성이 대두되고 있었지만, 당시까지 알려진 행정이론들이 이에 대한 지식체계를 제공할 수 있는지에 대해 의문이 제기된 것이다. 이러한 배경에서 1968년 당시 젊은 학자 및 행정실무자들이 참석한 제1차 미노우브룩 회의(Minnowbrook Conference)에서 '신행정학'의 개념이 탄생하게 되었다. 신행정학은 그 때까지 행태이론에서 소홀했던 행정의 가치(value)와 행정인의 헌신을 강조하였다.

신행정학은 통일적이지 못하고 다양한 견해로 구성되어 있지만, 몇 가지 특징에 따라 정리해 보면 다음과 같다(Schick, 1975; 김태룡, 2014에서 재인용). 첫째, 신행정학은 현실행정에서 사회적 문제의 해결을 위해 가치판단의 필연성에 따른 규범적 성격을 지닌다. 둘째, 다양한 사회문제를 다루기 위하여 현실에 적합한 적실성(relevance)을 중시한다. 셋째, 사회문제의 근원이라 할 수 있는 사회적 불평등을 해결하기 위한 가치로서 사회적 형평성(social equity)을 강조한다. 넷째, 사회문제의 해결과정은 기존 체제의 변동을 통해 이루어질 수 있다는 점에서 변동을 강조한다. 따라서 전통적 관료제를 탈피하여 분권과 참여를 지향할 것을 주장한다.

신행정학은 공공정책적인 접근을 통해 오늘날 행정의 주된 목표라 할 수 있는 사회와 복지에 대한 사고를 발전시켰다. 그것은 민주적 인본주의와 고객지향뿐만 아니라 신행정학의 과학적 관점을 가져온 것이다.

3) 공공선택이론

1960~70년대, 사회문제 해결에 대한 정부의 적극적인 태도는 거의 모든 영역에서 공공정책의 개입을 촉진시켰다. 그에 따라 정부는 점점 더 커지고 더 많은 재정지출을 하게 되었지만, 공공관료제의 근원적 문제로 인한 정부실패(government failure)를 피하지 못했다. 정부실패는 공공관료제의 독점성, 규제기관의 포획현상, 관료적 내부성, X-비효율성, 지대추구행위(rent-seeking behavior) 등 다양한 원인이 제시되고 있는데, 이러한 문제를 분석하고 해결하기 위해 등장한 새로운 패러다임이 공공선택이론이다.

공공선택이론은 뷰캐넌(J. M. Buchanan)과 털럭(G. Tulluck)이 중심이 된 조세 및 공공지출 연구에서 발전한 정치경제학의 한 분야이다. 공공선택이론은 공공정책에서의 집단적 의사결정에 대해 시장에서 사람들의 행동을 분석하는 것과 동일한 원칙을 취한다. 시장에서 사람들이 고용주, 종업원, 소비자 등의 행동에서 지배적인 동기가 자기 자신의 이익이라는 것과 마찬가지로, 정치시장에서 활동하는 행위자 역시 시민, 정치인, 관료 여부에 관계없이 그들의 주된 동기는 이기적이라는 가정에 근거한다. 여기서 시민은 자신의 이익 극대화, 정치가는 득표의 극대화, 관료는 조직예산의 극대화를 추구하는 존재인 것이다.

공공선택이론의 연구자들은 정부관료제에 의해 주도되는 독점적인 공공서비스의 공급이 시민의 선택을 제약하고 생산성을 낮추어 성과를 제고할 수 없기 때문에 정부실패(government failure)를 초래했다고 주장한다. 따라서 공공선택론자들은 공공재 제공의 결정에서 시민 개개인의 선호와 선택을 존중하고, 경쟁을 통해 서비스를 생산·공급하게 함으로써 행정의 대응성(responsiveness)을 높일 수 있다고 본다. 시장과 같이, 정부를 공공재의 생산자로, 시민을 소비자로 간주하는 정치시장에서 비용의 최소화와 시민편익의 극대화를 추구할 수 있는 공공재의 생산과 공급은 공공부문의 시장경제화를 통해 가능하다는 입장을 취한다. 즉, 시민들이 시장에서처럼 자신의 선호에 따라 공공재를 선택할 수 있다고 보는 것이다.

공공선택이론은 방법론적 개체주의와 경제적 합리성을 기본 가정으로 하여 공공재의 효율적 공급을 모색하기 위한 규범적이고 실증적인 설명을 제공하였다. 또한 행정의 분권화와 대응성을 강조하고 민주행정의 실현과 자원배분의 효율성 방향을 제시하였다는 점에서 의의가 있다(김태룡, 2014). 공공선택론이 제시한 다양한 개혁원리들은 정부실패를 치유하기 위한 행정개혁의 처방에서 널리 도입되었고, 공공부문에 시장원리 및 경쟁개념을 도입하여 국민들의 다양한 요구와 선호에 민감하게 부응할 수 있는 제도적 장치 마련의 계기가 되어 민주행정의 구현이라는 관점에서 긍정적으로 평가되고 있다.

그러나 공공선택론은 다음과 같은 한계에 대해 비판받는다. 첫째, 효용극대화를 위한 경제적 선택만을 지나치게 강조하여 인간의 다양한 가치나 윤리적 판단, 개인의 자유 등은 고려하지 못하고 있다. 둘째, 자유시장의 논리를 공공부문에 직접 도입하려 한다는 점에서 시장실패(market failure)라는 고유한 한계를 안고 있다. 셋째, 공공선택론의 실천적 처방들은 급진적이어서 기존 정부조직의 구성원리와 마찰 가능성이 높고 지나치게 이상적이다(이종수 외, 2013).

3. 최근의 행정이론

1) 신공공관리론

신공공관리론(NPM)은 1970년대 서구 선진국가들의 공공재정 위기로부터
비롯되었다. 사회정책과 복지서비스의 확장 속에서 기존의 비효율적인 관료적
패러다임으로는 국가의 재정지출 증가를 감당하기 어려워졌는데, 이러한 상황
에서 신공공관리론이 정부의 비용절감을 모색하는 새로운 패러다임의 전환으
로서 등장하게 된 것이다.

신공공관리론은 근본적으로 신자유주의 사상의 시장주의(Marketization)와
신관리주의(New Managerialism)를 두 축으로 하여 구성된다. 여기서 시장주의는
공공선택이론, 신제도론(합리적 선택 제도주의), 거래비용이론, 주인-대리인이론
의 내용을 포함한다. 그리고 신관리주의는 신테일러주의(Neo-Taylorism)의 영
향을 받은 기업식 관리주의를 내용으로 한다(김태룡, 2014).

신공공관리론은 1990년대 전 세계적으로 불어 닥친 정부혁신운동의 이론
적 기반이 되었다. 즉, 신공공관리론은 시장의 경쟁원칙과 민간의 효율적 관리
기법을 정부부문에 도입함으로써 정부부문의 성과를 제고하고, 다른 한편으로
는 정부관리자의 책임을 강화하는 것을 주요 내용으로 하고 있다.

신공공관리론의 시장주의는 민영화(privatization), 민간위탁(contracting-out),
시장성 테스트(market testing) 등의 방식으로 나타난다. 첫째, 민영화는 공공부
문의 사업을 민간부문에 매각하여 소유를 이전하는 것이다. 전형적인 예는 국
가가 운영하던 통신, 철도, 전기, 수도 및 폐기물 서비스 등의 민간 이전으로 나
타난다. 둘째, 민간위탁은 흔히 아웃소싱(out sourcing)이라고도 한다. 이 방식은
정부가 공공서비스를 민간기관에 위탁하여 생산·공급하는 것을 말하는데, 공
공서비스의 공급에 대한 결정과 그것의 대가 지불은 정부가 담당하고, 서비스
의 생산은 민간부문이 담당하게 하는 것을 말한다. 셋째, 시장성 테스트는 정부
부문의 효율성과 경쟁력을 높이기 위해 정부가 공공서비스를 생산할 때 정부뿐
만 아니라 민간 공급업자를 경쟁입찰에 참여시켜 효율적 공급자를 선택하는 제

도이다. 일반적으로 시장주의는 공공서비스의 생산을 자율 또는 반자율기관 (semi-autonomous agencies)으로 이전함으로써 양질의 서비스를 효율적으로 제공하는 데에 목적이 있다. 결과적으로 정부부문은 줄어들게 됨으로써 '작은 정부'를 지향하게 된다.

신공공관리론의 신관리주의는 기업의 관리방식을 정부부문에 도입하는 것을 내용으로 한다. 정부부문에도 기업가 정신을 도입하고, 성과평가와 성과인센티브를 도입하는 성과관리체제를 구축하는 것과 관련된다. 또한 TQM(Total Quality Management)의 도입으로 공공서비스의 품질관리를 한다든지 고객만족의 관리기법을 도입하는 것 등이 포함된다.

신공공관리론은 과거의 전통적 행정이론의 관료제적 형태와는 다른 새로운 패러다임의 도입을 주장했으며, 이러한 패러다임의 특성은 오스본과 게블러 (D. Osborne & T. Gaebler)의 저서 『정부재창조(Reinventing Government)』(1992)의 기업가적 정부운영의 10대 원리에서 잘 나타난다. ① 촉진적 정부로서 노젓기 (rowing)보다는 방향잡기(steering)의 역할, ② 정부가 직접적인 서비스를 제공하기 보다는 지역사회가 주도하는 시민소유의 정부, ③ 독점적 서비스 공급이 아닌 경쟁적 정부로서 서비스 제공에 경제원리 도입과 창의적이고 효율적인 행정체제 확립, ④ 규칙·절차 위주의 행정으로부터 결과 중심의 사명 지향적 정부로의 전환, ⑤ 투입중심의 예산에서 성과와 연계한 예산을 중시하는 성과지향형 정부, ⑥ 관료제가 아닌 고객지향적 정부 ⑦ 지출보다는 수익을 창출하는 기업가적 정부, ⑧ 사고 수습보다는 사전에 사고를 예방하고 미래를 대비하는 예견적 정부, ⑨ 명령과 통제보다는 참여와 팀워크 및 네트워크를 관리하는 분권화된 정부, ⑩ 행정메커니즘보다는 시장메커니즘에 의한 시장지향적 정부로서 시장기구를 통한 변화 촉진 등이다.

신공공관리론은 21세기를 전후한 시기에 전 세계적으로 정부혁신운동을 불러 일으켰지만, 그것의 성공은 불분명하고, 적지 않은 논쟁의 근원을 남겼다. 특히, 이론적 체계의 정연함이 부족하고 신자유주의의 이데올로기에 대한 문제점이 지적되고 있으며, 시장과 민간부문을 지나치게 이상화시켜 정부와 관료제를 지나치게 폄하했다는 비판을 받고 있다.

2) 뉴거버넌스

뉴거버넌스는 공공부문에서 정부가 독점하는 전통적 관료제 방식과는 달리 다양한 행위자(actors)들이 참여하여 협력적으로 운영되는 방식을 의미한다. 즉, 뉴거버넌스는 공공재의 공급 및 공공서비스의 전달과 공공문제를 해결하는 과정에서 수직적 형태의 정부관료제에 전적으로 의존해 왔던 과거의 전통적 정부모형과는 달리, 정부와 민간부문 및 제3섹터 간의 수평적인 네트워크 속에서 상호작용하는 협력적 파트너십을 이용하는 것이다.

뉴거버넌스는 1980년대에 등장하여 정부개혁의 방향에 영향을 주었다는 점에서 신공공관리론의 연장선에서 조명하기도 하지만, 뉴거버넌스는 여러 가지 측면에서 신공공관리론과는 다른 방향을 추구한다. 예를 들어, 세계적으로 새롭게 등장하고 있는 환경, 테러, 고령화, 정보격차 문제 등은 시장보다 정부의 역할을 강조하도록 하며, 민간이 효율적이더라도 공공서비스에 있어서 형평성의 책임에 대한 우려는 불식시킬 수 없다는 사고에 기초한다는 것이다.

뉴거버넌스는 공공정책에 관련된 조직 간의 네트워크에서 수평적·수직적 조정을 기반으로 한다. 뉴거버넌스 모형의 지지자들은 공공서비스에 관련된 정부기관, 민간기업, 비영리단체 등 다양한 행위자들로 구성된 네트워크에서 협력적 파트너십(cooperative partnership)을 이끄는 조정모드를 제공한다고 주장한다. 또한 파트너십과 결합된 거버넌스는 종종 사회적 포용(social inclusion)을 촉진하고 효율성을 높이는 방법으로 옹호된다. 여기서 중요한 점은 정책과정에 시민의 참여를 증가시킨다는 것이다. 특히 시민단체는 정책결정 및 정책집행 과정에서 정부의 파트너로 참여하는 기회가 많아졌다. 결국, 정부가 시민, 자발적 조직 및 민간기업과 같은 다양한 이해관계자를 포함하여 민주적 절차에 참여할 수 있는 기초를 제공함으로써 정부에 대한 대중들의 신뢰를 얻는 데에 도움이 될 수 있다는 것이다.

뉴거버넌스는 다소 모호한 개념으로 다양한 분야에서 사용되고 있으며, 이로 인해 일반적인 이론을 구축하기 어렵다는 비판을 면치 못한다. 또한 뉴거버 넌스 모형은 다양한 행위자들 사이에서 책임성의 소재가 불분명해 질 수 있으 며, 특정 이해집단의 참여가 과다해질 경우 정부와 특정 이익집단 간의 유착을 낳을 수 있다는 문제점이 있다.

3) 공공가치론

1990년대를 풍미한 신공공관리론의 실험에서 노정된 문제점과 도전은 무 어(Moore, 1994)가 제시한 공공가치접근법에 대한 관심을 불러일으켰다. 이것은 부분적으로 공공서비스에 내재된 사회적 가치가 시장의 경제적 효율성에 의해 서는 적절하게 다루어질 수 없다는 인식이 증가하고 있음을 나타낸다.

최근 공공가치에 관한 논의는 증가하고 있지만, 이에 대한 통일된 정의는 내리기 어렵다. 오프린(O'Flynn, 2007)에 의하면, 공공가치는 결과뿐만 아니라 신뢰 또는 공정성을 확보할 수 있는 과정을 통해 형성되는 다차원적인 것으로 서, 여기에는 집단적으로 표출되고 정치적으로 매개된 선호가 반영된다고 설명 한다. 공공가치 패러다임의 중요한 부분은 신공공관리의 개인주의 초점과 구별 되는 집단적 선호의 개념이라는 것이다.

공공가치론의 주요 특성은 다음과 같다(김명환, 2018).

첫째, 공공가치론은 민주이론, 공공 및 비영리관리론에 대한 다양한 접근 을 채용하고 있으며, 공식적 합리성을 강조하고, 공무원을 정치적·행정적·경제 적·법적·윤리적 합리성의 다중적 테스트, 협소한 사리를 넘어선 공공정신에 대한 믿음, 대화와 숙의를 통한 영향력의 개방적인 '합리적 인간'으로 간주한다.

둘째, 공공가치론에서는 비록 정부가 공공가치의 보증인으로서 특별한 역 할을 지니고 있다고 할지라도, 무엇이 '공공'인가에 관해서는 정부의 범위를 넘 어 관련 증거와 민주적·헌법적 가치가 알려진 상태에서 광범위하게 이루어지 는 포용적 대화와 숙의에 의해 결정될 것을 주장한다.

셋째, 공공이 가장 관심을 가지고 있는 것을 효과적으로 다루고, 공공에게 좋은 것이 시행될 수 있도록 공공가치를 만들어내기 위해 능률성과 효과성 및 전범위적인 민주적·헌법적 가치에 초점을 맞추어야 한다. 이를 위하여 정부는 때로는 조종하고, 때로는 노 젓고, 때로는 협력하는 주최자, 촉매자 및 협력자로서의 역할이 강조된다.

넷째, 공공가치론에서는 공무원이 법, 공동체 가치, 정치적 규범, 전문직으로서의 윤리 기준 및 시민들의 이익 등을 챙겨야 하는 다면적 구조에서 숙의와 전달 네트워크를 구축하고 이끌 것을 주장한다. 또한 전반적 효과성, 책임성 및 시스템의 역량을 유지하고 제고할 수 있도록 도와주는 데 적극적 역할을 수행해야 함을 강조한다. 따라서 선출직 공무원, 시민 및 그 밖의 다양한 이해관계자들의 요구에 대응할 수 있어야 한다. 여기에서 공무원의 자유재량은 필요하지만, 법, 민주적·헌법적 가치 및 책임성에 대한 광범위한 접근에 의해 제한된다.

다섯째, 공공가치론에서는 소기의 성과를 달성하기 위한 개입 메커니즘에 대한 성찰적 접근과 실용적 기준들에 기반을 둔 대안적 전달 메커니즘으로 구성된 메뉴에서 선택에 의해 재화가 전달되는 데에 초점을 맞추고 있다, 이것은 종종 교차영역적 협력체계를 구축하고, 시민들이 합의된 목적 달성에 관여할 수 있게 해주는 것을 의미한다.

신공공관리의 개혁과정은 지나친 효율성 추구에 따라 공공가치에 대한 고려가 소외되었다는 반성을 일으켰다. 이에 따라 새롭게 관심을 모으고 있는 공공가치론은 더 많은 패러다임의 변화를 가져올 것으로 기대된다. 그러나 이러한 변화는 공공영역에서 관리자의 역할을 재정의해야 하고, 신공공관리 패러다임에서 개발된 기존 역량에 일련의 도전을 제기해야 한다는 과제를 안고 있다.

제1장 참고문헌

김명환. (2018). 공공가치론과 행정학의 적실성. 「한국공공관리학보」, 32(2): 57-82.

김태룡. (2014). 「행정이론(3정판)」. 서울: 대영문화사.

박우서·박경원. (공역). (1995). E. R. 알렉산더. 「현대기획이론」. 서울: 나남출판.

이종수 외. (2013). 「새행정학(6정판)」. 서울: 대영문화사.

심익섭 외. (2017). 「전환기행정학」. 서울: 청목출판사.

Bovens, Mark. (2005). Public Accountability. in *The Oxford Handbook of Public Management*. Oxford Express.

Deleon, Linda. (2005). Public Management, Democracy, And Politics. in *The Oxford Handbook of Public Management*. Oxford Express.

Douglas, James.(1983). *Why Charity?: the case for a third sector*. Biverly Hills: Sage Publication.

Hirschman, A, O. (1970). *Exit, Voice and Loyalty*. Cambridge, MA: Harvard University Press.

Moore, M. (1994). Public Value as the Focus of Strategy. *Australian Journal of Public Administration*, 53(3): 296-303.

O'Flynn, Janine. (2007). From new public management to public value: Paradigmatic change managerial implications. *The Australian Journal of Public Administration*, 66(3): 353-366.

Osborne, David & Tad Gaebler. (1992). *Reinventing Government: How the Entreprenurial Spirit is Transforming the Public Sector*. New York: Addison-Wesley.

Schick, Allen. (1975). The Trauma of Politics: Public Administration of Sixties, in Frederic C. Mosher (ed.). *American Public Administration: Past, Present, Future*. Alabama: University of Alabama Press.

Starling, Grover. (2005). *Managing the public sector*. Bermont: Thomson Wadsworth.

고전적 관료제 및 포스트 관료제

조직의 미시적 차원	조직의 거시적 차원
1. 개인특성 및 인간관 2. 동기부여이론 3. 집단과 리더십 4. 권력과 갈등관리 5. 의사전달	1. 조직구조 2. 조직 목표와 효과성 3. 조직문화와 조직혁신

조직, 조직환경, 조직이론

제2장

행정조직론

제1절 조직과 조직이론
  1. 조직의 의의
  2. 조직의 유형
  3. 조직의 환경
  4. 조직이론의 흐름

제2절 조직의 미시적 차원
  1. 개인특성 및 인간관
  2. 동기부여이론
  3. 집단과 리더십
  4. 권력과 갈등관리
  5. 의사전달

제3절 조직의 거시적 차원
  1. 조직구조의 요소와 유형
  2. 조직의 목표와 효과성
  3. 조직문화와 조직혁신

제4절 관료제와 포스트 관료제
  1. 관료제의 관리 및 원리
  2. 초기 관료제론
  3. 포스트 관료제론

제2장
행정조직론

제1절   조직과 조직이론

　　현대사회에서 조직이란 것은 선택적 요인이 아니고 필수적 요인으로 자리잡고 있다. 사람들은 자의건 타의건 조직 속에 묻혀서 조직과 함께 생활하고 있다. 그러나 우리의 삶을 지배하는 조직이 제대로 기능을 발휘하지 못한다든가 비효율적 조직이 된다면 인류는 얼마나 불행해질 것이며 그 생활에 얼마나 큰 지장을 가져 오겠는가? 이렇게 볼 때 조직에 관한 연구는 철학, 의학, 심리학 등 어떤 학문보다도 더 중요하고 필요 불가결한 분야가 아닐 수 없다. 많은 행정이론이 조직이론을 토대로 발전하였고, 행정학에 있어서 조직론이 차지하는 비중은 대단히 크다. 행정학에서 조직이론을 이해하기 위해선 순수한 조직이론의 발전뿐만 아니라 행정학의 여러 논쟁 속에서 조직이론이 어떻게 발전되어 왔는가를 검토해야 할 것이다.

1. 조직의 의의

　　현대사회를 조직사회라고 하고 현대인을 조직인이라고 한다. 현대의 거의 대부분의 사람들은 크거나 작거나 또는 공식적이거나 비공식적인 조직 안에서

조직인으로서 살아가고 있다고 해도 과언이 아니다. 조직 없이는 살 수 없을 정
도로 중요한 하나의 의도적 활동이며, 필수적인 현상이다. 예를 들면, 사람들은
원하는 목표를 이루기 위해 혼자서 모든 일들을 하기보다는 사람들을 모아서
사람들에게 목표를 이루기 위해 해야 할 일들을 나누어 수행하거나 서로 긴밀
한 협동을 하고 이를 효율적으로 만들기 위한 명시적 또는 암묵적 규정과 규율
을 정해서 업무를 수행해왔다. 이런 방법과 방식을 조직이라 부른다. 많은 학자
들이 다양한 관점에서 조직을 정의하고 조직의 유형을 분류해왔다.

　고전적 조직이론의 대표적 이론가인 Max Weber는 규범적인 성격에 많은
관심을 가지고 논의를 하고 있는데, 조직을 계속적이고 의도적인 특정한 종
류의 활동체계라고 하였다. 조직구성원에 초점을 두고 조직을 정의한 사람은
Chester I. Barnard[1]가 대표적인데, 그는 조직을 조정체제라고 보면서 '의식적으
로 조정된 2인 이상의 활동 또는 협동의 체제'라고 보았다. 한편 Amitai Etizioni[2]
는 구조적이고, 서술적인 관점에서 조직을 정의하고 있는데, 조직이란 일정한
환경 하에서 특정한 목표를 추구하며, 이를 위한 일정한 구조를 지닌 사회적 단
위라고 보고 있다.

　조직의 정의에서 볼 수 있듯이 조직은 목표 지향적이며, 분업과 통합의 합
리적 활동체계이며, 조직은 두 사람 이상으로 구성된 사회적 단위이다. 그리고
조직은 역할분담이나 권한배열과 같은 구조적인 측면과 관리나 변동과 같은 과
정적인 측면을 동시에 포함한다. 또한 조직은 경계가 있으며, 환경과 교호작용

---

1) Chester Irving Barnard(1886-1961), 미국의 경영인, 행정학자, 사회학자, 매사추세츠 출생,
　 1909년 미국전신전화회사(AT &T)에 입사하여 1927년 자회사인 뉴저지벨전화회사 사장이
　 되었다. 그는 기업계에서 물러난 뒤 록펠러 재단 이사장(1948~52)과 국립과학재단 이사장
　 (1952~54)을 지냈다. 저서로는 <관리자의 기능 Functions of the Executive>(1938), 〈조직
　 과 관리 Organization and Management>(1948)가 있으며, 조직의 협동을 강조했고, 관리자
　 의 주요 기능과 관리방식 등을 제시했다.
2) Amitai Etizioni(1929-), 독일출생의 미국의 사회학자, University of California, Berkeley 사
　 회학 박사, 컬럼비아 및 조지워싱턴 대학교 교수, 현재 조시워싱턴대 Communitarian Policy
　 Studies 연구소의 소장을 맡고 있다. 그는 사회경제학과 공산주의에 대해 탁월한 업적을 남
　 겼다. 총 24권의 저서를 편찬했는데, 그중 조직과 관련된 저서로는 <복잡한 조직의 비교분석
　 A Comparative Analysis of Complex Organizations>(1961), <현대조직 Modern Organizations>
　 (1964) 등이 있다.

을 한다. 즉, 조직은 환경에 영향을 주기도 하고 환경이 조직에 영향을 주기도 한다.

조직의 이러한 정의와 특징을 유추해볼 때 행정조직3)이란 일정한 행정목표를 달성하기 위해 분업과 통합의 활동체계를 갖춘 사회적 단위라고 할 수 있다. 행정조직은 민간조직과는 다른데, 민간조직에서 공급할 수 없는 공공재(public goods)를 공급하며, 복지국가의 출현, 정부기능의 확대 등으로 인력 및 예산에서 거대한 조직이며, 조직형태가 너무나 다원화(위원회, 공기업조직, 연구소 조직, 공단조직 등)되었다.

2. 조직의 유형

조직의 유형에 대해 많은 학자들이 나름대로 제시하고 있으나 대표적인 것을 살펴보면 다음과 같다. 첫째, Talcott Parsons4)는 조직의 분류기준을 AGIL이라는 용어를 사용하여 경제적 생산조직(목표달성기능, goal attainment), 정치적 조직(적응기능, adaption), 통합조직(통합기능, integration), 형상유지조직(잠재적 유지기능, latent maintenance)으로 분류하고 있으며, 사회의 모든 체제는 존립과 발전을 위해 이러한 기능을 수행해야 한다고 보았다. Amitai Etizioni는 상하 간의 복종관계를 기준으로 하여 강제적 조직, 공리적 조직, 규범적 조직으로 분류한다. 강제적 조직(coercive organization)은 강제수단을 사용하며 강제수용소, 교도소, 정신병원 등이 이에 속한다. 공리적 조직(utilitarian organization)은 보상수단을 사용하며 사기업, 경제단체, 농민단체 등이 속한다. 규범적 조직(normative

---

3) 행정조직은 국가행정조직(각 부처, 대통령 소속기관, 총리소속기관, 일선기관 등), 지방자치단체 및 공공단체조직(광역시, 시, 도, 군, 자치구 등), 정부투자기관(국영기업체, 정부출연기관, 한전, 각종공사 등), 국회·법원·선거관리위원회·헌법재판소 등의 조직 등으로 구분된다.

4) Talcott Parsons(1902-1979), 미국의 사회학자, 하버드대학교 사회관계학과 교수, 미국 사회학회 회장을 역임하였다. 그의 저서 〈사회체계 The Social System〉(1951)에서는 대규모의 사회에 대한 분석과 사회질서·통합·균형 등과 같은 문제들에 관심을 돌렸다. 그는 사회구조를 구성하는 각 요소는 상호 관련되어 있으며, 이것들이 상호작용하는 과정에서 전체 사회체계가 유지·발전된다는 구조 기능주의적 관점을 옹호했다.

organization)은 규범적 권력을 사용하며 종교단체, 이념정당, 대학병원 등이 이에 속한다.

3. 조직의 환경

조직환경(organization environment)이란 조직을 둘러싸고, 조직에 영향을 미치는 일체의 외부적 상황이다. 성격은 첫째, 조직환경은 끊임없이 변동하며, 둘째, 동일한 환경이라도 조직의 특성에 따라 다르게 작용하며, 셋째, 조직 자체가 환경을 변화시킬 수도 있다. 넷째, 조직환경은 일정 부분 통제 불가능한 측면이 존재하며, 다섯째, 조직환경은 조직에 영향을 미치기도 하며 조직으로부터 영향을 받기도 한다. 조직의 환경은 정적으로 고정되어 있지 않고, 현실에 있어서 항상 변화한다. 환경의 변화에 대해 Emery와 Twist는 네 가지의 유형을 전개하고 있다. 첫째, 정적·임의적 환경(placid-randomized)은 환경의 구성요소가 안정되어 있고, 무작위적으로 분포되어 있는 관계유형이다. 둘째, 정적·집약적 환경(placid-clustered)은 환경의 구성요소가 안정되어 있고, 비교적 불변적이지만, 목표나 그에 맞는 구성요소들이 일정방식으로 결합을 시도하며, 그 분포는 무작위적이 아닌 환경 유형이다. 셋째, 착란·반응적 환경(disturbed-reactive)은 동태적 환경, 즉 복수의 체제가 환경 속에서 상호작용하며, 경쟁하므로 각 체제는 서로 다른 체제의 반응을 고려해야 하는 환경유형이다. 넷째, 격동의 장(turbulent field)으로 이것은 매우 복잡하고, 격변하는 소용돌이의 환경유형으로 환경이 매우 복잡하여 구성요소들이 상호작용에 의해서 뿐만 아니라 환경 내에서의 토착적인 과정에 의해서도 변화가 발생한다. 이러한 상황에서는 예측이 곤란하고, 장기계획도 별로 의미가 없다. 조직은 환경에 적응하기 위해 내부구조에 신축성을 가진다.

조직발전(OD: organizational development)은 조직의 실속·효과성 및 건강도를 높이기 위한 조직전반에 걸친 계획된 노력으로 볼 수 있다. 다시 말하면, 체제 전반적인 발전과정으로 조직이 하나의 유기체로서 환경변화에 적극적으로 대처해나가는 능력을 키워주는 것이다. 조직발전에 있어서 인간에 대한 가정을 보면, 인간은 게으르고, 무책임하고 수동적으로 움직이는 것이 아니라 자기행위에 대해 책임을 지려고 하며, 자율적으로 행동하는 능동적이라고 본다. 즉, McGregor의 Y이론을 받아들인다. 그리고 조직체제가 생각하는 조직은 개방체제(open system)로 본다. 조직은 그 자체 생명을 지닌 유기체이며, 동적인 환경 속에서 순응하고, 적응해 나간다고 본다.

한편, 조직은 하나의 유기체이다. 따라서 복잡한 환경 속에서 생존하고 번성하기 위해서 지속적으로 익히고, 습득하고, 탐색하고 교정해 나가는 과정이 필요하다. 이러한 것을 조직학습(organizational learning)[5]이라 한다. 조직학습은 총체적이고 지속적이라는 점에서 계획된 변화를 추구하는 조직발전과는 다르다. 조직이 효율성을 달성하고 성공적으로 발전하기 위해서는 그 조직의 학습이 활성화되어야 한다. 그러기 위해서는 지속적인 학습기회의 창출, 학습을 공유할 수 있는 체제의 모색, 학습담당자로서의 인식, 폐기학습, 느슨한 조직구조 등이 필요하다.

4. 조직이론의 흐름

현재까지 일반적으로 합의되고 명확히 정의된 일반이론으로서의 조직이론은 존재하지 않는다. 이것은 조직이론이 시대에 따라 끊임없이 변화해야 하고, 다양한 학문적 배경을 가지기 때문이다. 새로운 조직이론이 많이 탄생하였고, 또 앞으로 계속해서 등장할 것이지만 조직이론의 발전을 설명하기 위해선 조직이론을 요약·정리할 필요가 있다.

조직이론은 1950년대 이후부터 본격적으로 연구되기 시작했다. 조직이론의 변천과정을 Herbert A. Simon과 J. March는 전통적 이론, 인간관계론, 의사결정론으로 설명하고, Dwight Waldo는 고전적, 신고전적, 현대적 이론으로 구분

5) 조직학습(organizational learning)과 유사한 개념으로 학습조직(learning organization)이라는 것이 있다. 학습조직은 조직학습보다 광범위한 개념이다. 학습조직에는 개인학습, '팀'학습, 조직학습이 포함되어 있다.

하며, Amitai Etzioni는 전통적 조직이론, 인간관계론, 구조론 등으로 구분한다. 그리고 Michael M. Harmon & Richard T. Mayer는 신고전이론, 체계이론, 후기 인간관계이론, 시장이론, 해석이론과 비판이론, 출현이론으로 나누어 설명한다. 여기서는 고전적 접근, 인간관계론, 신인간관계론, 시스템 이론, 상황이론 등으로 구분하여 설명하고자 한다.

1) 고전적 접근

고전적 접근은 미국의 경우 산업혁명 이후 근대적 산업조직의 급속한 팽창과 과학기술의 발달 등으로 인해 등장했다. 특히 기업조직이 발전하면서 관리와 조직행동이론이 발전하기 시작했으며 그 기본적인 출발점은 1900년대 초이다. 기업조직이 생산성을 높이고 노사문제를 해결하기 위해 기업가, 관리자, 학자들에 의해 주로 연구가 주도되었는데, 이와 관련한 일종의 이론을 고전이론이라고 불렀다. 이들의 기본적인 시각은 조직 내의 작업방법, 조직을 짜는 방법 등과 관련하여 가장 효율적인 유일한 방법이 있을 것이라는 전제하에 이러한 법칙들을 찾아내는 데 노력했다. 대표적 이론가들은 F. W. Taylor와 Henry Fayol 등의 과학적 관리론 계통과 Max Weber의 관료제론이 대표적인 이론이다.

(1) 과학적 관리(Scientific Management)

과학적 관리원칙을 제시하여 관리혁명을 주도한 Frederick W. Taylor[6]는 모든 일을 하는 데는 가장 좋은 기계가 있듯이 인간이 수행하는 일에도 최선의 업무방식(one-best way)이 있다고 믿었다. 모든 업무는 최선의 방법인 과학적 관리를 통해서 해야 한다고 생각했고, 과업을 조정하거나 통제하기 위한 더욱 효과적인 방법과 절차에 관하여 관심을 갖고, '관리원칙'을 설정했다. 네 가지 원칙은 첫째, 개인의 업무에 대해 과학적으로 발전(적정한 숙련개발)시킬 것, 둘

---

6) Frederick Winslow Taylor(1856-1915), 미국 펜실베이니아 필라델피아 출생, 하버드대학교 중퇴, 산업능률성을 추구한 엔지니어, 매니지먼트 컨설턴트, 과학적 관리의 아버지이다. 주요 저서인 〈과학적 관리의 원칙 The Princlples of Scientific Management〉(1917)에서 테일러주의라고 명명한 네 가지 원칙을 제시했다.

째, 노동자들을 선발하고 훈련할 때 과학적인 방법을 사용하라. 셋째, 노동자가 업무를 성공시키기 위해서는 정해진 방법으로 협력하라. 넷째, 관리자와 노동자의 과업과 책임감은 분리시킬 것 등이다. Taylor와 그의 동료들은 시간-동작 연구7)(time-motion study)를 통하여 업무를 분석하고 디자인하는 절차를 개발시키고, 또한 가장 효율적인 운동 패턴과 노동정렬을 개발했다. 따라서 테일러는 관리-노동관계를 개선하고 산업의 효율성과 환경을 개선하는 데 공헌하였으며, 그는 과업의 표준절차를 적용함으로써 인간 행태를 도구적으로 채택했고, 노동자를 합리적·경제적 인간으로 간주해 과업 생산량에 의한 금전적 유인에 의해 동기가 부여된다고 보았다. 그러나 비인간성과 노동자의 사기와 생산성에 미치는 심리적·사회적 요인의 과소평가로 비판을 받았고, 또한 주요한 보상으로 물질적인 것(금전)을 너무 강조했다. 조직분석의 선구적인 개념에 대한 그의 공헌은 의심의 여지가 없지만, 노동자의 복잡한 욕구를 너무 단순화시켰다는 점에서 비판을 받고 있다.

(2) Max Weber의 '이념형'(ideal type)으로서의 관료제(Bureaucracy)

Max Weber는 관료제를 그 이전에 유행했던 전통적이고, 카리스마적인 권위의 형태에 반대되는 것이다. 그의 관료제는 합법적·합리적인 권위의 형태로 발전시킨 것으로 매우 새롭고 바람직한 형태로 보았다. 이에 대해선 후술한다.

(3) 행정관리학파8)(Administrative Management School)

행정관리학파는 기획, 조직, 감독, 통제, 권위의 위임과 같은 관리 기능에 대한 일반적인 원칙을 개발하는 데 관심을 가진 부류이다. Luther Gulick은 관리의 근본적인 두 가지 기능을 업무의 전문화와 조정으로 보았는데, 업무의 전문

---

7) 시간동작연구(time-motion study)는 한 개의 작업 또는 연결된 작업의 여러 다른 동작을 수행하는데 사용되는 시간을 분석하여 생산성을 평가하는 연구이다. 시간동작연구는 20세기 초에 미국에서 시작되었고, 현재에는 작업의 표준화를 돕는 수단으로 사람과 장비의 결합방법 및 능률성을 점검하는 데 이용되고 있다.

8) 행정관리학파(行政管理學派)는 조직의 능률성을 기본적 가치로 채택하고 조직의 관리기능을 중시하면서 관리원칙들을 개발하는 데 관심을 가진 초기행정학의 한 학파이다. 여기에 해당되는 대표적인 학자로는 Henry Fayol, James Mooney, Luther Gulick, Lyndall Urwick 등이 있다.

화는 분명하게 정의된 구체화를 의미하고, 조정은 통제의 범위로 한 사람의 상관, 동질의 원칙을 통한 기술적 효율성을 의미한다. 행정관리학파의 주장은 관리자 역할의 중요성 강조에 대한 공헌은 크지만 조직분석에 너무 집중되어 있고, 현대조직에서 그들이 말한 원칙을 완전히 지킨 성공적인 조직은 없다고 보았다.

2) 인간관계론[9]

인간관계론이란 조직의 생산성 향상을 위하여 인간의 정서와 감정적 요인에 역점을 두는 관리기술 내지 방법에 의한 이론이라고 할 수 있다. 인간관계론은 '직원으로 하여금 집단의 구성원으로서 상호 생산적이고 협동적으로 잘 어울려 지낼 수 있도록 그들의 경제적·사회적·심리적 욕구를 충족시켜 주면서 직장의 전체적 정황(情況)에 통합시키는 작용'이라고 말한다. 따라서 인간관계론은 인간의 정서적, 감정적, 사회적 요인에 입각하여 인간을 관리하는 방법을 탐구하는 하나의 이론 내지 관리체계라 할 수 있다. 인간관계운동은 과학적 관리의 인간관을 비판하고 인간에 대한 적절한 동기부여를 시도함으로써 인간에 대한 새로운 관점을 제시하고 있다.

신 인간관계론(Neo−Human Relations): 신인간관계론은 과학적 관리와 인간관계론이 인간의 피상적인 상호관계에만 몰두하고 실제 인간의 본질적인 심층부를 파헤치지 못한 것으로 비판하면서, 인간의 내면적 세계를 보다 깊이 연구하고자 한 이론이다. 이러한 연구로는 McGregor의 X·Y이론, Maslow의 욕구계층제이론, Herzberg의 동기부여 이론, Argyris의 성숙−미성숙 이론 등이 있다. 이에 대해선 후술하고자 한다.

---

9) 인간관계론(human relations)에 대한 연구는 1920년대 후반에 이루어졌다. 미국의 서부전력 회사(Western Electric Company)의 시카고 호손(Hawthorne)공장에서 과학적 관리법이 과연 생산성을 증대시키는지 검증해 보려는 시도가 있었다. 하버드 대학의 E. Mayo와 F. Roethlisberger를 중심으로 1927부터 1932까지 장장 5년 여에 걸쳐 실험이 계속됐는데, 이 실험을 계기로 인간관계운동이 전개되었고, 이 운동은 조직연구를 하는 데 있어서 '인간, 비공식집단, 인간관계'에 대한 인식을 높여주었다. 호손실험은 모두 4단계의 실험으로서, 1단계는 조명실험, 2단계는 연계조립실험, 3단계는 면접실험, 4단계는 뱅크 배선 관찰실험이다.

3) 시스템이론

제2차 세계대전 후 생물학자인 Ludig von Bertalanffy[10]가 과학과 사회가 발전할수록 여러 학문분야 간의 교류가 증진되어야 한다며 모든 분야를 통합할 수 있는 공통적인 사고의 틀로서 제시한 것이 시스템이론이다. 시스템(system)[11]에 대해 고전이론이나 인간관계론은 조직을 '폐쇄시스템'(closed system)으로 전제하고 내부구성원에만 초점을 두고 있으나 정부조직은 '개방시스템'(open system)으로써 외부와의 관계 속에서 존재하기 때문에 외부의 자원, 에너지, 정보를 받아들이고 전환시켜 재화와 서비스 형태로 외부에 산출하고 이를 다시 피드백시켜 환경과의 균형을 유지한다.

4) 상황적 접근

상황이론은 조직이 잘되기 위해서는 조직 내의 하위시스템 간의 '적합과 조화', 그리고 조직과 환경과의 적합 관계가 이루어져야 한다는 것이다. 특히 상황이론에서는 조직유효성에 중요한 영향을 미치는 것이 조직구조라고 보기 때문에 조직구조와 환경, 구조와 기술, 구조와 규모와의 관련성을 중점적으로 다루어 왔다. 상황이론의 관점에서 보면 조직의 형태나 관리방법은 조직의 기술, 규모, 환경 등에 따라서 '가장 적합하고 합리적인 방식'이 여러 개 존재할 수 있는 것이며, 테일러의 표준화 방식, 베버의 관료제 방식처럼 동서고금을 통해 유일하게 합리적인 방식이 존재하는 것은 아니라는 것이다. 상황이론은 글자 그대로 탁상공론이 아니라 실제 조직 세계의 '현장상황'을 중심으로 연구하는 것이기 때문에 이론과 실무를 연결시켜 유효성을 높일 수 있는 실제적이고 실무적인 대안을 제공했다는 평가를 받고 있다.

---

10) Ludig von Bertalanffy(1901‒1972), 오스트리아 비엔나 출생, 생물학자, 일반체제이론의 선구자이다. 비엔나대학, 런던대학, 남가주대학, 캘리포니아주립대학 등에서 교수를 역임하였다.
11) 시스템(system)이란 라틴어의 Systema(여러 개의 조합)에서 온 말로 두 개 이상 여러 개의 단위가 서로 연결되어 상호작용하며 하나를 이루고 있는 것을 말한다.

제2절 조직의 미시적 차원

1. 개인특성 및 인간관

개인의 특성은 가치, 태도, 인지, 속성, 성격 등으로 다양하다. 문제는 이를 얼마만큼 조직성과에 부합시키느냐이다. 개인의 특성에 대한 각각의 개념을 파악하고자 한다.

첫째, 가치(values)는 '사형'이 옳다 혹은 나쁘다, '낙태'가 옳다 혹은 그르다 등 사람마다 찬성 혹은 반대가 다르다. 이와 같이 사람들이 세계 및 사물 그리고 사건을 바라보는 신념체계를 가치라고 할 수 있다. 즉, 이것은 옳고 그름 혹은 선하고 악한 것 등의 도덕적 판단기준이다.

둘째, 성격(personality)은 인성(人性), 개성(個性), 성질(性質), 성품(性品) 등으로 다양하게 불리고 있다. 인간을 육체와 정신으로 나눈다면 한 인간의 정신세계는 남에게 드러내 보인 부분과 속에 내재된 부분이 있는데, 이러한 내재된 성질, 잠재된 근원, 고정적인 특성들을 성질이라고 한다면 여기서 비롯된 것이 '성격'인 것이다. 이러한 성격의 결정요인은 선천적 '유전'요소와 후천적 '취득' 요소가 누적되어 있다고 볼 수 있다. 전자는 유전요인, 성(性), 신체구조, 신경, 정서 등을 말하고, 후자는 지난 경험, 사회문화, 가치관, 교육, 가정 등을 통해서 얻어지는 것이다.

셋째, 태도(attitude)는 어떤 사람 혹은 사물에 대해 좋다·나쁘다의 반응이다. 또 어떤 환경으로부터 자극에 대하여 반응하려는 상태를 의미한다. G. W. Allport에 의하면 태도란 어떤 대상에 대해 지속적으로 호의적 또는 비호의적으로 반응하려는 학습된 사전적 경향이라고 정의한다.

이러한 개인의 특성은 조직구성원의 직무태도 및 그의 근무업적 등과 밀접한 관계가 있다. 따라서 조직구성원들의 가치, 성격, 태도 등을 잘 파악하여 그것을 어떻게 긍정적으로 변화시킬 수 있을지에 관심을 가지고 조직을 파악해 보는 것이 필요하다.

조직에서 개별적 인간을 바라보는 시각 또한 다양하게 연구되었다. Douglas McGregor[12])에게 있어서 관리모델은 과연 인간이 어떤 것인가에 대한 물음, 즉 인간본성에 대한 기본적인 신념과 가설에서부터 출발한다. 그는 인간관에 대하여 상이한 두 가지 견해인 X이론에 의한 인간관과 Y이론에 의한 인간관을 설정해 설명하고 있다.

X이론은 인간을 성악시하여 그들이 근로와 책임을 회피한다고 본다. 따라서 X이론에 의해서 리더십을 펴나갈 경우, 강제와 협박 그리고 엄격한 감독 및 세심한 간섭 등이 뒤따른다. 그러나 모든 조직상의 인간을 경제적인 욕구에만 의해서 움직이는 경제적 동물로 보고, '당근과 채찍'(carrot & stick)으로써 그들을 다루려 할 때 거기에는 많은 문제점이 야기되며 종업원 간의 적의와 비협조가 수반된다. Y이론은 인간은 자기충실인이고, 자기제어인이기 때문에 자신의 개인적 목적 실현을 위하여 조직목적에의 공헌을 스스로 이행해 나간다. 따라서 조직과 개인 간 목적의 통합원리(principle of integration)가 실현된다. 그리고 이러한 원리가 무리 없이 지켜질 때 조직성과는 바람직하게 된다.

McGregor는 궁극적으로 Y이론지향에서 조직의 효율성을 찾으려고 하지만, 종업원들의 인격특성이나 교육 정도에 의해서 X이론의 지향이 보다 효과적일 수 있다는 데에서 소위 상황적 사고(situational thinking)가 채택될 것을 암시하고 있다. 비록 X·Y이론이 양극단에 기초를 두고 단순하지만, 관리형태와 전략에 영향을 주는데, 동일한 철학을 갖고 있다. 두 견해는 특정한 행동스타일에 대한 관리자의 본성적인 성향을 나타낸다. 업무가 고도의 만족 혹은 다양한 종류의 업무를 요하는 것, 문제해결 요소, 산출을 양적으로 측정하기 곤란한 것 등은 비공식적이고 참여적인 접근법이 더욱 효과적이다. 그것은 참모의 높은 도덕적 수준이 필요하다. 여러 가지 면에서 이것은 과학적이고, 기술적이고, 전문적인 성질의 업무에 적용될 수 있다. 이 경우 Y이론 접근법이 가장 적절하다. 그러나 비록 관리자가 Y이론에 대한 기본적인 신념을 가지고 있다손 치더라도 X이론

---

12) Douglas McGregor(1906－1964), 미국 디트로이트 출생, 심리학자 및 경영학자로 인간관계학파의 중심 인물이다. X·Y이론 제창, 하버드대학교 심리학 박사, 매사추세츠공대 경영학교수를 역임하였다. 저서로 〈기업의 인간적 측면 The human side of Enterprise〉(1960)이 있다.

을 채택하는 것이 필요하고 더욱 적절한 경우가 있다. 업무의 성질이 높은 수준의 욕구를 만족시키기 위해 관리의 독자적인 스타일이 최고다. 어떤 직무는 편협하게 설계되고 업무의 예측력이 높고, 생산을 정확하게 측정할 수 있다. 긴급한 상황, 시간의 부족, 정확하게 측정되는 업무, 권위를 사용하여 가까이 있는 일을 지시해야 할 때에는 X이론이 더 효과적이다.

Z이론[13]은 자유방임형, 비조직형으로 설명된다. 이것은 X이론을 독재형, Y이론을 민주형으로 지칭하는 데 대한 것으로 변동하는 환경 속에서 존재하는 조직과 집단 그리고 사람은 변동한다는 사실을 객관적으로 파악하여 그에 대응하는 관리전략을 펴야 한다고 주장한다. 그러나 이러한 방임형 조직행태가 항구적인 것인지, 일시적인 것인지 분명한 의견을 밝히지 않고, Z이론에 대한 구체적인 내용 혹은 가정에 대해서도 별로 언급이 없다. 구체적인 조직 및 집단 그리고 개인의 고유한 필요를 객관적으로 파악하여 거기에 융통성 있게 대응해야 한다는 것이 Z이론의 입장이다.

2. 동기부여이론

1) Abraham H. Maslow[14]의 욕구계층제 모델

Maslow는 인간의 내재적 욕구를 충족시키기 위해서 동기가 부여된다고 보았다. 특히 Maslow는 인간은 첫째, 자신의 행동에 영향을 줄 수 있는 욕구가 필요하며, 둘째, 욕구에도 우선 순위가 있으며, 셋째, 하위의 욕구가 충족되면 상

---

13) Z이론은 미국 William Ouchi 교수가 제창한 이론으로 X·Y이론의 절충형이다. 제2차 세계대전 이후 눈부신 경제성장을 이룬 일본기업들의 경영방식(J타입)의 장점을 미국식 경영방식(A타입)의 장점에 조화시키고자 하는 이론이다. 일본기업 경영특징인 장기고용, 순환근무제, 상호신뢰를 바탕으로 한 집단적 의사결정을 통한 생산성 향상 등의 장점을 미국기업의 특징인 관리시스템과 데이터와 전문화에 의한 경영, 개인책임 등의 장점과 함께 결합시켰다.
14) Abraham Harold Maslow(1908-1970), 미국의 심리학자, 철학자, 미국 뉴욕 출생, 1937년 브루클린대학교 교수이다. 1951년 매사추세츠의 브랜다이스 대학교 심리학과 교수를 역임, 주요 저서로는 〈동기와 성격 Motivation and Personality〉(1954), 〈존재의 심리학을 향하여 Toward a Psychology of Being〉(1962)가 있고, 1971년 그의 사후 논문을 모아 〈인간의 성격에 대한 심층접근 The Farther Reaches of Human Nature〉이라는 제목으로 출판되었다.

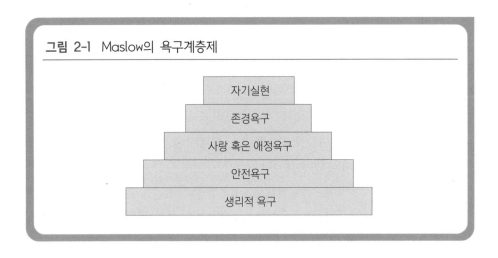

그림 2-1 Maslow의 욕구계층제

자기실현

존경욕구

사랑 혹은 애정욕구

안전욕구

생리적 욕구

위의 욕구충족을 위해 동기가 부여된다는 가정을 제시하였다. Maslow는 이러한 가정 하에 욕구를 다섯 계층으로 구분하고 있다. 생리적 욕구(physiological needs), 안전욕구(safety needs), 사회적 욕구(social needs), 자기존경욕구(self-esteem needs), 자기실현의 욕구(self-actualizing needs) 등이다. Maslow의 이러한 욕구 계층제 이론은 간단하면서도 명료하기 때문에 많이 인용되며 찬사도 받았지만, 인간의 욕구가 Maslow의 주장처럼 고정되어 있는 것이 아니라 상황에 따라 변화하며, 두 가지 이상의 욕구가 한 개인에게서 동시에 작용할 수 있다는 점 등의 비판이 제기되고 있다.

2) Clayton Alderfer[15]의 변형된 욕구계층제

Alderfer는 Maslow의 5단계 욕구수준을 3단계로 수정한 이론을 제시했는데, 이 3단계의 욕구란 생존욕구(existence need), 관계욕구(relatedness need), 성장욕구(growth need)를 말하는 것으로 머리글자를 따서 E·R·G이론이라 한다. 이 이론은 Maslow가 한 단계 욕구충족이 되어야 다음 단계로 갈 수 있다고 보

---

15) Clayton Alderfer, 미국의 심리학자, 조직심리학분야에 공헌하였고, 1980년대 체제 내에서의 집단 간의 관계이론을 제안했다.

앉는 데 비해, 욕구만족의 좌절 및 퇴행과정도 있다고 보았다. 그리고 Maslow 는 다섯 가지 욕구 중에서 우세한 욕구가 지배적으로 활성화된다고 주장하지 만, Alderfer는 일정한 시점에서 세 욕구의 강조가 상이하긴 하지만, 하나 이상 의 욕구가 동시에 작용되거나 활성화 될 수 있다고 본다. Maslow는 인간의 욕 구는 무의식 수준에서 다루어야 한다고 보지만 Alderfer는 설문지와 면접 등을 통해서 욕구를 연구할 수 있으며, 조직에서 인간의 욕구를 의식수준에서 다루 었다.

3) Frederick I. Herzberg[16]의 2요인이론

Herzberg의 동기부여·위생요인이론이라고도 하며, 이것은 종업원의 작업 태도를 알아보기 위해서 직무만족요인에 대한 실증적 고찰을 해본 결과, 종업 원의 모티베이션 요인에는 만족요인(satisfier)과 위생요인(hygiene factor)이 있다 고 했다. 전자는 종업원에게 좋은 느낌을 주게 하는 요인들로서 이것은 직무의 내용에 관계되는 동기요인이고, 후자는 종업원에게 좋지 못한 느낌을 일으키는 요인들로서 이들은 직무의 주변적인 측면, 즉 직무환경과 지극히 밀접한 관련 을 갖는다는 것으로 불만족(dissatisfied) 요인이라는 것이다. 전자는 종업원에게 좋은 느낌을 주게 하는 요인들로서 이것은 직무의 내용에 관계되는 것들이고, 후자는 종업원에게 좋지 못한 느낌을 일으키는 요인들로서 이들은 직무의 주변 적인 측면, 즉 직무환경과 지극히 밀접한 관련을 갖는다는 것이다. 위생요인(불 만족요인)이 만족되면 불만족이나 생산제한은 없어지나 그것은 개인을 보다 고 도의 성취나 능력의 향상을 위한 동기부여를 하는 데 거의 도움이 되지 않는다. 그러나 동기부여의 요인이 만족되면 개인은 성숙한 방법으로 성장하고 발달하

16) Frederick Irving Herzberg(1923-2000), 인간관계학파, 피츠버그대학교 심리학 박사, 유타대학 교 교수, 경영학 분야에 탁월한 심리학자(경영심리학자)이다. 그의 주요 저서인 〈The Motivation to Work〉(1959), 〈二要因理論 Two Factor theory〉(1959)에서 Job Enrichment (직무충실화)와 Motivator-Hygiene Theory(동기-위생이론)를 소개함으로써 유명해졌다. 그 의 저술 중 가장 큰 주목과 평가를 받은 것은 1968년 〈하버드 비지니스 리뷰〉에 실린 논문 인데, 이 논문은 〈종업원에 대한 동기부여 방법 One More Time: How do you motivate employees?〉이란 제목으로 다시 인쇄되어 100만 부 이상 팔려 리뷰에 게재된 논문으로 가장 큰 인기를 끌었다.

여 능력의 향상을 보인다. 따라서 만족요인을 중심으로 동기부여를 전개하는 것이 종업원의 직무만족을 위해서나 장기적 생산성 향상을 위해서 필요한 것이다. 이 경우 직무충실화(job enrichment)를 기해서 종업원에게 창의적인 직무를 할당하는 것은 대단히 바람직한 일이다.

4) David McClelland[17]의 성취동기이론

McClelland는 학습개념에 기초한 동기부여이론을 제시했다. 그는 개인이 갖는 욕구들은 성취동기(the achievement motive), 친교욕구(the affiliation motive), 권력동기(the power motive)로 구분하고 있다. 성취동기란 우수한 결과를 얻기 위해 높은 기준을 설정하고 이를 하려고 하는 것이다. 권력동기는 타인의 행동에 영향력을 미치거나 통제하려는 것으로 권력동기가 강한 사람은 다른 사람에게 영향력을 행사하거나 통제하려는 생각으로 시간을 보내며, 논쟁은 물론 타인의 행동변화를 촉구하기 위해 자신의 영향력을 행사하려는 것이다. 친교동기는 자기의 의사결정이나 강력한 성취욕보다는 타인과의 따뜻하고 친근한 관계를 유지하려는 것에 많은 시간을 할애하는 것이다. 이와 같은 세 가지 동기수준 중에서 McClelland는 성취동기를 집중적으로 연구하였는데, 그는 개인의 성취동기 수준을 측정하여 이를 중심으로 적합한 목표설정과 환류 그리고 집단구성 등의 개인의 작업환경을 조성해가면서 개인의 성과지향적 동기행동을 기르고 목표 수준도 점차적으로 높여 감으로써 개인의 성취동기를 상위수준으로 개발할 수 있다고 주장하였다.

---

17) David Clarence McClelland(1917-1998), 미국의 행동심리학자, 사회심리학자, 예일대 실험심리학 박사, 하버드 및 보스턴대학교 교수를 역임했다. 그의 저서 〈성취사회 The Achieving Society〉(1961)에서 인간의 욕구는 세 가지 욕구(성취욕구 N-Ach, 권력욕구 N-Pow, 친교욕구-Affli)로 구성되어 있으며, 욕구방식에 따라 동기화되어야 한다고 주장하였다.

5) Chris Argyris[18]의 성숙-미성숙이론

Argyris에 의하면 개인이 미성숙한 어린이에서 성숙한 어른으로 성장하는 과정에서 개인의 퍼스낼리티(personality)는 7가지 차원에서 변화가 일어난다고 주장하고, 이러한 변화를 통해 인간의 퍼스낼리티가 미성숙 상태에서 성숙 상태로 발전한다고 주장하였다. 여기서 전통적 관리에서는 사람을 미성숙아로 보고 과업지향적인 리더십을 펴는 경우가 많았다고 기술한다. 이것은 인간을 X인간형으로 보는 입장과 동등하며 인간의 자주성이나 창의성을 도외시한다. 이러한 것은 성숙된 퍼스낼리티의 욕구와 전통적인 관리양식에 의한 리더십 간에는 갈등이 일어나지 않을 수 없다. 따라서 바람직한 조직 관리는 개인과 조직 간의

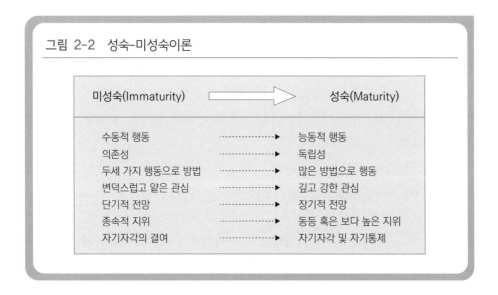

그림 2-2 성숙-미성숙이론

미성숙(Immaturity)		성숙(Maturity)
수동적 행동	┄┄┄┄►	능동적 행동
의존성	┄┄┄┄►	독립성
두세 가지 행동으로 방법	┄┄┄┄►	많은 방법으로 행동
변덕스럽고 얕은 관심	┄┄┄┄►	깊고 강한 관심
단기적 전망	┄┄┄┄►	장기적 전망
종속적 지위	┄┄┄┄►	동등 혹은 보다 높은 지위
자기자각의 결여	┄┄┄┄►	자기자각 및 자기통제

18) Chris Argyris(1923-), 미국 뉴저지 출생, 행동과학자, 경영학자, 학습조직 연구로 두각을 나타냈다. 하버드 비즈니스 스쿨 명예교수, 예일대학교 교수를 역임했다. 주요 저서는 〈개성과 조직 Personality and Organization〉(1957)인데, 행동과학의 입장에서 경영조직론을 전개하여 개인과 조직의 통합을 탐구함으로써, 조직에 있어서 인간소외의 극복을 지향하였다. 조직의 미래론으로서 관료제의 조락(凋落)을 지적하고, 현대는 조직 속에서의 인간회복을 위한 여명기에 해당한다고 주장하였다.

이와 같은 갈등을 제거시킬 수 있는 방안이 강구되어야 한다. 이를 위해서는 종업원이 조직의 목적달성을 위해서 일함과 동시에 제각기 개인과 집단의 일원으로서도 욕구를 충족시키면서 성숙한 삶의 기회를 가질 수 있도록 관리를 해야 한다. Argyris는 그 방안으로 직무확대(job enlargement)와 참여적 리더십(participation leadership)을 주장하였다.

3. 집단과 리더십

리더십은 '다른 사람들로 하여금 따라오도록 하는 것'(getting others to follow) 혹은 '사람들이 기꺼이 무엇을 하도록 하는 것'(getting people to do things willingly) 이다. 또 '조직의 의사결정에 있어서 권위의 사용'(the use of in decision making) 으로 볼 수 있으며, 퍼스낼리티의 기능, 행동, 카테고리로 볼 수 있다. 또한 리더의 역할과 다른 사람에 의한 효과적인 업무수행의 능력으로 볼 수 있다. 또한 리더십은 동기부여, 인간의 행태, 커뮤니케이션 과정으로 볼 수 있다. 또한 효과적인 권한이양의 과정을 포함한다. 리더십은 동태적인 과정이고 좋은 리더십 관리는 팀워크(team work)를 개발시키고 개인과 집단 목표를 통합하는 데 도움을 준다.

리더십 유형에 대해 Ralph White와 Ronald Lippitt(1968)는 참여와 결정기준에 따라 권위형, 자유방임형, 민주형으로 분류하고 있다. 첫째, 권위형(authoritarian type)으로 지도자가 중요한 결정을 혼자 내리고 부하로 하여금 이에 따르게 하는 유형이다. 권위형은 리더와 성원과의 관계가 수동적이며, 냉담·공격적이다. 둘째, 자유방임형(laissez-faire type)은 구성원들에게 자유재량을 최대한도로 인정하는 유형이다. 리더는 참여하지 않고, 모든 집단에게 완전한 자유를 허락한다. 리더와 성원과의 관계가 무관심적이고, 냉담 혹은 초조의 집단행위를 나타낸다. 셋째, 민주형(democratic type)은 집단참여와 토의, 조언적인 역할을 강조하는 것으로 정책문제와 절차는 집단적으로 결정되고 칭찬하고 비판하는 면에 있어서 객관적인 자세를 견지한다. 리더와 구성원의 관계는 호의적이며, 응집력이 강하고 안정적인 조직을 갖춘다. 한편 생산성에 있어서는 민주형이 가장 생산적이고, 권위형이 중간, 자유방임형이 가장 비생산적임을 알 수 있다. 리더는 공식적으로 임명되거나 선출되고 비공식적으로 선택되며 자연적으로 상황과 요구에 따라 나타날 수 있다. 특히 조직 내 리더십 영향은 리더가 다른 사람에게 행사할 수 있는 권력행태에 의존적이다. 권력행사는 다양한 사람들이 어떻게 다른 이들의 행태와 행동에 영향을 주는가를 설명하는 사회적 과정이다.

결국 권력의 원천(기반)은 리더의 영향력에 대한 부하의 인식에 토대를 두고 있으며, 리더십은 행태의 동태적인 형식이고, 수많은 변수를 갖게 된다. McGregor는 주요한 변수 네 가지를 들고 있는데, 첫째, 리더의 성격(특성), 둘째, 추종자의 태도, 요구, 다른 개인적인 특성, 셋째, 조직의 목적, 구조, 수행하는 일과 같은 조직의 본질, 넷째, 사회적·경제적·정치적 환경 등이다. 리더십은 복잡하고 다양한 성질 때문에 리더십을 분석하는 데 많은 방법이 있다. 리더십에 관한 몇 가지 이론을 소개하면 다음과 같다.

1) 성격특성이론

리더는 태어나는 것이지 만들어지는 것은 아니다. 리더십은 타고난 특성, 성격, 인격이고, 리더는 부하와 구별되는 특별한 것이라고 보는 것이다. 이것은 업무 자체가 아닌 업무를 담당하고 있는 사람에 관심을 둔다. 리더십은 훈련에 의해서가 아니라 선택적으로 리더에게 주어져 있다고 가정한다. 리더십의 공통적인 특성에 관한 많은 연구가 있었지만 리더가 공통적으로 가지는 퍼스낼리티, 물리적·정신적 특성의 발견은 거의 없다. Ralph M. Stogdill은 공통적인 리더십의 특성으로 지성, 학문적 능력, 책임감, 독창성, 사교적인 능력, 사회·경제적 신분 등이 있다고 연구하고 있다. 이 접근법은 '좋고 성공적인 리더'(good and successful leader)의 결정은 주관적인 판단일 수밖에 없다는 점, 일련의 자질은 매우 많고, 많은 특성 혹은 중요한 특성에 대한 불일치가 있다는 점, 리더가 생래적 혹은 만들어지는 것이냐, 기술이냐 혹은 과학이냐 등을 구분하기보다는 이것은 상호 배타적인 선택이 아니라는 점이다. 비록 좋은 리더로서 어떤 타고난 자질이 있다 하더라도 천부적인 재능을 장려하고 개발하는 것이 중요하다.

2) 리더의 행동이론

만약 특성이론이 타당하다면 리더는 기본적으로 타고난다고 볼 수 있다. 그러나 효과적인 리더가 되는데 필요한 구체적인 행동유형이 있다면 우리는 리더를 교육할 수 있다. 즉, 교육프로그램을 설계하여 효과적인 리더가 되고자 하는 사람들에게 그와 같은 행동패턴을 가르칠 수 있다. 리더의 행동유형은 연구대상으로 하였던 많은 연구가 있었는데, 그중 오하이오 대학과 미시간 대학의 연구와 관리망에 대한 논의를 하고자 한다.

첫째, 오하이오 주립대(Ohio State University)의 연구이다. 여기서는 리더의 행동에 관하여 여러 가지 차원에서 분석하고 있는데, 연구결과 리더의 행동을 성명할 수 있는 두 개의 행동범주로 요약할 수 있는데, 구조주도(initiating structure)과 배려(consideration)이다. 전자는 리더가 집단의 목표를 달성하기 위해 하위자의 역할을 규정하고 구조화하는 정도를 말한다. 후자는 상호신뢰, 하위자의 의견존중, 하위자들의 감정에 대한 배려 등의 특징을 가지고 있는 직무상의 관계성 행동을 하는 정도를 말한다. 여기서 구조주도형은 과업지향형이고, 배려주도형은 인간관계지향이다. 결국 가장 훌륭한 리더는 높은 구조주도와 높은

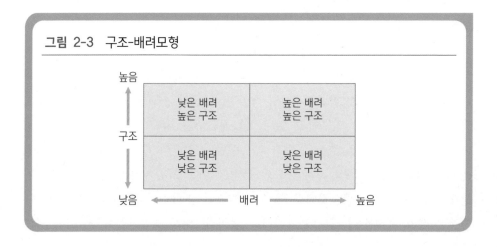

그림 2-3 구조-배려모형

배려형을 같이 병행시키는 관리자인 것으로 개인의 필요를 충족시키기 위하여 이 두 요소 간에 균형이 필요하다고 보았다.

둘째, 미시간 대학(University of Michgan)의 리더십 연구이다. Rensis Likert[19]는 부하중심형(employee-centered)과 생산중심형(production-centered supervision)으로 분류하고 '생산중심형'은 생산과정, 기술문제, 목표달성과 관련이 있고, '부하중심형'은 상호협조, 충고, 의사소통관리와 관계가 있다. 미시간 대학의 연구에서는 효과적인 감독의 네 가지 공통적인 특성으로 권한의 이양과 세밀한 감독의 회피, 부하에 대한 관심, 참여에 의한 문제해결, 업무수행에 대한 확실한 기초확립, 종업원 중심과 생산중심이 서로 균형을 유지해야 한다는 것이다.

셋째, 관리망(ledership grid 혹은 managerial grid)이다. Robert R. Blake와 Jane Srygley Mouton은 생산에 대한 관심(concern for production)과 사람에 대한 관심(concern for people)으로 나누고 리더십 스타일을 비교·고찰한다. 생산에 대한 관심은 관리자가 처리 중에 있는 과업을 완성하고, 높은 수준의 생산을 이루고, 결과 혹은 이익 증진에 초점을 맞춘다. 인간에 대한 관심은 리더가 부하와 동료

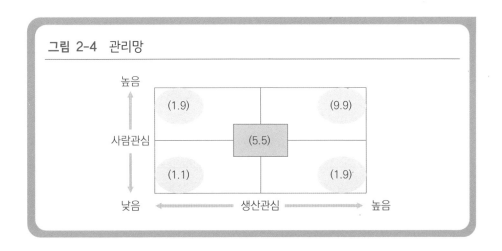

그림 2-4 관리망

19) Rensis Likert(1903-1981), 미국 와이오밍 주 출생, 콜럼비아대 심리학 박사, 조직심리학자, 뉴욕대 및 미시간대 교수를 역임했다. 관리 스타일에 관한 조사, 연결핀이론, 사회심리학 분야의 태도측정법인 Likert Sacle를 개발하였다. 저서는 〈관리의 새형태, New Pattern of Management〉(1961) 등이 있다.

를 개별적으로 보고 그들의 욕구와 기대를 중시한다. Blake와 Mouton은 관리스타일에 영향을 미치는 요소로서 조직, 가치, 개인적 역사, 기회 등을 제시했다. 이들은 (9.9)스타일이 최선의 관리방식으로 제안했고, 조직에서는 생산에 대한 관심과 사람에 대한 관심이 높은 (9.9) 관리스타일을 지향하는 집단동태성에 기초한 조직발전 프로그램을 고안했다. 그러나 이 리더십 유형은 설명하고 분류하는 데 매우 유용한 도구라고 할 수 있지만 그렇다고 해서 이 그리드(Grid)가 모든 리더십 유형을 잘 설명해 주는 것은 아니다. 즉, 리더란 그들의 능력이나 훈련 정도, 기업의 환경, 여타 다른 상황에 의해서 크게 달라질 수 있다는 것이다. 상황적응적 리더십 모형이 등장하게 된 이유도 여기에 있다.

(1.1) 빈곤형(Impoverished management): 팀 리더의 생산과 사람에 대한 관심이 최저, 단지 팀 리더는 목표를 달성하고 그룹을 유지하는데 최소한의 노력

(9.1) 권위복종형(Authoryty−obedience): 팀 리더는 사람에 대한 관심은 약하지만 생산에 대한 관심은 극대, 권력집중과 권위에 의존, 운영의 효율성은 간섭과 통제로 업무의 작업조건을 배열

(1.9) 친목형(Country club management): 팀 리더는 생산에 대한 관심은 약하지만 사람에 대한 관심은 최대, 조직원들의 욕구만족을 위해 배려와 관심을 가짐, 안락하고 다정한 조직분위기와 작업속도, 요구한 양만을 업무수행, 합리적인 수준의 성과 달성

(5.5) 중간형(Organization man management: 절충형): 팀 리더의 생산과 사람에 대한 관심은 보통수준, 조직원의 만족수준과 도덕성 차원에서 작업조건과 적절히 균형을 맞추어 조직성과를 달성

(9.9) 팀장형(Team management: 단합형): 팀 리더는 사람과 생산에 대한 관심을 최대화, 조직의 목표에 의한 개인의 욕구를 만족시킬 상황을 창조, 부하와의 대화 및 행동의 자유부여

3) 리더십의 상황이론

리더십 특성 이론이나 리더 행동이론의 연구에서 일관된 결과들을 얻을 수 없었기 때문에 상황적인 영향에 새로운 초점을 두게 되었다. 즉, 조직관리자 행태의 성격에 영향을 미치는 요소로서 상황을 중시했는데, 효과적인 리더십을 결정하는데 상황적인 요소를 강조했다. 리더십 유형과 효과성과의 관계는 a상황에서는 x유형의 리더십 유형이 적합하고, b상황에서는 y가, c상황에서는 z가 적합하다는 것이다. 이에 대한 연구가 많이 이루어지고 있으나, 그 중 대표적인 Fred E. Fiedler의 이론을 소개하고자 한다. 피들러는 리더십 스타일을 업무중심형(task-oriented style)과 직원중심형(employee-oriented style)으로 구별하였는데, 그 분류를 하기 위해서는 그는 'LPC(least preferred co-worker: 최소한 일을 같이 하고 싶어하는 동료)에 대한 평가'라는 독특한 예측방법을 사용하였다. LPC에 대한 평점을 높게 주는 지도자일수록 피들러는 직원중심형의 지도자로 보았고, 반대로 LPC에 대한 평점을 낮게 주는 지도자일수록 업무중심형의 지도자라고 보았다. 피들러에 의하면 리더-부하관계가 더 정적인 것일수록, 직무활동이 보다 고도로 구조화될수록, 지위권력이 더 크면 클수록, 리더의 영향력은 그만큼 더 커진다는 것이다.

4) 변혁적 리더십 이론

전통적으로 리더십에 대한 연구가 주로 리더와 부하의 거래적 관계를 강조했다고 한다면 현대적 리더십에서는 리더의 역할이 부하들의 가치, 신념, 태도 등의 변화에 영향을 줄 수 있는 리더십으로 확장해 나간다. 그 대표적인 리더십이 변혁적 리더쉽이다. Bass & Avolio(1990)는 변혁적 리더십의 요인을 카리스마적 리더십, 영감적 리더십, 개별적 배려, 지적 자극으로 나누고 있다. 카리스마적 리더십은 리더가 현재 처해 있는 어려움을 타개해 나감을 부하들에게 보여줌으로써 부하들이 집단이나 조직에 대한 자긍심과 신념을 심어주는 것이다. 영감적 리더십은 리더가 부하들에게 도전적 목표와 미래의 비전을 지속적으로 가질 수 있도록 격려하는 것이다. 개별적 배려는 리더가 부하들에게 관심을 개별적으로 가지고 부하들이 추구하는 요구사항과 부하들의 지속적인 발전을 위한 조력자의 역할을 하는 것이다. 지적 자극은 리더가 부하들이 관습적이고 형식적인 행태와 사고를 벗어나 새로운 관점에서 문제에 접근할 수 있도록 해주는 것이다.

4. 권력과 갈등관리

권위(authority)나 권력(power)은 조직구성원들이 유형화된 상호작용을 하기 위해 필요한 지배구조의 요소들이다. 조직에는 명령하는 자와 복종하는 자가 있게 마련이다. 명령과 복종 사이에 질서가 유지되기 위해서는 조직구성원들 간의 지배나 통제의 구조가 요구된다. 권위는 조직의 규범에 의하여 그 정당성이 승인된 권력이며, 권력은 개인 또는 조직단위의 행태를 좌우할 수 있는 능력이다. 따라서 권위는 권력의 일종이라고 볼 수 있다.

권력에 대한 논의는 French & Raven이 분류한 다섯 가지 권력유형을 소개한다. 첫째, 보상적 권력(reward power)은 리더의 지시에 순응할 수 있는 보상을 갖고 있기 때문에 따르는 부하의 인식에 토대를 두며, 임금, 승진, 칭찬, 인정, 책임감, 증진, 업무의 할당과 배분, 특혜부여 등이 해당된다. 둘째, 강제적 권력(coercive power)은 공포에 기반을 두고, 리더는 지시에 따르지 않고, 바람직하지 못한 결과를 내는 부하에게 처벌을 내리는 능력을 가진다. 임금상승, 승진특권의 억제, 공식적인 비난 혹은 해고, 우정·지원 중단 등이다. 셋째, 합법적 권력(legitimate power)은 조직 내의 리더의 직위와 역할 때문에 리더가 영향력을 행사할 권리를 가진다고 보는 부하의 인식에 근거, 권위에 토대를 두어 다른 사람과 개인적인 관계에서가 아니라 지위권력에 복종하는 것이다. 넷째, 준거적 권력(referent power)은 리더에 대해 부하가 인정(선망)에 토대를 두고, 리더는 매력, 개인적 특성, 평판, 소위 카리스마 등으로 영향력을 행사한다. 다섯째, 전문적 권력(expert power)은 리더가 주어진 분야에서 전문적인 지식과 전문성을 지닌 유능한 자로 부하가 인식, 지식이나 전문성을 신뢰할 수 있는 명확한 근거에 토대를 둔 것이다. 예를 들면, 인사매니저, 관리회계 혹은 시스템 분석가와 같은 기능적 전문인의 전문적 지식 등이다.

한편, 조직의 하부계층에 있는 구성원들에게도 권력을 부여해 주는 전략이 있는데, 이것을 임파워먼트(empowerment)라고 한다. 즉, 임파워먼트는 권력의 배분보다는 양쪽 모두의 권력을 증대시킬 수 있다는 관점에서 조직구성원들에게 자신이 조직에서 무력한 존재가 아니라 조직을 위해 많은 일을 할 수 있는 능력(권력)이 있음을 확신시켜 주는 과정이다. 조직의 종업원 임파워먼트 전략으로는 첫째, 종업원들의 능력에 대하여 자신감을 표시하고 크게 기대하고 있음을 알린다. 둘째, 종업원들을 의사결정과정에 참여시킨다. 셋째, 업무수행에 있어 종업원들에게 자유와 자율을 보장한다. 넷째, 종업원들에게 미래지향적인 관리목표를 제시한다. 다섯째, 합법적 권력은 조심스럽게 긍정적인 측면에서 사용하고 강압적 권력의 사용은 자제한다 등이다.

모든 개인은 조직 속에서 자기이익을 극대화하기 위해 자기가 지닌 권력을 최대화하는 합리적이고, 경제적인 전략을 사용한다. 이러한 정치적 행동이 조직 내에서 일어나는데, 이를 조직정치라고 한다. 대체로 조직의 정치인[20]은 원래 자기의 영향력을 최대로 발휘하기 위해 자기가 가진 권력의 양보다 그 이상으로 행사하고자 한다. 정치적 행동으로는 거짓, 인연, 이미지 관리, 소속집단 이용, 상대방 약화, 대체성 증대, 희소성 증대 등이 있다.

조직에서 갈등이란 행동주체 간의 대립적 내지 적대적인 상호작용이나 교호작용을 의미하기 때문에 개인 대 개인, 개인 대 집단, 조직 대 조직 간에 긴장이나 불안 심지어는 적개심을 느낄 수 있고, 이러한 심리적 상태는 행동으로 나타나게 된다. 경우에 따라서는 개인이 의사결정을 할 때 심리적 갈등을 느낄 수

---

20) 조직의 정치인을 크게 두 부류로 나누면 發光정치인(statesman)과 後光정치인(politician)으로 나눌 수 있다. 전자는 대도무사(大道無私)를 지향하는 정치인으로, 스스로 줏대를 세운 정치인이다. 器心(큰그릇)으로 표현된다. 반면에 후자는 권모술수를 지향하는 정치인으로 機心(꾐)으로 표현된다. 이것은 누군가에게 힘을 얻으려는 정치인으로 후광효과(halo effect: 포장지가 고급이면 과자 맛도 좋을 것이라는 것을 기대하는 심리효과)에 입어 출세하려는 정치인이다.

있다. 갈등은 방해 행동을 하는 과정으로 이해되며 적정수준의 갈등을 유지하는 것이 필요하다. 갈등에 대한 관점은 세 가지로 정리된다.

첫째, 전통적인 견해(traditional view)로 1930년대부터 1950년에 많이 연구된 것이다. 여기서는 갈등은 나쁜 것이고, 조직효과성을 저해하는 부적절한 것으로 보았다. 따라서 관리자는 갈등을 제거 혹은 감소하는 방법이 어떤 것인지를 집중적으로 연구하였다. 둘째, 행태주의적 견해(behavioral view)로 1950년대부터 1970년대까지 이러한 시각을 나타냈다. 여기서 갈등은 조직속에서 일어나는 자연적인 현상으로 이해한다. 따라서 목표에 대한 의견 불일치가 분명히 존재하며, 각 부서는 인정을 받기 위해서 경쟁하는 것으로 보았으며, 갈등은 필요악으로서 '갈등의 수용'(acceptance of conflict)이 필요하다고 보는 시각이다. 셋째, 상호작용주의적 견해(interactional view)로, 1980년대 이후의 시각으로 갈등에 대한 현대적 견해이다. 갈등은 조직의 목표달성을 위한 추진력으로 보았으며, 조직에 절대적으로 필요한 것으로 보았다. 조화롭고, 평화로우며, 온건하고, 전적으로 협동적인 조직은 정태적·무감각한 경쟁을 하므로 비효율적이라고 보았다. 그러나 갈등은 집단의 응집성을 향상시키고, 다양한 의견투입을 통해 보다 우수한 의사결정을 초래한다고 보았다.

한편, 갈등의 역기능은 커뮤니케이션의 감소, 독재자의 출현, 편견의 증가,

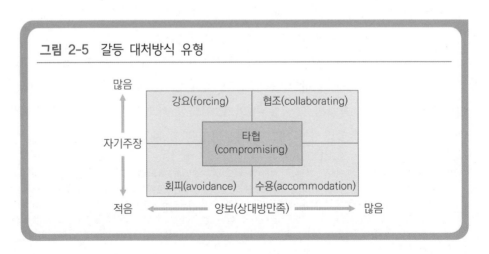

그림 2-5 갈등 대처방식 유형

파벌의식의 고조, 상호경계의식의 증가, 융통성 없는 공식화가 될 수 있다고 보았다. 갈등해결의 다섯 가지 유형으로는 대처, 협력, 회피, 수용, 타협 등으로 나눌 수 있다. 그러나 갈등해결의 가장 중요한 방법은 협상과 타협이다.

5. 의사전달

의사전달이란 둘 또는 그 이상의 사람들 사이에서 사실, 생각, 의견 또는 감정의 교환을 통하여 공통적 이해를 이룩하고, 수용자 측의 의식이나 태도 또는 행동에 변화를 일으키게 하는 일련의 행위를 말한다. 조직 내에서 하의상달적인 상향적 커뮤니케이션은 참여와 동기부여 측면에서 필요한 것이지만 조직 밖의 고객으로부터 그들의 기대, 요구, 정보를 듣고 경영에서 실천하는 것이 '고객중심의 경영'과 함께 특히 강조되고 있는 추세다. 의사전달의 유형에는 크게 내적·공식적 의사전달과 외적·비공식적 의사전달로 나눌 수 있다. 전자로는 상의하달, 하의상달, 횡적 전달 등이 있고, 후자는 자생적 커뮤니케이션을 말한다. 이것은 조직의 제도상의 관계와는 상관없이 조직구성원들의 사회적 관계를 중심으로 해서 형성되는 의사전달로, 제도적(공식적) 커뮤니케이션을 보완해 주는 역할을 수행한다. 첫째, 상의하달(上意下達)적 의사전달은 조직의 상층부에서 하부로 내려가는 하향적 전달방법이다. 업무활동상의 관계에서 볼 때 직접적인 것과 간접적인 것이 있는데, 전자의 대표적인 것은 명령이고, 후자의 대표적인 것은 일반적인 정보, 일방적 통보 등이 해당된다. 둘째, 하의상달(下意上達)적 의사전달은 조직의 하위계층에서 상위계층으로 올라가는 상향적 커뮤니케이션으로 이에는 면담, 직장 여론조사, 직장회담, 제안제도, 인사상담, 보고, 내부결재 등이 있다. 셋째, 횡적·수평적 의사전달에는 사전협조제도, 사후통지제도, 회람·위원회 제도 등이 있다.

제3절   조직의 거시적 차원

1. 조직구조의 요소와 유형

조직의 가장 기초가 되는 핵심적인 요소는 조직구조이다. 조직에는 많은 조직구성원들이 있고, 조직의 목표를 제대로 달성하려면 이들 구성원들 간의 관계를 체계화하는 것이 중요하다. 이와 같이 구성원들 간의 체계를 만들어 나가는 과정에서 조직구조가 형성되고, 이러한 조직구조에 따라서 전체 조직체의 행동은 물론 조직체의 성과도 영향을 받게 된다. 정부조직에는 수많은 관료로 구성되어 있으며, 각자 독특한 형태로 서로 협동하면서 공직을 수행한다. 행정 관료들이 공익을 추구하고 행정목표를 달성하기 위해서는 그들의 행위를 체계화하여야 하며, 이러한 과정에서 행정조직구조가 형성된다. 이러한 조직 속의 관료는 조직인으로서 조직 외부에 있는 환경과도 많은 영향을 주고받는다.

조직구조는 조직구성원의 유형화된 상호작용(the pattern of relationships)을 의미한다. 조직구성원들은 조직 속에서 목표를 달성하기 위하여 서로 협동하면서 계속적인 상호작용을 한다. 이러한 작용 속에서 구성원들의 행위의 정형이나 유형이 형성된다. 조직 속에는 하나의 조직구조만 갖는 것이 아니다. 조직 내의 수평적 분야나 수직적 계층에 따라서 상이한 조직구조가 있을 수 있다. 또 조직구조는 다양한 형태를 띠고 있다. 조직구조를 분류하면, 조직의 공식성에 따라 공식조직과 비공식조직, 권한의 위치에 따라 집권형 조직과 분권형 조직, 조직의 분업화에 따라 계선기관과 참모기관, 복합적 기준에 따라 프로젝트, 메트릭스 조직, 위원회조직, 공기업 조직 등으로 구분할 수 있다.

1) 집권과 분권

집권화와 분권화(centralization and decentralization)는 조직계층 상하 간의 권한배분을 기준으로 하여 구분된다. 즉, 의사결정권 및 명령지휘권이 중앙기관, 상위기관에 체계적으로 유보되어 있는 것을 집권화라고 하며, 지방 또는 하급기관에 위임되어 있는 것을 분권화라 한다. 집권화된 조직은 소규모조직, 신설조직, 위기가 존재하는 조직, 하위계층의 능력 부족, 교통통신이 발달한 지역에서 특히 유리하다. 그리고 장점으로는 공동정책의 집행이 용이하고, 관리통제의 조정이 쉽고, 과도한 비용을 절약함으로써 규모의 경제(economics of scale)[21]를 실현할 수 있다. 그러나 단점으로는 조직의 관료주의화 성향 및 권위주의적 성격을 초래하고, 형식주의화하여 행정의 실효성을 상실하기 쉽고, 획일주의로 변질되어 조직의 탄력성이 상실될 수 있다.

분권화조직은 최고관리층의 업무부담을 감소하고, 사기앙양, 사무처리의 신속화, 민주적 통제를 강화한다는 측면에서 바람직하지만 중앙의 지휘감독이 약화되고, 업무의 중복을 초래할 수 있으며, 조직원의 힘이 분산되어 협력 및 조정이 어렵고, 현장업무의 경험을 중요시하므로 업무의 전문화를 이루기 힘들다는 단점이 있다. 한편 현대국가는 종래의 자유방임적이고 소극적인 성격에서 벗어나 적극적이고 중앙통제적인 행정기능의 수행을 담당하는 신중앙집권화(new centralization)[22] 현상을 초래하게 되었다. 이러한 현상은 행정권의 확대강화로 나타나게 된 것이다.

2) 계선과 참모

계선(line)은 계층제의 구조를 가진 조직의 집행·운용·활동·권한 등이며, 계선 기관은 행정체계에 있어서 중추적인 위치에 있으며, 명령복종관계가 수직적·계층화에 따른 분업에 중점을 둔 조직이며 국민에게 직접 서비스를 제공하는 임무를 맡고 있는 조직이다. 이에 비해 참모(staff)는 계선(line)이 원활하게 기능을 수행하여 조직의 존립목적을 달성할 수 있도록, 자문·권고·협의·기획·통제·회계·조사·연구 등의 기능을 수행하는 기관을 말한다.

---

21) 규모의 경제(scale of economics)는 생산요소 투입량의 증대(혹은 생산규모의 확대)에 따른 생산비 절약 또는 수익향상의 이익을 말한다.
22) 신중앙집권화(new centralization)는 영국과 미국 등 전통적으로 지방자치의 기반을 갖춘 나라에서 지방분권화가 이루어졌다가 다시 중앙집권화되는 현상을 말한다. 지방기능의 중앙기관에의 이관, 중앙통제의 강화, 중앙재정에의 의존 심화 등은 신중앙집권화의 예이다.

계선 기관은 안정적이며 보수적인 성격을 띠고 있으며, 참모 기관은 야심적이며 개혁 지향적인 성격을 가지고 있다. 계층조직의 장점은 권한과 책임의 한계가 명확하여 업무수행이 능률적이며, 비용이 적게 드는 조직 및 강력한 통솔력을 행사한다는 점이고, 단점으로는 대규모조직에는 계선 기관만으로는 부족하며, 조직이 지나치게 경직성을 띠게 되는 점이 있다. 참모 조직은 기관장의 통솔범위를 확대시키고, 전문적인 지식과 경험을 활용함으로써 보다 합리적인 지시와 명령을 내릴 수 있다는 점, 조직이 신축성을 띠게 된다는 점에서 장점이 있으나 조직의 복잡성으로 조직 내의 알력과 불화가 발생하며, 경비가 증대되며, 참모는 책임을 지지 않으므로 양자가 책임을 전가할 우려가 있다는 점이다.

3) 공식조직과 비공식조직

공식적 조직(formal group)이란 인위적인 형식적 절차와 제도에 의해서 만들어지는 조직이며, 비공식적 조직이란 현실적인 인간관계를 토대로 자연발생적으로 형성되는 조직이다. 이들의 특징을 보면 다음과 같다.

표 2-1 공식·비공식조직의 비교

특징	공식적 조직	비공식적 조직
구조	계획적·안정적·인위적으로 형성	동태적·감정적·자발적으로 형성
목적	사회에 대한 이익과 서비스 제공	구성원 간의 만족
영향력	권위의존, 상위하달(top-down)	권력의존, 하위상달(bottom-up)
통제장치	해고위협, 강등	물리적·사회적 제재
의사소통	공식적 채널	포도덩쿨식 전파(grapevine)

조직 내의 비공식적 조직(informal group)의 기능은 순기능 및 역기능이 있다. 전자는 심리적 안정감을 형성, 공식적 조직의 경직성 완화, 공식적 조직의 책임성 확보에 도움, 업무의 능률적 수행, 구성원 간의 행동규범 확립, 비공식적 의사전달의 통로가 된다는 점에서 긍정적이다. 그러나 후자도 발생하는 것으로 보는데, 만일 조직 내에서 적대감정이 생기면 기능마비 현상을 초래할 우

려가 있고, 비공식적인 의사전달이 왜곡되고, 근거 없는 정보가 흘러 조직원을
불안하게 하는 위험성을 내포하고 있다는 점 등이다.

　따라서 역기능 때문에 비공식적 조직을 없애는 것은 불가능하며, 오히려
공식적 조직의 기능을 보완하도록 그의 존재를 인정하여 공식적 목표를 수행하
는 데 기여하도록 효과적인 통제와 활용이 요청된다.

4) 위원회 조직

　위원회 조직은 단독제 조직에 대응하는 개념으로서 다수의 구성원이 정책
결정에 대등한 입장으로 참여하며 합의적으로 결정을 내리는 제도를 말한다.
단독제의 기본 특징인 1인이 결정을 내리는 것이 아니라 여러 사람이 법적으로
대등한 입장에서 토론을 거쳐 결정을 내리는 것이다. 법적으로 대등한 입장이
라는 점에서 상관이 하급자에게 권한을 위임하거나 참여를 권장함으로써 이루
어지는 합의적 결정과는 다르다.

　위원회제의 장점으로는 전문가를 동원함으로써 합리적이고 정확한 정책결
정을 내릴 수 있고, 경솔한 개인의 독단행위를 지양하고 신중성을 유지할 수 있
으며, 합의를 통한 결정이므로 신뢰성을 보여 줌으로써 수용가능성을 높여준다.
반면 단점으로는 위원들 간의 의견일치를 이끌어 내는 데 많은 시간과 비용, 노
력 등이 들며, 때문에 적시성 있는 해결책 제시가 어렵다. 또 책임이 여러 사람
에게 분산되어 있으므로 책임전가 현상이 일어나 무책임을 초래할 수 있다.

　위원회의 유형으로는 자문위원회(advisory committee), 행정위원회(administrative
board), 독립규제위원회(independent regulatory commission) 등으로 나눌 수 있다.
자문위원회는 대체로 행정부에 많이 설치되어 있는데, 설치하는데 법적 근거가
없고, 위원 수나 임기에 관한 규정도 없는 경우가 대부분이다. 행정위원회[23]는
합의제 성격을 띤 것으로 그 결정은 법적구속력을 지닌다. 독립규제위원회[24]는

---

23) 행정위원회에는 소청위원회, 해난심판위원회, 교육위원회 등이 있다.
24) 독립규제위원회는 주로 규제업무를 다루고 있고 독자적인 업무처리가 가능하고, 입법부·행
　　정부·사법부와 병립한 일종의 '제4부'(fourth department)로 지칭된다. 한국의 경우, 금융통
　　화운영위원회, 노동위원회 등이 그 예다.

준입법적·준사법적 업무를 대통령이나 의회의 압력을 받지 않고 독립적인 입장에서 다루는 합의제의 행정기관을 말한다.

5) 동태적인 조직

동태적인 조직은 최고의 효율적인 조직을 추구하는 고전적 이론을 수정하거나 탈관료제적 입장에서 새로운 형태의 조직구조를 제시한 조직이며, 환경에 잘 적응하지 못하는 경직화되고 계층화된 관계보다는 자율성을 높일 수 있는 유기적인 형태를 강조한 것이다. 대표적인 조직으로는 프로젝트팀(project team), 태스크포스(task force), 매트릭스(matrix) 조직 등을 말한다.

첫째, 프로젝트팀은 특별한 임무를 수행하기 위하여 기존의 조직에서 근무하고 있는 구성원들을 모아 문제를 해결하는 특별임무 반이다. 이들 구성원의 관계는 대등하며, 수직적이 아닌 수평적인 협력관계를 통하여 업무를 수행한다. 특히 이들의 신분은 본래의 자기 부서와의 관계를 유지하면서 업무를 수행하므로 행정계층 내지 별도의 법적 근거에 구애받지 않는다.

둘째, 태스크포스는 전문가 중심으로 하나의 조직을 만든 후 유사한 업무를 계속적으로 담당하면서 문제해결을 하는 전문작업반을 의미한다. 이 조직은 프로젝트팀과 달리 계층제적 성격을 가지는 공식조직이며, 법적 근거를 요한다. 또한 임시성과 유동성면에서 프로젝트팀이 강하며, 프로젝트팀은 특정 업무를 중심으로 관련분야의 전문가들을 모아 구성된 형태임에 비해, 태스크포스는 전문가를 중심으로 일단 조직을 형성한 후 유사한 업무를 처리한다는 점에서 차이가 있다.

셋째, 매트릭스조직은 고전적 조직원리 중 명령통일의 원칙에 예외가 되는데, 기능구조와 생산구조를 조합한 것으로 생산 부서의 특정기능을 담당하는 구성원은 생산 부서의 지도자와 기능업무의 지도자로부터 동시에 명령을 받게 된다. 그리고 애드호크라시 조직은 관료제에 대비되는 개념이다. 즉, 탈관료제(post bureaucracy)[25] 현상에서 나온 평면조직의 일종이다.

---

25) 탈관료제(post bureaucracy)는 전통적 관료제의 역기능을 극복하기 위해 구조의 유연성, 환

2. 조직의 목표와 효과성

조직의 목표란 조직이 달성하고자 하는 미래의 소망스러운 상태를 의미한다. 목표에는 크게 공식적 목표와 실질적 목표가 있는데, 전자는 공식적으로 내세우고 선언한 목표를 의미하며, 후자는 조직이 행동을 통해 실제로 추구하는 목표를 의미한다. 실질적 목표는 조직 내 지배집단이나 권력자의 이익에 직결되어 있는 경우가 많으며, 공식적 목표와 아무런 관련이 없거나 공식적 목표를 왜곡시킨 경우도 있다. 일반적으로 양 목표 간에 차이가 많을수록 조직은 환경으로부터 도전을 많이 받고, 상호 일치할수록 조직 존립의 정당성을 인정받게 된다. 한편, 목표의 변동(change of goals)은 현대 조직이 끊임없이 환경과 영향을 주고받으며 나름대로 변화해 가고 있는데, 이것은 환경의 변화나 시간의 흐름에 따라 조직의 목표도 당연히 변화를 겪게 된다. 이러한 조직목표의 변동 양상으로 목표의 대치(혹은 전도)와 목표의 승계 등이 있다.

목표의 대치(displacement of goals)는 조직에 있어서 본래의 목표는 상실되고 오히려 본래의 목표를 달성하기 위한 수단이 목표로 대치되어 격상되는 현상이다. 즉, 기존의 정당한 목표가 전혀 다른 목표로 대치되는 현상이다. Robert Michaels[26]는 제1차 세계대전 이전 유럽 사회주의 정당과 노동조합을 연구하고 과두제의 철칙(Iron Law of Oligarchy)[27]을 주장했는데, 이것은 소수자에 의한 지배를 의미하는 것으로 정당이나 노동조합의 외관상이 민주적 형태에도 불구하고 지도자가 주요한 정보를 독점하여 자기의 권력적 지위를 유지·강화하는데 이용함으로써 민주적 목표를 파괴하고 간부독재를 초래하는 것을 말한다. 이러

경변화에 대한 적응의 신속성, 인간적 가치의 존중 등을 강조하는 관료제의 새로운 모형을 말한다.

26) Robert Michaels(1876-1936), 독일 쾰른 출신의 이탈리아 사회학자, 이탈리아의 페루지아 (Perugia)대학교수를 역임했다. 독일과 사회민주당 실태를 분석, 과두제의 철칙을 실증적으로 규명하였다. 주요 저서에 〈정당사회학 Zur Soziologie des Parteiwesen in der modernen Demokratie〉(1912)에서 독일과 이탈리아의 사회민주당의 실태를 분석하여 과두제의 철칙을 실증적으로 밝혀 낸 것으로 유명하다.

27) 과두제의 철칙(An Iron Law of Oligarchy)이란 어떠한 집단이라도 지배 집단은 극히 소수이고, 나머지의 압도적 다수가 피지배자 집단이라는 사회법칙을 말한다.

한 현상이 비로 행정에 있어 하나의 대표적인 목표대치현상의 예이다.

목표의 승계(goal succession)란 본래의 목표가 달성되었거나 실현될 가능성이 없을 경우, 새로운 목표를 발견하여 선택하는 것을 의미한다. Robert Michels는 미국 소아마비재단을 연구하였는데, 미국의 소아마비 재단(The Foundation of Infantile Paralysis)이 20년간의 활동 끝에 소아마비 예방 백신 개발로 목표가 달성되자, 관절염과 불구아 출생의 예방 및 치료라는 새로운 목표를 채택하여 그대로 존속한 것이 이 예에 속한다.

효과성(Effectiveness)은 목표의 달성도를 의미한다. 조직에서 설정한 목표를 얼마나 달성했는가에 따라 조직의 효과성이 결정된다. 조직의 효과성은 조직목표와 밀접하게 연관되어 있다. 조직의 목표가 명확할수록 조직의 효과성을 측정하기 쉬워지는 이유가 이러한 이유 때문이다. 공공조직의 목표는 민간조직의 목표에 비해 다양하고 폭넓은 목표를 수행하고 있는 경우가 많기 때문에 공공조직의 효과성을 측정하는 것이 쉽지 않다.

3. 조직문화와 조직혁신

조직문화(organizational culture)에 대한 본격적인 연구는 비교적 최근에 이루어지고 있는 연구분야라 할 수 있다. 문화(culture)의 개념이 정서, 예술, 상품, 생활양식 등 다양하고 광범위하게 사용되기 때문에 조직문화 또한 다양한 방면으로 연구되어 왔다. 그러므로 조직문화에 대한 정의도 매우 다양하게 존재한다. Schein(1985)은 조직이 환경에 대응하는 과정에서 조직이 가지는 기본적 믿음을 근거로 하는 일정한 행동양식이라고 정의한다. 또한 Pettigrew(1979)에 따르면, 조직문화는 일정한 시기에 집단의 운영에 영향을 주는 공적 및 집단적으로 수용된 의미의 체제라고 정의한다. 조직문화는 조직에 있는 구성원들에게 내재되어 있는 가치, 규범, 신념 등을 포괄하고 있기 때문에 조직구성원들은 조직에 있는 행동양식을 당연한 것으로 받아들이고 이러한 방식은 조직 구성원들에게 지속적으로 학습되어지는 경향을 가진다. 조직문화는 조직구성원들에게 정체성을 확보해 주고, 조직과 개인을 연결해 주는 역할을 하며, 조직체제가 쉽게 변화하지 않도록 안정성을 제공하는 역할을 한다.

조직문화는 의사결정, 의사전달 과정 등 조직 전반에 지대한 영향을 미친다. 조직 내에서도 계층별, 부서별 다른 하위 조직문화가 형성될 수 있는 경우가 있는데 이런 경우에는 상황의 해석 및 환경에 대한 지각이 상이할 수 있어서 조직 내 갈등의 원인이 되기도 한다. 예를 들면, 환경이 급변하는 시기에 조직이 이것을 기회로 볼 것인가, 위기로 볼 것인가에 대한 상황 인식은 어떤 조직문화의 관점을 가지고 있는가와 밀접하게 연관되어 있는 것이다. 이외에도 조직문화는 조직의 정책 및 전략, 그리고 조직성과와도 밀접하게 연관되어 있다.

조직문화는 강력문화, 혁신문화, 정체문화, 집단문화, 평등문화, 계층문화 등 다양한 유형으로 분류할 수 있다. Quinn(1988)은 조직이 추구하는 가치를 지향성과 유연성의 측면으로 나누어 인적자원문화, 개방체제문화, 위계질서문화, 생산중심문화로 나누어 설명하기도 한다.

조직문화를 설명하는 다양한 이론들이 존재하는데 대표적인 이론은 7s 모형과 세인의 모형 등을 들 수 있다. 7s모형은 조직문화의 주요 요인을 일곱 가지로 나누어 공유가치(shared values), 관리스타일(style), 조직 구성원(staff), 시스템(system) 및 전략(strategy), 조직구조(structure), 그리고 관리기술(skills)을 통해 조직문화를 살펴본다. 7s모형은 실무에서 가장 많이 활용되고 있는 조직문화 모형이라 할 수 있다.

세인의 모형은 조직문화의 계층성을 통해 조직문화에 대한 이해를 확대한 이론이다. Schein(1985)은 조직문화를 기본적 믿음(basic assumptions), 가치관(values), 인공물(artifacts) 등 세 가지 계층으로 기술하고 있다. 조직에서 나타나는 관찰가능한 현상들을 인공물이라 칭하면서 이를 통해서는 조직문화의 모든 의미를 파악하기 어렵다고 설명한다. 인공물은 조직이 가지고 있는 구성원들의 가치관, 즉 구성원들 사이에서 어떤 것이 옳은 것인가에 대한 기준과 밀접하게 연결되어 있다고 주장한다. 이러한 가치관은 관찰할 수 없지만 구성원들 사이에 잠재의식적 수준에서 존재하는 환경, 인간, 본질에 대한 기본적 신념 및 믿음과 연결되어 있는 구조다. 이와 같이 기본적 믿음, 가치관, 인공물은 서로 영향을 주며 조직문화를 이뤄나가게 되는 것이다.

조직혁신(organizational change)은 조직을 바람직한 방향으로 이끌어가기 위해 현재의 상태를 벗어나려는 조직의 노력이다. 조직혁신은 조직의 계획적이고 의도적인 개입을 통해 이루어지는 것으로 조직이 추구하는 목표의 달성도를 높이기 위한 방법으로 활용된다. 조직혁신은 신기술이나 새로운 서비스의 공급과 같은 물리적 변화뿐만 아니라 조직구성원의 의식 및 가치관의 변화와 같은 정신적 변화의 개념을 포함한다. 그러므로 조직혁신은 조직시스템, 규정 및 방침, 조직구조의 변화, 조직기술, 조직구성원의 행동변화 등 조직 전체에 영향력을 미친다.

조직혁신의 변화과정을 Lewin(1947)은 해빙(unfreezing), 변화(changing), 재동결(refreezing)의 세 가지 단계로 설명하고 있다. 해빙 단계에서는 현재 상태의 문제점을 인식하여 변화의 동기를 유발하는 단계로써 고정되어 있던 기존의 구조와 시스템을 변화가 가능하도록 완화하는 것이다. 변화 단계는 기존 방식에서 벗어나 새로운 방식으로 문제해결을 적용해 보고 이를 통해 성공적인 문제해결 방안 및 행동양식을 체험하는 과정이다. 재동결 단계는 향상된 문제해결 행동양식이 새로운 고정적 구조와 시스템으로 고착화되는 단계를 말한다. 조직은 지속적인 변화의 가능성을 열어두어 기존에 존재하는 조직의 문제해결력의 한계를 언제든지 극복해 나가야 한다.

조직혁신 과정은 기존의 방식을 변화하는 과정을 수반하기 때문에 조직적 차원에서, 그리고 개인적 차원에서 저항을 수반하게 된다. 이를 극복하기 위해 조직은 조직혁신의 목표를 조직 구성원의 목표와 연결할 필요성이 있고, 교육혁신에 대한 필요성을 구성원들이 인식하도록 지속적인 의사소통 및 교육이 필요하다. 그리고 조직구성원들이 조직혁신 과정에 참여하도록 하여 조직혁신의 주체적 담당자의 역할을 수행하도록 하는 것도 조직혁신의 저항을 극복하는 방안이다.

제4절 관료제와 포스트 관료제

1. 관료제의 관리 및 원리

관리기능이란 조직의 공동목표를 달성하기 위하여 조직의 모든 협동적 활동이 보다 합목적적으로 추진되고 보다 합리적이고 효율적으로 수행될 수 있도록 그것을 지도하고 촉진하는 기능이다. 조직관리는 조직을 어떻게 하면 보다 효율적으로 관리할 것인가를 연구한다는 점에서 발전적·창조적·쇄신적 활동이다. 특히 행정조직은 여러 가지 면에서 효율적인 관리가 필요한데, 그것은 행정조직의 보수적 성향(독점성), 행정조직의 비대화(복잡화, 다양화), 사회변동을 유도하고 촉진하는 적극적인 역할 필요, 민간부문의 관리개발(OR, SA, PERT 등)과 같은 요청 때문이다. 관리란 분리된 것이 아니라 조직 내에서 일어나는 모든 다른 기능에 공통적인 과정으로 볼 때, 가장 잘 보인다. 그래서 관리란 통합적인 활동이다. 그리고 관리는 동질적인 것이 아니라 조직의 여러 계층에서 다른 방법으로 일어난다.

Henry Fayol[28]은 관리의 원칙으로 14가지를 들고 있는데, 분업, 권한, 책임, 규율, 명령의 통일, 지휘통일, 개인의 이익의 일반적 이익에로의 종속, 구성원에 대한 보수, 집권화, 계층의 연쇄, 질서, 형평성, 재임기간의 안정성, 솔선수범, 단체정신이 그것이다. Urwick은 일정한 업무를 어떻게 하면 가장 능률적이고도 합리적으로 수행할 수 있는가 하는 조직편성의 관리기술상의 문제로써 모든 환경에 적합한 공통적인 원리를 찾는 데 초점을 두고 조직의 10가지 원리를 제시하고 있다. 객관성의 원리, 전문화의 원리, 조정의 원리, 권위의 원리, 책임성의 원리, 한정의 원리, 일치의 원리, 통솔범위의 원리, 균형의 원리, 계속성의 원리 등이다.

---

28) Henry Fayol(1841－1925), 프랑스 파리 출생, 관리이론가, 사업가, 현대적 관리이론의 아버지이다. 현대의 관리개념을 체계화해, 다섯 가지 주요 관리기능인 기획, 조직, 명령, 조정, 통제 등을 제안했다. 주요 저서인 〈일반산업관리 General and Industrial Management〉(1917)에서 14개의 관리원칙을 제시하였다.

1) 계층제의 원리

계층제란 권한, 책임 및 의무의 정도에 따라 공식조직을 형성하는 구성원들 간에 상하의 등급을 설정하여 각 계층 간에 권한과 책임을 배분하고 명령계통과 지휘·감독체계를 확립하는 것이다. 따라서 명령통로, 권한위임의 통로, 의사전달의 통로, 분쟁의 조정과 해결의 통로라는 점에서 순기능적인 측면이 있으나, 조직의 경직성을 초래하고, 의사전달의 왜곡 가능성이 크다는 점, 환경의 변동에 신축성 있는 적응이 곤란, 그리고 조직구성원의 창의성을 저해하고 기계적인 전달로 전락할 수 있다는 등의 역기능도 있다.

2) 통솔범위의 원리

한 사람의 통솔자가 직접 감독할 수 있는 부하직원의 수 또는 조직단위의 수는 통솔자가 효과적으로 지도·감독할 수 있는 수를 초월해서는 안 된다는 원리이다. 계층제와 통솔범위의 원리는 서로 상반되는 측면이 있는데, 즉 통솔범위를 좁게 하면 계층이 늘어나고, 계층수를 적게 잡으면 통솔범위가 넓어진다.

3) 명령통일의 원리

조직 내의 각 구성원은 1인의 상사로부터 명령을 받아야지, 2인 또는 그 이상의 사람으로부터 직접 명령을 받는 일이 있어서는 안 된다는 원리이다. 하나의 조직에는 오직 한 명의 장이 있어야 하며, 그 조직을 운영할 최종 권한은 이한 명의 장에게 부여되어야 한다는 원리이다. 이 원리는 명확한 책임소재, 조직의 장으로부터 전체적인 조정가능, 보고체계의 명확화 등의 장점이 있으나 커뮤니케이션의 과중한 부담, 기능직 전문가들의 영향력의 감소, 행정지원 초래 등의 문제점이 있다.

4) 분업·전문화의 원리

업무를 그 종류와 성질별로 나누어 조직 구성원에게 가능한 한 가지의 주된 업무를 분담시킴으로써 조직관리상의 능률을 향상하고자 하는 원리이다. 이것은 업무가 전문화될수록 보다 능률적으로 행동하고, 전문화되면 업무를 가장 신속하게 수행할 수 있다는 점은 있으나, 업무수행이 단순하고, 단조로우므로 업무수행의 흥미를 상실할 수 있고, 지나친 분업은 조직 내 각 단위 간의 조정을 어렵게 한다. 그리고 분업을 세분화할수록 조직을 통합적으로 관리하는 것보다 많은 비용이 소요될 수 있다는 점에서 비판이 제기된다.

5) 조정의 원리

조정이란 공동목적을 달성하기 위해서 행동의 통일을 기하도록 집단적 노력을 질서 있고 규모 있게 배열하는 것이다. James D. Mooney는 조정을 조직의 제1원리로 보았다. 조정에 관한 주요 원리로는 권한의 계서적 구조를 통해 분화된 활동을 통합해야 한다는 조정의 원리를 비롯하여 계층제의 원리, 명령통일의 원리, 명령계통의 원리, 통솔범위의 원리가 있으며, 그 밖에 보완적 원리로 목표의 원리와 집권화의 원리, 권한과 책임의 상응에 관한 원리가 있다.

2. 초기 관료제론

관료제의 개념은 18C−19C 절대국가체제와 시민사회 간의 긴장관계가 격렬하였던 유럽대륙에서 발생하였다. 시민혁명 속에서 프로이센 관료제는 근대화과정에서 더욱 발전되고 성숙되었다. 원래는 프랑스에서 Vincent de Gournay[29]에 의해 연구된 것으로 그는 정치형태를 군주제, 귀족제, 민주제로 분류하면서 이외의 새로운 정치형태를 'bureaucratie'로 명명하고 이를 하나의 새로운 지배자 집단에 의한 통치방법으로 보았다. 이것이 프랑스 혁명 이후 프로이센으로 전파되어 보편적으로 사용하게 되었다. Harold J. Laski[30]는 정치적 입장에서 관

---

29) Vincent de Gournay(1712−1759), 프랑스 경제학자, 자유방임(laissez faire) 경제철학의 창시자이다.

30) Harold J. Laski(1893−1950), 영국의 정치학자, 교육자, 미국 하버드대학교 및 영국 런던정치경제대학교 교수를 역임했다. 1930년대 경제위기를 바라보면서 지배계급에 의한 개혁의

료제를 정치권력 장악자로서의 통치조직을 의미하는 것으로 보았다. 구조적인 입장에서 보면 구조적으로 어떤 특색을 지닌 대규모 조직체를 의미하는 것이다. 보편적으로 관료제라고 하면 합리적으로 발전시킨 규칙에 의해 규정된 권위관계의 체제(a system of authority relations)를 말한다.

Max Weber[31]의 관료제는 '이념형'(ideal type)에 입각한다. 이것은 순수하게 인식을 위한 수단으로서 구성되고, 가치적이고 추상적인 것이며, 현실적으로 막스 웨버 관료제가 존재하지 않는다는 의미에서 붙여진 것이다. Max Weber는 권위의 정당성을 기준으로 세 가지 지배형태를 나누었는데, 첫째, 전통적 지배(traditional authority)로 정당성의 근거를 '전통'이나 '관습'에 있다고 보는 것이다. 이에는 기능이 미분화되었던 중세시대의 봉건제, 조선시대 왕과 신하의 관계 속에서 나타나는 지배형태이다. 이러한 지배형태는 권한행사가 자의적이고, 공사구별이 결여되며, 상사부하관계의 전인격적 지배 형태가 발생한다. 둘째, 카리스마적 지배(charismatic authority)이다. 이것은 '개인의 비범한 자질, 능력' 등에 정당성의 근거를 두고 있으며, 종교, 군사, 정치지도자들에게 많이 나타난다. 셋째, 합법적·합리적 지배(legal-rational authority)이다. '성문화된 법령'에 정당성의 근거를 두며 현대사회의 관료제를 지칭하며 근대적 관료제라고 한다.

근대적 관료제의 특징을 들면 다음과 같다. 첫째, 관료의 권한과 직무범위는 법규에 의해 규정된다. 이것은 규정에 따라 합법적으로 설정되어야 하며, 권한, 책임, 상벌규정이 미리 정해져서 그대로 실천되어야 한다는 것이다. 둘째, 직무조직은 계층제적 구조를 이룬다. 전문화된 직무는 계층에 따라 권한과 책임이 분명하게 부여됨으로써 상호 통솔, 복종관계가 정해져 있어야 한다. 셋째, 직무수행은 문서에 의하고 문서로 기록하고 보존한다. 구성원 각자의 권한, 책

가능성을 의심했으며, 자본주의 체제의 경제적 위기가 민주주의를 파멸로 이끌지도 모른다고 내다보았다. 그는 오직 사회주의만이 번성하는 파시즘에 대한 현실적이고 효과적인 대안이라고 생각했다.
31) Max Weber의 관료제는 최선의 방법(one best way)을 지향하기 때문에 어느 시대 어느 나라의 어떤 조직이건 간에 모든 곳에 일반적으로 사용될 수 있다고 보았다. 사실 Weber가 살았던 시대의 독일과 유럽 국가들의 정치체계는 권력자 개인의 임의적 판단과 변칙적 의사결정으로 모순이 많이 드러나 있었기 때문에 그가 볼 때에는 이러한 부조리를 없애고, 객관성과 일관성 높은 합리적 조직체계를 형성하고 싶었을 것이다.

임이 규정과 문서로 명시화되고 이것이 지켜져야 한다. 넷째, 기능적으로 전문화를 추구한다. 직무는 가능한 한 분업화, 전문화시켜야 하며 인원선발, 배치, 승진도 자격에 맞추어 정해져야 한다. 다섯째, 구성원 간의 관계가 몰인격성을 가진다. 이것은 개인의 사정이 통용되어선 안 되고 조직의 공식규정이 엄격하게 실천되어야 한다는 것이다.

Max Weber의 합리적·합법적 관료제는 다른 조직형태보다 다음과 같은 면에서 우수하다고 할 수 있다. 첫째, 표준화에 의해 조직구성원들의 행동이 통제되고 예측이 가능하므로 조직의 능률을 높일 수 있다는 점, 둘째, 종신재직권을 허용함으로써 고용의 안정성이 제공된다는 점, 셋째, 규칙과 규정을 통해 공정성과 통일성이 확보된다는 것, 넷째, 수직적 권한계층을 통해 책임 수행이 용이하다는 점 등이다.

그러나 순기능보다는 역기능이 더 많이 지적되는 것을 볼 수 있는데, Robert K. Merton[32]은 지나친 규칙준수는 수단인 규칙준수가 도리어 절대적인 것이 되어 목표달성에 역기능적(dysfunction)으로 작용한다고 본다. Peter M. Blau[33]는 공식적·합리적인 측면만 강조하다 보면 대규모조직이 갖는 비공식적·비합리적 측면은 무시될 수 있다고 보았다. James D. Thompson은 관료제는 본래 의도했던 결과와 다른 변화가 관료제의 구조·기능에 야기되어 조직목표에 지장을 초래한다고 보았다. 이들은 곧 관료제의 병리(pathology) 현상인데, 이를 설명하면 다음과 같다.

첫째, 과잉동조(over-conformity) 현상으로 이것은 수단으로 간주되었던 규칙의 준수가 형식주의를 초래하게 되고 그 자체가 목적으로 되는 경우이다. 둘째, 서면주의이다. 이는 관료제에 있어서 모든 업무처리는 서면에 의한다는 것이다. 이러다 보니 불필요한 서류나 서면도 매우 많아진다. 셋째, 전문화로 인

<hr>

32) Robert K. Merton(1910-2003), 미국의 사회학자, 하버드대학교 박사, 컬럼비아대학교 교수이다. 과학사회학·직업론·사회학이론·대중매체 등 여러 분야에 관심을 기울였다.
33) Peter M. Blau(1918-2002), 오스트리아 비엔나 출생, 사회학자, 관료제의 특성과 조직행태를 경험적, 이론적으로 분석하였고, 주요 저서로는 〈관료제의 다이나믹스 The Dynamics of Bureaucracy〉(1955), 〈현대사회의 관료제 Bureaucracy in Modern Society〉(1956) 등이 있다.

한 무능으로 관료제의 지나친 전문화 추구는 전문화가 아집이 되고 다른 분야에 대한 몰이해로 바뀌어져 오히려 무능이 촉진된다는 것이다. 넷째, 할거주의(sectionalism)이다. 이것은 자기가 속한 조직단위나 기관에만 충성할 뿐 다른 조직이나 기관에는 배려를 하지 않는 경향을 말한다. 이것은 지나치게 대규모화된 관료제의 명확한 업무분담 때문에 생기는 부작용으로 볼 수 있다. 이외에도 병리현상으로 무사안일주의, 귀속주의에 입각한 자생집단, 상관의 권위에 의존, 변화에 대한 저항이 지적될 수 있다. 관료제는 선례를 중시하고 상관의 지시에 무조건 영합하면서, 책임은 남에게 미루는 무사안일주의에 빠지기도 하고, 또 관료들은 규정이나 규칙에 지나치게 집착하는 경우가 많아짐으로써 조직 자체가 변동하는 환경에 신속히 적응하는 능력이 결여되어 변동에 대해 저항한다.

3. 포스트 관료제론

조직을 둘러싸고 있는 환경이 보다 안정적인 산업사회에서는 초기에 연구되었던 근대적 관료제의 효율성과 효과성이 비교적 높았으나 조직 환경이 불안정하고 변화의 정도가 빠르고 심한 환경에서는 근대적 관료제의 효용성이 상당히 저하되어 갔다. 이를 극복하기 위해 포스트 관료제에 관한 다양한 연구가 진행되고 있다. 후기관료제, 탈관료제 등으로 불리는 포스트 관료제는 기존 관료제의 병폐를 극복하기 위한 노력의 산출물로 다양한 형태의 포스트 관료제를 제시하고 있다.

후기 기업가 조직은 기존의 관료제 구조가 강조하던 규정과 규칙에 의한 운영, 목표보다 절차의 중시, 계층제적 원리에 의한 느린 대응의 문제점을 해결하기 위해 신속성과 창의성, 수단보다 목표 강조, 신축적 운영 및 고객 대응성을 높이는 구조의 변화를 강조한다.

대표적인 포스트 관료제 중 하나는 조직에서 일하는 근로자를 전문직 근로자, 계약직 근로자, 신축적인 근로자로 구분하는 삼엽조직(shamrock organization)이 있다. 삼엽조직 구조에서는 계층의 수를 줄여서 수요자의 요구에 신속하게 대응하고 상품과 서비스에 집중할 수 있도록 설계된다. 삼엽조직은 고용인원을 소규모로 최소화하여 운영할 수 있는 구조로써 산출에 있어서 극대화에 초점을 맞춘 조직이다.

공동조직(hollow organization)은 과거에 조직이 기획부터 생산 및 공급까지 모든 업무를 수행하던 것에서 벗어나 조직 운영에 있어서 중요한 업무인 기획, 통제, 조정 등의 업무만을 조직이 맡아서 하고 생산 및 공급과 관련된 업무는 제3자 또는 조직에게 위임하는 조직의 구조를 말한다. 공동조직은 기획 및 조정과 같은 중요한 업무에만 집중하여 효율성을 높일 수 있고, 생산과 공급의 효과성이 높은 조직에 위탁된 업무의 효율성을 담보할 수 있는 구조이다.

견인이론적 조직은 조직의 자유로운 분위기를 통해 조직 구성원들이 조직의 업무를 통해 보람과 만족감을 가질 수 있는 조직이다. 견인이론적 조직은 구성원들에게 고통스럽고 강압적인 결과를 피하기 위해 일하도록 설계되어 있는 압력이론(push theory)에서 벗어나 조직 구성원의 자율적 규제 및 직무수행 과정에서 나타나는 만족감을 강조하는 견인이론(pull theory)에 근거한다. 견인이론적 조직의 원리는 분화보다 통합, 억압보다 행동의 자유, 안정보다 변화, 기능보다 일의 흐름을 강조한다. 견인이론적 구조는 업무의 흐름에 있어서 상호연관성을 중시하고 사업운영에 있어서 자율적 통제 및 기능의 복합적 중첩을 강조하여 변화에 신속히 적응할 수 있는 구조적 특징을 가진다.

적응적·유기적 조직(adaptive-organic organization)은 급격한 조직 환경의 변화에 고전적 관료제의 대응성의 한계를 극복하기 위한 모형을 제시한다. 환경의 변화에 맞춰 조직의 업무도 정형화된 방식보다는 비정형화된 방식, 조직 기술의 단순성보다는 기술의 고도화, 직업적 유동성이 높아지는 현실을 반영할 수 있는 방향으로 전환해야 한다는 것이다. 적응적·유기적 조직에서는 비계층제적 구조, 구조배열의 고착성보다는 잠정성, 정해진 구조에서 나오는 권한보다 구성원이 가지는 능력이 중시되는 구조, 강압적이고 억압적 감독보다는 민주적 감독 및 창의성을 중요하게 여기는 구조적 특징을 가진다.

이음매 없는 조직(seamless organization)은 기존 관료제는 공급자 중심의 조직이라고 부르며 변화하는 시대의 환경에 맞춰 수요자 중심의 조직을 강조한다. 이음매 없는 조직은 기존 관료제의 분산적 구조를 비판하면서 조직단위 위주의 분업구조 대신 문제해결 중심의 업무의 재결합을 쉽게 만드는 유기적 조직 구조를 강조한다. 또한 조직 내·외의 경계를 완화하여 자유로운 정보의 흐름이 이루어질 수 있는 조직을 중시한다. 이음매 없는 조직구조는 수요자가 얻는 만족도와 연결되어야 하며 수요자의 필요에 의해 부서 간 협력이 가능하도록 통합적 조직설계가 이루어져야 한다.

자기조직화(self-organization)는 조직의 구조가 지속적으로 스스로 혁신해 나가는 조직화 과정을 말한다. 기존의 조직설계는 안정적이고 질서있고 균형있는 조직 환경에 근거한 것에 비해서, 자기조직화는 환경의 불안정성, 다양성, 무질서 등을 강조하여 이에 적응해 나갈 수 있는 조직설계의 이론을 제시하고 있다. 무질서하게 변화하는 상황 속에서 적응할 수 있는 조직구조의 방법으로 홀로그래픽 조직설계를 제시한다. 홀로그래픽 조직설계의 원칙은 문제 해결을 위한 협력과 중복을 강조하는 가외성의 원칙, 변화하는 환경에 대응할 수 있는 조직 내부의 다양성 확보, 최소한의 핵심적 영역에 대해서만 구체화해야 한다는 것, 조직 문제 해결 과정에서 단일 순환고리 학습(single loop learning)에서 벗어난 이중 순환고리 학습(double loop learning)을 강조한다.

생각 꾸러미

조직문화/조직혁신

2018년 5월 1일 방송통신위원회(이하 방통위)는 위원장을 포함한 전직원이 참여하는 '방송통신위원회 조직혁신 방안' 보고회를 개최했다. 보고회의 목적은 국민의 신뢰를 높이고, 침체된 조직 분위기 쇄신 및 급변하는 정책환경에 능동적으로 대응할 수 있는 조직 역량을 만드는 것이었다. 방통위의 조직혁신 방안을 위해 전 직원들의 설문조사 및 간부급 인사들의 심층 면담을 진행했고 방통위의 구성원들은 방송통신 관련 중장기 정책 추진, 인사 및 교육 운영 개편, 내부 조직 재설계, 위원회 보고체계 개선, 신상필벌 강화, 신뢰와 소통 확대와 같은 다양한 조직 혁신 아이디어를 제시했다. 이를 토대로 위원장과 간부들은 '혁신을 위한 약속'에 서명하고 혁신 의지를 대내외적으로 표명했고, 이를 실천하기 위한 '방송통신위원회 조직혁신 방안'을 제시했다. '방송통신위원회 조직혁신 방안'의 구체적 내용으로는 성과지향 조직으로 변화, 업무 프로세스 개선, 사업부서에 조직역량 집중, 신상필벌 명확화, 신뢰와 소통 제고 등이 있다.

1. 방통위가 조직혁신을 이루기 위한 과정에 대해 생각해보자.
2. 방통위가 조직혁신의 정당성을 확보하기 위한 다양한 방법에 대해 생각해보자.
3. 조직문화의 관점에서 '방송통신위원회 조직혁신 방안'이 성공적으로 정착되기 위한 방법을 생각해보자.

제2장 참고문헌

이학종. (2006). 「조직행동론」, 서울: 법문사.

이창원 외. (2005), 「새조직론」(개정판), 서울: 대영출판사.

임창희. (2004). 「조직행동」(제3판), 서울: 학현사.

Strphen P. Robbins(김광점 역), 「조직행동론」, 서울: 생능출판사.

Bass, B. M. & Avolio, B. J. (1990). The implications of transactional and transforma−tional leadership for individual, team, and organizational development. in W. Pasmore & R. W. Woodman(eds.). *Research in Organizational Change and Development*, 4: 231−272. Greenwich, CT: JAI Press.

Blau, Peter, and Marshall Meyer. (1971). *Bureaucracy in Modern Society*, New York : Random House.

Harmon, Michael M. and Richard T. Mayer. (1986). *Organization Theory for Public Administration*, Boston: Little, Brown and Company.

Pettigrew, Andrew. (1979). On studying organizational culture. *Administrative Science Quarterly*. 24: 570−581.

Rainey, H. G., & R. W. Backoff, & C. H. Levine. (1976). Comparing public and pri−vate organizations. Public Administration Review. 36: 233−244.

Robert D. Purseley & Neil Snortland.(1980). *Managing Government Organizations*, Duxbury, North Scituate, Massachusettsw.

인사행정의 체계와 과정

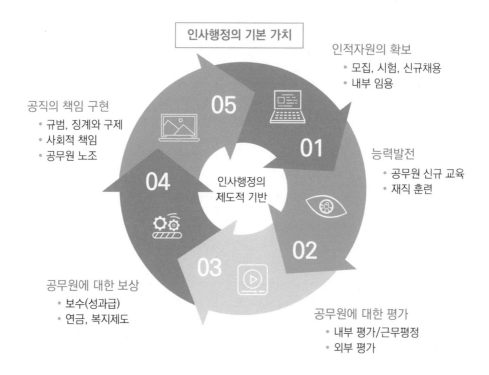

인사행정의 기본 가치

인사행정의 제도적 기반

인적자원의 확보
- 모집, 시험, 신규채용
- 내부 임용

능력발전
- 공무원 신규 교육
- 재직 훈련

공무원에 대한 평가
- 내부 평가/근무평정
- 외부 평가

공무원에 대한 보상
- 보수(성과급)
- 연금, 복지제도

공직의 책임 구현
- 규범, 징계와 구제
- 사회적 책임
- 공무원 노조

01 02 03 04 05

제3장

인사행정론

제1절 인사행정의 의의와 특성

제2절 인사행정의 체계와 제도
  1. 우리나라 인사행정의 법적 기반
  2. 중앙 및 지방의 인사행정기관
  3. 한국의 공무원, 규모와 유형

제3절 인사행정의 기본 가치와 공직유형
  1. 엽관제와 실적제
  2. 대표관료제와 현대적 변용
  3. 직업공무원제
  4. 계급제와 직위분류제

제4절 인사행정의 과정
  1. 인적자원의 확보: 모집, 신규 채용
  2. 공무원 채용시험
  3. 내부임용
  4. 능력발전과 교육훈련
  5. 공무원에 대한 평가
  6. 보상체계: 보수, 연금, 복지

제5절 공직의 책임과 노동조합
  1. 책임 체계: 규범, 징계, 구제
  2. 공무원의 사회적 책임 확보를 위한 제도
  3. 공무원 노동조합

제3장
인사행정론

제1절 인사행정의 의의와 특성

　　2020년 세계가 함께 겪은 코로나19 팬데믹이 공공부문 전반에 대하여 주는 메시지는 깊고 다양하다. 특히 정부의 역할이 비정상으로 달라진 데 대해, 3월 〈이코노미스트〉 매거진은 "제2차 세계대전 이후 가장 극적으로 국가의 힘이 확장되는 모습"이라고 표현했다. 개인의 자유와 프라이버시 침범은 일상이 되었고, 유례없는 재정/통화 정책 등 금기가 깨어지는 모습이 낯설지 않다.

　　공무원은 평시에서나 위기에서나 최일선에 서 있다. 감염병 확진자와 자가격리자의 동선을 체크하며 이동을 제한한다. 갑작스런 피해를 입은 취약계층과 소상공인을 직접 지원하기도 한다. 그 과정에서 규제자로, 또는 자유와 민주주의의 방해자로, 시민들로부터 비판도 흔히 받는다. 공적 권위와 자원을 기반으로, 글자 그대로 '규제와 구제'를 함께 수행하고 있다. 공무원 집단에 대한 기대와 우려, 감사와 비판이 이만큼 한꺼번에 섞이고 압축되어 표현된 적이 있었던가. 제3장은 공무원의 관리에 대한 논의, 즉 인사행정 분야를 다룬다. 인사행정을 다양하게 정의할 수 있겠지만, 보통 "정부의 목표 수행에 필요한 인력을 확보하여 관리·평가·보상하면서 국민에 대한 책임을 확보하는 과정"으로 볼 수 있을 것이다.

당면한 위기와 더불어 이미 예측된 미래가 정부-공무원-인사행정 이슈에 주는 시사점을 재인식하는 것도 중요하다. 이른바 제4의 기술혁명 또는 '인공지능 혁명' 등 기술의 급격한 진보는 시장과 정부 모두에 커다란 충격을 던지고 있는데, 이를테면 멀지 않은 '비트 네이션'(bit nation) 같은 정부체제에서 공무원은 어떤 역할로 존재할 것인지, 무슨 일을 해야 하는지에 대한 논의는 이미 시작되고 있다(인사혁신처, 2016).

정부가 하는 일의 유형과 범위가 매우 넓지만, 인사행정은 그 가운데 행정의 내부 관리, 특히 "공공조직 내 인적자원의 관리활동"에 초점을 둔다. 행정의 전반에 걸친 흐름 또는 과정 측면에서 볼 때, 정부가 동원하고 조직화하는 자원 중 가장 중요한 것이 바로 인적자원이다. 인적자원의 특별한 의미로 우선 물적 자원과 달리 공공 재화와 서비스를 제공하는 행정의 실질적 주체라는 점을 빼놓을 수 없다. 또한, 무한한 개발의 잠재력을 가진 질적 요소라는 점도 특별하다(유민봉·임도빈, 2016). 덧붙여 인적자원은 시설이나 장비와 달리 완전 대체가 매우 어렵기도 하다. 능력있고 정직한 모범 공직자를 키워내는데는 많은 시간과 비용이 들며, 똑같은 사람을 확보하기는 쉽지 않다.

우리나라의 민주화와 경제발전 병행과정에서 중앙과 지방의 공무원 집단이 떠맡았던 역할에 대하여 새롭게 주목하는 관점에 의하면(Im, 2017; Lee, 2017), 공무원은 단순히 수동적인 존재가 아니라 한국의 급격한 경제개발과 민주주의 이행과정에서 상당한 한계 가운데서 의미있는 역할을 해왔으며 앞으로도 그리하리라고 희망할 수 있다.

2020년 우리나라의 각급 공직 임용시험도 코로나19의 여파로 늦춰졌지만, 결국 하나씩 차례대로 시행되었다. 공무원 시험은 인사행정에서 다루는 하나의 주제일 뿐이다. 3장에서는 인사행정의 기본 속성과 제도적 기반, 주요 개념과 가치를 이해한 후, 인사행정의 주요 과정을 따라 논의를 이어간다. 과정별로는 1) 인적자원의 확보, 2) 교육과 능력발전, 3) 공무원에 대한 평가, 4) 보상 체계, 5) 책임 순서가 될 것이다. 덧붙여, 공무원 집단의 단결과 사회적 책임을 살펴볼 것이다.

재정, 정보, 시간, 기술 등의 자원 역시 현대 행정에서 의미를 더해가고 있지만, "인사(人事)가 만사(萬事)"라는 말은 어느 조직 어느 사회에서나 마찬가지이다.

보편적인 행정의 주요 이념은 인사행정에서도 거의 그대로 적용될 수 있다. 즉, 민주성, 효율성, 합법성, 형평성 등의 주요 가치는 인사행정의 체계와 정책수단에서도 무시될 수 없다. 예컨대 민주 다원사회에서 국민의 뜻은 최고의 가치기준이며, 인사행정 역시 행정조직의 내부관리를 벗어나 공공가치를 권위적으로 배분하는 한 과정일 수 있다. 좋은 인재를 뽑아 잘 훈련시킨 후 가급적 비용을 덜 들이면서 조직의 목표를 이룬다면 인사행정에서의 효율성을 달성한 셈이 된다. 공무원의 임용과정은 물론, 특히 징계나 구제 등 책임을 묻는 단계에서 특히 합법성이 중요하다. 형평성은 국가와 사회가 추구하는 사회적 정의(social justice)와도 연결되어 인사행정에서도 추구되는데, 예컨대 임용과정에서 소수집단이나 사회취약계층 우대 등의 국내외 실천사례가 많다.

정부의 인사행정이 민간기업의 인력관리와 다른 것은 자명하다. 조직의 목표 달성을 위해 인력을 동원하는 것은 같지만, 많은 점에서 차이를 드러낸다. 첫째, 대상과 범위가 다르다. 정부의 인사행정은 훨씬 대규모이며 필요 인력의 유형도 다양한 것이 보통이다. 물론 극단적인 예외로, 삼성전자와 지역 동사무소 조직을 비교할 경우 대상과 범위가 역전될 수는 있다. 둘째, 법적 제약 역시 분명한 차이점이다. 행정의 기본 이념인 합법성 덕분에 인사행정의 안정성이 뛰어난 반면, 탄력과 재량 측면에서 민간의 인사관리보다 훨씬 뒤처진다. 셋째, 공식/비공식 이념의 차이가 크다. 정부는 누가 뭐라해도 합법성, 민주성, 형평성 등을 우선에 두게 되지만, 대기업이나 중소기업은 굳이 그리 하지 않아도 된다. 최근 상당수 대기업에서 이른바 '사회적 가치'를 앞세우기도 하지만, 기본적으로 민간기업은 영리, 시장성, 효율성을 추구하는 것이 당연하게 받아들여진다. 그렇지 않으면 기업이 생존하지 못하기 때문이다.

공공부문의 인력 관리에 대해서 많은 비판이 존재하며, 실제로 이를 인정하는 가운데 최근에는 민간기업 및 시민사회 쪽과의 협력과 교류를 강조하는 추세가 강해지고 있다. 후술하겠지만, 현직 공무원을 민간기업이나 대학 등에 파견하거나 그 반대로 민간경력채용의 수단으로 공무원 집단 구성을 다양하고 유연하게 만드는 사례도 늘고 있다. 이렇게 의미있는 민-관의 네트워킹으로 장점을 서로 배우고 단점을 줄여가는 것이 매우 중요하다.

제2절 인사행정의 체계와 제도

1. 우리나라 인사행정의 법적 기반

행정의 다른 영역과 마찬가지로 인사행정 역시 실정법 체계의 내부에 존재한다. 헌법-법률-명령-자치법규(조례) 등의 위계 아래 조직, 인력운영, 예산, 정책 등 관련 영역이 함께 어울리는 것이다.

우리 헌법에는 '공무원' 단어가 모두 14회 등장하는데, 그 중 핵심은 제7조라 해도 과언이 아닐 것이다. 즉, "① 공무원은 국민 전체에 대한 봉사자이며, 국민에 대하여 책임을 진다. ② 공무원의 신분과 정치적 중립성은 법률이 정하는 바에 의하여 보장된다"라고 규정한다.

헌법 외에 대한민국의 정부조직과 공무원 인력을 관장하거나 영향을 미치는 법이 다양하지만, 기본적인 법률은 〈정부조직법〉과 〈국가공무원법〉이다. 전자는 우리나라의 중앙행정기관을 주로 대상으로 하며, 후자 역시 중앙공무원에 초점을 둔다. 〈국가공무원법〉이 근간이지만, 100만 명이 넘는 우리나라 공무원 모두의 임용관리에 관한 사항을 직접 규정하지는 못한다. 예컨대 경찰공무원과 교육공무원의 경우 별도 법률이 있으며, 지방공무원 역시 〈지방공무원법〉에서 구체적인 사항을 규정한다. 이렇게 공무원 임용의 큰 틀을 관장하는 법령이 있는가 하면, 인사행정의 주요 과정별로도 제도적 기반이 갖추어져 있다.

몇 가지 사례를 보면, 임용된 공무원의 교육훈련과 관련하여 1973년 〈공무원 인재개발법〉을 두었으며, 여기서 공직자들의 전문성과 역량을 개발하고자 〈국가공무원 인재개발원〉 등의 조직과 자원에 대하여 규정한다. 공무원의 일에 대한 보상에 대하여는 일찍이 1960년에 〈공무원연금법〉을 제정하였고 일반적인 보수와 복지를 위해 〈공무원 보수규정〉, 〈공무원 후생복지규정〉 등을 두고 있다. 비교적 최근에는 〈공무원 재해보상법〉(2018년)이 별도로 마련되기도 했다.

그런 가운데 공직자의 윤리와 책임을 무겁게 하는 법제도 더욱 촘촘해지고 있다. 1981년 제정된 〈공직자윤리법〉이 우리나라 공무원의 재산등록 및 공개 등을 규정함으로써 기본적 윤리를 담고 있다면, 2016년 〈부정청탁금지법〉은 구체적으로 '청탁'의 예방에 초점을 맞추어 공무원 및 교육자 등의 기대 책임수준을 높여 놓은 것이라 할 수 있다. 이외에, 〈공무원 노동조합법〉 및 관련 규정은 헌법에 규정된 노동권을 인정하되 일반적인 노동조합보다는 훨씬 제한된 형태로 공무원의 노동3권을 규정함으로써, 공무원 집단의 공공성과 책임성을 강조한다.

2. 중앙 및 지방의 인사행정기관

한 국가의 인사기관을 논의할 때 가장 중요한 특성은 독립성, 공정성, 집권성으로 볼 수 있다. 여기서 독립성이 입법부나 사법부로부터의 독립성이라기보다는 주로 대통령 등 정치적 영향력으로부터 얼마나 의사결정이 자유로운가가 초점이라면(유민봉·임도빈, 2016), 우리나라 중앙인사기관은 역대 정부에서 대부분 그리 독립적이지 않았다고 볼 수 있다. 공정성은 합의제 기관인가의 이슈로 주로 논의된다. 보통의 인사 행위는 물론 특히 준사법 기능 등에 대하여 다수 위원의 합리적인 논의가 동반된다면 얼마간의 공정성을 담보할 수 있을 것이다. 한국에서는 1999년-2008년 〈중앙인사위원회〉 형태의 인사기관이 운영됨으로써 독립성과 합의성을 상당 부분 시도했다고 여겨진다. 집권성은 다른 중앙행정기관과의 관계, 구체적으로는 개별 부처가 어느 정도의 재량을 가지고 인사권을 행사하는가가 요점일 것이다.

대한민국의 중앙인사기관은 시대에 따라 변천을 거듭해왔다. 2020년 기준으로 국무총리 소속 〈인사혁신처〉가 인사행정 업무를 총괄하며 처장은 차관급이다. 아울러 인사혁신처 소속으로 〈소청심사위원회〉가 설치되어 소청을 심사/결정하는 준사법 기능을 수행한다. 지방자치단체의 경우에도 지방 공무원에 대하여 인사권을 행사하는 가운데, 공무원의 교류 및 파견 과정에서도 일부 재량권이 인정되고 있다. 아울러, 징계위원회, 소청심사위원회의 경우 중앙과 지방 단위에 각각 설치 운영되고 있다.

〈국가공무원법〉의 중앙인사관장 기관 규정에 의하면, 국회는 국회사무총장, 법원은 법원행정처장, 헌법재판소는 헌법재판소사무처장, 선거관리위원회는 중앙선거관리위원회사무총장, 행정부는 인사혁신처장이 각각 총괄 관장하도록 되어 있다. 아울러 〈지방공무원법〉에 의한 임용권자는 지방자치단체의 장(또는 특별시·광역시·도 또는 특별자치도의 교육감)이 소속 공무원의 임명·휴직·면직과 징계의 권한을 가진다.

3. 한국의 공무원, 규모와 유형

우리나라의 공직자 또는 공무원은 얼마나 많을까? 폭넓은 의미로 '공직자'라고 할 경우 대통령, 국회의원 등 선출직은 물론 각종 공공기관 근무자들까지 모두 포함시킬 수도 있으나 보통은 중앙정부와 지방자치단체에 근무하는 임명직 공무원을 일컫는 것이 보통이며, 이 책의 주된 논의 대상 역시 그들이다.

전체 공무원 숫자는 어떤 범위로 잡느냐에 따라 약간씩 달라질 수 있다. 행정부, 입법부, 사법부, 헌법재판소, 선거관리위원회를 총망라할 경우, 2019년 말 기준으로 110만 명을 넘는다. 다만 행정부 외의 인원은 (제일 많은 사법부 1만 7천여 명을 포함하여) 모두 2만 4천여 명으로 비교적 적은 수이다. 인사행정의 주된 대상인 행정부만을 보더라도 107만 명이 넘는데, 예로, 국가직 일반 공무원은 17만여 명, 지방자치단체의 일반직 공무원은 28만여 명에 이른다.

〈국가공무원법〉이 규정하는 대로, 경력직과 특수경력직으로 대별되는 유

그림 3-1   대한민국의 행정부 공무원 수(국가, 지방)

총계	1,079,516명
국가일반	170,669 (16%)
교원, 조교	359,940 (33%)
지방 일반	289,036 (27%)
지방 교육	70,218 (7%)
소방	56,640 (5%)
경찰	133,013 (12%)

* 군인, 군무원, 국가정보원 직원 등 제외
* 입법/사법부, 현재, 선관위 24,992명

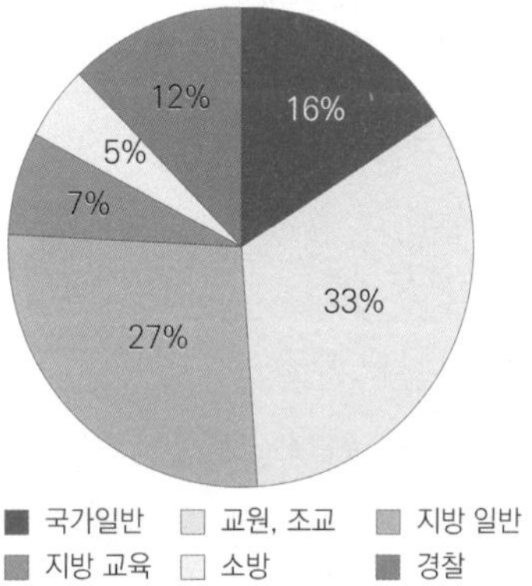

범례: ■ 국가일반 □ 교원, 조교 ▨ 지방 일반 ▨ 지방 교육 □ 소방 ■ 경찰

자료: 정부조직관리정보시스템(http://org.go.kr/2020.7.25. 검색).

형을 〈표 3-1〉에서 대략 볼 수 있다. 경력직은 실적과 자격에 따라 공무원이 되며 신분보장이 임용의 중요한 원칙인 공무원이며, 일반직과 특정직으로 구분된다. 전자는 가장 널리 볼 수 있는 유형인 동시에, 일상적으로 '공무원' 하면 이들을 가리키는 경우가 많다. 행정·기술·연구직 등으로 세분된다.

특정직의 경우 실적을 근간으로 임용되지만, 업무의 특수성을 인정하여 별도의 특별법으로 임용 및 관리가 규정된다. 특별법 우선의 원칙에 의하여, 법관·검사·경찰·소방관·교육공무원 등의 경우 각자 소관의 특별법을 우선 적용받는다.

특수경력직은 정무직과 별정직으로 나뉘는데, 전자는 대통령·국회의원 등 선출직을 비롯하여 고도의 정치적 직무를 맡는 공무원을 말한다. 별정직은 광역시의 정무부시장이나 비서 업무 등 법령에 규정된 특수한 직무를 수행하는 유형이다.

표 3-1	우리나라 공무원의 유형(경력직과 특수경력직)

경력직	내용(국가공무원법 제2조 제2항)
일반직	기술·연구 또는 행정일반에 대한 업무를 담당하는 공무원 – ① 행정·기술직, ② 우정직, ③ 연구·지도직
	일반직공무원 중 특수업무 분야에 종사하는 공무원 – ① 전문경력관
특정직	담당업무가 특수하여 자격·신분보장·복무 등에서 특별법이 우선 적용되는 공무원 ① 법관·검사, ② 외무공무원, ③ 경찰공무원, ④ 소방공무원, ⑤ 교육공무원, ⑥ 군인·군무원, ⑦ 헌법재판소 헌법연구관, ⑧ 국가정보원의 직원·경호공무원 등 특수분야의 업무를 담당하는 공무원으로서 다른 법률이 특정직 공무원으로 지정하는 공무원

특수 경력직	내용(국가공무원법 제2조 제3항)
정무직	선거, 국회동의에 의하여 임용되는 공무원, 고도의 정책결정 업무를 담당하거나 이를 보조하는 공무원으로서 법령에서 정무직으로 지정하는 공무원 ① 감사원장·감사위원 및 사무총장, ② 국회사무총장·차장·도서관장·예산정책처장·입법조사처장, ③ 헌법재판소 재판관·사무처장 및 사무차장, ④ 중앙선거관리위원회 상임위원·사무총장 및 차장, ⑤ 국무총리, ⑥ 국무위원, ⑦ 대통령비서실장, ⑧ 국가안보실장, ⑨ 대통령경호실장, ⑩ 국무조정실장, ⑪ 처의 처장, ⑫ 각 부의 차관, 청장(경찰청장은 특정직), ⑬ 차관급 상당 이상의 보수를 받는 비서관(대통령비서실 수석비서관, 국무총리비서실장, 대법원장비서실장, 국회의장비서실장) ⑪ 국가정보원장 및 차장, ⑫ 방송통신위원회 위원장, ⑬ 국가인권위원회 위원장
별정직	비서관·비서 등 보좌업무 등을 수행하거나 특정한 업무 수행을 위하여 법령에서 별정직으로 지정하는 공무원 ① 비서관·비서, ② 장관정책보좌관, ③ 국회 수석전문위원, ④ 감사원 사무차장 및 시·도 선거관리위원회 상임위원, ⑤ 국가정보원 기획조정실장, ⑥ 기타 법령에서 별정직으로 지정하는 공무원

자료: 인사혁신처 홈페이지(www.mpm.go.kr/mpm 2020. 7. 20. 검색).

제3절 인사행정의 기본 가치와 공직유형

1. 엽관제와 실적제

공직이든 민간 부문에서든 좋은 사람을 뽑아서 잘 쓰는 것이 조직의 성공을 위한 최선의 길임은 널리 알려져 있다. 사람을 선발하는 수많은 방법 가운데, 인사행정에서 가장 먼저 들 수 있는 사례가 정실제(情實制, patronage system)로서, 개인적인 인연이나 관계를 바탕으로 임용하는 것을 말한다. 동서양을 막론하고 과거 왕조시대 또는 귀족 등 특권층이 지배하던 시기에 흔히 볼 수 있었으며, 이렇게 구성하더라도 표면상 직업공무원제를 운영할 수는 있다. 다만 정실제로 공직에 들어 온 군인, 경찰, 공무원들은 국민이나 국가를 위해 봉사하기보다는 아마도 자신을 '챙겨 준' 사람이나 집단에 대한 충성을 앞세우게 될 것으로 예측할 수 있다.

우리나라에서는 고려나 조선시대의 음서(陰敍) 제도를 정실제와 직접 견줄수 있을 것이고, 해방 이후 공식적으로 정실제를 인정한 적은 없으나 음성적으로는 의혹을 받는 경우가 많았다.

엽관제(獵官制, spoils system)는 한자나 영문 글자에서 사냥감의 뜻을 내포한다. 즉, 현대 민주주의를 기반으로 하되, 선거에서 이긴 정당 또는 집단에서 공직을 이를테면, 사냥이나 전투에서 얻은 전리품처럼 차지하는 모습을 상상하면 될 것이다. 미국에서는 19세기 중반 이후, 정부 인력구성의 기본 틀로 자리잡았다. 현대의 우리들이 연상하는 만큼의 부정적인 이미지보다는 오히려 좋은 취지로 받아들여졌다. 즉, 선거의 당연한 결과로서, 최고 통치자는 물론 정부의 인력풀 자체를 '교대'시킬 수 있는 만큼 민주주의라는 제도를 유지 발전시키고 건강한 정당정치를 지향하는 수단이기도 했다. 1세기도 훨씬 전에 Goodnow (1900) 등이 판단컨대, 엽관제가 가능했던 것은 행정과 정치가 분리되어 있지 않았기 때문이었다. 그럼으로써 비전문가들이 공직에 돌려가며 취임(rotation in office)하는 데 대해 별로 항의하는 사람이 없었던 것이다. 덧붙여 새로 바뀐 지도층의 정치 철학과 정책 이념을 구현할 수 있는 수단으로서 관료집단을 바꾼다는 뜻도 강했던 것이다.

엽관제의 단점이 드러나는 데는 그리 많은 시간이 필요하지 않았는데, 미국에서 대선에 이긴 가필드 대통령이 공직 배분에 불만을 품은 사람에 의하여 1881년에 암살당하는 일까지 벌어지면서 그 폐해가 극에 달하기도 했다. 논자에 따라서는 1829-1883년 기간을 엽관제 시대(Spoils Period), 그 이후인 1883-1906년 기간을 개혁시대(Reform Period)라 부를 정도로(Henry, 2004) 시대적 편차가 심했다. 1883년은 미국 실적주의의 시작이라고도 할 펜들턴 법(Civil Service Act 또는 the Pendleton Act)이 제정된 해이다. 기본적으로 엽관제는 행정 업무가 단순하던 시기에는 그럭저럭 통했으나, 현대사회처럼 행정의 전문화, 복잡화 경향이 뚜렷한 시대에는 어쩔 수 없이 문제가 드러나게 된다.

다만, 21세기 우리나라에서도 엽관제의 가치를 새롭게 짚어 볼 수 있다. 예로, 지방선거에서 새로 당선된 시도지사가 자신의 철학과 가치를 정책에 반영하려는 경우, 또는 지방행정의 틀 자체를 급격히 바꾸고자 할 때 엽관제의 가치를 살려 자신의 뜻과 맞는 새로운 인력풀을 동원하고 싶을지 모른다. 사회나 공동체의 급격한 변환기나 또는 위기상황에서 기존의 직업공무원보다는 엽관제의 방식으로 들어온 사람들이 더 적합하다고 판단할 수도 있을 것이다. 다만, 현실적으로는 다양한 법적/행정적 한계 때문에 직업공무원 외의 외부인을 임용시키는 것이 매우 어렵다.

실적제(實績制, merit system)는 위 둘에 비해 시기와 내용면에서 현대와 훨씬 가깝다고 볼 수 있다. 즉, 개인의 자격, 능력, 실적에 뿌리를 둔 인사제도로서 대부분의 현대인들에게 받아 들여진다. 실적의 의미는 다양한데, 운전면허부터 대학 학위 등의 자격을 우선 들 수 있다. 각종 시험의 성적 등으로 표현되는 능력 역시 개인의 노력과 어울려 중요한 것으로 인정받는다. 실적 역시 업무 현장에서의 성과 등으로 측정된다.

서구 특히 미국에서도 국가의 위상과 역할이 대폭 확대되면서 공무원이 맡는 일의 전문성이 크게 달라지면서 역량있는 공무원이 필요해졌다. 게다가 엽관제의 폐해가 심각하게 드러나게 되었는데, 예컨대 무능하고 부패한 인물의 임용, 공직 전체의 품질 저하, 행정의 전문성/안정성 훼손 등이 사례이다. 영국에서 19세기 중반, 미국에서는 19세기 후반 이후 능력과 실적에 뿌리를 둔 제도로의 이행이 시작되었다. 1883년 펜들턴법(The Pendleton Civil Service Act)이나 해치법(Hatch Act, 1939, 1940)은 실적제와 공무원의 정치중립성을 확립하는 데 크게 기여하였다는 평가가 일반적이다. 20세기 우리나라의 현재 공직 충원 및 관리는 거의 전적으로 능력제에 기반을 두고 있다 해도 과언이 아닐 터이다.

나라에 따라 실적제를 적용하는 접근방식과 구체적 수단은 조금씩 다르지만 크게 보아 몇 가지 공통적인 지향점을 지닌다. 첫째, 공직에 접근하는 기회가 평등하게 마련되어야 한다. 둘째, 시험성적이든 무엇이든 개인의 능력과 자격을 기준으로 공직에 임용하게 된다. 셋째, 실적에 의하여 공직에 들어온 후 승진 등의 기준 역시 능력이나 성과 등이 된다. 넷째, 공무원의 정치중립성을 보장한다. 다만 이러한 지향 방향이 현실에서도 항상 그대로 나타나는 것은 아니다. 덧붙여, 우리나라를 비롯한 대부분 국가에서 실적제와 직업공무원제는 동행하게 되는데, 그렇다고 해서 두 제도가 똑같다는 의미는 아니다. 실적제로 뽑힌 공무원이 직업공무원으로서 평생을 공직에 머무른다는 보장은 없다(예컨대, 민간경력과 전문성을 인정받아서, 즉 실적의 기준에 의하여 40대에 공무원이 된 사람을 일컬어 직업공무원제의 전형적 산물이라 할 수는 없을 것이다).

우리나라 〈국가공무원법〉 제26조(임용의 원칙)에서 "공무원의 임용은 시험성적·근무성적, 그밖의 능력의 실증에 따라 행한다"라는 원칙을 언명하면서 제31조 제1항에서 "임용권자나 임용제청권자는 결원을 보충할 때 공개경쟁 채용시험 합격자와 공개경쟁 승진시험 합격자를 우선하여 임용하거나 임용제청해야 함을 덧붙이고 있다. 물론 '균형인사'를 추구하는 예외 규정도 있다.

이러한 실적주의는 신규채용 뿐 아니라 어떤 신분이든 공무원에게 부여하는 모든 행위, 즉 넓은 의미의 '임용' 과정 전반에 걸쳐 적용된다. 계급제를 근간으로 하면서 직업적 안정성을 중시하는 우리나라 공직사회에서, 근무평가와 (제한적인 성과급 등) 보수 측면에 이르기까지 이른바 능력주의가 자리잡은 지

오래이다. 부연의 필요없이 민간 기업에서는 개인 차원의 실적 뿐 아니라 소속 부서 등 집단의 성과도 평가대상이 될 정도로, 그 폭과 깊이가 계속 더해진다.

물론 실적주의 또는 능력주의에도 문제가 없을 수 없으며, 행정학의 범위를 넘어서는 논의도 가능하다. 실적 또는 능력을 기반으로 하니 가장 공평한 시스템이라 말하지만, 결국은 교육이나 직업의 대물림으로 이어지는 것이 현실이라는 비판이 여전히 강하며 이를 '능력주의의 덫'으로 보는 논쟁이 있다.

생각 꾸러미

'능력주의 덫'

능력주의 또는 메리토크라시(meritocracy)는 오랜 세월 현대인의 지배적 이념이자 상식으로 자리잡아 왔다. 자신의 능력과 노력으로 부, 권력, 명예를 얻어내는 것은 일면 당연하고 바람직해 보인다. 이 용어는 일찍이 1958년 마이클 영(Michael Young)이 2033년이라는 미래를 상정하면서 정부, 기업, 교육, 과학 등의 리더가 되기 위한 요건을 제시하는데, (풍자의 의미를 담아) 혈연을 넘어 지능, 자격, 경험 등을 강조한 데서 비롯되었다. 이제 메리토크라시는 21세기의 지배적인 신념체계로 주장한 바, 당초의 풍자적 비판을 넘어 긍정적이고 능동적인 개념으로 확산되어 여전히 시대를 풍미하고 있다. 행정학/경영학 등에서는 논의를 좁혀, 주로 인력의 임용과 평가, 관리 등에서 자격, 시험점수, 근무성과 등에 기반을 둔 인력관리 체제를 메리토크라시 또는 실적주의(merit system)라고 칭한다.

이런 흐름에 반대하는 능력주의 비판이 등장한 것은 비교적 최근의 일이다. 학력과 직업 측면에서 승자 독식의 모양이 나타나고, 그런 성취가 대물림되면서 또 다른 세습의 모습으로 악순환되는 현상이 자주 목격된다. 이를테면 능력주의와 세습주의가 '적대적 공생'을 이어가는 셈이다. McNamee & Miller(2009)의 경우, 타이틀 자체가 "메리토크라시 신화"(The Meritocracy Myth)인 데서 알 수 있듯이 기본적으로 미국의 보편화된 메리토크라시에 대한 믿음에 의문을 제기한다. Hayes(2012)의 경우, 주로 미국의 메리토크라시가 현대 사회에서 어떻게 악용되는지 관찰한다. 다니엘 말코비츠는 〈능력주의의 덫〉(The Meritocracy Trap, 2019)에서 현대 메리토크라시의 폐해를 극명하게 정리한다. 예일대 로스쿨 교수가 최고 명문대의 상황, 졸업생들에 관한 자료와 사례를 중심으로 분석하면서, 메리토크라시는 엉터리라고 못박는 것이다. 민주주의를 갉아 먹고 있으며, 중산층은 물론 초상류층까지 포함한 거의 모든 사람을 불행하게 만드는 시스템이라 주장한다. 〈정의란 무엇인가〉 등의 명저로 한국에서도 유명한 하버드대 마이클 샌델 교수도 최근 〈The Tyranny of Merit〉에서 능력과 학벌 위주의 사회를 엄중히 비판하며 사회 전반의 겸손함, 기층 시민에 대한 존중 등을 강조한 바 있다(Sandel, 2020). 그렇 지만, 이러한 많은 비판과는 별도로 일부 조세정책 변화, 대학 정원 조정, 대입 추첨제 안 등 외에 메리토크라시에 대한 뚜렷한 대안을 제시했는지는 불확실하다.

2. 대표관료제와 현대적 변용

대표관료제(representative bureaucracy)는 공무원 집단의 구성에 인구 전체 의 구성을 반영하는 제도이다. 엄밀하고 이상적인 의미에서라면 성, 지역, 인종, 종교, 계층 등 모든 인적 구성을 거울처럼 관료체제에도 옮겨 놓는 것이지만, 실제로는 그 중 일부만을 반영하게 된다.

대표관료제라는 용어는 Kingsley(1944)가 처음 사용한 것으로 알려져 있으 며, 당시 영국 사회의 상황에 비추어 정부 관료제를 비판한 데서 비롯되었다. 현 대에 들어서도 국내외 여러 사례가 발견되는데, 그 공통적인 흐름은 차별 철폐— 평등한 기회 보장—소수집단에 대한 적극적 보호의 방향으로 가는 듯하다.

사회의 소수집단에 대한 우대 사례는 나라마다 많다. 예컨대 미국에서는 흑인에 대한 각종 공식적 차별을 줄이면서 미국의 1964년 〈평등고용기회법〉 (Equal Employment Opportunity Act)에서 공직 임용기회를 동등하게 부여하려 노 력해왔고, 이를 넘어 소수인종, 여성, 장애인 등에 대하여는 능동적으로 고용을 장려하거나 보장하는 단계에까지 이르게 된다. 소수집단 우대조치(Affirmative Action)는 지난 수십년간 미국에서 논란이 되어 온 조치인데, 연방 및 주정부 등 의 공직인력 임용에서 일정 비율을 할당하여 소수계 인종을 뽑도록 의무화한 것이다. 1990년대 이후 캘리포니아, 미시건 등에서는 그러한 조치가 주헌법에 위반된다는 판결 등 다양한 영향으로 이제는 공식 우대조치의 의무성이 많이 줄어들었지만, 여전히 사회적 영향력을 미치고 있다. 공직임용 뿐 아니라 대학

입시 등에서도 소수계 할당 등에 대하여 논쟁이 많았으며 현재까지도 계속되고 있다.[1]

우리나라에서는 인종의 문제가 훨씬 덜하지만, 성별과 지역 기준의 형평성은 여전한 이슈이다. 한국판 대표관료제의 사례로 양성평등목표제, 장애인 고용목표제, 지역인재 선발 등 법적/행정적 조치가 지금도 다양하게 공직임용에서 적용되고 있다. 2005년 〈국가공무원법〉에 여성·장애인·지방인재·이공계·저소득층 등 사회적 소수 또는 약자의 공직 진출 및 적극적 우대정책을 위한 법적 근거를 마련한 이후, 소수집단의 공직 임용을 늘리는 '균형인사' 정책을 추진해 오고 있다(인사혁신처, 2020).

첫째, 지역 대표성과 지역 균형발전의 가치를 위해 2005년 이후 인턴제 방식인 '지역인재 추천채용제도'를 운영하고 있으며, 처음에는 6급으로 선발해오다가 2010년부터는 7급으로 뽑고 있는데 이들 인력에 대한 평가도 매우 좋은 것으로 알려져 있다. 2012년에는 9급으로까지 확대 선발하고 있다.

둘째, 여성 인력에 대하여는 2002년 '여성관리자 임용확대 계획'을 시행한 이래 5급과 4급에 대하여도 이를 적용해 오고 있다. 2018년부터는 고위공무원단 및 부처 과장급으로 여성임용목표를 상향하여 2022년까지 고위공무원단 여성 10%, 본부과장급 여성 25%를 목표로 하는 '여성관리자 임용확대계획(2018~2022)'을 진행하고 있다.

셋째, 장애인의 경우 구분모집과 중증장애인 경력채용 등을 통해 장애인의 공직진출을 지속 확대함으로써, 2018년말 중앙행정기관 장애인 고용률 3.4%로

---

[1] 2020년 캘리포니아 주의 주립대학 입시 관련 논쟁이 주목할 만하다. 1996년 UC계열 주립대학 입시사정에서 인종을 기반으로 하지 못하도록 하는 주민제안(Proposition 209)이 채택되어 공식적으로는 흑인 등 소수계 응시자를 우대할 수 없게 되었다. 그런데 지난 24년간의 영향을 추적한 결과, 백인과 아시아 학생들에게 별 긍정적 영향을 주지 못한 채 흑인/히스패닉 학생들에게는 피해가 심했다는 종합보고서가 공개된 바 있다(New York Times, 2020. 08. 21). 그럼에도 불구하고, 주민제안 209호를 뒤집어 인종기반의 대학입시를 가능하게 하려는 시도(Proposition 16)가, 2020. 11. 3 대선과 함께 치러진 캘리포니아 주민투표에서 거부되었다. 흑인 등 소수계를 우대함으로써 결과적으로 백인과 아시아 학생들에게 피해가 간다는 주장은 하버드/예일 등 명문 사립대 입시에서도 되풀이되어 왔으며, 2020년 미국연방 법무부에서 예일대에 공식 경고와 함께 그러한 인종기반 입시 우대정책을 중단하라고 명령하기도 했다(New York Times, 2020. 08. 13).

정부부문의 법정 의무고용률 3.2%(2019년부터는 3.4%)를 초과 달성한 결과가 되었다.

넷째, 2009년 저소득층 공직 진출을 위해 9급 공채 인원의 2% 이상 및 9급 경력경쟁채용 인원의 1%를 〈국민기초생활보장법〉에 따른 저소득층 등을 채용하고 있다.

'지역' 균형인사 논쟁

> 대표관료제의 한국식 버전인 '균형인사' 제도에 근거하여 지방대학 출신 공무원 시험 응시자를 우대하여 뽑는 경우가 있다. 두 사람이 짝이 되어, 이에 대한 찬반 논거를 각각 정리해 보시오. 사례로서, 경북의 농촌 고교를 나와 경기도 소재 대학으로 진학한 A, 서울이 고향이지만 대구에서 대학을 졸업한 B, 광주 출신으로 대전의 KAIST를 다닌 C 등 예외적인 경우를 함께 고려해 보시오.

3. 직업공무원제

오늘날 직업공무원 제도는 당연하게 받아들여지지만, 그 시작은 나라에 따라서 또 시기별로도 형성 배경이 다르다. 유럽의 중세 봉건시대에는 영주의 개인 사무와 공공 사무가 구분되지 않았고 업무의 성격도 단순했으므로 대규모의 관료제가 발전할 여지가 없었다. 절대군주 국가로 넘어가면서 군사적 수요와 함께 집권적 국가 운영에 대한 필요가 늘어나면서, 상비군 및 상비 관료제를 마련하고 유지할 필요성이 생긴 것이다. 18세기 산업혁명 이후에는 경제와 사회의 급변으로 인해 정부의 규모와 관료제의 성격 또한 더 크게 변화하면서 정부 인사행정 전반에 걸쳐 영향을 미치게 된 것이다.

미국에서는 유럽의 관료제 전통이 거의 없었던 데다가 오히려 독일, 프랑스 등의 직업 관료제를 민주주의에 대한 위협으로 인식하는 분위기에서 오히려 정치적 임용을 위주로 하는 엽관제를 선호하게 되었다(강성철 외, 2018). 앞서 소개한 1883년 펜들턴 법 등에 의하여 실적제 원리가 확립된 이후에조차 미국에서는 거의 모든 직급에서 개방형 시스템을 채택하고 있다. 즉, 우리나라의 폐쇄형 직업공무원제와는 매우 다른 체제이다.

대한민국의 공무원 제도는 직업공무원제를 근간으로 한다. 젊은이를 하위 직급에 뽑아 가급적 오랜 기간을 근무하면서 계단을 밟아 승진하며 능력과 경력을 쌓도록 하는 것이 기본이다. 이는 군, 경찰, 소방공무원 등의 계급제적 문화와도 연결된다.

아울러 직업공무원제의 중요한 전제는 공무원의 정치중립성이다. 중앙정부든 지방정부든 선출직 장이나 대의기관 대표, 즉 국회의원이나 지방의원의 세력 변화와는 무관하게 공무원으로서 국가와 지역에 봉사하는 집단이 정치적으로 편향되면 아니될 것이다. 실제로는 정권의 변동기마다 '영혼없는 공무원' 이슈가 제기되고 상당한 비판이 가해지지만, 일면 이는 당연한 원칙을 지키는 것으로도 볼 수 있다. 영혼과 정치중립성의 균형을 찾기가 쉽지 않다.

4. 계급제와 직위분류제

이론으로나 실무에서나 공직을 분류하는 방법이 다양하다. 널리 알려진 분류체계가 계급제와 직위분류제이다. 계급제(rank classification)는 공무원이 가진 학력, 경력, 자격, 능력 등을 평가함으로써 계급이 결정되는 체계(강성철 외, 2018; 정일섭, 2018)라고 알려진다. 즉, 사람 중심의 공직 관리 관점인데(rank-in person), 이를테면 "사람에 대하여 '값'을 매겨 윗사람의 지시와 명령에 복종하여 조직의 의사를 확정하는 웨버(Weber)식 관료제에 적합한" 모형으로 볼 수 있다(행정학 전자사전).

계급제를 택하는 공직 체계에서는 계층의 맨 아래에서부터 훈련을 받고 다양한 업무를 경험하며 한 칸씩 올라가는 모습으로서 직업공무원제와 당연히 어울리는 모습이다. 오랜 시간을 두고 수직적 승진을 거듭하는 가운데, 수평적으로도 다양한 영역의 업무를 경험하게 되는 일반행정가(generalists)를 키워내기에 적합한 구조인 것이다.

이에 비해, 직위분류제(position classification)는 사람보다는 직위에 초점을 두어, 직무의 종류, 곤란도, 책임도 등을 기준으로 공직을 분류한다. 직무에 우선을 둔다는 점에서(rank-in-job), 이는 사람에 대한 '값'을 매기지 않는 일 중심의 인사시스템이라 볼 수 있다. 즉, 어떤 직위에 대하여 그 직무의 값을 정한다는 뜻으로 직무의 비중, 책임성, 난이도를 결정하고자 직무 분석과 직무 평가 과정을 거치게 된다. 직위분류제의 기본 개념이자 〈국가공무원법〉과 〈지방공무원법〉 각 제5조에서 정의된 주요 용어는 아래와 같다. 묶음의 크기로만 보면 직위-직류-직렬-직군의 순서로 커진다.

1. 직위(職位): 1명의 공무원에게 부여할 수 있는 직무와 책임
2. 직급(職級): 직무의 종류·곤란성과 책임도가 상당히 유사한 직위의 군
3. 정급(定級): 직위를 직급 또는 직무등급에 배정하는 것
4. 강임(降任): 같은 직렬 내에서 하위 직급에 임명하거나 하위 직급이 없어 다른 직렬의 하위 직급으로 임명하거나 고위공무원단에 속하는 일반직공무원(제4조 제2항에 따라 같은 조 제1항의 계급 구분을 적용하지 아니하는 공무원은 제외한다)을 고위공무원단 직위가 아닌 하위 직위에 임명하는 것
5. 전직(轉職): 직렬을 달리하는 임명
6. 전보(轉補): 같은 직급 내에서의 보직 변경 또는 고위공무원단 직위 간의 보직 변경
7. 직군(職群): 직무의 성질이 유사한 직렬의 군
8. 직렬(職列): 직무의 종류가 유사하고 그 책임과 곤란성의 정도가 서로 다른 직급의 군
9. 직류(職類): 같은 직렬 내에서 담당 분야가 같은 직무의 군
10. 직무등급(職務等級): 직무의 곤란성과 책임도가 상당히 유사한 직위의 군

직위분류제에서는 처음부터 그 자리에 적합한 사람을 뽑는 취지에 맞게 많은 경우 채용 즉시 직무에 투입되기도 한다. 이른바 전문행정가(specialists)를 선호하는 시스템이라 할 터인데, 우리나라 공직체계의 근간이라 할 계급제 및 직

업공무원제와는 본질상 조화되기가 쉽지 않다. 실제 우리나라에서는 1970년대 초 직위분류법을 제정하려는 시도가 있었으나 성공하지 못했다. 어쨌든 직위제와 계급제의 하이브리드 형태를 '직계제'(職階制)로 부르자는 말도 있을 만큼 우리나라는 혼합형이며, 실제로 행정의 전문화 등 추세에 따라 계약직 공무원, 공모직위제, 개방형 임용 등 요소가 이미 많이 도입되었으며, 앞으로도 이를 더 늘려야 한다는 목소리가 높다(최병대·김상묵, 1999; 최순영, 2015).

제4절 인사행정의 과정

1. 인적자원의 확보: 모집, 신규 채용

행정이나 정책의 과정은 계획으로 시작되는 것이 보통이다. 인사행정에서는 인적자원계획이 그 근간이 되는데, 이는 조직의 목표를 달성하기 위하여 인력의 수요와 공급을 미리 계획하는 것으로 볼 수 있다. 크게는 국가 전체 차원의 인적자원에 대한 의미도 있지만, 인사행정에서는 정부조직 내에서 필요한 인적자원에 대한 수요를 예측하고 공급대안을 분석 결정하는 과정을 말한다(강성철 외, 2018).

우리나라 〈공무원임용령〉 제8조에 의하면 "조직목표의 달성에 필요한 효율적인 인적자원 관리를 위하여 소속 공무원의 채용·승진·배치 및 경력개발 등이 포함된 인력관리계획의 수립"이 각부 장관의 의무사항으로 되어 있으며, 인사혁신처장이 이를 지원·조정 및 평가할 수 있다.

공무원의 임용(任用, appointment)을 넓게 보면, 정부가 필요로 하는 사람을 외부로부터 새로 수혈받는 것은 물론 공무원 관계를 발생·변경·소멸시키는 모든 과정을 함께 포함한다. 〈공무원임용령〉 제2조 1호에도 임용은 "신규채용, 승진임용, 전직, 전보, 겸임, 파견, 강임, 휴직, 직위해제, 정직, 강등, 복직, 면직, 해임 및 파면" 모두를 아울러 지칭하고 있다. 다만 일상의 대화에서는 신규채용

표 3-2 우리나라 공직 임용의 유형과 방법

임용의 유형	공무원 관계	내용		방법
외부 임용	발생	신규채용		공개경쟁 채용 경력경쟁(특별) 채용
내부 임용	변경	인사이동	수직 이동	승진, 강임, 강등
			수평 이동	전보, 전직, 겸임, 파견, 전입, 전출, 인사교류 등
		기타 내부 임용		휴직, 직위해제, 정직, 복직 등
	소멸	퇴직		면직, 해임, 파면
혼합형 임용	발생, 변경, 소멸	외부·내부 임용		개방형 직위제

자료: 김렬(2016: 167)에서 일부 수정.

을 일반적인 임용의 뜻으로 쓰는 것이 사실이다. 공무원 관계의 발생-변경-소멸을 기준으로 공무원 임용의 유형 및 방법을 총괄해서 보면 〈표 3-2〉와 같이 표시된다.

　　인사행정의 과정은 정부의 인적자원계획을 바탕으로 하되, 실질적인 첫 단계는 신규채용 대상자들에 대한 모집(募集, recruitment)으로부터 시작된다. 민간기업과 달리 정부의 모집에서는 단순히 최고의 능력을 지닌 사람만을 뽑는 것이 최선이라 할 수 없다. 즉, 실적주의를 기반으로 함은 당연하지만, 국민 대표성을 고려하여 공직의 개방성·다양성·민주성을 함께 구현하도록 해야 한다는 입장도 유력하다(김렬, 2016).

　　모집과 관련한 커다란 이슈로 소극적으로는 어떤 집단을 배제하느냐의 문제이다. 예컨대 고령자나 외국인을 공직에 임용할 것인가의 논란이 있을 수 있다. 어느 나라든 국적이 공직의 제한 요건인 경우가 많은데, 우리나라에서는 국가안보, 외교 등 특수한 경우 외에는 국가공무원법상 경력직-일반직 및 특수경력직으로 외국인이 임용될 길이 열려 있다. 다문화 가족/국민의 정부 정책결정 참여를 더 늘려야 한다는 소리도 있으며, 우리나라에서도 결혼 이민자 출신 국회의원까지 이미 배출한 바 있다.

더 중요한 것은 이른바 '적극적 모집'(positive recruitment)의 가치이다. 단순히 정부 내 일자리가 있음을 알린 후 응모자들이 알아서 찾아오기를 기다리는 것이 아니라, 젊고 유능한 인재를 능동적으로 찾아 끌어와야 한다는 것이다. 소극적 채용 공지에 그치는 가운데 응시 자격요건과 채용절차를 까다롭게 하는 것은 대부분 바람직하지 않다. 오히려 시장에 미리 뛰어들어 적극적 마케팅을 하면서, 채용절차를 간소화하고 채용의 방식도 인턴십 등으로 다양화하는 것이 우수한 인력을 유치하는 데 도움이 될 것이다.

모집과정을 거쳐 공직에 지원한 사람들 중에서 적격자를 뽑는 것이 선발과정이며, 주로 서류 전형과 시험의 형태를 취하게 된다. 특히 대부분의 공무원 선발은 시험에 의하는데, 필기시험과 면접 등을 말한다.

어떤 유형이든 시험의 효용성을 높이는 것이 중요하다. 효용성의 몇가지 중요한 차원을 보면 타당성, 신뢰성, 객관성, 난이도 등을 예시할 수 있다. 타당성(validity)은 어떤 시험이 측정하고자 하는 것을 제대로 측정하는가의 문제이다. 필기시험에서 우수한 성적으로 합격한 사람이 실제 임용 후 근무평가 역시 높다면, 일단 그 시험은 타당성이 높다고 얘기할 수 있을 것이다. 신뢰성(reliability)은 어떤 시험의 결과치가 일관되는 정도를 말한다. 똑같거나 비슷한 응시생 집단이 어떤 시험을 2-3번 치러도 비슷한 점수가 나온다면 이는 신뢰성이 높은 것이다. 객관성(objectivity)은 신뢰성의 한 부분으로 볼 수도 있는데, 주로 시험결과에서 채점자의 주관적 편견이 나타나지 않는 정도를 뜻한다. 모든 문제를 객관식 5지선다형으로 할 경우 객관성이 높을 터이다. 난이도(difficulty)는 변별력의 문제이며 응시생의 우열을 가리는 수단이 된다. 예로, 9급 공무원 시험의 어떤 과목에서 응시자 평균이 90점을 넘어섰다면 난이도와 변별력 측면에서 바람직하다고 볼 수 없다.

2. 공무원 채용시험

이 땅에서 시행된 최초의 국가시험제도로 788년 신라 원성왕 시대의 '독서 출신과'를 꼽기도 하고, 958년 고려 광종 때의 중국식 과거제도를 들기도 한다 (인사혁신처, 2016). 조선시대의 과거제도는 물론 해방 직후에도 고등고시와 보통고시로 나누어 공무원을 뽑을 정도로 우리나라의 공직 채용시험은 형태와 내용이 다를지언정 길고 안정적인 역사로서 이어져 왔으며, 이런저런 사연에도 불구하고 공정성이 가장 높은 시험으로 꼽히고 있다.

현재 우리나라 공무원을 신규로 뽑는 시험은 대부분 필기와 면접으로 이루어진다. 공개경쟁채용의 대표적인 사례인 5, 7, 9급 시험에서 각각 시기를 달리하여 필기시험을 통과한 사람을 대상으로 면접을 치르게 된다. 국가 주관의 각종 시험 가운데 예컨대 변호사 시험이나 공인중개사 시험 등이 자격시험인 데 비해, 공무원 시험은 글자 그대로 국가나 지방자치단체 임용을 전제로 치르게 된다. 물론 청년 등을 대상으로 한 신규공채 외에 민간경력자를 뽑는 경우도 꾸준히 늘어나고 있다.

5급 공채(예전의 행정고등고시)의 과정은 특히 어렵고 복잡하다. 현재 5급 시험의 1차시험은 공직적격성평가(Public Service Aptitude Test) 또는 PSAT로 불리는 필기시험이다. 언어논리, 자료해석, 상황판단 영역별로 측정하고 있으나, 실제로 응시자의 '공직 적성'을 정확히 측정하는지, 즉 시험의 타당성이 높은지에 대한 의문이 여전하다. 그럼에도 과거의 획일적인 유형을 벗어난 차선책으로 여겨지고 있으며, 7급과 공기업 공채에도 확대되는 방향이다(유민봉·임도빈, 2016: 231).

우리나라의 경우 시험을 통과한 공직 후보자들은 임용 추천의 과정을 거친다. 국가직 공무원이라면 인사혁신처장이 관리하는 채용후보자 명부에 기재되고, 그 이후 각 부처 장관에게 임용 추천한다. 흔치 않지만, 시험을 모두 합격하고도 임용 추천이 되지 않아서 결국 공무원이 되지 못하는 경우도 있다. 정식 공무원이 되기 전에 '시보'(試補)의 신분으로 훈련 및 적격성을 검증하게 된다. 시보는 공무원 관련법상 제한적인 적용을 받으며, 시보임용기간을 무사히 마친 후 정규 공무원이 된다.

3. 내부임용

앞서 언급했듯이 임용을 외부임용과 내부임용으로 나눌 수 있다. 전자는 신규채용이며 후자는 기존 조직 내의 인력을 활용하는 것이다. 〈표 3-2〉의 내부임용은 많은 경우 능력발전의 수단과 과정으로 이해할 수도 있다. 즉, 승진과 전보가 조직의 목표 달성을 위하여 구성원을 수직적으로, 수평적으로 이동시키며 활용하는 것으로 그 자체가 공무원 개인의 능력을 증진시키는 계기가 되는 것이다.

민간 부문과 마찬가지로 정부 인력에 대하여도 "적재적소"(適材適所)는 변함없는 진리이며, 이는 내부임용에서도 명확히 드러난다. 먼저, 업무역량과 인격을 갖춘 인재를 더 높은 자리에 임용, 즉 승진(昇進, promotion)시키면 당사자의 능력을 인정하는 보상인 동시에 그가 더 크게 능력발전을 하도록 돕는 결과가 된다. 승진의 기준은 능력, 성과, 연공 등으로 다양하며 각각 장단점을 지닌다. 강임(降任)은 승진과 반대 방향, 즉 하위 직급으로 내려 임용하는 경우인데, 직제나 예산상의 변화로 인해 드물게 인정된다. 물론 승진이 해당 공무원의 능력을 인정하는 지표는 되지 못하며, 오히려 높은 자리에 오르면서 당사자와 조직에 이롭지 못한 결과를 낳는다는 주장도 있다.

강임과 비슷하지만 다른 내용으로 주의할 것은 강등(降等)으로서, 이는 공무원 징계처분의 하나이며 매우 무거운 처벌수단이다. 승급(昇給)은 직급의 상승이 아니라, 보수가 오르는 것으로서 대부분의 경우 1년에 1호봉이 오르게 된다. 즉, 승급은 보통의 경우 연공에 의하여 이루어지는 결과이며, 포상의 수단으로 특별승급하는 예외 사례도 있다.

생각 꾸러미

피터의 원리

민간기업이든 공직에서든 괜찮은 직급으로 승진했는데 이상하게 그때부터 역량 발휘를 못하면서 부하직원들로부터도 존경을 받지 못하는 사례가 있다. Peter & Hull

(1969)에 의하면 계층제 조직의 구성원은 각자 무능의 한계까지 승진한다고 한다(In a hierarchy, every employee tends to rise to their level of incompetence). 결국 무능력은 개인의 문제가 아니라 계층제 조직의 문제인가? 실제 그런 사례를 본 적이 있는가? 개인이나 조직의 입장에서 이 원리에 대응할 방법은 무엇일까?

수평적 내부임용이 배치전환이며, 행정기관에서도 흔히 사용하는 용어로는 전보, 전직, 겸임, 파견, 기타 인사교류를 말한다. 이 모든 것이 조직 구성원의 능력발전을 위한 수단이기도 하며, 동시에 조직목표 달성을 위한 인력 활용의 방식이기도 하다. 〈국가공무원법〉 제44조에서 재직공무원을 전보시킬 때는 "해당 공무원이 맡은 직무에 대하여 전문성과 능률을 높이고, 창의적이며 안정적인 직무수행이 가능하도록" 규정한 것도 이런 맥락일 것이다.

전보(轉補)와 전직(轉職)은 동일한 계급이나 직급 안에서 직위만을 바꾸는 것이다. 전자는 같은 직렬 내에서 이루어지며, 후자는 다른 직렬 간에 나타나는데, 예컨대 일반직 공무원이 경찰로 갔다면 이는 전직이 된다. 겸임(兼任)은 보통 1인에게 2개 이상의 직위를 줄 경우를 말하는데, 실무에서는 겸보, 겸무 발령이라는 말도 함께 사용한다. 겸직은 원래 공무원으로서 부여받은 직위 외에 행정기관 바깥의 직위를 함께 받아서 일하는 것이다. 일반적으로 공무원은 영리 업무를 할 수 없는 것과 마찬가지로 겸직도 제한된다. 파견(派遣) 역시 임용의 한 형태인데, 원 소속기관을 그대로 둔 채 기간을 정하여 다른 외부 기관에서 근무하거나 교육을 받는 경우이다. 민간 기업에 파견갈 수도 있고, 해외의 대학에 국비 유학을 가는 경우 역시 파견의 한 형태가 된다.

내부 임용의 한 형태로서 최근 각광을 받고 있는 제도 중 하나가 공모직위제 또는 직위공모제이다. 글자 그대로 조직 내부에서 특정 직위에 대하여 공개적으로 모집하는 것이다. 공모의 범위를 어디까지로 하는가는 법령으로 정하거나 기관장의 재량으로 한다. 보통은 누구나 선망하는 '요직' 또는 격무 부서를 대상으로 하는 것이 일반적이다. 예컨대, 인사과장이나 민원이 많은 사업부서 같은 경우가 해당될 것이다.

개방형 직위제는 이를테면 내부임용과 외부임용의 혼합 형태라 하겠다. 공직을 외부 전문가에 개방하면서 행정기관의 폐쇄성을 극복하려는 취지이다. 계층제의 중간쯤에서 개방함으로써 우리나라 공무원 제도의 근간인 계급제 및 직업공무원제와 당연히 상충되기도 한다. 공직의 품질을 높이고 행정서비스를 향상시키며 조직에 활력을 불어넣는 장점이 있는가 하면, 내부의 공무원에게는 사기 저하의 원인이 되기도 한다. 또한 개방형으로 임용된 사람들의 소속감, 적응능력, 충성심에 의문이 제기되는 경우도 있다. 많은 경우 내부 공무원에게도 응모 및 경쟁 자격을 함께 부여함으로써 그 상충성을 보완하고 있으나, 자칫 공정하게 뽑지 않을 경우 개방이라는 선언적 의미만 강조되면서 형식적인 과정이 될 위험성도 있을 것이다.

덧붙여, 우리나라를 비롯한 여러 나라에서 운영하고 있는 고위공무원단 제도를 내부임용의 맥락에서 고려할 만하다. 이 제도는 정부의 고위급 정책결정에서 핵심을 맡는 실/국장급 인력을 부처의 칸막이를 넘어 개방함으로써 널리 활용하려는 취지로 도입되었다. 미국의 경우 일찍이 1978년 이후 운영되었고 우리나라에서는 2006년 이후 도입되었다. 일반직·별정직·특정직 등 1,500여 명으로 구성되어 있다. 광역시/도의 부시장/부지사/부교육감 등 지방자치단체에도 국가공무원인 고위공무원이 파견 형식으로 일하고 있다. 과거 1-3급으로 형식화되어 있던 것을, 계급이 아니라 직무와 직위에 따라 인사관리하며, 연공서열보다는 업무와 실적에 따라 보수를 지급함을 원칙으로 한다. 특히 고위공무원단 소속의 인력에 대하여는 적격심사를 엄정히 하여 최하위 등급의 평정을 2년 이상 받거나 하는 등의 경우 엄정하게 인사조치되도록 함으로써 성과와 책임을 강조하고 있다.

4. 능력발전과 교육훈련

민간 영역에 비하여 공공부문이 현저히 뒤떨어진다고 여겨지는 분야 중 하나가 교육훈련이다. 특히 국내외 대기업의 경우, 신규 채용은 물론 현직자 교육에 있어서도 비교할 수 없는 수준으로 시간과 자원, 노력을 함께 기울이고 있다. 그럼에도 불구하고, 공무원 집단의 능력발전 역시 재직 중 교육훈련으로 이루어진다. 기본적으로 어떤 직위에 절대적으로 요구되는 역량이나 기술 수준이 있을 경우(A), 공무원의 현재 수준(B)이 그에 미달하면 교육 수요는 바로 그 차이(A-B)가 될 것이다.

원론적으로 직위분류제하에서라면 특정 직위에 딱 적합한 사람을 처음부터 뽑기 때문에 교육훈련의 수요가 그리 크다고 예상할 수 없다. 물론 사회변화와 새로운 기술 등에 대한 적응수요가 있는 경우는 다르다. 계급제에서는 판이한 사정일 텐데, 신규 채용자에 대한 훈련은 물론 기존 공무원에 대하여도 다양한 성격과 모습으로 나타난다. 즉, 일반행정가와 전문행정가를 각각 중심으로 하는 두 체제에서 교육의 수요가 서로 다르게 나타나는 것이다.

교육훈련의 종류는 목적, 대상집단, 기간 등에 따라 여러 가지로 나뉠 수 있다. 대상집단을 기준으로 할 경우, 신규자에 대한 적응훈련(orientation training)을 들 수 있다. 우리나라의 경우 5급 신규 공채자에 대하여는 1년의 시보 기간을 두어 각종 직무교육 후에 정규 공무원으로 발령내며, 타 직급에서도 신규 교육, 즉 적응훈련의 중요성을 강조한다. 다른 대상자에게도 마찬가지인데, 정부 고유업무 담당자 훈련, 일반 재직자 훈련, 감독자 훈련, 관리자 훈련 등으로 구분하기도 한다(강성철 외, 2018).

우리나라의 대표적인 공무원 교육훈련기관은 인사혁신처 소속의 〈국가공무원 인재개발원〉(국가인재원)이다. 1949년 〈국립공무원훈련원〉으로 출범한 이후 〈중앙공무원교육원〉을 거쳐 2016년 국가인재원으로 개편되었으며 현재 충북혁신도시 진천에 자리잡고 있다. 지역 단위로는 광역자치단체마다 공무원교육원을 두고 있으며, 시도를 총괄하여 행정안전부 소속으로 〈국가전문행정연수원〉이 전북혁신도시 완주에 소재하고 있다. 이러한 별도 교육시설에 입소해야만 승진 등의 인사관리에 필요한 점수를 받는 것이 아니라, 요즘은 야간대학원 진학, 각종 특강 참여 등에 의한 '상시학습제도' 참여도 교육으로 인정해준다.

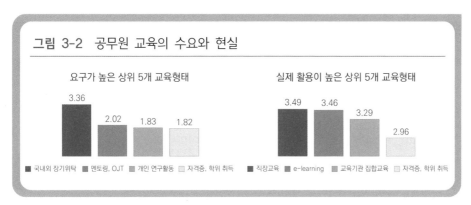

그림 3-2 공무원 교육의 수요와 현실

요구가 높은 상위 5개 교육형태

3.36

2.02

1.83 1.82

■ 국내외 장기위탁 ■ 멘토링, OJT ■ 개인 연구활동 □ 자격증, 학위 취득

실제 활용이 높은 상위 5개 교육형태

3.49 3.46

3.29

2.96

■ 직장교육 ■ e-learning ■ 교육기관 집합교육 □ 자격증, 학위 취득

자료: 〈2020년 공무원 인재개발종합계획〉에서 편집.

공무원 교육훈련은 총괄적으로 〈공무원 인재개발법〉에 근거를 두고, 인사혁신처가 연간 종합계획을 마련한다. 예컨대, 〈2020년 공무원 인재개발종합계획〉에 의하여 우리나라 공무원의 장단기 교육의 방향, 규모, 내용 등을 구체화하는 것이다. 아마도 중앙 및 지역단위의 교육훈련으로 가장 두드러지는 것은 국외훈련일 것이다. 6개월 미만의 단기 국외훈련과 그 이상의 장기 국외훈련으로 나뉘는데, 특히 후자의 경우 기간, 비용, 효과 등 여러 측면에서 눈에 띌 만하다.

교육훈련의 형태는 매우 다양한데, 전통적인 강의, 회의, 토론 등에 더하여 역할극, 감수성 훈련, 현장훈련(OJT, on-the-job training), 액션 러닝(action learning) 등 새로운 유형이 더해지고 있다. 2019년 인사혁신처에서 공무원 등 6천 명을 대상으로 수행한 〈인재개발 종합수요조사〉에 의하면 공무원들의 요구와 실제 활용면에서 일종의 미스매치(mismatch)가 눈에 띈다. 즉, 국내외 장기위탁 후련, 멘토링 OJT, 직무 연구 등의 '비정형' 학습에 대한 요구가 높은 반면, 실제로 가장 많이 활용하는 것은 직장교육, 이러닝, 집합 교육 등으로 나타나고 있다.

5. 공무원에 대한 평가

공무원 역시 개인 단위 또는 집단 차원에서 평가받는 것이 당연하다. 폭넓게 보면 정부조직 전체가 국민과 언론으로부터 늘 평가받고 있지 않은가. 행정-입법-사법의 상호 견제는 민주주의 체제의 근본이며, 특히 국회의 행정부 견제·감시·평가는 본연의 역할이다. 행정부 내에서도 국무조정실이 중앙부처의 업무평가를 정기·부정기로 하고 있으며, 독립기관으로서 감사원은 모든 행정기관에 대한 직무감찰과 회계검사를 맡고 있다.

인사행정 분야에서 최근에는 개인과 소속 부서별 평가가 어우러지는 경우도 많지만, 여전히 주된 관심은 조직 차원이 아닌 공무원 개인에 대한 평가이다. 전통적으로 근무성적평정(이하, 근평)이라 불려 왔고 요즘은 성과평가(performance evaluation)라는 말로도 혼용된다. 기본적으로 성과평가는 공무원의 근무성적, 근무능력, 태도 등을 종합 평가하는 것으로서 승진, 전보, 보수, 교육훈련 등의 기초자료로, 또는 인사행정 전반의 중요한 지표로 삼게 된다. 덧붙여, 앞서 언급한 대로 이는 공무원 선발도구인 시험의 타당도(validity)를 측정하는 방법이 되기도 한다.

성과평가의 법적 근거는 〈국가공무원법〉, 〈공무원 성과평가 등에 관한 규정〉(대통령령), 〈공무원 성과평가 등에 관한 지침〉(인사혁신처 예규) 등이 된다. 근평의 체계와 과정은 〈그림 3-3〉에 나타난 대로이다. 즉, 근평의 계획을 수립하여 누가-누구의-무엇을-언제-어떻게 평정하는가가 핵심이며, 결과에 대한 이의신청 등을 포함한다.

한국의 평균적인 행정기관에서 (1차) 평정자는 과장, 확인자(2차 평정자)는 국장이 보통이다. 물론 자기평정, 동료평정 등 예외적인 상황도 있다. 5급 이하 모든 소속 구성원에 대하여 근평을 적용하며, 4급 이상 및 전문직에 대해서는 성과계약에 의한 평가가 일반적이다. 평정의 시기는 4급 이상 등에 대하여는 연초 성과계약에 근거하여 매년 말 기준으로 이듬해 초에 1회 평가하며, 근평은 매년 6월 말과 12월 말 2차에 걸쳐 실시되는 것이 보통이다.

　근평의 실제 구성요소는 조직 구성원으로서 보이는 성과, 자질, 행동을 각각 짚어내면서 이를 정량적·정성적 결과치로 나타내는 것이다. 과거에 비해, 목표관리(MBO) 등의 경우에서처럼 눈에 보이는 객관적 성과를 더 중요시하는 분위기가 일반적인 듯하다.

　근평은 사람이 하는 것이니만큼 여러 유형의 실수와 오류가 나타나게 된다. 〈그림 3-3〉에서처럼 이의제기가 제도상 가능하고, 일부 수정되는 경우도 있다. 또한, 표면상으로는 잘못이 없어 보이지만, 체계적인 오류가 나타나는 경우도 있다. 예컨대, 연쇄효과(halo effect) 또는 후광효과는 특정 평정요소에 대한 판단으로 인해 연쇄적으로 다른 요소에 영향을 줌으로써 전체가 왜곡되는 현상이다. 이는 일상의 사귐에서도 마찬가지인데, 인상이 착해 보일 때, 근무 태도는 물론 성과가 역시 좋을 것으로 믿음으로써 높은 평가를 하게 되는 경우이다.

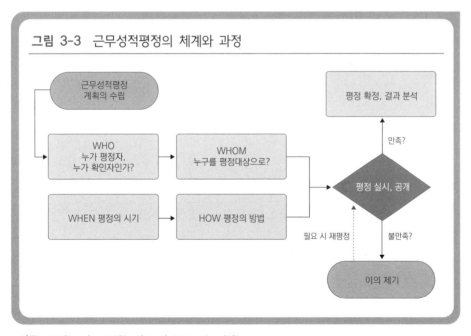

그림 3-3　근무성적평정의 체계와 과정

자료: 김렬(2016), 강성철 외(2018)에서 수정 보완함.

관대화·엄격화의 오류는 글자 그대로 어느 한쪽에 치우쳐 근평의 전체 대상자에게 영향을 미치는 것을 말한다. 즉, 실제 수준보다 지나치게 높게, 또는 낮게 평가하는 경향이 나타나는 것인데, 집중화 현상도 비슷한 맥락에서 평균 수준으로 점수가 모이는 경향이다. 덧붙여 시간적 오류를 무시할 수 없다. 이른바 첫머리 효과(primary effect)와 막바지 효과(recency effect)가 두드러지는데, 전체 평정대상 기간을 균형있게 보지 않고 각각 초반과 마지막 시기의 성과만을 중심으로 평가하게 되는 오류이다(강성철 외, 2018).

근무성적평정 결과를 공개해야 하는가, 즉 공무원 개인에 대한 근평의 결과를 본인에게 알려주어야 하는가는 논의의 여지가 있다. 물론 타인에게는 보여주지 않지만, 피평정 당사자에 대한 공개도 여전히 논란이다. 공개가 당연해 보이지만, 그의 상관이 편안하고 공정하게 평정을 하기 어렵게 될지도 모른다. 평정 대상자들끼리도 결국은 서로서로 결과를 다 알게 됨으로써 조직 내 인화에 문제가 생길지 모른다. 그렇지만, 공개해야 평정이 더 객관적이고 공정하게 이루어진다는 주장이 지배적이며 우리나라 공직사회에서도 공개가 원칙이다. 대학생들도 시험 결과를 피드백 받는데, 직업인의 평정 공개는 지극히 당연한 시민의 권리일 것이다.

6. 보상 체계: 보수, 연금, 복지

공무원의 일에 대한 보상은 사회적 측면과 경제적 측면으로 일단 나누어 볼 수 있다. 전자는 직업적 안정성과 사회적 존중, 기타 눈에 보이지 않는 보상이라 하겠다. 반면, 경제적 보상은 직접적·구체적 형태로서 보수와 연금, 맞춤형 복지 등이 포함된다.

1) 공무원의 보수

보수(報酬, compensation)는 봉급(俸給, base pay)과 그 밖의 각종 수당(手當, allowance)을 포함하는 것으로 본다. 봉급은 "직무의 곤란성과 책임의 정도에 따라" 직책별로 지급되는 기본급여 또는 "직무의 곤란성과 책임의 정도 및 재직 기간 등에 따라" 계급별, 호봉별로 지급되는 급여를 말하며, 수당이란 직무여건 및 생활여건 등에 따라 지급되는 부가급여를 말한다(〈국가공무원법〉, 〈공무원보수규정〉).

공무원의 보수는 노동에 대한 대가라는 측면에서 민간기업의 경우와 다를 바 없다. 그러나 정부와 기업의 차이, 인사행정과 인사관리의 대조적 성격, 그리고 실제로 공무원 보수가 지니는 상징성 등으로 인해 어쩔 수 없이 두드러지는 특성을 나타내게 된다. 첫째, 공무원의 보수는 법령과 예산에 기반을 두기 때문에 상당한 경직성을 지닌다. 즉, 대기업의 경우 어떤 해의 매출액/순익 등 성과가 대단하여 예년의 3배쯤 나올 경우 성과급을 2배로 늘려주는 것이 어렵지 않고 실제 사례도 있으나, 공직의 경우에는 보기 어려운 장면이 된다. 근본적으로 정부는 이윤(profit)이 아니라 공익(public interest)을 추구하며, 보수는 제도적 통제를 받기 때문이다. 공무원 보수의 결정은 시장에서가 아니라 국민의 기준, 법령의 근거에 의해서 이루어진다는 것이다. 아울러 민간 부문과 달리 공무원 노조에서는 보수를 놓고 사용자측과 협상하는 것이 극히 제한되어 있다. 이른바 '보수 법정주의'로 인해, 또한 법률과 동등한 위상인 예산 항목주의의 영향으로 공무원 보수도 매우 경직적이다.

그런 가운데도 공무원 보수는 우리 사회 각 부문의 보수 수준 결정에 있어서 좋은 의미든 나쁜 의미든 선도적 역할을 하는 것으로 여겨질 때가 많다. 해마다 공무원 보수가 결정된 이후에, 이를 기준으로 기업의 임금 인상률을 논의하는 것이 그 사례가 된다. 공무원의 보수는 봉급 외에 수당/실비변상 18종으로 구성되어 있다. 〈공무원보수규정〉상 직종별로 다른 11개 봉급표에 의하여 보수가 정해지고 있다.

지금은 상당히 개선되었지만, 1960–70년대 우리나라의 고속성장기에 공무원의 보수는 민간기업에 비하여 훨씬 뒤처졌다. 공직에 대한 사회적 평가와 때로는 '음성적' 이익으로 메꾼 셈이었는데, 1980년대 이후 보수 사정이 지속 개선되어 왔다. 민간기업과 견줄 때 공무원이 임금 측면에서 어느 정도 접근했는

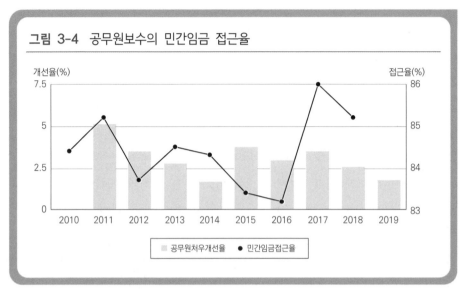

그림 3-4 공무원보수의 민간임금 접근율

자료: 민관 보수수준 실태조사(인사혁신처 2020. 3.).

지를 〈그림 3-4〉가 보여준다. 해마다 처우개선률에 따라 다르지만, 2010년 이후 전체적으로 83%를 웃돌며, 2018-19년도 기준으로는 민간임금의 85%를 상회하는 것으로 나타난다.

공무원 보수체계에서 중요한 것은 보수의 구성항목과 결정의 기준이다. 공무원의 보수는 크게 잡아 기본급과 부가급으로 나뉠 수 있다.

첫째, 기본급은 고정된 보수로서 제일 큰 덩어리이며 모든 공무원에 대하여 주는 봉급(俸給)을 말한다. 승진 및 승급에 따라 오르는 것이 보통이다. 세부적으로 들어가면, 생계비를 준다는 의미의 생활급(生活給)부터 시작하여, 근속기간 등에 따라 달라지는 연공급(年貢給), 업무 수행능력의 가치를 따지게 되는 능력급(能力給), 개인의 자격을 기준으로 하는 자격급(資格給), 수행 직무의 가치를 보는 직무급(職務給), 업무수행의 결과에 따라 달라지는 실적급(實績給) 등의 성격을 묶어서 지니게 된다.

둘째, 부가급은 보통 수당(手當)으로 대표되어 불리는데, 직무관련, 생활보조, 후생복지 등의 목적을 위해 기본급에 얹어 추가로 지급된다. 수당은 개인별로 달라지는 것이 당연한데, 예컨대 벽지근무수당이나 위험수당 등은 실제로 먼 곳에서 일하거나 특별한 위험을 견디며 근무하는 공무원들에게만 지급되는 것이다.

생각 꾸러미

공무원의 보수, 어느 정도인가? 똑같아야 하는가?

공무원 보수에 대하여 호봉제-연봉제, 또는 기본급-성과급의 비율 등 논란이 이어진다. 몇몇 질문과 간단한 토론을 던져볼 수 있다.

1) 올해 대한민국 육군 병장의 봉급은 얼마인가? 7급 3호봉의 경우는 어떠한가? 두 경우에 적정한 수준이라 생각하는가?

2) 5급 10호봉 공무원으로, 세종시 소재 중앙부처 A, 서울시 B, 지방 소도시 C − 이 세 공무원의 봉급은 각각 얼마인가? 같거나 또는 다른 이유가 있는지, 논리를 제시해 보시오.

3) 인공지능(AI) 등 첨단과학 업무를 담당하는 부처에 민간의 고급인력을 초빙해 오기가 매우 어렵다. 이를 실현시키면서 해당 부처가 제대로 일하기 위해서, 전문가를 영입하려 할 때, 기존 보수표의 한계를 넘는 봉급을 주는 것에 대하여 어떻게 생각하는가? 실제로 가능한가?

4) 해당 부처의 장관보다 보수가 더 많은 중앙 공무원, 또는 시·도지사보다 더 많이 받는 지방공무원 - 실현이 가능할까? 어떤 문제와 장점이 있을까?

*참조: 〈공무원 보수규정〉 별표.

또다른 측면에서 공무원 보수제도를 유형화하면 호봉제와 연봉제로 대별될 수 있다. 전자는 대체로 매년 정기 승급을 통하여 거의 자동적으로 호봉이 오르며, 이에 따라 해마다 봉급표가 달라진다. 당연히 해당 공무원의 시각에서는 안정성을 느끼며 부서 구성원들끼리의 과도한 경쟁이 줄고 인화에도 도움이 될 것이다. 무엇보다도 이론 및 제도상 직업공무원제와 가장 잘 어울린다. 대조적으로 연봉제는 성과주의를 전제로 하는 경우가 많다. 공직자 개인의 역량과 성과에 따라 보수가 달리 결정된다는 원칙으로 조직의 활력과 성과 지향성을 함께 추구하는 것이다. 물론 어느 한쪽만을 전적으로 채택하는 경우는 거의 없으며, 호봉제와 연봉제 중 어느 쪽에 비중을 두는가의 이슈가 된다. 예컨대 능력이 뛰어나고 드물게 귀한 전문성을 지닌 인재를 정부에 영입하려면, 연봉제에 근거하여 보통의 공무원보다 훨씬 좋은 대우를 해주어야 할 터이다. 물론 조직 내 위화감이나 지나친 경쟁 등은 치러내야 할 비용이라 할 수 있다.

2) 공무원 연금, 기타 복지

공무원 연금의 목적은 10년 이상 성실히 근무한 공무원이 퇴직 또는 공무상 질병·부상으로 공직을 떠나거나 사망한 때에 연금이나 일시금을 지급함으로써 해당 공무원과 그 유족의 노후 소득보장을 도모하려는 것이다. 직업공무원제의 취지인 장기재직과 직무충실을 이끌어내려는 차원에서 우리나라의 경우 1960년에 도입되었다. 급여성격에 따라 퇴직급여(5종), 유족급여(5종), 재해보상급여(8종), 부조급여(2종)로 구분되며, 청구시효에 따라서 단기급여, 장기급여로 나눌 수 있다(인사혁신처 홈페이지). 공무원 연금은 우리나라 최초의 공적연금제도이며, 직업공무원을 대상으로 하는 특수직역(特殊職域) 연금제도로 본다.

과거 공무원의 처우가 전반적으로 열악했을 때, 공무원이 퇴직 후 받는 연금은 민간기업과 차별화되는 커다란 보상의 성격을 지니고 있었다. 퇴직연금의 이론상 성격에 대하여는 논의의 여지가 있으나, '유보된 보수'(deferred wage)라는 설명이 설득력이 있어 보인다. 공로에 대한 보상, 퇴직 후의 생활 보장 등도 유력한 논리이긴 하지만, 이들을 포괄하는 가운데, 공무원이 재직 중에 받을 보수의 일부를 쌓아두었다가 퇴직 후에 정부 부담분을 합쳐서 지급하는 것으로 봄이 옳겠다(유민봉·임도빈, 2016). 연금 제도는 현직의 우수하고 성실한 공무원이 쉽사리 떠나지 않도록 공직에 붙잡아 두려는(retain) 취지로도 작용한다고 볼 수 있을 것이다.

공무원 퇴직급여의 종류로는 i) 퇴직 시에 일시금 목돈을 받는 퇴직 일시금; ii) 퇴직 후에 매월 연금으로 수령하는 형식 가운데 본인이 선택할 수 있다. 보통 후자를 일컬어 공무원 연금이라 한다.

연금 외에 공무원을 위한 복지혜택이 다양한데, 재해보상, 주택 및 휴양시설 이용 등 다양한 서비스를 이용할 수 있으며, 국가 전체적으로는 공무원연금공단에서 관리하는 것이 많다(www.geps.or.kr). 덧붙여, 2000년대 초반 이후 이른바 '맞춤형 복지' 또는 선택적 복지제도(cafeteria plan)가 중앙 및 지방 행정조직 전반에 걸쳐 도입되면서, 획일적 복지 시설이나 서비스 공급이 아니라 공무원 개인의 자율과 책임을 중시하는 시스템으로 정착되었다(이시철, 2004).

제5절 공무원의 책임과 노동조합

1. 책임 체계: 규범, 징계, 구제

공복(公僕, public servants)으로서 공무원이 고용주인 국민 또는 납세자(taxpayers)에 대하여 책임을 지는 것은 극히 당연한 일이다. 기업 경영진이 매출과 이윤 등 경영실적에 대하여 주주에게 보고하고 책임을 지는 것과 비슷할 것이다. 선출직 공무원에 대하여는 선거 때 또는 헌법과 법률이 정한 바에 의하여 탄핵 등의 수단으로 책임을 묻는 수단이 정해져 있다. 보통의 공무원들 역시 불법 비리의 경우는 물론이고, 공직자의 규범을 어겼거나 업무 수행을 잘하지 못했을 때 다양한 수단으로 내외부의 제재를 받는다.

일반 직장인과 달리 공무원들은 신규 채용 때부터 공무원 선서라는 상징에 의하여 규범과 책임에 대해 익숙해지도록 요청받는다. 1980년에 마련된 〈공무원윤리헌장〉에 이어 〈윤리헌장 실천강령〉 등이 선언적 의미와 함께 구체적 행동지침의 역할도 하는 것처럼, 공무원의 행동규범을 직접 정하는 법규는 모자람이 없다.

〈국가공무원법〉은 제55조에서 제66조에 이르기까지 복무와 관련, 공무원이 해야 할 일과 해서는 안될 일을 직접 규정한다. 선서–성실–복종–친절·공정–종교 중립–비밀 엄수–청렴–품위유지 의무 등을 일일이 열거하는 가운데, 금지규정 역시 상세하다. 예로, 직장이탈–영리업무 및 겸직–정치운동–집단행위 등은 원칙적으로 금지하고 있다.

한 발 더 나아가 〈공직자윤리법〉은 구체적으로 공무원의 부패를 예방하고 공무집행의 공정성을 확보하려는 목적으로 "공직자 및 공직후보자의 재산등록, 등록재산 공개 및 재산형성과정 소명과 공직을 이용한 재산취득의 규제, 공직자의 선물신고 및 주식백지신탁, 퇴직공직자의 취업제한 및 행위제한 등을 규정"(법 제1조)한다.

아마도 지난 몇 년간 일반 국민과 공무원 집단의 윤리성에 대하여 가장 큰 울림을 준 것은 〈부정청탁 및 금품 등 수수의 금지에 관한 법률〉(약칭, 청탁금지법)일 것으로 여겨진다. 일명, '김영란법'으로 불리는 이 법률이 2015년 제정된 이래 공직은 물론 우리나라 사회 전반에 걸쳐 긍정적인 변화가 크고 넓게 시작되었다는 평가가 많다. 당초 공직자를 대상으로 추진되었으나 입법과정에서 언론인과 사립학교 교직원에까지 확대되었다. 물론 시행과정에서 문제점이 발견되고 서민경제에까지 영향을 미친다는 비판도 있었으나, 이제는 상당 부분 정착되어 공직과 사회의 부패방지에 커다란 기여를 하고 있다고 본다.

이렇듯 높은 수준의 도덕적 규범과 현실 법규의 제한을 함께 받고 있는 공무원이 불법·비리를 저질렀거나 복무규정을 위반했을 경우 공식적인 제재가 가해진다. 이른바 '일벌백계'의 의미로서 공직의 기강을 잡고 국민에 대하여도 사과하는 의미를 함께 담는 셈이다.

〈국가공무원법〉과 〈지방공무원법〉상의 징계는 공히 6종이며 파면·해임·강등·정직을 중징계라 하고 감봉·견책은 경징계라 한다. 대통령령인 〈공무원 징계령〉에 의하여 국가공무원의 경우 국무총리 소속으로 '중앙징계위원회'를 두어 5급 이상을 징계한다. 실무관리는 인사혁신처에서 맡고 있다. 각 중앙행정기관에는 '보통징계위원회'를 두어 6급 이하의 징계사안을 처리하는 것이 원칙이다. 지방에서도 별도의 징계체제를 갖추고 있는데, 예컨대 대구광역시 또는 자치구/군공무원의 징계는 〈대구광역시인사위원회〉에서 담당하고 있다.

이렇게 불법이나 비리를 저지른 임명직 공무원은 관련 법령에 근거하여 징계를 내릴 수 있으나, 선출직은 경우가 다르다. 예컨대, 대통령이나 국회의원 등에 대하여는 헌법 등에 의하여 탄핵의 수단이 적용되며 지방의원을 대상으로는 주민소환 제도가 있다.

공무원 징계의 유형(〈국가공무원법〉 제79-80조, 〈지방공무원법〉 제70-71조)

1) 파면: 공무원 신분에서 배제하며 5년간 공무원에 임용되지 못함. 개인 부담분을 제외한 연금 혜택에서 불이익 있음.
2) 해임: 공무원 신분에서 배제하며 3년간 공무원에 임용되지 못함. 연금은 자격이 될 경우 그대로 받음.
3) 강등: 직급을 1계급 내리고, 공무원 신분을 보유하나 3개월간 직무에서 배제되며 그 기간 중 보수는 전액을 감함.
4) 정직: 1-3개월 기간으로, 공무원의 신분은 보유하나 직무에 종사하지 못하며 보수는 전액을 감함.
5) 감봉: 1-3개월 기간 동안 보수의 3분의 1을 감함.
6) 견책: 잘못에 대하여 훈계하고 회개하도록 함.

부당하다고 여겨지는 징계에 대한 구제수단으로 소청(訴請)과 행정쟁송을 들 수 있다. 예컨대, 국가공무원의 경우 인사혁신처 소속의 소청심사위원회에, 지방 공무원의 경우 광역자치단체별로 구성된 지방 소청심사위원회에서 구제 받을 기회가 주어진다. 물론, 행정부를 벗어나 사법부에 대하여 호소할 수도 있다.

2. 공무원의 사회적 책임 확보를 위한 제도

우리 사회가 공직자에 대하여 상대적으로 높은 도덕 및 윤리 수준을 요구하는 것은 이미 널리 알려져 있다. 스웨덴 등 유럽 나라의 경우 공무원과 민간 부문 피고용자 사이에 신분상 거의 차이가 없는 경우도 있지만, 전통적으로 또 현대에 이르러서도 대한민국의 공무원은 특별한 취급을 받고 있다. 음주운전에 2회 적발될 경우, 심한 징계 등으로 승진은 물론 현직의 유지조차도 어려운 것이 현실이 되었지 않은가. 고위 공직자의 경우 특히 논란인데, 예로 2020년 코로나19 와중에 국민 모두에 지급된 긴급재난지원금을 '자율' 기부해야 한다는 압력이 거세었다. 부동산 투기가 커다란 사회적 이슈일 때는 정치인은 물론 다주택 소유 고위직들에게도 집을 팔라는 압력이 대단했다. 이 모든 것이 인사청문회, 공직자 재산등록, 주식백지신탁, 퇴직 후 취업제한 등 기본적인 의무 위에 더해진 것이었다.

2020년 〈인사혁신처〉 메인 홈페이지에는 "적극행정 울림"이라는 코너가 있을 정도로 공무원들이 규제 개선 등 공공의 이익을 위해 능동적으로 나서 주도록 장려하고 있다. 넓은 의미의 공익 실현을 위해서 공무원들이 적극적으로 나서야 한다는 말이 당연한 반면, 관료 집단이 함부로 보여서는 안될 행태에 대한 주의와 경고 역시 흔하다. 개별 공무원에게 책임을 묻고 징계가 가해지는 것도 주로 후자에서 발생하며, '적극행정'에 대한 포상은 상대적으로 여전히 적다.

공무원의 사회적 책임을 확보하려는 정책수단은 다양하며, 그중 상당수는 비공식적이며 눈에 보이지 않는 경우가 많다. 법규와 제도로 정착된 것만을 짚더라도 만만치 않다.

우선 공무원의 정치중립성(political neutrality)은 직업공무원제의 전제이자 공무원 집단에 대한 보호장치로서, 정치적 외풍을 막으며 행정을 일관되게 이끌어가는 이념적 지표이다. 중앙과 지방을 막론하고 특정 정당이나 정파에 치우침 없이, 선출직 공무원의 바뀜과 무관하게, 객관적이고 공정한 입장에서 공공의 사무를 처리해야 한다는 뜻이다. 물론 현실의 정치와 행정 사이에 완벽한 경계를 두는 것이 어려우며, 선거를 앞둔 선심 행정이나 특정 후보/정당에 대한 음성적 지원 등이 논란인 경우도 자주 눈에 띈다.

정치중립성이 가장 강하게 적용되는 것은 경력직 공무원이지만 특수경력직에 대하여도 많이 적용되는데, 〈국가공무원법〉, 〈공직선거법〉, 〈정당법〉 등에 근거하여 공무원의 정치중립성에 대하여 정치운동, 정당 가입, 선거운동, 선거에 영향을 미치는 행위 각각에 대하여 구체적으로 제한하고 있다.

우리나라 〈공직자윤리법〉의 제1조는 공직자에게 상당한 의무를 지우는 가운데, 제2조에서는 공직 헌신을 위해 생활을 보장하도록 명시함으로써 두 가치를 함께 실현하려 한다. 즉, "공직자 및 공직후보자의 재산등록, 등록재산 공개 및 재산형성과정 소명과 공직을 이용한 재산취득의 규제, 공직자의 선물신고 및 주식백지신탁, 퇴직공직자의 취업제한 및 행위제한 등을 규정함으로써 공직자의 부정한 재산 증식을 방지하고, 공무집행의 공정성을 확보하는 등 공익과 사익의 이해충돌을 방지"하려는 취지(제1조)를 밝히는 동시에, "공직자가 공직에 헌신할 수 있도록 [국가가] 공직자의 생활을 보장"하여야 한다고 명시하고 있다. 그만큼 공무원의 사적 이익과 공익을 조화시키는 것이 중요하면, 현실적으로 어렵다는 반증이기도 하다.

1993년 김영삼 정부가 시작한 금융실명제와 함께 고위공직자 재산공개는 당시로서는 충격적인 개혁 드라이브였으나, 이제는 둘 다 사회와 공직의 투명성을 담보하는 당연한 장치가 되었다. 〈공직자윤리법〉에 의한 재산등록 의무자는 "국가 및 지자체 정무직, 4급 이상 공무원, 법관·검사, 헌법재판소 헌법연구관, 대학의 총·학장, 대령 이상 장교, 공기업의 장·부기관장, 공직유관단체 임원 등"이며 예외적으로 7급 이상인 경우도 있다. 공무원 본인과 배우자, 직계존비속의 재산을 모두 등록하는 것이 원칙이다.

재산의 공개는 더 좁은 범위의 고위공직자에게 의무지워지는데, 대통령, 국무총리, 국무위원, 국회의원 국가의 정무직공무원과 지방자치단체의 장, 지방의회의원 등 지방의 정무직공무원을 포함한다(제10조). 이에 더하여, 재산공개 대상자와 기획재정부, 금융위원회 소속의 공무원들의 경우 주식을 매각하거나 백지신탁하는 의무까지 과하고 있을 정도로, 적어도 제도상으로는 공직 수행의 투명성과 공정성에 대한 장치가 많이 갖추어져 있는 것으로 판단된다.

공직자 임명에 대한 또하나의 장치가 '인사청문회' 제도이다. 미국 등 서구에서도 대통령의 고위공직자 임명에 대하여 의회의 견제 기능으로서 오랜 기간 청문회를 활용해 왔다. 우리나라에서는 2000년 〈인사청문회법〉 제정 이후 대통령이 행정부 고위 공무원임명 과정에서 국회가 검증할 수 있도록 한 것이다. 국회 교섭단체의 의원비율에 맞추어 구성되는 '인사청문특위'가 청문회를 수행하는데, 특히 "국무총리, 감사원장, 대법원장 및 대법관, 헌법재판소장, 국회에서 선출하는 헌법재판소 재판관 및 중앙선거관리위원회 위원"의 경우 국회가 동의하지 않으면 임명하지 못한다. 기타 국무위원 등의 경우 국회가 인준하지 않더라도 대통령이 임명하는데 법적인 문제는 없다. 실제로 그런 사례는 역대 정부마다 발생하고 있으며 늘 정치적인 논쟁으로 이어지곤 한다.

3. 공무원 노동조합

공무원의 사회적 책임에 대하여는 학문적으로나 실천적으로 논의가 모자람이 없을 정도이다. 동시에, 간과할 수 없는 것은 공직자 역시 직장인이며 많은 경우 한 가정의 살림에 결정적으로 기여하는 주요 수입원으로 역할도 맡는다는 것이다. 즉, 민간기업 종사자 또는 자영업자와 마찬가지로 경제적 수입과 근무환경 등에 민감할 수밖에 없는 처지인 것이다. 전통적인 '청백리'(淸白吏) 사상만으로 공무원에게 무한 봉사, 불균형 희생만을 강요하는 것은 옳지 않다. 이런 맥락에서, 공무원의 생활권을 보장하는 가운데 단결권, 특히 노동조합 활동을 우리 헌법과 법률이 보장하는 것은 당연하다. 다만, 어느 나라든 공무의 특성과 공직의 신분을 고려하여 이들의 노동활동과 노동권에 대하여 일정한 제한을 두는 것이 일반적이다.

일반적인 노조와 마찬가지로 공무원 노조 역시 소속 집단의 노동조건 및 복지 개선 등을 위해 조직되고 활동하게 된다. 과거에 '공무원직장협의회'가 비슷한 목적과 활동을 보였지만, 임의단체로서 어쩔 수 없는 한계를 지녔던 것에 비하여 노조는 법령의 보호를 받으며 동시에 일정한 책임을 공유한다. 우리나라의 경우 헌법 제33조에 명시된 노동3권 중에서 단결권, 단체교섭권에 대하여는 일정한 제한 가운데도 원칙적으로 보장받지만, 단체행동권의 경우는 극히 예외적인 경우 외에는 인정되지 않는다고 봄이 옳다.

단결권은 국제노동기구(ILO) 협약 등을 통해서 국제적으로도 비슷하게 인정된다. 우리나라 〈공무원의 노동조합 설립 및 운영 등에 관한 법률〉(약칭, 공무원노조법)에 의하면 공무원 노조의 가입범위는 "6급 이하의 일반직 공무원 및 이에 상당하는" 공무원에 한정되어 있다. 즉, 중위 및 고위직의 경우 국익과 국민생활에 미치는 영향이 훨씬 크기 때문에 직급의 제한을 둔 것이다.

단체교섭(collective bargaining)의 경우에도 절차적으로는 민간 노조의 경우에 준하고 있으나, 내용으로는 강한 제한을 받는 것이 보통이다. 예컨대 일반 기업체 노조에서 가장 중요한 교섭대상인 임금의 경우, 공무원 보수는 법정사항이고 매년 예산이 국회 의결사항인 만큼 노사 협상에 의해 결정될 사항이 아닌 것이다. 물론 근무시간, 휴식, 근무환경 등 일반적인 사항에 대해서는 흔히 교섭의 대상이 되곤 한다.

노조의 단체행동은 보통 파업(strike), 태업(sabotage), 시위(picketing) 등 다양한 형태를 띨 수 있으며 파업이 가장 극단적인 상징성을 띠게 된다. 서구에서도 이는 논쟁의 중심이었는데, 예컨대 1946년 프랑스에서는 공무원에게 민간 노동자와 똑같이 파업권을 포함한 노동권을 부여하였으나, 1년쯤 후 미국에서는 〈태프트-하틀리 노동관계법〉(Taft-Hartley Labor Management Relations Act)을 제정하여 공무원과 공공기관 직원의 파업행위를 금지하면서 부수적으로 처벌 조항까지 둔 바 있다(White, 1949). 지금은 사정이 많이 달라져 부분적으로 파업까지 허용하는 경우가 있지만, 그만큼 논란이 심한 이슈였던 것이다.

우리나라의 공무원노조법 제11조는 "쟁의행위의 금지" 조항을 두어 노조가 파업, 태업 기타 정상적인 업무를 방해하는 어떠한 행위도 못하도록 하면서 처벌 조항까지 둔다. 〈국가공무원법〉 제66조에서도 집단행위를 할 수 있는 공무원으로 "사실상 노무에 종사하는 공무원"만으로 하고, 구체적으로는 대통령령인 〈국가공무원 복무규정〉 제28조 "현업기관의 작업현장에서 노무에 종사하는 우정직 공무원" 등 극히 일부에만 허용함을 고려할 때, 우리나라 공무원 노조는 단체행동을 원칙적으로 할 수 없다.

공무원노조와 관련, 또 하나 주목되는 점은 복수노조 이슈이다. 같은 행정기관이나 공공기관 내부에 단일이 아닌 2개 이상의 노조 결성이 허용되어 있으며, 실제로 활동 중인 상황에서 이들 상호간의 위상과 경쟁, 단체교섭 활동 등에서 여러 과제에 직면하고 있다. 예컨대, 2020년 8월 기준 해양수산부에는 2개, 법무부 산하 대한법률구조공단에는 3개, 대구광역시에는 4개의 공무원 노조가 함께 활동 중이다. 이들이 구성원인 공무원 노동자의 근무환경과 복지 향상을 위해 노력하면서도 공직의 사회적 책임을 어떻게 조화시킬 것인가는 여전한 숙제이다.

공무원의 노동조합 활동

유럽이나 미국에서 경찰관들이 단체행동, 즉 파업과 시위를 하는 경우를 심심치 않게 볼 수 있으며, 어떤 때는 해외주재 공관이 문을 닫는 경우까지 있다. 스웨덴의 경우, 공무원과 일반 회사원과의 구별이 별 의미가 없을 정도이다. 우리나라 공무원의 경우 노동3권이 100% 보장되지는 않으며 특히 단체행동권은 현업 공무원 외에 엄격히 제한되고 있다. 그런 제한을 풀면 아니되는가? 어떤 순기능과 역기능이 있을까?

제3장 참고문헌

강성철·김판석·이종수·진재구·최근열. (2018). 〈새 인사행정론〉. (9판) 대영문화사.

김 렬. 〈인사행정론〉. (2016). (2판) 박영사.

소청심사위원회. 홈페이지. sochung.mpm.go.kr (2020. 8. 검색)

유민봉·임도빈. (2016). 〈인사행정론: 정부경쟁력의 관점에서〉. (제4판) 박영사.

이시철. (2004). 공무원의 선택적 복지제도, 책임과 성과의 새 영역. 〈한국행정논집〉 2004, 16(3): 483-506.

인사혁신처. (2016). 〈인사비전 2045〉(정부의 미래지향적 인사혁신을 위한 제4차 인사행정혁명). 경기도 고양시: 지식공감.

인사혁신처. 홈페이지. www.mpm.go.kr. (2020. 7. 검색)

정부조직관리정보시스템. http://org.go.kr. (2020. 7. 25. 검색)

정일섭. (2018). 〈한국 인사행정론〉. 윤성사.

최병대·김상묵. (1999). 공직사회 경쟁력 제고를 위한 실적주의 인사행정기능의 강화. 〈한국행정학보〉 33(4): 77-94.

최순영. (2015). 〈직위분류제 확대와 연계한 공무원 인사관리의 개선방안〉. KIPA 연구보고서 2015-14. 한국행정연구원.

행정안전부. 홈페이지. www.mois.go.kr. (2020. 8. 검색)

한국행정학회, 〈행정학 전자사전〉, www.kapa21.or.kr

Goodnow, Frank J. (1900). *Merit Systems and Politics. In Classics of Public Personnel Policy*. Edited by Frank J. Thompson. Belmont, CA: Wadsworth- Thompson Learning.

Henry, Nicholas. (2004). *Public Administration & Public Affairs*. (9th ed.) Upper Saddle River, NJ: Pearson Education.

Im, Tobin. (2017). "Revisiting Bureaucratic Dysfunction: The Role of Bureaucracy in

Democratization" in The Experience of Democracy and Bureaucracy in South Korea(Ch. 1). Emerald Group Publishing.

Kingsley, Donald J. (1944). *Representative Bureaucracy: An Interpretation of the British Civil Service.* Yellow Springs: Antioch Press.

Lee, Shi-Chul. (2017). "Rediscovering Korea's Local Bureaucracy: The Unsung Players in the Nation's Democratization Process" in The Experience of Democracy and Bureaucracy in South Korea(Ch. 3). Emerald Group Publishing.

Markovits, Daniel. (2019). *Meritocracy Trap: How America's Foundational Myth Feeds Inequality, Dismantles the Middle Class, and Devours the Elite.* Penguin Press.

McNamee, Stephen J. & Robert K. Miller Jr. (2009). *The Meritocracy Myth.* Rowman & Littlefield Publishers. (2nd ed.)-김현정 옮김. 능력주의는 허구다. 사이.

New York Times, "Justice Dept. Accuses Yale of Discrimination in Application Process." 2020-08-13.

New York Times, "A Detailed Look at the Downside of California's Ban on Affirmative Action." 2020-08-21.

Peter, Laurence J. & Ramond Hull. (1969). *The Peter Principle.* Harper Collins.

Sandel, Michael J. (2020). *The Tyranny of Merit: What's Become of the Common Good?* New York: Farrar, Straus and Giroux.

White, Leonard D. (1949). "Strikes in the Public Service." in *Classics of Public Personnel Policy.* Edited by Frank J. Thompson. Belmont, CA: Wadsworth/ Thompson Learning.

Young, Michael. (1958). *The Rise of the Meritocracy* (Classics in Organization and Management Series).

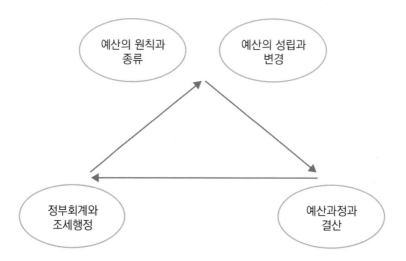

제4장

재무행정론

제1절 재무행정의 의의와 특성
  1. 재정의 의의
  2. 재정의 3대 기능

제2절 예산의 개념과 원칙
  1. 예산의 개념
  2. 예산의 원칙

제3절 예산의 종류
  1. 일반회계 예산과 특별회계 예산, 기금
  2. 예산의 총계·순계와 통합재정
  3. 예산의 구분과 과목
  4. 예산의 분류
  5. 조세지출과 조세지출예산

제4절 예산의 불성립과 변경
  1. 본예산
  2. 예산의 불성립
  3. 예산의 변경

제5절 예산과정과 결산
  1. 예산결정이론
  2. 예산 편성
  3. 예산 심의
  4. 예산 집행
  5. 결산과 감사

제6절 정부회계와 조세행정
  1. 정부회계
  2. 조세 체계

제4장
재무행정론

1. 재정의 의의

정부와 시장의 역할분담은 시대에 따라 변화되어 왔지만 정부는 모든 시대에서 필요한 존재이다. 18세기 후반부터 19세기에 걸친 자본주의 태동기에는 정부는 가능한 개입하지 않고 국방, 치안, 사법 등 민간에서는 확보할 수 없는 서비스에 한해 필요최소한의 역할을 담당하는 이른바 경찰국가(야경국가라고도 함)가 전개되어 왔다. 즉, 정부가 최소한의 기능을 하는 시대에서조차도 사적 소유권의 보장과 공정거래질서의 확립을 위해서는 정부가 필요함을 의미한다고 볼 수 있다. 19세기에 들어서 경제가 발전하고 복잡화됨에 따라 시장메커니즘의 결함이 인식되어 정부는 민간의 경제활동에 적극적으로 관여하고 국민의 복지 실현을 도모하는 이른바 복지국가에 대한 논의가 시작되었다. 그 후 20세기에 와서는 1929년의 대공황을 계기로 정부가 재정지출에 의해 총수요를 조절하고 경기의 안정을 도모해야 한다는 케인즈 경제학적인 사고가 정착되고, 제2차 세계대전 후 전후 복구와 복지국가의 확립을 위해 선진국에서는 정부에 의한 민간경제 개입이 당연시되었다. 그러나 1970년대 후반에 이르러 인플레이션과 실업률이 증가하는 이른바 스태그플레이션의 등장과 국민부담의 증가로 인해 큰 정부에 대한 의문이 생겨나 작은 정부를 지향하는 움직임이 나타났으며 이는 1980년대 이후의 신공공관리론의 논의와도 맞닿아 있다.

재정이라는 것은 이러한 정부의 경제활동의 재정수지에 관한 것이며 조세와 국공채 등의 수입수단을 통해서 민간으로부터 자금을 조달하고 이것을 기초로 국민생활의 기반이 되는 제 조건을 정비하기 위한 활동이다. 자본주의하에서의 경제활동은 수요와 공급의 관계를 기초로 하는 시장메커니즘으로 규정되지만, 거기에는 불완전 경쟁과 외부성, 불확실성 등에 의한 시장의 실패가 존재한다. 시장메커니즘이 원활히 작동하기 위한 조건을 정비하고 그 결함을 보완하는 것에 의해서 민간의 경제활동만으로는 충족시킬 수 없는 재화와 서비스의 수요를 충족시키는 것이 재정의 역할이다.

2. 재정의 3대 기능

재정의 기능으로서 자원의 효율적 배분, 소득의 재분배, 경제의 안정화라고 하는 세 가지 기능이 존재한다.

1) 자원의 효율적 배분

자본주의 경제에 있어서는 기본적으로는 경쟁적 시장메커니즘을 통해서 자원배분이 이루어지지만, 국민생활에 필요한 재화와 서비스 중에는 정부가 자원배분에 관여하는 것이 바람직한 경우가 있다.

첫째, 국방, 외교 등의 이른바 (순수)공공재이다. 공공재라는 것은 ① 집단적으로 공급되어 어떤 개인이 이용할 때 다른 개인의 이용을 배제하는 것이 곤란한 이른바 '배제불가능성', 그리고 ② 어느 경제주체가 이용하는 재화와 서비스의 양이 다른 경제주체가 이용하는 양에 영향을 미치지 않고 어느 주체가 사용하는 재화나 서비스의 양을 늘려도 다른 경제주체의 사용가능한 양을 감소시키지 않는 이른바 '비경합성'이라고 하는 두 가지의 성질을 가지고 있는 특성이 있다. 이 두 가지 성질에 의해 공공재의 이용에 있어서 각 주체는 자신이 그 공공재에 어느 정도 가치를 인정하고 있는가에 대한 선호를 표시하지 않고 비용부담을 피하는 이른바 무임승차의 문제가 발생한다. 그러나 어디까지가 순수공공재인가에 대해서는 시대에 따라서 변할 수 있고 예외가 생길 수도 있다. 예를 들면, 순수공공재의 대표적인 예시였던 등대의 경우 지역 주민들이 스스로 합의하여 설치하는 경우도 있으며, 경찰의 경우도 영화 로보캅의 예에서처럼 기업에서 서비스를 생산하는 시대가 올지도 모른다. 또한 배제불가능성과 비경합성의 어느 한 쪽만을 갖고 있는 재화나 서비스를 준공공재라고 하며 의료서비스, 교육, 기초연구개발 등을 포함한다. 준공공재는 시장에 있어서도 공급이 가능하지만, 민간기업에 모두 맡겨두면 공급이 불충분해진다. 이렇듯 공공재는 시장메커니즘에 맡기면 불충분하게 공급이 되어 정부에 의해 공급이 필요해지는 경우이다.

둘째, 외부성에 대한 대응이다. 외부성이라는 것은 어느 경제주체의 행동이 다른 경제주체에게 이익을 발생시키면서도 대가를 받지 않거나(외부경제), 어느 경제주체의 행동이 다른 경제주체에게 손해를 발생시키면서도 배상을 하지 않는(외부불경제 또는 외부비경제) 경우를 말한다. 외부불경제의 예를 들면, 공장의 매연으로 인해 인근 과수원 주인이 손실을 입는다고 하면, 그냥 두면 사회적으로 적정한 공장의 생산 활동 이상의 생산이 이루어지고 이에 따라 공해가 늘어나겠지만, 정부가 공장에 대해서 상응하는 과세를 하면 공장은 과세를 고려하여 생산량을 감소시키게 되고 공장에 의한 생산은 사회적으로 최적의 공급량이 된다. 반대로 외부경제의 예를 들면, 양봉업자의 벌을 키우는 행위가 인근 과수원 주인의 과수의 수분을 도와주는 등 혜택을 준다고 하면, 그냥 두면 양봉업자는 자신의 손익분기점 이하에 도달하면 폐업을 할 수 있겠지만, 정부가 보조금을 통해서 그 양봉활동을 촉진시킨다면 사회적으로 최적의 공급량을 유도할 수 있다. 이처럼 외부성을 가진 재화나 서비스에 대해서는 정부가 과세 또는 보조금을 통해서 사회적 비용과 사적 비용을 일치시켜서 최적의 수준으로 공급할 수 있게 된다.

그 밖에도 비용체감산업에 대한 규제가 있다. 전력, 가스, 수도 등의 공익사업은 고정비용이 크고 생산규모의 확대에 따라 평균비용이 체감하는(즉, 규모의 경제가 작동하는) 재화의 상품특성 때문에 시장메커니즘에 맡겨서는 후발 공급자가 경쟁에 뛰어들기 어렵고 독점이 효율적일 수도 있다는 점에서 자연독점이 일어난다. 따라서 가격규제 등의 정부에 의한 개입이 필요하다.

그러나 이러한 정부의 시장실패에 대한 개입은 민간의 창의성을 통해서 보다 효율적으로 재화와 서비스를 공급할 수 있는 가능성을 막거나, 기득권의 비대화를 초래할 수 있는 등의 오히려 자원배분의 효율화를 해할 가능성이 있다. 이렇게 시장실패를 개선하기 위해서 개입한 정부의 자원배분이 더 좋지 않은 결과를 가져오는 정부의 실패에 대해서도 주의할 필요가 있다. 따라서 각국에서는 종래 정부의 개입이 필요시되었던 분야에 있어서도 규제완화와 민영화를 통해서 민간의 신규 참여와 정부사업의 효율화, 비용 삭감을 도모하고 있다.

2) 소득의 재분배

상술한 바와 같이 설령 자원의 효율적인 배분이 달성된다고 하더라도 소득의 분배상태에 대해서는 공정하다고 볼 수 없다. 과도한 소득격차가 발생한 경우에는 국민의 합의하에 정부가 그것을 시정할 필요성이 있다. 이것을 정부에 의한 소득 재분배 기능이라고 한다.

정책수단에는 세입면에 의한 것과 세출면에 의한 것이 있다. 세입면에서는 소득세 등에 누진세율을 적용하거나 자산에 대해 과세함으로써 고소득자에게 보다 무거운 부담을 지워서 실질적인 소득분배를 변화시키는 것이다. 세출면에서는 생활보호급여와 실업보험 등의 사회보장 지출, 혹은 소득분위에 의한 학비 및 급식비 지원, 공영주택 공급 등을 통해서 저소득자, 사회적 약자에게 보다 많은 경비를 지출하는 소득재분배가 이루어진다.

또한 소득분배의 공평성의 문제에 대해서는 동일세대 간의 공평성뿐만 아니라 다른 세대 간의 공평성에 대해서도 생각할 필요가 있다. 사회보장 중 연금과 고령자의료에 대한 것은 세대 간의 재분배 기능을 갖고 있다.

다만 경제가 글로벌화하고 있는 현대 사회에 과도하게 누진적인 과세는 경제활동의 인센티브를 저해하고 국가의 경제발전을 지연시킬 위험이 있다. 또한 급격한 고령화의 진전 속에서 장래세대에 과도하게 부담을 전가하는 것은 장래에는 국가경제의 활력과 발전을 저해할 수도 있다. 따라서 소득의 재분배가 자원배분의 효율성에 미치는 영향에 대해서 유의할 필요가 있다.

3) 경제의 안정화

자본주의 경제는 불안정한 경제변동이 반복되고 있으며 그 과정에서 인플레이션과 실업이라고 하는 현상을 일으키지만, 재정은 이하의 두 가지 기능을 통해서 경제를 안정화시키고 경기변동의 폭을 적게 하는 데에 기여한다.

첫째, 자동안정화기능이다. 이 기능은 재정 안에 제도적으로 탑재되어 있으며 경제정세에 대응하여 자동적으로 작용하여 경제를 안정시킨다. 조세 구조가 누진세율 구조를 가진 소득세와 경기변동에 민감하게 반응하는 법인세는 경기 호황기에는 세수의 증가 등을 통해서 수요를 억제하고 불황기에는 세수의 감소 등을 통해서 소득 감소를 완화하여 수요를 지탱한다. 재정지출의 면에서도 실업보험 등의 사회보험 급부의 증가는 소득의 감소를 완화할 수 있는 것이다.

둘째, 재량적인 재정정책이다. 구체적으로는 불황기에는 국공채 발행에 의해 재정지출의 규모를 확대하고 감세를 실시하여 경기를 부양한다. 반대로 호황기에는 재정규모의 억제와 증세 등을 통해 수요의 확대를 억제한다. 즉, 정부가 그 당시의 경제상황에 대응하여 재량적으로 새로운 재정적인 수단을 사용하여 경기의 안정화를 도모한다.

제2절 예산의 개념과 원칙

1. 예산의 개념

1) 재정과 예산

재정은 앞서 말한 바와 같이 정부의 목적을 달성하기 위한 경제활동을 의미하지만, 예산은 매년 이루어지는 정부의 경제활동에 대한 계획과 결과를 의미한다. 즉, 예산이란 재정에 '매년'이라는 시간적 조건이 포함된 것으로서 시간적 개념이 포함되지 않은 기금과 구별된다. 따라서 재정이란 예산과 기금을 포괄한 것으로 볼 수 있으며 국가재정법과 재정통계도 이러한 입장을 따르고 있다.

예산에는 실질적인 의미와 형식적인 의미가 있다. 예산의 형식적인 의미는 국회의 정부에 대한 재정권한 부여의 형식이라고 볼 수 있지만, 예산의 실질적인 의미는 국가가 어떠한 정책과 목적을 위해서 어느 정도 지출활동을 행하는가와 그 지출을 행하기 위한 재원을 어떻게 조달할 것인가라는 재정의 내용을 일정 기간 동안 밝히는 것이다. 즉, 해당 정부가 어떠한 목표를 갖고 어디에 중점을 두고 어떠한 정책을 펼치는가에 대해서는 정치적인 수사가 아니라 그 정부의 그 해의 예산을 보면 보다 더 분명하게 알 수 있다. 예를 들면, 어떤 정부가 스스로 복지 제일주의를 정치 공약으로 내건다고 해도 막상 해당 정부의 복지 분야 예산이 감소 추세라면 실제 해당 정부의 중점은 복지가 아니라고 보아도 무방할 것이다. 예산은 해당 정부의 국정철학과 정책의 정수라고 할 수 있다.

현재 정부는 매년 예산을 편성하고 국회에 제출하며 국회로부터 의결을 받은 예산에 따라 국가의 지출을 실행해 나간다. 그리고 대의민주주의에 의해 선출된 국회에서의 예산심의를 통해서 국민은 국정 일반에 대해 정부의 행동을 통제할 수 있게 되는 것이다.

2) 회계연도

예산제도를 파악하기 위해서는 먼저 회계연도에 대해 살펴볼 필요가 있다. 회계연도란 수입, 지출을 구분해서 그 대응관계를 설정하는 기간이며 통상 1년으로 정한다. 따라서 예산은 당해 연도의 개시 전과 경과 후에는 사용할 수 없는 것이 원칙이다. 우리나라의 1회계연도는 1월 1일부터 12월 31일까지로 하고 있지만 1년의 시작을 어느 날로 할 것인가는 나라마다 다르다. 예를 들면, 독일과 프랑스는 우리와 같이 1월부터 시작하지만 영국과 일본은 4월부터, 미국은 10월부터 시작하는 등 회계연도의 시기는 나라마다 제각각이다.

2. 예산의 원칙

1) 사전 의결의 원칙

우리나라는 헌법(관련 헌법조항으로는 제54조부터 제59조까지의 국회 관련 조항이 있다)에 근거하여 국가재정법 등의 관련 법률이 정해지고 예산은 그 법률의 집행 전에 국회의 의결을 얻고 시행된다. 이를 사전 의결의 원칙이라고 한다. 그러나 이러한 사전 의결의 원칙에 대해서는 사전적으로 의회의 의결을 얻을 수 없는 긴급 상황에 한하여 예외를 인정하고 있다. 대표적인 예외로는 준예산과 긴급재정·경제명령이 있다. 긴급재정·경제명령이란 헌법상 내우·외환·천재지변으로 인한 재정·경제상의 위기에 발동되는 것으로 중대한 교전상황에 발동되는 긴급명령과 구별된다.

2) 완전성의 원칙

예산에는 국가의 수입과 지출 전부를 계상(셈을 하여 올림, 예산편성에 넣음)하여야 함이 원칙이다. 다시 말하면, 정부의 모든 재정적 거래, 즉 돈이 들어오고 나감과 활동 내역이 예산에 포함되어야 한다는 것이다. 국가재정법 제17조는 '한 회계 연도의 모든 수입을 세입으로 하고 모든 지출을 세출로 한다'라고 규정하고 있다. 이는 예산총계주의라고도 하며 국가 재정에 관한 돈이 들어오고 나감이 모두 예산에 포함되어야 함이 원칙이라는 것이다. 이를 통해서 정부 재정에 대한 국민과 국민의 대의기관인 국회의 통제가 이루어질 수 있다. 그러나 현실적으로는 국가의 수입과 지출 전체가 완벽하게 예산에 포함되는 것은 어려우므로 국가재정법에서는 예산총계주의의 예외를 인정하고 있다. 국가재정법 이외에도 국고금 관리법과 자동차손해배상보장법, 정부기업예산법에서도 그 수익금, 분담금, 자금 등을 세입과 세출 외로 보유할 수 있다고 규정하고 있다. 국가재정법에서는 예산총계주의의 예외를 제53조에서 두고 있으며 다음과 같다.

첫 번째 예외는 수입대체경비이다. 수입대체경비란 국가가 용역 또는 시설을 제공하여 발생하는 수입과 관련되는 경비이다. 예를 들면, 공무원시험 응시료 등은 복지서비스 등과는 달리 국가가 제공함에 따라 응시료라고 하는 직접적인 수입이 발생하며, 미리 공무원시험 응시생의 규모를 예측하는 것이 쉽지 않고 해당 수입도 관련 행정에 사용하는 것이 바람직할 수 있다.

두 번째 예외는 국가가 현물로 출자하는 경우이다. 현물출자란 금전 이외의 국가가 소유한 재산을 현물의 형태로 공기업 등의 정부출자기관에 출자하는 것 등을 말한다. 정부가 이미 보유하고 있는 국유재산을 공기업 등의 재산으로 전환하는 경우, 현금의 수입과 지출을 수반하지 않으므로 수입과 지출을 모두 계상해야 하는 완전성 원칙의 예외이다.

세 번째 예외는 외국차관 전대(轉貸)의 경우이다. 차관(借款)이란 외국에서 자금을 빌려오는 것을 말하며, 전대차관이란 국내 거주자에게 대출할 것을 조건으로 외국의 금융기관이 우리나라 정부에게 대신 빌려주는 것이다. 기업 등 민간부문에서 신용보증이 어렵거나 담보력이 많지 않은 경우, 외국으로부터 융자를 받거나 차입을 통해 대규모의 차관을 도입하기는 어렵다. 이 경우 정부가 실수요자에게 다시 빌려주는 것(전대)을 조건으로 외국으로부터 외화자금을 차입하는 것을 말한다. 이 때 전대를 위해 차관을 도입하는 정부라고 함은 계약당사자는 기획재정부 장관이 정부를 대표하여 계약을 체결하고 산업은행, 수출입은행 등의 국책은행이 자금을 공여하는 역할을 수행하며, 자금을 빌려주는 외국이라고 함은 세계은행 등의 국제기구가 그 역할을 수행하는 경우가 많다. 이 경우 정부는 연계창구 역할만 수행하기 때문에 전대차관을 예산에 계상하는 것은 불필요하기 때문이다.

네 번째 예외는 차관물자대(物資貸)이다. 차관물자대란 외국의 실물자본을 일정 기간 사용하거나 대금결제를 유예하면서 도입하는 것이다. 주의할 것은 차관물자대의 경우 원칙적으로는 세입과 세출에 계상되지만, 전년도 인출예정분의 부득이한 이월 또는 환율 및 금리의 변동으로 인하여 세입이 그 세입예산을 초과하게 되는 때에는 당해 세출예산을 초과하여 지출할 수 있어 완전성 원칙의 예외가 된다.

이와 함께 유의할 사항으로는 국가재정법 제53조에서 과거에 기재되었던 국가연구개발 예산을 지원받아 수행된 연구개발과제의 수수료는 2014년 법률개정으로 완전성 원칙의 예외에서 삭제되어 완전성 원칙에 해당된다는 것이다.

3) 한정성의 원칙

한정성의 원칙은 예산이 의회의 의결을 거친 후 정부의 예산집행을 얼마나 구속하느냐와 관계가 있다. 구체적으로는 예산은 정해진 목적의 한도에서 사용되어야 하며 그 한도를 넘어서 사용되면 안 되며(질적 한정성), 특정 예산항목의 지출 한도 내에서 사용되어야 하며 그 한도를 넘어서 사용되어서도 안 된다(양적 한정성). 질적 한정성 원칙의 예외는 예산의 이용과 전용이다. 예산의 이용과 전용에 관해서는 후술하는 예산의 변경 부분에서 설명하겠다. 양적 한정상 원칙의 예외는 예산의 이체를 들 수 있으며 이는 정부조직이 개편될 때 직무와 권한에 변동이 생겨서 예산이 초과되어 사용될 필요가 있을 때 예산도 이에 맞춰서 변경시키는 것을 말한다.

또한 행정부는 적어도 매년 1회 국가의 재정상황을 국회와 국민에 보고한다. 예산은 재정민주주의의 관점으로부터 매 회계연도마다 작성하고, 국회의 의결을 거친다. 이를 회계연도 독립의 원칙이라고 부른다(시간적 한정성). 가령 금년도의 세출을 다음 연도의 세입 증가분으로 집행하려고 한다면 재정수지의 규모가 불명확하게 되며 방만한 재정지출을 초래하게 된다. 따라서 이 원칙은 세입세출 균형의 원칙을 유지하면서 건전한 재정을 확립하는 데 불가결한 것이다. 다만 이러한 원칙을 관철하게 되면 오히려 예산의 원활하고 탄력적인 집행을 방해하게 되기 때문에 다음과 같은 예외가 인정된다.

첫 번째 예외는 세출예산의 이월이다. 이월이라고 함은 간단히 말하자면, 그 연도의 예산을 다 쓰지 못하고 다음 연도로 넘기는 것이다. 어느 연도의 세출예산이 연도 내에 지출하고 그 지출이 끝나지 않았을 경우에 일정한 이유가 있는 경우에는 그것을 다음 연도에 이월하여 지출할 것을 인정하고 있다. 이월에는 명시이월과 사고이월이 있다. 명시이월은 세출예산 중에서 그 성질상 또는 예산 성립 후의 사유로 연도 내에 그 지출이 끝나지 않을 것으로 예상되는 경우, 미리 국회의 의결을 얻어서 다음 연도로 이월해서 사용하는 경비를 말한다. 사고이월은 연도 내에 지출부담행위를 하지만 피할 수 없는 사고 때문에 지출이 끝나지 않는 경우를 말한다. 예를 들면, 코로나 바이러스 확산으로 인해 취소된 정기 축제 등이 있다.

두 번째 예외는 지난 연도 수입 및 지출이다. 회계연도는 12월 말에 종료되지만, 그 이후 일정 기간 동안 수입 지출에 관한 사무 처리를 위해서 다음 연도가 되어도 지난 연도, 즉 과년도의 세입세출로서 현금의 수납 또는 지출을 할 수 있는 출납정리 기간이 설정된다. 이 기간이 지난 후에 지난 연도에 속했던 수입이나 지출의 필요가 생긴 경우에는 새로운 연도의 세입세출로서 처리된다.

세 번째 예외는 계속비에 관한 것이다. 계속비는 공사, 제조 등의 사업에서 완성에 수 회계연도를 요할 경우에 경비의 총액 및 연도별 분할액(매년도의 지출예상액)을 정해서 미리 국회의 의결을 거쳐서 수년도에 걸쳐 지출하는 것이다. 계속비의 법적 근거는 헌법 제55조 제1항이다. 계속비는 예산의 단년도주의의 예외이고 그 지출은 당해 각 연도의 세입으로 충당되기 때문에 후 연도의 재정을 과도하게 구속하지 않도록 특별히 필요한 경우에 한정되어 인정되어야 하며 기간도 그 회계연도부터 5년 이내가 원칙이다.

4) 단일성의 원칙

예산의 단일성이란 국민이 알기 쉽고 통제하기 쉽도록 예산이 하나의 예산으로만 존재해야 한다는 원칙이다. 이 원칙에 따르면 예산은 총계보다는 순계로 계상하는 것이 바람직하다.

단일성 원칙에 따르면 예산이란 일반회계로만 존재해야 하는 것이 바람직하지만 현실적으로는 예외가 있다. 이에 따라 특별회계, 기금은 예산단일성 원칙의 예외로 인정되며 추가경정예산도 예외로 볼 수도 있다.

5) 통일성의 원칙

모든 수입이 일단 통일적으로 국고에 귀속되었다가 그로부터 지출이 이루어져야 한다는 원칙이다. 즉, 특정 세입이 특정 세출에 연결되어서는 안 된다는 점에서 세입 세출 분리의 원칙이라고도 한다. 언뜻 생각하면 특정 세입이 특정 세출에 연결되는 것이 합리적일 것이라고 보이나 현실은 그렇지 않다. 예를 들면, 일정 소득이 있는 납세자로부터 세금을 걷어 기초생활수급자에게 지출하는 경우, 납세자가 내가 냈으니 내가 쓰겠다고 하거나 내가 낸 세금이니 빈곤자 구제를 위해서 쓰는 것은 반대하겠다고 한다면 복지정책은 유명무실화될 것이다. 따라서 납세자로부터의 세금을 걷고 이를 별도의 정책적 의사결정을 거쳐서 지출대상을 선정할 필요가 있는 것이다.

다만 통일성의 원칙에 대해서도 예외가 존재한다. 예를 들면, 자체 수입을 자체 지출에 연계하는 특별회계와 특정 세금을 특정 용도로만 사용할 수 있는 목적세가 그 예외라고 할 수 있다.

6) 공개성의 원칙

국가재정법 제9조에 의하면 정부는 예산, 기금 등 재정에 관한 중요한 사항을 매년 1회 이상 정보통신매체, 인쇄물 등 적당한 방법으로 알기 쉽고 투명하게 공표하여야 한다. 이를 공개성의 원칙이라고 한다. 이를 통해서 국민의 알

권리를 충족시키고 국민의 통제를 가능하게 하는 중요한 원칙이다. 이 원칙에 따르면 예산에 관한 모든 정보가 국민에게 투명하게 공개되어야 한다.

다만 공개성의 원칙에 대해서도 국방상 중요한 정보나 국가정보원의 활동에 관한 예산에 대해서는 국가의 안전보장 등의 이유로 공개하지 않을 수 있다. 국회법 제84조 제4항에 따르면 국회 정보위원회는 국정원의 예산심의를 비공개로 하며, 정보위원회의 심사는 예산결산특별위원회의 심사로 본다.

제3절 예산의 종류

1. 일반회계 예산과 특별회계 예산, 기금

우리나라의 재정은 예산과 기금으로 구성되며, 예산은 일반회계와 특별회계로 나눈다. 단일성의 원칙에 따르면 국가의 회계는 원래 하나여야 하고 통일성의 원칙에 따르면 특정 세입을 특정 세출과 연계시켜서는 안 되지만, 오늘날 재정의 범위가 확대되고 그 내용도 다양화되고 있기 때문에 행정 능률성의 향상을 위해서 특정의 세입세출을 일반적인 세입세출과 구별해서 정리할 필요가 있는 분야도 있다. 정부의 일반적인 세입세출을 다루는 회계를 일반회계라고 하며 세금 등의 재원을 받아들여서 복지, 교육 등과 같은 국가의 기본적인 경비에 충당되는 회계이다.

한편 국가재정법에서는 정부가 특정한 사업을 행하는 경우 혹은 특정의 자금을 보유하고 이를 운용하는 경우에 특정의 세입을 갖고 특정의 세입을 충당시키면서 일반적인 세입세출과 구분해서 운영할 필요가 있을 경우에 법률로서 특별회계를 설치하고 있다. 따라서 개략적인 관점에서 보자면 주로 조세를 재원으로 하여 정부의 일반적인 활동을 장기적으로 운용하기 위한 것이 일반회계이고, 자체수입 등을 재원으로 하여 정부의 사업적인 활동을 단기적으로 운용하기 위한 것이 특별회계라고 볼 수 있다.

특별회계에는 기업특별회계와 기타 특별회계가 있다. 기업특별회계에는 정부기업예산법에 근거를 둔 우편사업, 우체국예금, 양곡관리, 조달 특별회계가 있고, 책임운영기관의 설치·운영에 관한 법률에 근거를 둔 책임운영기관 특별회계가 있다. 기타 특별회계에는 교도작업, 지역발전, 농어촌 구조개선, 등기, 행정중심복합도시 건설, 아시아문화중심도시 조성, 에너지 및 자원사업, 우체국보험, 주한 미군기지 이전, 환경 개선, 국방·군사시설 이전, 혁신도시 건설, 교통시설과 최근에 추가된 육아교육 지원 특별회계가 있다.

기금은 특정한 목적을 위하여 설치하고 운용하는 특정한 자금을 말한다. 특정 목적을 위해서 설치되고 국회의 심의·의결을 거친다는 점에서는 예산인 특별회계와 유사하지만, 특별회계는 예산으로 편성되고 집행되는 것에 비하여 기금은 조성된 금액을 사용한다. 또한 기금은 운용하고 남은 자금을 다음 연도에 걸쳐 적립해서 사용한다는 점에서, 비록 특정 목적을 달성하기 위해서 설치되었지만 예산이 당해 연도 내에 지출되어야 하는 특별회계와 구별된다. 특별회계와 기금은 일반회계로부터 받는 전입금에 의존하는 경우가 많고 재정 구조가 복잡해져서 재정의 전체구조를 용이하게 파악하고자 하는 예산단일주의에 반할 수 있으므로 일반회계를 보완하는 필요최소한도로 존재하는 것이 바람직하다.

기금에는 사회보험성 기금, 계정성 기금, 금융성 기금, 사업성 기금이 있다. 사회보험성 기금은 연금과 보험 지출을 위한 것으로 국민연금기금, 공무원연금기금 등이 있다. 계정성 기금은 특정 자금을 모아서 사업수행 주체에게 전달하기 위한 것으로 공공자금관리기금, 외국환평형기금 등이 있다. 금융성 기금은 사업수행 주체를 보증하여 사업활동을 도와주기 위한 것으로 각종 신용보증기금, 주택금융신용보증기금 등이 있다. 사업성 기금은 직접적으로 사업수행에 필요한 자금을 관리하고 운영하기 위한 것으로 근로자복지진흥기금 등의 복지와 노동 관련 기금, 과학기술진흥기금 등의 산업과 과학 관련 기금, 국민체육진흥기금 등의 교육과 문화 관련 기금이 있다.

예산과 기금의 비교를 정리한 표는 다음과 같다.

표 4-1 예산과 기금의 비교

구분	예산		기금
	일반회계	**특별회계**	
설치사유	• 국가고유의 일반적 재정활동	• 특정 사업 운용 • 특정 자금 운용 • 특정 세입을 특정 세출에 충당	• 특정 목적을 위해 특정 자금을 운용
운용형태	• 공권력에 의한 조세수입과 무상급부 원칙	• 일반회계와 기금의 운용형태 혼재	• 출연금·부담금 등 다양한 재원으로 다양한 목적사업을 수행
수입-지출 연계	• 특정 수입과 지출의 연계 배제	• 특정 수입과 지출의 연계	• 특정 수입과 지출의 연계
확정절차	• 부처의 예산요구 • 기획재정부의 정부예산안 편성 • 국회의 심의·의결로 확정		• 기금관리주체의 기금 운용계획안 수립 • 기획재정부장관과 운용주체 간의 협의·조정 • 국회의 심의·의결로 확정
집행절차	• 합법성에 입각하여 엄격히 통제 • 목적외 사용 금지		• 합목적성 차원에서 상대적으로 자율성과 탄력성 보장
계획변경	• 추경예산편성 • 이용·전용·이체		• 주요항목 지출금액의 20% 초과 변경 시 국회 의결 필요(금융성 기금의 경우 30%)
결산	• 국회 심의·의결		

자료: 국회예산정책처(2019). 「2019 대한민국 재정」 p. 31.

2. 예산의 총계·순계와 통합재정

예산은 병렬적이고 독립적으로 존재하는 것이 아니라 일반회계로부터 특별회계 등으로 재원이 이전되거나 반대로 특별회계 등으로부터 일반회계로 재원이 이전되기도 하는 등 상호 밀접한 관계가 있다. 각각의 분야에서 독립적으로 사용된 예산 규모를 보기 위해서는 이른바 예산 총계 방식이 유용하다. 여기서 예산 총계라고 함은 정부 내 회계 간 내부거래, 정부 간 외부거래 중복 계상분을 공제하지 않고, 즉 빼지 않고 단순 합산한 금액이며, 예산 순계란 정부 내회계 간 내부거래, 지방정부 간 외부거래 중복 계상분을 공제한, 즉 뺀 금액이다. 예를 들면, 특별회계에서 사용할 자금이 부족하여 일반회계에서 일정 금액을 가져온 경우, 총계 방식에 의하면 그 금액은 원래의 일반회계에도 포함되어있지만 특별회계에도 중복적으로 포함되어 있어 마치 특별회계 규모가 늘어난것으로 보여 예산의 총규모는 증가한다. 그러나 순계 방식에 의하면 이러한 중복된 부분을 빼고 계산하므로 예산의 총 규모는 그대로이다.

따라서 예산 전체의 규모를 보기 위해서는 단순히 각 회계의 예산을 합치는 것보다는 그로부터 중복분을 빼야 하고 이 중복분을 뺀 총계를 순계라고 한다. 구체적으로는 예산순계란 일반회계 총계와 특별회계 총계를 더한 값에서회계 간 내부거래를 뺀 것이다. 예산 순계는 중복분을 제외하기 때문에 정확한전체 재정 규모를 파악하는 데 용이하며, 순계 기준을 적용하여 재정을 총체적으로 파악하기 위한 개념이 통합재정이다.

통합재정은 정부부문에서 1년 동안 지출하는 재원의 총체적인 규모로서,통합예산 혹은 통합재정에는 일반회계, 특별회계, 기금을 모두 포괄한다. 간단하게 말하면, 통합재정은 당해 연도의 순수입에서 순지출을 차감한 것을 말한다. 따라서 회계와 기금 간의 내부거래는 물론이고 국채 발행이나 채무상환 등수지차 보전을 위한 보전거래도 제외된다. 여기서 보전거래라고 함은 정부가재정활동을 함에 있어서 발생하는 적자를 보전하기 위한 거래를 말한다. 일반적인 정부재정수지는 적자가 나기 쉬운 구조이다. 왜냐하면 정부의 활동은 공공재 생산 등 민간에 맡겨두었을 때 사회에서 최적수준으로 요구하는 자원배분의 효율성이 나타나지 않거나 무임승차 등의 문제가 발생하여 수익성이 부족한부문에서 이루어지기 때문이다. 따라서 이를 메꾸기 위해서 정부는 국채 등 국가가 보증하는 차용증을 발행하거나 융자를 내고 이로부터 발생된 채무를 상환하는 보전거래를 하게 되고 수지차를 보전하는 재원을 보전재원이라고 한다.통합재정수지는 세입에서 세출과 순융자(융자 지출액에서 융자 회수액을 뺀 금액)

를 제외한 것이며, 정부의 당해연도 흑자 또는 적자 규모를 의미한다. 따라서 통합재정수지와 보전재원은 금액은 일치하며, 부호만 반대인 것이다.

참고로 우리나라 정부는 국제적으로 통용되는 통합재정수지 이외에 관리재정수지(혹은 관리대상수지라고도 함)도 만들어 함께 발표하고 있다. 관리재정수지란 통합재정수지에서 사회보장성 기금의 흑자분을 뺀 것이다. 여기서 사회보장성 기금이라 함은 정부가 고용주인 공무원연금과 군인연금 이외의 사회보장 관련 기금으로 국민연금, 사학연금, 산업재해보상보험기금과 고용보험기금을 말한다. 사회보장성 기금을 제외한 관리재정수지를 발표하는 이유는 국민연금 등의 사회보험 역사가 짧은 것에 기인한다. 선진국들은 이미 적립한 연금을 수많은 고령자가 수급하는 단계이지만 우리나라는 아직 연금을 수급하는 고령자와 수급액수보다는 연금을 적립하는 생산가능인구와 적립액수가 더 많기 때문에 사회보험이 엄청난 흑자를 기록하고 있다. 하지만 머지 않아 저출산 고령화의 영향으로 연금 수급자와 수급액이 연금 적립자와 적립액을 뛰어넘게 되어 재정이 어렵게 될 것은 명약관화하다. 그럼에도 불구하고 사회보장성 기금의 흑자분을 그대로 재정수지에 넣어서 계산하게 되면 재정수지를 왜곡시켜 보여주게 되어 당해 연도의 재정 적자가 얼마나 났는지를 보기 힘들게 된다. 따라서 재정건전성을 제대로 측정하기 위해서 사회보장성 기금의 흑자분을 제외한 관리재정수지를 발표할 필요가 있다.

3. 예산의 구분과 과목

예산은 방대한 금액의 내용을 국민들에게 이해하기 쉽고 집행 등의 책임소재를 명확히 할 필요가 있다. 예산과목은 예산의 내용을 명백히 보여주기 위해 일정한 기준에 의해 구분해 놓은 항목이다.

먼저 예산은 세입예산과 세출예산으로 구분할 수 있는데 세입예산이란 정부가 당해 연도에 예상되는 추정 수입으로 조세와 세외수입으로 이루어진 것이며, 세출예산이란 당해 연도에 사용할 지출을 정부가 편성하여 국회의 심의를 거쳐 확정된 것을 말한다. 따라서 국회의 심의를 거치지 않은 단순 추정치인 세입예산보다는 세출예산이 법적 구속력이 강하다. 그러므로 세입예산과 세출예산은 그 효력의 차이에서도 구별되며 세입예산은 정부의 예상 수입에 지나지 않아 세입의 수납은 반드시 예산에 구속되는 것은 아니다. 그러나 세출예산은 항에 정해진 금액을 초과해서 지출할 수 없고 항에 정해진 목적 이외에 지출되는 것은 금지된다.

이 때, 세입예산과목은 내용의 성질과 기능을 고려하여 장, 관, 항, 목으로 구분된다. 예산의 구분 기준 중 장, 관, 항 등의 입법과목이란 국회에서의 의결이 필요한 것임에 비해서 목 및 세목 등의 행정과목은 국회의 의결이 필요하지 않다.

세출예산과목은 내용의 기능별, 사업별 또는 성질별로 주요 항목(분야, 부문, 정책사업) 및 세부항목(단위사업, 세부사업, 편성비목과 통계비목)으로 구분된다. 이를 세입예산과목과 매칭시키면 주요 항목 중 분야는 세입과목의 장에 대응되고, 부문은 관에 대응되고, 정책사업(프로그램)은 항에 대응된다. 또한 세부항목 중 단위사업은 세항에 대응되고, 세부사업은 세세항에 대응된다. 예산편성비목은 목에 대응되고, 통계비목은 세목에 대응된다.

4. 예산의 분류

예산은 필요로 하는 정보가 무엇이며 추구하는 목적이 무엇인지에 따라서 다양한 분류 기준을 갖고 있다. 국가재정법 제21조 제2항에서는 세입세출예산은 독립기관 및 중앙관서의 소관별로 구분한 후 소관 내에서 일반회계·특별회계로 구분한다고 하고 있다. 제3항에서는 세입예산은 그 내용을 성질별로 관·항으로 구분하고, 세출예산은 그 내용을 기능별·성질별 또는 기관별로 장·관·항으로 구분한다.

이에 따른 대표적인 분류로서는 조직별 분류, 기능별 분류, 사업별 분류, 품목별 분류가 있다. 조직별 분류(혹은 소관별 분류)는 '누가' 예산을 사용하는가에 관한 분류로서 예를 들면, 교육부, 외교부 등을 들 수 있으며 예산의 사용책임을 명확하게 하기 위한 것이다. 기능별 분류란 '무슨 일'을 위해 예산을 사용하는가에 관한 분류로서 예를 들면, 교육부의 교육을 들 수 있으며, 세입항목으로는 장과 부문에 해당하며, 세출항목으로는 주요 항목 중 장과 관에 해당된다. 사업별 분류란 프로그램 예산 분류라고도 하며 '무슨 사업'을 위해 예산을 사용하는가에 관한 분류로서 예를 들면, 교육부의 사립대학정책과의 사업을 들 수 있으며, 세입항목으로는 항, 세항, 세세항에 해당하며, 세출항목으로는 정책사업, 단위사업, 세부사업에 해당된다. 품목별 분류란 '무엇을 구입'하기 위해 예산을 사용하는가에 관한 분류로서 예를 들면, 교육부의 사립대학정책과에서 구입한 비용에 대해 회계책임을 명확히 하는 것을 들 수 있으며, 세입항목으로는 목, 세목에 해당하며, 세출항목으로는 예산편성비목, 통계비목에 해당된다. 이를 정리하면 아래의 표와 같다.

표 4-2 예산분류 체계

장	관	항	세항	세세항	목	세목
분야	부문	프로그램	단위사업	세부사업	편성비목	통계비목
기능별 분류		프로그램(사업)별 분류			품목(성질)별 분류	

자료: 윤영진(2015). 「새재무행정학2.0」 p. 95.

5. 조세지출과 조세지출예산

조세지출이란 거두어들일 수 있는 세금의 전부 내지 일부를 깎아줌으로써 지출과 같은 효과를 나타내는 것이다. 조세지출의 예로는 조세감면, 비과세, 소득공제, 세액공제, 우대세율적용 등을 들 수 있다. 일반적인 세출과는 달리 조세지출은 예산편성과 심의 등의 정치, 행정과정을 거치지 않고 수입을 걷지 않기 때문에 세입예산, 세출예산 어디에도 포착되지 않으며, 이에 따라 정부의 직접적 지출과 비교하여 재정규모가 작게 나타나게 되어 그림자지출 또는 감추어진 보조금이라고 불린다.

따라서 조세지출도 일반적인 세출과 마찬가지로 국회의 심의를 받아야 한다는 취지로 만들어진 것이 조세지출예산이다. 조세지출예산이란 조세지출로 인해 예상되는 세수 감소액을 의회에 제출하는 것이다. 우리나라에서는 정부가 국회에 예산안을 제출할 때, 전년도와 당해 연도, 내년도의 국세 감면 실적과 추정 금액을 작성한 조세지출예산서도 함께 제출하도록 하고 있다.

제4절   예산의 불성립과 변경

1. 본예산

예산의 불성립과 변경은 사회경제 상황의 변동에 신속하게 대응하고 유효하고 적절한 예산집행을 하기 위해서는 사정의 변화에 대응해서 예산의 내용을 변경할 것이 요구되는 경우와 어떠한 이유로 연도 개시까지 예산이 성립되지 않은 경우 어떻게 제도적으로 대처할 것인가에 관한 문제이다. 일반회계, 특별회계 등 각각의 예산은 일체로서 국회의 심의와 의결을 거쳐서 통상 당해 연도의 개시 전에 성립된다. 이러한 예산을 본예산 또는 당초예산이라고 한다. 이는 학술적인 용어로서 후술하는 준예산이나 추가경정예산 등에 대비해서 당초 성립된 기본적인 예산이라는 의미로 사용된다.

2. 예산의 불성립

먼저 어떠한 이유로 회계연도의 개시 시점까지 본예산이 성립되지 않은 경우 이에 대처하는 입법례는 나라마다 다르다. 본예산이 성립할 때까지의 기간 동안 필요한 경비의 지출을 위해서 기능하지만 그 성질상 계상되는 것은 필요 최소한도의 지출에 한정되고 본예산이 성립되면 실효되고 본예산에 흡수된다.

이 중 본예산이 성립할 때까지의 기간 동안 상정된 예산을 몇 개월 동안 지출하도록 하는 입법례를 잠정예산이라고 하며 상정된 예산의 지출이 허용된다는 점에서는 정부에 큰 권한을 주고 있지만 몇 개월 동안에 한정되고 국회의 의결을 필요로 한다는 제한을 받는다. 미국, 일본 등에서 사용되고 있다. 잠정예산으로도 분류되기도 하지만 상정된 예산 지출을 1개월분만 허용해주고 역시 의회의 의결을 거쳐야 하는 것을 별도로 가예산이라고 하며 우리나라 1공화국에서 사용한 바 있으며 프랑스에서 사용되는 제도이다.

이와는 달리 우리나라는 현재 국회의 의결을 필요로 하지 않고 국무회의의 의결만으로 전년도 예산에 준해서 예산을 집행할 수 있는 준예산 제도를 채택하고 있다. 다만 국회의 의결을 받지 않는 대신에 헌법 제54조 제3항에서 국회에서 예산안이 의결될 때까지 전년도에 준해서 집행할 수 있는 경비는 다음 사항에 한하여 전년도 예산에 준하여 집행할 수 있다.

① 헌법이나 법률에 의하여 설치된 기관 또는 시설의 유지·운영, ② 법률상 지출의무의 이행, ③ 이미 예산으로 승인된 사업의 계속

3. 예산의 변경

예산의 변경에 대해서는 우선 정부로부터 예산안이 의회에 제출된 이후에 수정하는 단계와 예산안이 의회에서 의결되어 예산으로서 성립된 이후에 예산 변경의 필요성이 생긴 경우로 나누어 볼 수 있다.

수정예산은 예산안을 의회에 제출한 후 부득이한 사유로 그 내용의 일부를 수정할 필요가 있을 때에는 수정예산안을 제출해 의회에 다시 제출하는 것이다.

그러나 의회에서 예산안이 의결되어 이미 예산으로서 성립한 경우에 예산 변경이 필요하게 되는 경우에는 이렇게 예기치 못한 경우를 미리 대비하여 별개의 예산항목으로 만들어 두는 것이 일반적이다. 이를 예비비라고 한다.

따라서 우선 예비비로 충당하지만 또한 한정성 원칙의 예외로서 설명한 예

산의 이용과 전용을 통해서 필요한 예산을 충당하기도 한다. 예산은 원래 그 목적대로 집행되어야 하지만 예산 편성 후 상황의 변화에 따라 당초예산대로 집행하는 것이 부적절한 경우를 위해서 이용과 전용이라는 제도가 인정된다. 대표적인 예를 들면, 이용이라는 것은 경비의 성질이 유사하거나 상호 관련되어 있는 항과 항 간의 경비의 융통이며 전용이라는 것은 동일 항 내의 목과 목 간의 경비의 융통이다. 구체적으로는 예산의 이용이란 사업의 주요 내용, 규모의 변경(입법과목인 장, 관, 항) 간의 예산융통을 지칭하며 큰 범위의 예산의 변경이다. 따라서 이 경우에는 의회의 의결이 필요하다. 이에 비해서 예산의 전용이란 예산 집행과정에서 부분적인 계획의 변경(행정과목인 세항, 목) 간의 금액융통으로서 비교적 작은 범위의 예산(인건비, 시설비 제외) 변경을 말한다.

그런데 예비비와 이용과 전용을 통해서도 충당이 어려운 재원은 추가경정예산을 통해서 해결할 수밖에 없다. 즉, 본예산의 집행 과정에 있어서 천재지변, 경제사정의 변화 혹은 정책의 변경 등에 의해 당초의 예산대로 집행하는 것이 불가능 내지는 부당한 경우가 있다. 이 경우 국회의 의결을 거쳐 당초의 본예산의 내용을 변경하는 예산을 추가경정예산이라고 한다.

제5절 예산과정과 결산

1. 예산결정이론

예산이론이란 어떠한 기준에 의하여 예산을 배분하면 좋을 것인가에 관한 논의이다. 이러한 논의는 미국의 정치학자인 키(V. O. Key, Jr.)가 발표한 논문에서 시작되었다. 키는 자신의 논문 앞부분에서는 예산배분을 경제적으로 접근할 것을 이야기하고 논문의 뒷부분에서는 정치적으로 접근할 것을 이야기하고 있다. 이를 출발점으로 예산배분에 있어 경제적인 접근을 강조한 쪽이 루이스(Verne B. Lewis)이며 정치적인 접근을 강조한 쪽이 윌다브스키(Aron Wildavsky)이다.

경제적 접근법에 기초한 예산결정이론은 총체주의적 예산결정이라고 한
다. 총체주의적 예산결정은 합리모형에 입각한 예산상의 의사결정을 의미한다.
즉, 예산결정에 관한 의사결정자의 합리적 분석을 신뢰하고 예산결정과정을 합
리화하여 예산상의 편익을 극대화한다고 본다. 정치적 접근법에 기초한 예산결
정이론은 점증주의적 예산결정이라고 한다. 점증주의적 예산결정은 점증모형에
입각한 예산상의 의사결정으로서 인간의 지적 능력의 한계성을 인정하고 설령
합리적인 의사결정이 가능하더라도 비용이 너무 많이 드는 것을 근거로 현재의
정책에 대해서 소폭의 변화를 추진하고 그 이후 대두되는 문제점을 지속적으로
수정하는 것을 선호한다.

2. 예산 편성

예산을 편성하고 국회에 제출하는 것은 행정부의 고유권한이다. 이를 예산
안 편성이라고 한다. 우리나라 정부의 예산 편성은 중기사업계획서의 제출, 예
산안편성지침 통보, 부처의 예산요구서 작성 및 제출, 예산조정 및 정부예산안
편성, 정부예산안의 확정 및 국회 제출의 순으로 이루어진다. 행정부 내부에서
도 실제로 예산편성을 담당하고 있는 것은 기획재정부 장관이다. 각 부처에서
는 5월 31일까지 예산요구서를 작성해서 기획재정부에 제출하여야 한다. 이후
기획재정부와 각 부처의 조정작업과 당정 협의를 거쳐서 국무회의의 승인을 얻
은 예산안을 회계연도 개시 120일 전까지 제출하여야 한다.

예산 편성 방식은 크게 각 부처가 중앙예산기관에 예산을 요구하면 위에서
이를 취합하여 결정하는 상향식(bottom-up) 혹은 미시적 결정 방식과 중앙예산
기관이 사전에 총지출액을 결정하고 부처별로 지출한도를 설정해서 예산을 배
분해주는 하향식(top-down) 혹은 거시적 결정 방식으로 나눌 수 있다. 예전에
는 선진국에서도 상향식으로 예산을 편성하였으나 심각한 재정적자와 위기를
겪고 나서 하향식 예산편성을 도입하게 되었다. 상향식 예산편성의 문제점으로
는 예산 편성이 지출부서와 예산담당관 사이의 전략적인 게임이 되어 정보비대

칭의 문제가 발생하며 각 부처는 예산삭감을 예상하여 예산요구서를 작성하고, 각 부처별 사업의 필요성 및 시급성에 치중하여 지출이 지속적으로 증가한다는 것이다. 또한 국가 전체적인 시각하에 재원배분의 우선순위를 반영하는 것이 곤란하고, 단년도주의에 입각한 예산편성으로 장기적인 계획하에 예산을 배분하는 것이 어렵다는 것이다. 이와 함께 중앙예산기관은 각 부처에서 요구하는 예산을 삭감하는 것에 집중하게 되어 각 부처의 자율성을 무시하고 간섭과 통제를 하기 때문에 이로 인한 전문성과 효율성 저하의 문제가 생기게 되었다. 이는 정부 부처의 예산 요구는 배제할 수 없지만 제한된 예산총액에 대한 소비가 경합적이라는 점에서, 공유자원에 대해 통제나 협약이 없는 경우 공유자원이 고갈되고 개인의 이익 추구가 전체의 이익에 반하는 현상인 공유지의 비극으로도 설명될 수 있다.

따라서 우리나라에서도 2000년대 중반 이후 하향식 예산 결정 방식인 예산총액배분 자율편성제도(줄여서 '총액배분 자율편성제도' 혹은 'top-down 예산제도'라고도 한다)를 도입하고 있다. 총액배분 예산제도는 예산의 전체 지출 규모를 정하고, 각 부처의 지출규모에 대한 상한선을 설정한 후, 각 부처들이 자율적으로 예산을 운용하도록 하는 것이다. 총액배분 예산제도는 상향식 예산편성 방식과 비교해서 예산증가를 억제하고 국가 전체 차원에서 예산배분을 위한 우선순위를 설정하며, 상한선 내에서 각 부처의 자율성을 높이고 이에 대한 책임을 지워서 전문성과 효율성을 높일 수 있다.

3. 예산 심의

정부가 제출한 예산안은 국회에서 심의과정을 거쳐 예산으로 성립되며 재정민주주의의 핵심이다. 국회법 제84조에 의하면 '예산안에 대하여는 본회의에서 정부의 시정연설을 듣는다'고 되어 있다. 시정연설은 정부가 예산의 편성방침과 그 이유, 특색, 재정정책 등에 대한 기본 방침과 주요 내용, 경제 상황 등을 설명하는 것으로 통상적으로는 다음 연도 예산안을 제출하는 시기와 추가경정예산안을 제출하는 시기에 이루어진다. 국회에서의 예산 심의과정은 소관 상임위원회의 예비심사를 거쳐서 예산결산특별위원회의 종합심사, 그리고 본회의의 심의와 의결을 회계연도 30일 전까지 거친다.

우리나라는 미국, 독일과 같은 예산법률주의를 택하고 있지 않기 때문에 근거법을 필요로 하고 있지 않고 대통령의 공포를 효력요건으로 하지 않고 국회의 의결로서 그 즉시 확정되며, 법률과는 달리 대통령이 거부권을 행사할 수 없고 예산에 의해 법률을 개폐할 수도 없다. 다만 예산의 법 형식에 대해 법률주의를 택하는 미국도 세입과 세출예산법안에 대해서는 대통령이 거부권을 행사할 수 없다고 한다. 또한 법률과 구분되는 예산의 특징으로는 법률안은 정부와 국회가 모두 제출할 수 있음에 비하여 예산안은 정부만이 제출할 수 있고, 법률안은 제출 기한과 심의 기한에 제한이 없으나, 예산안의 제출 기한은 회계연도 개시 90일 전, 심의 기한은 회계연도 개시 30일 전으로 되어 있다. 법률안과는 달리 국회는 예산안을 감액하는 것은 자유롭지만 증액을 하거나 새로운 비목을 설치할 수 없다. 다만 정부의 동의를 얻으면 가능하다. 법률은 개정이나 폐지될 때까지는 그 효력이 유지되지만 예산은 일반적으로 1년간 효력이 있고, 법률은 국기기관뿐만 아니라 국민에게도 효력이 미치지만 예산은 국가기관에 대해서만 효력이 있다.

그리고 정부형태에 따라서 예산 편성 및 심의과정에서 의회의 역할이 다른데 삼권분립이 엄격하고 대통령제인 미국에서는 행정부와 입법부의 견제와 균형이 중요하기 때문에 대통령은 의회와 무관하게 자신의 사람들로 내각을 구성하며, 입법부인 국회는 행정부를 견제하기 위해 행정부가 제출한 예산안을 대폭 수정한다. 이에 반하여 내각책임제인 영국은 어차피 국왕은 상징적인 존재일 뿐이고 의회 다수당의 대표가 내각을 책임지는 수상이 되어 실질적인 권한을 행사하기 때문에 내각이 의회에 실질적인 지배력을 행사하며 예산과정에서 의회의 역할은 미약하다. 영국의 정부형태를 웨스트민스터형이라고도 하는데 영국 국왕을 상징적인 원수로 대우하는 캐나다, 호주, 뉴질랜드 등의 영연방 국가들과 의원내각제 형태를 가진 일본 등도 정부의 예산안에 대한 의회의 수정이 거의 없는 국가들이다. 의회형태도 의회의 예산편성 과정에서의 역할에 영향을 미치는데, 상원과 하원으로 된 양원제 형태가 상원과 하원에서 각각 거부권을 행사할 수 있기 때문에 하나의 국회로 이루어진 단원제 형태보다는 의회의 영향력이 증가하게 된다.

4. 예산 집행

이러한 절차에 따라 예산이 국회에서 통과되면 국회의 의결에 따라서 예산집행 절차에 들어간다. 먼저 국무회의 심의 후에 기획재정부는 각 중앙부처의 장에게 예산을 배정하며, 예산을 배정받은 부처의 장은 각 소관부서에 예산을 재배정한다. 이렇게 재배정된 예산을 각 부서는 집행하게 된다. 예산의 집행은 지출원인행위(혹은 지출부담행위라고도 한다)와 지출(혹은 지급)의 단계로 나눠진다. 지출원인행위는 지출의 원인이 되는 계약 체결 또는 재화 주문의 단계이고, 지출은 계좌이체, 현금 지금, 수표 발행 등 현금의 지불 단계이다.

그러나 예산을 집행하다 보면 예상하지 못한 지출이 생기거나 상황변화에 대응할 필요가 있다. 따라서 예산집행의 대응성과 신축성을 높이기 위해서 한 회계연도 내에서는 위에서 서술한 예비비, 예산의 이체, 이용, 전용 등 예산과목 간의 상호 이동을 보장하거나 새로이 추가경정예산을 편성하는 방법이 있다. 한 회계연도를 넘어서 예산집행의 대응성과 신축성을 높이기 위한 방안으로는 예산의 명시이월, 사고이월, 계속비, 국고채무부담행위가 있다. 국고채무부담행위란 계약은 당해 연도에 체결하지만 그에 대한 지출은 다음 연도 이후에 행하는 것으로 국가재정법 제25조에서는 국가는 법률에 따른 것과 세출예산금액 또는 계속비의 총액의 범위 안의 것 외에 채무를 부담하는 행위를 하는 때에는 미리 예산으로써 국회의 의결을 얻어야 한다고 규정하고 있다.

이와 함께 기존에는 예산집행의 낭비를 방지하기 위하여 통제 위주의 예산집행을 하였으나 세부항목에 대한 지나친 간섭으로 인해 부처의 자율성과 예산의 효율성을 저해한다는 비판이 많아 집행기관에 대한 자율성을 보장해주되 대신에 그에 대한 결과와 성과책임을 묻는 결과중심 예산제도로 바뀌게 되었다. 이에 따라 예산의 대응성과 신축성을 강화시키기 위해, 집행기관의 장에게 운영비 총액을 배분 후 그 권한하에 예산을 사용하게 하는 운영비예산에 대한 총액예산제도를 실시하게 되었고, 국가재정법 제37조에서도 세부내용을 미리 확정하기 곤란한 사업의 경우에는 이를 총액으로 예산에 계상할 수 있다는 총액계상을 명시하고 있다.

5. 결산과 감사

이렇게 예산집행이 이루어지고 회계연도가 종료되면 결산 및 회계검사 단계에 들어가게 된다. 행정부가 집행한 예산이 국회의 결산절차와 감사원의 회계검사를 받고 국회가 결산승인 의결을 하게 되는 것이다. 예산이 한 회계연도에 정부가 하려고 하는 사업을 위한 수입과 지출의 예상 수치라고 한다면, 결산이란 한 회계연도에 정부가 집행한 사업에 의해 확정된 수입과 지출의 확정 수치를 나타낸다. 의회는 결산은 행정부가 당해연도에 예산을 의회의 의도대로 잘 집행하였는지를 사후적 심의를 통해서 적법성과 타당성을 확인하는 과정으로 예산집행에 대한 승인이라고 볼 수 있다.

결산과정에서의 의회의 역할 및 영향력은 일반적으로 예산편성과정에서의 의회의 역할 및 영향력과 반대로 작용한다. 예산편성과정에서 막강한 영향력을 가진 미국 등의 국가는 이미 편성과정에서 상당한 수정을 하여 자신들의 뜻을 관철시켰기 때문에 의회의 결산승인 없이 보고 절차만 거치게 하는 등 결산과정에서는 그다지 관여하지 않지만, 영국 등의 국가에서는 예산편성과정에서는 영향력을 발휘하지 않았지만 그 대신에 야당의 역할을 강화한 결산위원회를 운영하고 의회 소속의 감사원을 통해서 적극적으로 결산과정을 운영한다. 우리나라는 대통령제 국가임에도 불구하고 행정부가 법률안을 제출할 수 있도록 하는 등 엄격한 삼권분립 형태를 갖고 있지 않아 미국식 대통령제와 영국식 내각책임제를 절충하고 있어 국회도 예산편성과 결산 양자에 어느 정도 권한을 갖고 있다.

우리나라 정부의 결산과정은 다음과 같다. 먼저 결산은 세입세출의 출납에 대한 사무가 완결되면 진행되는데 정부의 세입과 세출에 대한 출납사무는 다음 연도 2월 10일까지 완결하도록 국고금관리법이 규정하고 있으며 이후 한국은행이 기획재정부에 국고금출납보고를 한다. 각 부처의 장은 그 소관 사무에 관한 세입세출의 결산보고서를 작성하여 다음 연도 2월 말일까지 기획재정부에 결산보고서를 제출한다. 이를 수령한 기획재정부 장관은 결산서를 작성하는데 각 부처의 결산보고서를 첨부하여 4월 10일까지 감사원에 이를 제출한다. 감사원은 결산 회계를 거친 후에 검사를 완료한 결산보고서를 기획재정부 장관에게 5월 20일까지 다시 제출한다. 이를 다시 정부가 5월 31일까지 국가결산보고서로서 국회에 제출한다. 국가결산보고서에는 전년도 예산의 성과보고서와 재무제표를 포함하여 제출한다. 이후 국회에서는 예산심의 절차와 마찬가지로 소관 상임위원회의 예비심사를 거쳐서 예산결산특별위원회의 종합심사, 그리고 본회의의 심의와 의결을 거치게 된다. 다만 결산은 과거에 행해진 수입과 지출 사실에 대한 수치적 기록이기 때문에 국회의 의결에 의해 예산집행의 효력이 좌우되는 것은 아니다. 결산과정을 간단히 말하면, 출납사무의 완결, 국고금출납보고, 중앙관서 결산보고서 제출, 감사원에 결산검사의뢰, 감사원의 결산검사결과 송부, 국회에 국가결산보고서 제출이라는 순서로 진행된다.

또한 결산의 결과 잉여금, 즉 남는 돈이 생기는 경우가 있다. 이것을 결산상의 잉여금, 즉 세계(歲計)잉여금이라고 한다. 세계잉여금은 정부예산보다 많이 걷힌 세금(세입)과 쓰고 남은 예산을 합한 것을 말한다(세입 초과액, 세출 불용액과 이월액). 세계잉여금의 원인으로는 다양한 것이 있을 수 있으나 예를 들면, 부동산 가격이 폭등하여 부동산 취득세 수입이 늘어난다거나 담배 가격 인상을 앞두고 사재기가 일어나 관련 세수가 더 늘어난다거나 단순히 추계방식에 문제가 생긴 예측오류에 기인하여 생겨날 수도 있다. 결산상의 잉여금 중에서 당해 연도에 새롭게 생긴 잉여금, 즉 신규발생 잉여금으로부터 (다음 연도에 사용할 수 있는) 세출예산의 이월액을 제외한 금액을 순세계잉여금이라고 한다. 세계잉여금의 처리방법은 국가재정법 제90조에 나와 있는데 다음과 같은 순서로 처리한다.

① 일반회계 예산의 세입 부족을 보전하기 위한 목적으로 해당 연도에 이미 발행한 국채의 금액 범위에서는 해당 연도에 예상되는 초과 조세수입을 이용하여 국채를 우선 상환할 수 있다(국채상환).

② 매 회계연도 세입세출의 결산상 잉여금 중 다른 법률에 따른 것과 이월액을 공제한 금액은 지방교부세의 정산 및 지방교육재정교부금의 정산에 사용할 수 있다(교부금정산).

③ 지방교부세 및 지방교육재정교부금의 정산액을 제외한 세계잉여금은 100분의 30 이상을 공적자금 상환기금에 우선적으로 출연해야 한다(공적자금상환).

④ 지방교부세 및 지방교육재정교부금의 정산액과 공적자금 상환기금 출연금을 제외한 세계잉여금은 100분의 30 이상을 다음 각 호의 채무를 상환하는 데 사용해야 한다. 국채 또는 차입금의 원리금, 국가배상법에 따라 확정된 국가배상금, 공공자금관리기금법에 따른 공공자금관리기금의 융자계정의 차입금의 원리금, 그 밖에 다른 법률에 따라 정부가 부담하는 채무(국채 또는 차입금 상환).

⑤ 앞에서 공제한 금액을 제외한 세계잉여금은 추가경정예산안의 편성에 사용할 수 있다(추가경정예산 재원).

⑥ 세계잉여금 중 앞에서 순차적으로 공제한 잔액은 다음 연도의 세입에 이입하여야 한다(차년도 세입 이입).

제6절 정부회계와 조세행정

1. 정부회계

정부회계란 정부의 재정활동을 기록하고 보고하는 것이다. 회계처리는 거래 인식 시점에 따라서 현금주의와 발생주의로 구분할 수 있고 기록방식에 따라 단식부기와 복식부기로 구분할 수 있다. 다만 단식부기에서는 자산과 부채, 자본을 구분하여 기재하지 않으므로, 발생주의 회계는 복식부기를 전제로 하기 때문에 발생주의 기준에 의한 단식부기는 성립되지 않는다.

2. 조세 체계

1) 국세와 지방세

과세주체에 따라 국가가 과세주체가 되는 세금을 국세, 지방자치단체가 과제주체가 되는 세금을 지방세라고 한다.

국세는 14개의 세목으로 이루어져 있으며, 부가가치세, 소득세, 법인세, 상속세, 증여세, 개별소비세, 주세, 증권거래세, 인지세, 관세, 교통·에너지·환경세, 종합부동산세, 교육세, 농어촌특별세가 있다.

지방세는 11개의 세목으로 이루어져 있으며, 이를 다시 특별(광역)시세와 자치구세로 나누거나 도세와 시군구세로 나눌 수 있다. 취득세, 레저세, 담배소비세, 지방소비세, 지방소득세, 자동차세, 지역자원시설세, 지방교육세, 주민세, 등록면허세, 재산세가 있다. 예전에는 도축세가 있었는데 소·돼지를 도살할 때 낸 세금이었으나, 축산농가에 부담이 되고 소비자 원가 상승의 원인이 되어, 수입산 고기와 경쟁력이 떨어지기 때문에 폐지되었다.

2) 직접세와 간접세

직접세와 간접세를 구별하기 위해서는 납세자와 담세자의 개략적인 개념을 이해해야 한다. 납세자는 글자 그대로 세금을 내는 자인데, 납세의무자와 원천징수의무자로 구분된다. 납세의무자는 법률상 세금을 납부할 의무가 있는 자이고, 원천징수의무자는 (월급 등을) 미리 징수하고 차후에 (근로자) 대신 납부하는 자이다. 담세자는 최종적으로 세금을 부담하는 자이다.

근로자의 소득세를 예로 들면, 원천징수의무자는 근무회사인 것이고, 담세자는 근로자이다. 과자에 관한 부가가치세를 예로 들면, 납세의무자는 과자 생산기업이고 담세자는 소비자이다.

직접세는 법률상 납세의무자가 최종적으로 세금을 부담하는 자(담세자)가 되는 것이다. 간접세는 법률상의 납세의무자는 세금을 재화 또는 서비스의 가격에 전가하여 실질적으로는 부담을 가지지 않고 그 최종 구매자가 담세자가 되는 것이다. 소득세나 법인세 등이 직접세이고 부가가치세나 주세 등이 간접세이다.

3) 보통세와 목적세

보통세는 조세수입의 사용이 특정한 지출에 연계되지 않은 조세이고, 목적세는 그 사용이 특정한 지출목적에 연계된 조세로서 국세로는 교통·에너지·환경세, 교육세, 농어촌특별세가 있다.

이 중 교통·에너지·환경세는 도로 등 사회간접자본 확보를 위한 재원 마련을 위해 휘발유와 경유에 부과하는 목적세이다. 주유소 등에서 휘발유, 경유 구입할 때 부과하여 마련하는 재원으로 주로 도로와 철도에 사용되고 있었으나 재원이 많아졌음에도 불구하고 목적세로 묶여 있어 2022년부터 개별소비세로 편입된다.

목적세인 지방세로는 지역자원시설세와 지방교육세가 있다. 지역자원시설세는 지역의 수질 개선과 소방시설, 오물처리시설 비용 충당 등을 위한다는 목적과 연계되어 있으며, 지방교육세는 지방교육 재정확충을 위한다는 목적과 연계되어 있다.

4) 종가세와 종량세

세금의 액수를 구하기 위해서는 과세대상의 과세표준에 정해진 세율을 곱하거나(정률세) 일정액을 산정한다(정액세). 이 때 과세대상이란 세금이 부과되는 대상을 말하며, 과세표준이란 세액 산출의 기초가 되는 과세 대상의 가액 또는 수량이나 면적을 말한다. 종가세란 과세표준이 가액, 즉 물건의 가격이고, 종량세란 과세표준이 수량이나 면적이다. 부동산, 차량, 회원권을 취득 시의 가격이 기준인 취득세는 종가세이고, 내연기관에서 피스톤이 밀어내거나 빨아내는 부피 등의 양일 기준으로 하는 자동차세는 종가세이다.

자동차세

① **내연기관**: 실린더 내 피스톤의 팽창압력을 이용하여 연료를 연소시켜 동력을 얻는 기관

② **배기량**: 내연기관에서 피스톤이 밀어내거나 빨아내는 부피. 실린더(기통) 수에 비례

③ **자동차세**: 배기량에 따라 영업용과 비영업용을 구분하여 배기량(cc) × cc당 세액 (1600cc면 얼마 하는 식으로)을 계산하고 여기에 연식이 오래될수록 할인 + 지방교육세(30%)

④ **전기차**: 내연기관이 없고, 연간 10만원으로 책정

⑤ **외제차 vs. 국산차**: 배기량이 같아도 외제차가 국산차보다 몇 천만 원 비싼데 자동차세는 동일. 그러나 이미 비싼 외제차는 취득세를 비싸게 내서, 그 이후는 보유이므로, 자동차세도 비싸면 이중과세의 문제가 생기기 때문

⑥ **중고차 vs. 신차**: 중고차와 신차의 자동차세가 동일하게 되면 중고차 가격이 헐값이 되면 차 값보다 세금이 더 비싸지게 되는 문제가 발생 ⇒ 연식이 오래되면 깎아주는 차등과세제도 ⇒ 그러나 연식이 오래되면 환경오염을 더 유발하는 문제가 있어 개선이 필요

제4장 참고문헌

국회예산정책처. (2019). 「2019 대한민국 재정」 국회예산정책처.

윤영진. (2015). 「새재무행정학2.0」 대영문화사.

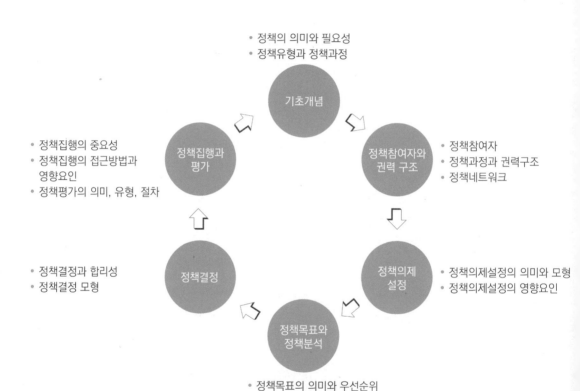

- 정책의 의미와 필요성
- 정책유형과 정책과정

기초개념

- 정책참여자
- 정책과정과 권력구조
- 정책네트워크

정책참여자와
권력 구조

- 정책의제설정의 의미와 모형
- 정책의제설정의 영향요인

정책의제
설정

- 정책목표의 의미와 우선순위
- 정책분석의 의미와 단계
- 정책대안의 개념과 비교 기준

정책목표와
정책분석

- 정책결정과 합리성
- 정책결정 모형

정책결정

- 정책집행의 중요성
- 정책집행의 접근방법과
  영향요인
- 정책평가의 의미, 유형, 절차

정책집행과
평가

제5장

정책이론

제1절 정책이론의 기초개념
1. 정책의 의미와 필요성
2. 정책 유형
3. 정책과정

제2절 정책참여자와 권력구조
1. 정책참여자
2. 정책과정과 권력구조
3. 정책네트워크

제3절 정책의제 설정
1. 정책의제 설정의 의미
2. 정책의제 설정 모형
3. 정책의제 설정의 영향요인

제4절 정책목표와 정책분석
1. 정책목표의 의미와 우선순위의 설정
2. 정책분석의 의미와 단계
3. 정책대안의 개념과 비교·평가의 기준

제5절 정책결정
1. 정책결정과 합리성
2. 정책결정 모형

제6절 정책집행과 평가
1. 정책집행의 의미와 중요성
2. 정책집행의 접근방법과 영향 요인
3. 정책평가의 의미
4. 정책평가의 유형 및 절차

제5장
정책이론

1. 정책의 의미와 필요성

1) 정책의 개념

정책의 개념에 대해서는 다양한 의견이 제시되고 있지만, 사회문제 해결을 위한 정부의 계획적이고 목적지향적인 개입 등으로 설명되고 있다. Anderson (1975: 3)은 정부 개입의 문제 해결 측면을 고려하여 '문제 또는 우려되는 문제를 다루는 행위자들에 의해 이루어지는 목적지향적인 행위'라고 정의하고 있다. 또한 정정길 외(2010: 35)는 '정책은 바람직한 사회상태를 이룩하려는 정책목표와 이를 달성하기 위해 필요한 정책수단에 대하여 권위있는 정부기관이 공식적으로 결정한 기본방침'이라고 규정하고 있다. 이종수 외(2014)는 '정부가 사회문제 해결을 위해 수행하려는 어떤 일에 대한 계획'이라고 정의하면서 일정한 수준의 합법적 강제력을 부여받게 되고, 하려는 것 이외에 하지 않기로 한 것도 포함되며, 미래의 일을 지향하는 특성이 있다고 설명하고 있다.

2) 정책의 구성요소

정책의 구성요소에 대해서는 학자들마다 약간의 차이가 있는 것으로 보인다. Birkland(2011)는 정책설계에는 정책목표, 인과모델(목표와 수단 간의 관계), 정책도구(수단), 정책대상집단, 정책집행 등 다섯 가지 요소가 포함되어야 한다고 주장하고 있다. 류지성(2012)은 정책구성요소로 정책의도, 정책목표, 정책제안, 정책수단, 의사결정, 정책효과, 정책대상집단을 제시하고 있다. 이 중 가장 중요한 요소는 정책목표, 정책수단, 정책대상집단이라고 할 수 있다.

정책목표는 정책을 통해 성취하고자 하는 바람직한 미래 상태로 공식적인 과정을 거쳐 문서로 표명되는 것을 의미한다. 정책수단(도구)은 정책결정자가 정책목표를 달성하기 위해 고안되고 활용되는 구체적인 수단을 의미한다. 사업뿐만 아니라 제도, 정보, 보조금, 조세지출, 관료조직 등이 포함된다. 정책대상집단은 정책에 의해 영향을 받는 집단이나 사람을 의미한다. 정책대상집단은 수혜집단과 불이익을 감수해야만 하는 집단으로 나눌 수 있다. 불이익을 감수해야만 하는 집단은 세금을 부담하거나, 규제의 대상이 됨으로써 자신들의 이익을 희생하게 된다.

3) 정책의 필요성

사회문제가 발생하면 피해집단이 발생하게 되고, 정부는 이를 바람직한 상태로 돌려놓기 위한 노력을 기울이기 마련이다. 사회문제는 일반적으로 시장기구를 통해 자원배분이 효율적으로 이루어지지 않는 시장실패(market failure)에 의해 발생하게 된다. 시장실패를 발생시키는 주요한 요인으로는 공공재의 존재, 외부효과의 발생, 불완전한 경쟁, 정보의 비대칭성 등으로 거론되고 있다. 공공재는 대가를 지불하지 않아도 소비에서 제외되지 않는 것을 의미하는 비배제성과 한 사람의 소비가 다른 사람의 소비를 방해하지 않은 것을 의미하는 비경합성을 가진다. 이러한 특성을 보유하고 있는 재화와 서비스(예를 들어, 소방, 치안, 국방서비스 등)에는 비용을 지불하려는 의사가 없고, 가격이 형성되기 어렵기 때문에 시장기구에 의해 공급되기 어렵다. 이러한 서비스가 공급되지 않을 경우 사회문제가 발생하게 되고, 정부의 개입을 통해 공급이 이루어진다.

외부효과는 어떤 경제활동에서 다른 사람에게 의도하지 않은 혜택이나 손해를 발생시키는 것을 의미하는데, 혜택이 발생할 경우 외부경제(긍정적 외부효과), 손해가 발생할 경우 외부불경제(부정적 외부효과)라고 한다. 외부경제는 사회적으로 필요한 만큼의 공급이 이루어지지 않고, 외부불경제의 경우 과다공급의 문제가 발생하기 때문에 정부가 개입해서 자원배분의 효율성을 높이는 노력을 하게 된다. 불완전한 경쟁과 관련하여 자원배분의 효율성을 위해서는 경제주체들 간의 경쟁이 필요한데, 독점이 발생할 경우 비효율성을 초래하게 된다. 따라서 독과점 금지, 공정한 경쟁 유도 등 불완전한 경쟁을 해결하기 위해 정부의 개입이 이루어지게 된다. 정보의 비대칭성은 경제주체가 합리적으로 결정하는 데 필요한 적절한 정보의 부족으로 거래 당사자들이 가지고 있는 정보가 대칭적이지 않은 것을 의미한다. 정보의 비대칭성이 발생할 경우 역선택(adverse selection), 도덕적 해이(moral hazard) 등과 같은 문제가 있기 때문에 자원 배분이 왜곡될 수 있어 정부가 적극적으로 개입하게 된다.

생각 꾸러미

외부효과와 외부불경제의 사례

외부경제 혹은 긍정적 외부효과(externality)의 대표적인 사례로는 과수원 인근의 양봉업자의 편익이 자주 거론되고 있으며, 교육에 따른 편익, 신기술의 개발에 따른 파급효과 등도 있다. 이에 반해 외부불경제 혹은 부정적 외부효과는 제3자의 경제적 후생 수준을 낮추는 자동차의 배기가스나 소음, 공장의 매연이나 폐수 등의 사례가 있다.

예를 들어, 사과를 재배하는 과수원 주인이 사과나무를 더 많이 심으면 사과 꽃이 더 많이 피어 이웃에서 꿀벌을 치는 양봉업자의 꿀 수확이 늘어난다. 그러나 양봉업자는 과수원 주인에게 이에 대한 금전적 보상을 제공하지 않는다. 한편 양봉업자가 날린 벌은 과수원의 꽃들을 오가며 꿀을 따고 꽃가루를 날라 과일의 열매를 더 잘 맺게 할 수 있다. 이와 반대로 공장의 오폐수가 하천에 방류될 경우 하천을 오염시켜 인근 주민들에게 악취와 두통과 같은 부정적인 결과를 야기할 수 있다. 하지만 주민들이 두통

약을 구입해야 하고 오염된 하천을 전과 같은 청정도로 유지하도록 하기 위해서 정화 작업을 벌여야 함에도 공장은 이에 대해서 비용을 치르지 않는다.

출처: KDI경제정보센터, 한국은행 경제용어사전.

하지만, 시장실패를 해결하기 위한 정부의 개입이 언제나 결과적으로 효율적인 것은 아닐 수 있다. 정부의 개입이 자원의 비효율적 배분을 교정하지 못하거나, 더 나쁜 상태를 초래할 경우 이를 정부실패(government failure)라고 한다. 정부실패는 경제 논리가 아닌 정치 논리에 의한 정책 결정, 정부 규모의 지속적 팽창, 비용 절감의 동기 부족 등에 기인하고 있다.

2. 정책 유형

1) 개요

정책은 다양한 사회문제를 해결하기 위한 것이므로 다양한 영역에서 추진된다. 이러한 정책을 몇 가지 유형으로 분류하는 것은 정책을 총괄적으로 이해하는 데 도움이 된다. 일반적이고 전통적인 분류 방법은 정부의 기능을 중심으로 고용정책, 과학기술정책, 산업정책, 교육정책 등으로 살펴보는 것이다. 이러한 방법은 정부부처의 조직 구성의 목적을 이해할 수 있는 장점이 있으나, 부처 간의 기능 중복 등이 있기 때문에 정확하게 분류하기 어려운 단점이 있다.

정책유형의 분류는 Lowi(1964, 1972), Almond & Powell(1978), Ripley & Franklin(1982) 등의 학자들에 의해 주로 이루어졌다. Lowi는 분배정책, 재분배정책, 규제정책, 구성정책으로 분류하였으며, Almond & Powell은 정치체제의 존속을 위한 기능적 측면에서 분배정책, 규제정책, 추출정책, 상징정책으로 분류하였다. 또한, Ripley & Franklin은 분배정책, 경쟁적 규제정책, 보호적 규제정책, 재분배정책으로 나누었다.

2) 분배정책

분배정책은 국민들에게 공공서비스나 권리, 이익 등을 나누는 것으로 각종 사회간접자본 구축, 연구개발사업, 기업지원사업 등과 같은 정책들이 포함된다. 분배정책은 정책의 피해자가 거의 발생하지 않기 때문에 정책 참여자 간의 갈등이 없으나, 갈라먹기식 결정이나 정치적 야합에 의한 로그롤링(log-rolling)[1] 등이 이루어질 가능성은 높다. 하지만, 사회간접자본, 연구개발사업 등과 관련해서는 지역 간의 유치 경쟁 과정에서의 갈등은 나타날 수 있다.

3) 재분배정책

재분배정책은 고소득층으로부터 저소득층으로 소득이 이전되는 정책을 의미하는 것으로 누진소득세, 사회보장제도, 영세민 지원정책 등이 포함된다. 분배정책이나 재분배정책은 모두 세금을 통해서 이루어지지만, 재분배정책은 고소득층으로부터 많은 세금을 거둬들이는 정책뿐만 아니라 그를 통해 저소득층을 위한 각종 복지사업을 진행하는 것이기 때문에 사회계층 간의 대립이나 갈등이 발생할 가능성이 높다고 할 수 있다.

4) 규제정책

규제정책은 개인이나, 집단의 활동에 대한 규제를 통해 다른 사람이나 집단을 보호하려는 목적으로 추진된다. 규제정책에는 수혜자와 피규제자가 존재하고 이들 간의 이해관계가 충돌될 수 있기 때문에 큰 갈등을 유발할 수 있다. 다만, 재분배정책에서 나타나는 계급대립적 성격의 갈등은 많지 않기 때문에 정치적 갈등이 재분배정책만큼 심각한 것은 아니라고 할 수 있다.

Ripley & Franklin은 규제정책을 경쟁적 규제정책과 보호적 규제정책으로 분류하고 있다. 경쟁적 규제정책은 특정한 개인이나 집단에게 특정 권리나 서

---

1) 로그롤링은 정치인들이 상호지원의 차원에서 투표거래나 투표담합을 하는 행위를 지칭한다. 통나무(log)를 옮기기 위해 보조를 맞춰 굴리기(rolling)를 한 것에서 유래하였다.

비스를 제공할 것으로 결정하는 정책으로 면세점에 대한 면허, 복지시설 운영을 위한 민간 위탁기관 선정 등이 포함된다. 이에 비해 보호적 규제정책은 국민들을 보호하려는 목적으로 개인이나 집단의 행위를 포괄적으로 제한하는 정책으로 Lowi가 분류한 규제정책과 거의 동일한 유형이라고 할 수 있다.

5) 기타 - 구성정책, 추출정책, 상징정책

구성정책은 정부부처의 변경, 선거구 조정 등 정부기구의 조정과 관련된 정책이다. 이러한 정책에는 공무원의 보수, 공무원 연금 등과 관련된 정책도 포함된다. 해당되는 정책 대상은 관심이 높으나, 무관한 집단은 관심이 높지 않은 것이 특징이다.

추출정책은 정부가 정치체제의 유지에 필요한 인적·물적 자원을 국민으로부터 갹출하는 정부의 행위로 조세정책, 병역정책 등이 해당된다. 이를 바탕으로 정부는 정부의 운영뿐만 아니라 정책사업의 추진 등의 활동을 수행할 수 있다. 상징정책은 정치체제의 정당성, 신뢰감 등을 확보하기 위한 것으로 국경일의 제정, 정부 정책에 대한 홍보 등이 포함된다.

3. 정책과정

정책과정은 다양한 이해당사자들이 참여하고 있고, 그들의 영향력과 참여도가 상이하기 때문에 정책과정은 동태적인 변화가 이루어질 수밖에 없다. 따라서 학자들마다 다양한 정책과정을 제시하고 있다. Anderson(1975, 2002)은 문제형성, 정책형성, 대안채택, 정책집행, 정책평가로 구분하고 있으며, Dunn(1981)은 의제설정, 정책형성, 정책채택, 정책집행, 정책평가로 구분하고 있다. 또한, Jones(1984)는 문제의 인지와 정의 단계, 집결 단계, 조직화 단계, 주장 단계, 의제설정 단계, 정책형성 단계, 합법화 단계, 예산편성 단계, 정책집행 단계, 정책평가 단계로 나누고 있다. Jones의 구분은 참여자들의 정치적 행위와 역할 등을 고려하여 좀 더 세부적으로 정책과정을 살펴보고 있다.

이러한 학자들의 견해를 바탕으로 국내 학자들은 일반적으로 정책과정을 정책의제 설정, 정책형성, 정책집행, 정책평가, 정책종결로 구분하고 있다. 정책 과정에는 다양한 이해당사자가 참여하여 자신들의 이익을 극대화하기 위한 노력이 전개되고 이런 과정에서 타협과 조정 등의 정치적 과정이 나타나게 된다. 또한, 정책과정은 단계별로 분리되어 있는 것이 아니라 상호 연계되어 있다.

제2절 정책 참여자와 권력구조

1. 정책 참여자

1) 개요

정책과정에는 다양한 정치 행위자들이 참여하고, 이들 간의 상호작용을 바탕으로 타협과 조정의 과정이 이루어진다. 따라서 정책에 대한 이해를 위해서는 정책과정에 참여하는 행위자들을 확인하고 이들의 법적·제도적 권한과 특성 등을 구체적으로 살펴볼 필요가 있다. 정책 참여자는 일반적으로 공식적 참여자와 비공식적 참여자로 구분한다. 공식적 참여자는 정책결정에 참여할 수 있는 권한을 합법적으로 보유하고 있는 국회, 대통령, 정부기관과 공무원, 사법부 등이다. 비공식적 행위자는 정책형성에 합법적인 권한을 가지고 있지는 않지만, 정책형성 과정에 실질적인 영향을 미치고 있는 정당, 이익집단, NGO, 일반국민과 여론, 전문가, 언론 등이다.

2) 공식적 참여자

(1) 국회

국회는 헌법에 대한 개정 제안과 의결권, 법률 제·개정권 등 입법권한을 가지고 있다. 정책은 법률에 기초하여 추진된다는 측면에서 국회는 중요한 정

책 행위자이다. 또한, 국회는 정부예산안의 심의·의결권을 가지고 있기 때문에
정책을 구체적으로 실현시킬 수 있는 재정적 권한을 가지고 있다. 이외에도 국
정감사·조사권, 헌법기관 구성권, 탄핵소추권, 국무총리와 국무위원 해임건의
권 등 일반 국정에 관한 권한을 가지고 있어 다른 공식적 정책 행위자들에게 영
향을 미칠 수 있다.

(2) 대통령

대통령은 행정부의 수반으로서 법률안제출권, 정책집행권, 행정입법권, 공
무원임명권, 예산안제출권, 예산집행권 등 행정부의 공식적 정책 과정 전반에
대한 책임과 권한을 가지고 있다. 또한, 국회 출석 발언권과 국회 임시집회 요
구권 등 국회에 관한 권한을 보유하고 있으며, 헌법재판소 구성권과 대법원 구
성권, 사면권 등 사법에 관한 권한을 가지고 있기 때문에 국가 전반의 정책적
영향력은 크다고 할 수 있다.

(3) 행정기관과 공무원

행정기관은 법률이 정하는 바에 따라 국회와 대통령이 결정한 정책을 정치
적 중립성과 전문성을 바탕으로 집행한다. 법률과 정책결정이 개략적으로 이루
어지고, 세부 정책에 대한 결정은 행정입법(시행령, 시행규칙 등) 등으로 정부기
관에 위임되기 때문에 행정기관의 권한은 강화되고 있다. 특히, 직업공무원제
하에서 관료들은 장기간 근무가 이루어지기 때문에 정책의 상당 부분은 연속성
과 계속성을 유지할 수 있다. 지방자치단체의 경우 국가의 위임사무를 집행하
고 있기 때문에 중앙정부의 정책과정에 참여하고 있다.

(4) 사법부

사법부는 주로 행정소송과 헌법소송을 통해 정책결정에 영향을 미치게 된
다. 행정소송은 행정기관의 처분에 대한 분쟁을 해결하기 위한 것으로 이를 통
해 정책집행에 영향을 미칠 수 있다. 헌법소송은 헌법재판소에 의해 이루어지
며, 위헌법률심판, 탄핵심판, 정당해산심판, 기관 간의 권한쟁의 심판, 헌법소원
심판 등이 있다. 위헌법률심판, 헌법소원심판 등은 법률의 내용에 영향을 미치

게 되므로 정책결정에 중요한 역할을 한다고 할 수 있다. 특히, 행정소송과 헌법소원은 지속적으로 증가하고 있으므로 법원의 정책에 대한 영향력은 확대되고 있다. 다만 사법부는 소송에 의해서 정책에 영향을 미치므로 수동적 참여자로서의 한계는 있다.

3) 비공식적 참여자

(1) 정당

헌법 제8조 제1항에 '정당의 설립은 자유'라고 규정하고 있지만, 정당은 헌법상의 기관은 아니다. 정당은 정권획득을 위한 결사체로 국민들의 정치적 의사 형성에 중계 역할을 하는 기관이다. 정당은 모든 이익집단이 아닌 정치적 신념을 같이 하는 이익집단으로부터 표출된 이해관계를 대변하고 집약하는 기능을 수행하고, 그런 과정에서 공익이나 국익에 따라 정책대안을 제시하기 때문에 정책과정에 영향력을 행사할 수 있다. 또한 정당은 입법부와 행정부의 공직 후보자를 선정하기 때문에 간접적인 측면에서도 정책에 참여한다고 할 수 있다.

(2) 이익집단과 NGO

이익집단은 공동의 목표를 추구하기 위해 결성된 개인들의 집합체이다. 개인적인 활동으로 의사표출을 하는 것보다는 집단 구성이 보다 효과적이다. 이익집단은 지식과 정보, 경제력 등을 바탕으로 정책과정에 영향력을 행사한다. 특히 이익집단의 정책에 대한 지지나 성원은 정책결과에 영향을 미칠 수 있기 때문에 정부와 이익집단은 지속적인 소통 관계가 유지된다. 이익집단은 집단이 추구하는 이해를 극대화하기 위해 정책과정에 영향을 미치기 때문에 정권창출이 목적인 정당이나, 일시적으로 발생하는 사회운동과는 차이가 있다. 이익집단은 경제적 이익집단과 공익집단으로도 구분할 수 있다. 경제적 이익집단은 회원들의 경제적 이익을 보호하기 위해 형성된 의사협회, 노동조합 등을 의미한다.

공익집단은 비정부단체(non governmental organization)를 의미하는 것으로 사회문제에 적극적인 관심과 참여를 통해 경제정의, 환경, 소비자 보호, 인권 등 다양한 사회문제를 해결하기 위해 노력하는 순수한 민간단체이다. 시민사회단체로도 불리고 있으며, 비영리 조직으로 자율적 통제에 의한 단체의 구성과 활동, 자율적 의사에 따른 행동, 공익 추구 등이 주요한 특징이다. 국내의 경제정의실천시민연합, 환경운동연합, 참여연대 등은 대표적인 비정부단체이다.

(3) 전문가

사회문제가 복잡·다양하고 이를 해결하는 데에는 관료들만으로는 한계가 있기 때문에 전문가들의 의견은 정책과정에 중요한 영향을 미칠 수 있다. 전문가들의 정책 참여는 정책의 타당성뿐만 아니라 정당성을 부여할 수도 있다. 전문가들은 정부의 각종 위원회에 참여하면서 정책결정, 정책평가 등 정책과정 전반에 중요한 역할을 수행하고 있다.

(4) 일반국민과 여론

일반국민은 정책대상이기 때문에 정책과정에 관심을 가지게 되고 개인이나 집단화되지 않은 대중으로 정책과정에 참여한다. 일반적으로 국민은 자신의 일상생활과 관련이 있는 정부의 활동에 주로 관심을 가지게 된다. 정책과정에서 개별적인 국민의 힘은 상대적으로 미약하지만, 민주적 정치체제에서는 투표행위를 통해 영향력을 행사할 수 있다. 이와 함께 일반국민들이 형성하는 여론은 정치인이나 관료들이 관심을 가질 수밖에 없기 때문에 정책에 영향을 미칠 수 있다.

(5) 언론

언론은 국민들의 관심사에 대한 쟁점들을 전달할 뿐만 아니라 정부에 대한 감시자로서의 역할을 담당하기 때문에 정책과정에서 중요한 기능을 담당한다. 이를 통해 일반 국민들의 여론에 영향을 미치기도 하면서 사회문제가 정부의제로 전환되는 데에 중요한 역할을 담당할 수 있다. 전문가들만큼의 분석 능력은 없기 때문에 정책결정에 대한 영향은 상대적으로 제한적인 측면은 있으나, 대중매체가 양적·질적으로 성장하고 확대되면서 과거에 비해 정책결정에 대한 영향력은 커지고 있다.

2. 정책과정과 권력구조

1) 개요

정책과정에서의 참여자들은 공식적·비공식적 권한의 차이로 인해 정책에 대한 영향력은 상이하기 마련이다. 그들의 권력적 역학 관계에 따라 정책과정의 양상은 달라진다. 정책 참여자들의 권력적 관계는 국가의 정치·사회체제에 따라서도 차이가 있다. 따라서 정책 참여자들의 권력적 관계를 이해하는 것은 정책이 형성되는 배경을 이해할 수 있기 때문에 중요하다. 이와 관련된 이론을 권력관계에 관한 모형 또는 권력구조이론이라고 부르고 있다. 권력구조이론에는 엘리트 이론, 다원주의 이론, 마르크스주의 이론, 조합주의 이론 등이 있다.

2) 엘리트 이론

엘리트 이론은 고전적 엘리트이론과 신엘리트이론(무의사결정론)으로 구분할 수 있다. 고전적 엘리트이론은 사회 내의 특정 집단이 정책결정을 좌우한다는 것이다. 엘리트 이론에서는 정치 권력은 불평등하게 배분되어 있고, 엘리트들은 자신들의 가치를 정책대안에서 우선적으로 고려하기 때문에 그들의 사회적 지위 유지를 위해 점진적인 변화를 추구한다고 본다. 엘리트들은 정치인과 행정관료, 군부 리더, 귀족이나 왕족, 기업가, 노동조합의 장, 정치적으로 적극적인 지식인 등이 해당된다.

바크라흐와 바라츠(Bachrach & Baratz)는 엘리트 이론의 연장선상에서 엘리트들은 정책결정 과정에서 영향력을 행사하기도 하지만, 정책문제의 선정과정에서 자신들에게 불리한 사회문제는 공론화하지 않는다고 주장한다. 이를 무의사결정이라고 하는데, 무의사결정이 발생했다는 것은 엘리트 집단에 의해 사회적 쟁점이 공식적 의사결정 과정에 진입하는 데 실패했다는 의미이다.

3) 다원주의 이론

다원주의는 민주주의의 정치적 맥락과 연결되어 있으며, 정책은 사회의 다양한 집단들 간의 상호작용에 의해 결정된다는 입장이다. 사회는 소수의 엘리트에 의해 지배되지 않으며, 경쟁적 집단이 존재하고, 정치 권력은 공개적이고 경쟁적인 정치과정을 통해 획득된다. 따라서 다원주의 사회에서 정책은 다양한 집단 간의 타협과 협상에 의해 점진적으로 형성될 가능성이 높으며, 정부는 중립적인 입장에서 조정자의 역할을 담당하고, 이런 과정에서 정책결정과 집행이 이루어진다.

4) 마르크스주의 이론

역사를 자본가계급과 노동자계급 간의 갈등으로 설명하고 있는 마르크스주의에서는 국가는 모든 자본가 계층의 공통된 이해관계를 대변한다고 본다. 국가는 자본가들이 생산활동을 통해서 이익을 추구할 수 있는 조건을 조성하고, 사회질서를 유지함으로써 자본가들의 자본 축적 과정을 지원하게 된다. 즉, 국가의 정책은 자본가들이 자본주의 체제를 효과적으로 유지하고, 노동자들의 희생을 바탕으로 자본가들의 이익을 확대하기 위한 목적으로 추진된다. 이런 측면에서 마르크스주의에서는 근로자를 위한 주택 지원 정책의 경우에도 자본가들의 부담을 경감시키고, 노동력을 극대화하기 위한 것으로 본다.

5) 조합주의 이론

조합주의에서는 국가와 이익집단인 노동조합, 자본가 집단의 3자 연합에 의해 주요 공공정책이 결정된다고 본다. 조합주의는 국가의 역할 정도에 따라 사회조합주의와 국가조합주의로 나눈다. 사회조합주의는 국가가 이익집단의 협조를 유도하고, 이익집단은 자율적으로 국가에 협조하면서 정부와 이익집단 간의 합의를 통해 정책을 결정한다. 이에 비해 국가조합주의는 국가가 강제적으로 이익집단을 조직하고, 이들은 국가에 종속적인 관계를 보인다. 정책결정은 이익집단 의사의 상향적 투입보다는 정부의 이익집단에 대한 하향적 동원과 통제를 통해 정부 주도로 이루어진다. 따라서 권위주의적 정부에 의한 정책결정과 집행을 설명하는 데 효과적이다.

3. 정책 네트워크

1) 개념

정책 네트워크는 정책결정과정에서 국가와 이익집단을 포함하는 다양한 참여자들 간의 상호작용 또는 관계를 의미한다. 정책환경이 급격하게 변하고, 시민들의 의식 수준이 높아지면서 정책과정에 참여하는 참여자들의 대상 범위가 확대되는 한편, 그들 간의 상호작용이 증가하고 있다. 이에 따라 특정 정책을 중심으로 관계구조가 형성되는데 이를 정책 네트워크라고 할 수 있다. 정책 네트워크는 복수 참여자(조직 또는 개인) 간의 관계를 다루고 있다는 측면에서 거버넌스의 논의와 밀접한 관계가 있는데, 정책 네트워크 개념은 거버넌스의 구체화된 형태로 활용되기도 한다.

2) 구성요소

이달곤·김판석·김행범(2012)은 정책 네트워크의 구성요소로 행위자, 상호작용, 관계구조, 그리고 정책산출로 제시하고 있다. 첫째, 정책 네트워크 속의 행위자는 정책과정 참여자 및 정책과 관련하여 이익을 관철시키기 위하여 영향력을 행사하는 집단이나 개인이 된다. 둘째, 행위자들은 정책과정에 참여하면서 그들의 이익을 관철하기 위해 자원을 교환하면서 상호작용을 하게 된다. 셋째, 행위가 지속되고 반복됨으로써 일정한 유형을 갖추게 되면 구조가 되는데, 이런 구조는 기본적으로 수평적인 관계이며, 개인 간의 상호작용을 넘어 조직 간의 관계에 초점을 두게 된다. 넷째, 정책 네트워크에서 정책 산출은 행위자들의 상호작용을 통해서 이익을 관철하는 결과로 도출되는 것이다.

3) 유형

Yishai(1992)는 정책 네트워크를 철의 삼각(iron triangle), 이슈 네트워크 (issue network), 정책공동체(policy community), 정책커튼(policy curtain), 철의 듀 엣(iron duet) 등 다섯 가지 유형으로 구분하고 있다. Howlett and Ramesh(1995) 는 정책하위시스템의 관점에서 정책형성과정의 행위자들의 참여형태를 하위정 부모형(subgovernment model), 정책창도연합(policy advocacy coalition), 정책네트 워크(policy network), 정책공동체(policy community) 등으로 구분할 수 있다고 한 다. 이 중 몇몇 주요한 개념을 살펴보면, 철의 삼각은 하위정부와 거의 동일한 개념으로 이익집단, 의회 상임위원회 및 정부의 관료조직이 정치적 연합을 형 성하여 정책의 결정과 집행에서 실질적인 영향력을 행사한다는 모형이다(이달 곤·김판석·김행범, 2012). 철의 삼각은 다소 부정적으로 이해되고 있는 반면, 하 위정부는 보다 중립적인 의미를 가지고 있다(권기헌, 2014). 이슈 네트워크는 Heclo(1978)에 의해 발전된 개념으로 정책이슈에 따라 정책제안서의 발전에 영 향을 미칠 수 있는 집단들 간의 연결망이다(노화준, 2012). 이런 측면에서 보면, 하위정부모형은 폐쇄적이고 안정적인 특성의 네트워크인 반면, 이슈 네트워크 모형은 개방적이고 유동적인 특성을 가지고 있다(권기헌, 2014). 이에 비해 정책 공동체는 정책을 둘러싼 정책문제, 정책대안, 추진되는 정책의 내용, 정책의 결 과 등에 대해 관심을 가지고 있는 사람들로 구성되어 지속적인 활동을 하는 일 종의 공동체라고 할 수 있다(정정길 외, 2011).

제3절 정책의제 설정

1. 정책의제 설정의 의미

1) 개요

정책의제 설정은 다양한 사회문제가 정책문제로 전환되는 것을 의미한다. 정책결정자들이 문제해결을 전제로 논의하게 되는 정책문제를 정책의제(agenda)라고 부른다. 정책문제란 인지된 사회문제들 중에 정부가 개입을 통해 해결을 의도한 문제이며, 다음과 같은 특성을 가지고 있다. 첫째, 주관성이다. 정책결정자들은 사회문제를 선택적으로 정의한다는 측면에서는 정책문제는 사회문제의 주관적 판단에 의해 구성된다. 둘째, 상호연계성이다. 정책문제는 다양한 문제와 요인들이 상호 영향을 미친다. 셋째, 인위성이다. 정책문제는 문제를 인지하는 사람의 주관적인 가치 판단이 개입되기 때문에 인위적으로 구성되는 개념이다. 넷째, 동태성이다. 정책문제는 사회적 상황에 따라 변화하기 마련이다.

생각 꾸러미
저출산의 원인-다양한 변수들의 상호작용의 결과

저출산의 경우 개인들의 의식변화뿐만 아니라 고용, 소득, 복지 등 다양한 변수들의 상호작용에 의해 나타나고 있다. 저출산은 근대적 가치관과 자본주의적 생산양식의 결합에 따른 결과이다. 노병만(2013)은 저출산을 직접적 원인과 본질적 원인으로 구분하고 있다. 저출산현상의 직접적 원인으로는 결혼연령의 상승으로 인한 만혼 현상, 부모의 소자녀 의식, 결혼의 어려움이나 기피에 의한 독신, 피임이나 불임 등이 있다. 이러한 직접적 원인을 야기하는 본질적 원인으로서는 노동력에 대한 감소, 청년 취업의 어려움, 장기간의 교육과정, 자녀 양육의 어려움 등이다.

2) 정책문제의 유형과 정의

정책문제는 치밀한 구조의 문제, 보통 구조의 문제, 산만한 구조의 문제로 나눌 수 있다. 치밀한 구조의 문제는 문제해결을 추구하는 기본 가치는 충분히 합의가 가능하고, 대안이 선택되었을 때의 결과는 확실하거나 위험부담이 없다. 이에 비해 산만한 구조의 문제는 이해관계를 가진 많은 집단이 다양한 이익을 표출하고 그들의 선호 대안은 충돌하기 때문에 문제해결을 추구하는 기본 가치는 상이하여 대안의 결과를 예측하기 곤란하다. 정책 문제가 어떻게 정의되는 가에 따라 해결 방법이 상이할 수밖에 없는데, 대부분의 정책문제는 산만한 구조를 가지고 있기 때문에 문제를 정의하는 것이 쉽지 않아 대안 마련도 어려울 수 있다.

3) 정책의제의 설정과정과 유형

Eyeston(1978)에 따르면 정책의제는 사회문제, 사회적 쟁점화, 체제의제(공중의제), 정부의제의 과정으로 설정된다고 설명하고 있다. 사회적 쟁점화는 사회문제에 대한 부정적 견해, 해결방법에 대한 다른 견해, 문제 해결 합의에 대한 갈등 등이 나타나는 단계를 말한다. 체제의제는 정치 공동체의 구성원에 의해 공통적으로 인식되고 논의되는 모든 쟁점의 목록이며, 이런 쟁점은 정부의 관심을 끌 만한 가치가 있거나, 정부 권위에 의한 합법적 판단 혹은 결정이 이루어져야 한다고 인정되는 것이다. 정부의제는 체제의제 가운데 정부관료들에 의해 적극적이고 심각한 관심이 표명된 것이다. 체제의제는 문제의 특성만 표출되지만, 정부의제는 정책대안이나 수단을 모색할 수 있을 정도로 구체적이다. 정부의제는 제도의제 혹은 공식의제로도 불린다.

2. 정책의제 설정 모형

Cobb, Ross & Ross(1976)는 사회적 쟁점으로부터 시작된 의제들은 각각 주도단계, 구체화 단계, 확산단계, 진입단계를 거쳐 정부의제로 성립된다고 한다. 이들은 정책의제의 단계별 특징과 주도집단에 따라 정책의제 설정을 외부주도모형, 동원모형, 내부접근모형으로 분류하고 있다.

1) 외부주도모형

쟁점이 정부 밖에서 발생하여 체제의제(공중의제)가 성립되고 최종적으로 정부의제로 전환되는 과정을 설명하는 모형이다. 사회문제가 사회집단에 의해 쟁점으로 전환되어 정부로 귀속되는 과정을 다루는 의제설정 모형이다. 예를 들어, 시민단체나 언론사에서 특정한 사회문제를 지속적으로 다루고, 그런 과정에서 정부가 그 문제에 대한 정책대안을 마련하기 위한 노력을 진행하는 경우 외부주도 모형에 의해 정책의제가 설정된다고 볼 수 있다.

이러한 형태의 의제설정은 정부가 외부의 요구에 민감하게 대응하고, 그러한 요구를 반영하기 위한 노력이 이루어질 수 있는 정치체제, 즉 민주화된 국가에서 많이 볼 수 있다. 하지만, 외부에서 주도되기 때문에 장기적인 측면이 아닌 현재의 문제해결에 대한 관심을 두면서 논의가 이루어질 가능성이 높다. 따라서 의제가 체계적으로 정리되지 않을 수 있고, 정책내용이 상호 충돌되는 한편, 모순적이며 단기적·단편적 성격을 가지고 있다.

2) 동원모형

동원모형은 쟁점이 정부 내부에서 발생해 체제의제(공중의제)로 확산되는 과정을 설명하는 모형이다. 정부에 의해 문제가 인지되어 자동적으로 정부의제로 전환되더라도 그 정책의 성공적 집행을 위해서 필요한 일반 국민들의 정책에 대한 옹호와 지지를 얻어내기 위해 국민을 동원해야 하는 정책에서 나타날 수 있다. 구체적인 사례로는 박정희정부 때인 1970년대의 새마을가꾸기사업, 이명박정부 때의 4대강유역종합개발사업 등을 들 수 있다.

이 모형은 정부에서 정부의제로 먼저 설정하고 정부의 노력을 통해 국민의 공감대를 형성하여 체제의제로 전환시키기 때문에 정부의 힘이 강하고 민간 부문이 취약한 후진국이나 권위주의 정부에서 나타날 가능성이 높지만, 4대강유역종합개발사업과 같은 경우를 보면, 반드시 그렇다고만 볼 수는 없다. 정부내부에서 정부의제로 설정하고 이후에 정부의 여론형성 과정을 통해 체제의제로 성립되기 때문에 정책결정이 분석적으로 이루어질 가능성이 높고, 정책의 내용도 종합적·체계적·장기적인 성격을 가지고 있다고 할 수 있다.

3) 내부접근모형

내부접근모형은 정부 내에서 쟁점이 발생하고 쟁점 주도자들, 즉 관료집단 등이 그 쟁점을 일반 국민에게 확산시키지 않고 정부의제로 전환시키는 형태의 모형이다. 즉, 사회문제가 정책담당자에 의해 정부의제가 되지만, 체제의제로는 전환되지 않기 때문에 일반 공중의 정책과정 참여가 배제되는 정책에서 볼 수 있는 모형이다. 정책주도집단이 정책내용을 일반대중에게 알리지 않고 체제의 제화를 억제하기 때문에 동원모형과 동일하다. 하지만, 동원모형에서는 정부의 제가 정부의 홍보활동을 통해 공중의제화되는 반면, 내부접근모형에서는 정책 내용이 일반 국민에게 확산되지 않는다는 점에서 차이가 있다.

권력이 소수에게 집중되어 있는 권위주의 국가나 개발도상국에서 나타날 수 있으나, 미국 같은 선진 민주주의 국가에서도 외교정책이나 국가기밀 보전 등의 정책에서 나타날 수 있다. 정부의 개방성과 정책의 투명성을 강조하고 있는 우리나라의 현 상황에서는 부적합한 모형이지만, 과학기술정책 같은 경우 정부 내부 또는 전문가 및 산업체에 의해 채택되고 추진되기 때문에 내부접근 모형에 의해서 성립된다.

3. 정책의제 설정의 영향요인

1) 정부의제 진입과 정책의 창

Kingdon(1995)은 공공문제가 정부의제로 전환되는데 영향을 미치는 요인에 대해 다중흐름모형과 정책의 창(policy windows)을 통해 설명하고 있다.

Kingdon은 정부의제 설정 과정의 중요 변수로 문제흐름, 정치흐름, 정책흐름을 들고 있으며, 이들 변수들의 상호작용을 통해 의제설정 과정이 이루어진다고 설명한다. 문제흐름은 현재의 정책문제들과 이에 대한 기존 정부개입의 효과에 대한 정보로 구성되며, 주요 참여자는 대중매체와 정책 이해당사자들이다. 정책흐름은 정책문제를 분석하고 가능한 정책대안을 분석한 정보의 흐름으로 학자, 연구자, 직업관료 등이다. 정치흐름은 선거, 새로운 정부의 출범 등의 정치적 사건들에 의해서 형성된다. 주요 참여자는 대통령, 의회의 지도급인사, 정당 지도부, 이익집단의 대표자들이다.

Kingdon은 이상의 세 가지 영역의 흐름이 만나게 되어 문제 해결을 하게 되는 것을 정책의 창에 비유한다. 즉, 정책의 창이란 특정 정책대안을 선호하는 사람들에게 주어진 기회이며 이 기회를 통해 특정 문제를 해결하게 된다.

2) 정책의제 설정을 좌우하는 요인

Kingdon(1984)은 특정 쟁점이 사회문제로 전환되고, 의제로 발전되는 데 영향을 미치는 조건과 상황으로 사회지표, 사회적 사건, 위기, 상징 및 환류되는 정보로 분류하고 있다. 첫째, 정부가 사회문제를 인지하는 것은 사회집단의 정치적 압력과 요구보다는 각종 사회지표, 즉 경제지표, 출산율, 실업률 등이 단적으로 보여주는 사회상태 혹은 조건에 의해서 이루어질 수 있다. 둘째, 사회의 중요한 사건, 위기, 재난, 상징, 사람들의 개인적 경험 등을 통해서도 정책의제가 이루어질 수 있다. 즉, 특정 사회적 조건이 붕괴되어 가시적인 사회적 위기 상황이 만들어질 경우 의제로 전환될 수 있다. 또한 일본의 독도 영유권 주장같은 정치적 사건 등에 의해 형성된 여론은 상징이 될 수 있다. 정책과정에 공식적으로 참여할 수 있는 사람들의 사회문제에 대한 직접적인 경험은 상대적으로 쉽게 의제로 전환될 수 있다. 셋째, 정책 과정에서 정부는 정책에 대한 감시 활동을 하고, 감시 결과는 환류되어 정책의 변화를 시도하는 정보로 활용될 수 있다.

이와 함께 Cobb & Elder(1972)는 사회문제의 특성이 의제 설정에 영향을 미친다고 설명하면서 문제의 성격으로 구체성, 사회적 유의성, 시간성, 복잡성, 선례 등을 제시하고 있다. 첫째, 문제가 구체적일 경우 대안 모색이 용이하기 때문에 의제화의 가능성이 높다. 둘째, 피해자 수가 많고 피해의 강도가 클 때 사회적 유의성은 높아 의제화가 상대적으로 쉽게 이루어진다. 셋째, 문제가 좀 더 근본적이고 장기적으로 지속될 것으로 예상될 경우 의제화가 용이하다. 넷째, 기술적으로 쉽게 이해될 수 있는 문제가 의제화 가능성은 높다. 다섯째, 비슷한 선례가 있는 문제는 쉽게 의제로 채택될 수 있다.

하지만, 모든 사회문제가 정부의제로 전환되지 않으며, 정부의제가 모두 정부에 의해 해결되지도 않는다. Kingdon(1984)은 사회문제가 정부의 관심 밖으로 밀려나는 이유를 다음과 같이 설명하고 있다. 첫째, 특정 의제와 관련된 정부 인사들이 그 문제가 해결되었다고 생각하는 경우다. 둘째 정부에 의해 의제로 전환된 문제도 해결되지 않은 채, 관심 밖으로 사라질 수 있다. 셋째, 의제로 전환되었더라도 입법화 과정을 거치지 못함으로써 해결하는 데 실패했다면, 관심 영역으로부터 멀어질 수 있다. 마지막으로 예산 제약으로 실현가능성이 희박한 문제는 정부의 관심 영역에서 멀어질 수 있다.

제4절 정책목표와 정책분석

1. 정책목표의 의미와 우선순위의 설정

1) 정책목표의 의미와 속성

정책목표는 정책의제 설정 이후 사회문제 해결을 통해 획득하고자 하는 상태라고 볼 수 있다. 정책결정자들은 목표를 설정할 때 사회적 규범과 가치를 충분히 고려해야 하지만, 이에 대한 해석이 다를 수 있고, 이해관계가 대립될 수 있기 때문에 정책목표에 대한 합의가 이루어지기가 쉽지 않을 수 있다.

이런 측면을 고려할 때 정책목표는 다양한 이해관계자들이 선호하고 지지할 수 있도록 바람직한 내용으로 설정할 필요가 있으며, 따라서 사회에서 중요하게 인식하고 있는 가치, 즉 민주주의, 공익, 효율성, 형평성, 삶의 질 등에 따라 설정될 필요가 있다. 하지만, 목표 설정이 어려울 경우 이 과정을 생략할 수 있는데, 이 경우 책임에서 비교적 자유로울 수 있으며, 정책과정에서 새로운 사실 발견 등에 따라 목표로 전환할 수도 있고, 다양한 집단으로부터의 지지 확보도 가능하다는 장점이 있다.

하지만 정책목표는 정책과정과 정책내용에서 중요한 판단 기준이 될 수 있기 때문에 구체적이고 명확해야 할 필요가 있다. 목표가 구체적일 경우 정책수단을 모색하는 것이 쉬울 수 있고, 목표와 수단 간의 논리적 관계가 형성될 수 있다.

2) 정책목표의 우선순위 설정

정책은 일반적으로는 여러 개의 목표를 가질 수 있고, 경우에 따라서는 이해관계의 대립에 따른 목표 간 상충이 발생할 수도 있다. 따라서 정책목표의 구체화가 이루어지는 과정에서 우선순위를 결정할 필요가 있다. 정책목표는 사회적으로 중요한 가치에 따라 설정될 필요가 있기 때문에 정책목표를 설정할 때 그러한 가치들 중에 바람직한 혹은 실현 가능한 가치가 정책목표를 구성하고 있는 정도인 '적합성'과 정책이 초래하는 편익의 정도를 의미하는 '적정성'은 중요한 기준이 될 수 있다(류지성, 2007).

이와 함께 Hogwood & Gunn(1984)은 정책목표 설정에 영향을 미치는 기준으로 본질적 기준, 요구, 결핍, 사회적·경제적 편익을 제시하고 있다. 첫째, 본질적 기준은 정책 전문가나 정책 결정자집단의 전문적 혹은 정치적 판단으로 이러한 판단은 정부 내부적으로 이루어질 수도 있고, 외부 전문가들이 참여하는 민관협의회나 위원회 등에서도 이루어질 수 있다. 둘째, 사회적 요구(demands)는 목표의 우선 순위를 설정하는 데 큰 영향을 미칠 수 있다. 사회적 요구가 높을수록 정책목표의 우선순위는 높다고 할 수 있다. 셋째, 사회의 특정

분야에 결핍(needs)이라는 조건이 발생하면 정책목표의 우선순위가 될 수 있다. 결핍은 요구와 연결될 수 있는데, 결핍이 발생하면 그에 대한 여론과 사회공동체의 요구가 연쇄적으로 발생할 수 있다. 넷째, 사회적·경제적으로 편익을 최대화할 수 있는 목표라면 최우선 순위가 될 수 있다. 이러한 네 가지 기준은 상호 연결되어 있다. 정책 전문가나 정책 결정자들이 판단할 때 요구와 결핍, 그리고 사회적·경제적 편익을 중요하게 고려할 수밖에 없으며, 요구와 결핍의 정도가 큰 문제를 해결할 경우 사회적·경제적 편익은 높아질 수가 있다.

2. 정책분석의 의미와 단계

1) 정책분석의 의미

정책목표가 설정되면 목표를 달성하기 위해 구체적인 수단을 선택해야 한다. 하지만, 정책문제 자체가 산만하고 복잡한 특성을 가지고 있고, 정책목표 또한 다양하게 존재할 수 있기 때문에 정책대안도 다양할 수밖에 없다. 따라서 정책문제를 해결하는 데 필요한 정보를 수집하고, 다양한 대안의 탐색과 비교·평가를 통해 바람직한 정책대안을 추천할 필요가 있다. 이러한 과정을 정책분석이라고 부르고 있다.[2]

2) 정책분석의 단계

Hogwood & Gunn(1984)은 정책분석의 단계를 정책대안의 탐색과 모색, 정책대안의 정의, 정책대안의 비교와 평가, 정책대안의 추천으로 구분하고 있다. 첫째, 정책대안의 탐색과 모색은 이익집단 등 이해관계자들이 선호하는 특정 대안을 제한적으로 찾거나, 정책 전문가들을 중심으로 포괄적으로 최선의 대안을 찾아가는 것을 의미한다. 둘째, 정책대안의 정의는 정책대안들이 탐색과 모색을 통해 구체화된 후에 대안들을 비교·평가하기 위해 자료를 수집하는 것을

---

2) 넓은 관점에서는 정책분석을 정책과정 전체에서 발생한 지식과 정보를 산출하거나 연구하는 것으로 정의할 수 있다.

말한다. 셋째, 정책대안의 비교와 평가는 대안의 특성과 장·단점 분석을 통해 대안의 찬성과 반대의 이유를 명확하게 정리하는 것으로 주로 관료와 전문가 집단 등 정책전문가 집단에 의해 이루어진다. 넷째, 정책대안의 추천은 비교·평가의 결과를 바탕으로 정책결정자들에게 소수의 실현 가능한 대안들을 추천하는 단계이다.

3. 정책대안의 개념과 비교·평가의 기준

1) 정책대안의 개념과 원천

정책대안은 정책목표를 달성하는 데 필요한 구체적인 방법을 찾아가는 과정에서 선택할 수 있는 문제해결 방법이다. 바람직한 대안을 선택하기 위해서는 폭넓은 대안의 탐색과 모색이 필요하고, 정책문제의 해결이나 개선에 도움이 될 수 있도록 정책목표와 긴밀한 관련성을 가지고 있어야 한다. 하지만, 현실적으로 정책대안 검토 시간의 제한, 관습적인 측면에서 해결 방법의 존재, 특정 이익집단이 지지·옹호하는 대안의 존재, 최고 정책결정자들에게 익숙한 대안의 존재 등으로 정책대안의 폭은 일반적으로 매우 제한적이라고 할 수 있다.

정책대안을 탐색하고 개발하는 방법은 기존의 정책에 의존하는 것과, 보다 창의적인 방법으로 구분할 수 있다. 기존의 정책에 의존하는 것은 점진적인 방법으로 기존의 정책제안, 보편적인 정책해결 방법 등을 활용하는 것이다. 기존의 정책은 평가를 통해 그 정책의 성패에 대한 정보를 획득할 수 있다. 또한 보편적인 정책해결 방법은 주어진 정책문제에 대한 기본적인 해결책으로 해결의 방향과 기준이 이미 제시되어 있기 때문에 유사한 정책문제에 대해 적용할 수 있다. 하지만, 이러한 방식은 기존의 틀에 의해 형성된 것들이기 때문에 사회문제의 변화, 이해관계자들의 인식 변화 등 환경의 변화를 충분히 반영하지 못하고 있다는 측면에서 문제가 있을 수 있다.

이에 따라 브레인스토밍이나, 맞춤형 문제 해결 등 새로운 방법이 요구되고 있다. 브레인스토밍은 기발하고 다양한 아이디어를 자유롭게 제안할 수 있도록 함으로써 다른 참여자들이 생각하지 못했던 새로운 측면이나 방법을 도출하기 위한 것이다. 맞춤형 문제 해결은 기존 정책과는 다른 유일한 혹은 맞춤형 문제해결 방안을 모색하는 것으로 관습에 얽매이지 않고 문제에 대한 미래 상태의 통찰력과 함께 창의력에 기초하는 것이다.

2) 정책대안의 비교·평가 기준

정책대안들을 비교·평가하기 위해서는 일정한 기준이 필요하다. 일반적으로 공익, 소망성, 실현가능성 등이 정책대안의 비교·평가 기준으로 제시되고 있다(백승기, 2016).

첫째, 공익(public interests)은 공공 부문에서 무엇이 공공가치를 실현하는 데 더 효과적인가 하는 판단 기준으로 행정이 지향하는 최고의 가치이다. 공익의 개념에 대해서는 실체설과 과정설로 구분되는데, 실체설은 사익을 초월하는 절대적인 선과 같은 것으로 보는 것이고, 과정설은 다수의 이익이 조정·타협되어 가는 과정으로 이해하는 것이다. 하지만, 공익은 개념에서 모호성과 가치함축성이 있기 때문에 공익에 대한 이해는 상이할 수밖에 없어 정책대안의 비교·평가 기준으로서는 제약점이 많다고 할 수 있다.

둘째, 소망성(desirability)은 정책대안이 집행되어 초래할 정책 산출의 바람직한 정도를 의미한다. 효과성, 능률성, 형평성 등이 제시된다. 효과성은 정책목표의 달성 정도를 의미한다. 능률성은 투입과 산출의 비율을 나타내는 개념이고, 형평성은 정책효과나 비용이 어느 계층과 집단에게 어느 정도 돌아가는가를 고려하는 기준이다. 실제 평가 기준에서는 이러한 하위 기준들의 조합에 의해 이루어질 가능성이 높다. 다만, 능률성과 형평성의 경우 상충 관계(trade-off)에 있기 때문에 양자의 조화를 고려해서 평가기준을 설정할 필요가 있다.

셋째, 실현가능성(feasibility)은 정책대안이 최종적으로 선택되어 실제적으로 집행될 수 있는가를 의미한다. 따라서 실현가능성은 정책목표를 실현시키는 데 방해가 되는 제약 요인들의 상태를 의미한다. 실현가능성은 정치적 실현가능성, 경제적 실현가능성, 사회적·기술적 실현가능성 등이 있다. 이러한 실현

가능성은 관료들과 정책 전문가들뿐만 아니라 국회심의 과정에서도 중요하게 고려되는 기준이다.

3) 정책대안의 비교·평가 방법

정책대안의 결과를 예측하는 방법은 시계열 분석, 회귀분석, AHP법, 상관관계분석, 델파이, 비용편익분석, 실현가능성 접근 방법 등으로 다양하다. 이중 AHP법, 델파이, 비용편익분석 등을 간략하게 살펴본다.

첫째, AHP(Analytical Hierachy Process, 분석적 계층화 과정 방법)는 의사결정의 전 과정을 구조적·체계적으로 세분하여 평가 요소의 가중치를 설정하는 방법이다. 수학적 모형을 적용하기 때문에 계량적으로 접근하기 어려운 분야의 의사결정에서 활용되고 있다. 각 대안들을 계층구조로 분류한 후 두 대안씩 조를 만들어 상대적인 중요성을 비교하는데, 주로 관련 전문가들에게 계층구조로 구성된 설문을 통해 평가 요소별 가중치를 도출한다.

둘째, 델파이 기법은 일단의 전문가들이 주어진 특정 문제에 대해 공동작업을 통해 문제의 다각적인 측면과 해결 방안에 대한 인식을 공유함으로써 얻을 수 있는 장점을 활용한다. 진솔한 의견을 제시하기 곤란한 측면이 있는 집단회의의 단점을 최소화하기 위해 전문가집단에 대한 의견 조사 방법으로 진행한다. 전문가들에게 의견 검토에 필요한 시간과 의견 변경을 위한 기회를 충분히 제공함으로써 전체 참여자의 합의를 도출하려는 방법이다.

셋째, 비용편익분석은 특정 정책대안과 관련된 비용과 편익을 화폐가치로 환산해 특정 정책대안을 옹호하고 추천하기 위해 사용되는 기법이다. 정책평가 기준의 중요한 축인 효율성에 대한 해답을 얻는 데 유용한 방법이지만, 정책대상집단이 얻게 되는 편익을 금전으로 정확하게 환산하기 곤란하다는 측면이 있으며, 분배적 형평성 문제를 고려하지 않는다는 단점도 있다.

비용편익분석의 사례-예비타당성조사

비용편익분석은 재정사업의 예비타당성조사에서 활용된다. 예비타당성조사는 재정
투자의 효율성 제고를 위해 국가, 지자체 등이 추진하는 사업으로서 총 사업비가 500
억원 이상이고, 국가의 재정지원 규모가 300억원 이상인 신규사업으로서 국가재정법
및 동법 시행령에서 정한 사업을 대상으로 사전적인 타당성을 검증하는 것을 의미한
다. 예비타당성조사는 경제적 타당성, 정책적 타당성, 지역균형발전, 기술적 타당성 등
을 평가하는데, 경제적 타당성은 주로 비용편익분석에 의해 이루어진다.

제5절 정책결정

1. 정책결정과 합리성

1) 정책결정의 의미와 특징

정책결정 과정은 정책대안들 중에 특정 정책대안이 정책결정자들에 의해
최종적으로 승인, 가감 혹은 거부되는 것과 관련된 일련의 행위를 의미한다. 민
주주의 국가에서 정책과정은 다수의 원칙이 적용된다. 이는 최종적으로는 소수
의 정치 엘리트들이 정책을 결정하지만, 전체적으로 볼 때 사회의 다양한 집단
들과 일반 국민의 의견이 수렴되어 결정된 것이다. 이를 통해 정책의 정통성과
권위가 유지될 수 있다. 하지만, 대통령에 의한 행정명령, 전문가집단에 의한 결
정, 관료적 계층제에 의한 정책결정은 다수의 원칙이 적용되지 않는 경우이다.

2) 정책결정의 합리성

합리성이란 목표 달성을 극대화하기 위해 고안된 의사결정의 원리에 부합하는 행위이다(Simom, 1993). 행위나 그 행위와 관련된 의사결정이 목표를 성취시키기에 적합한 것이라고 본다면, 그 행위나 의사결정을 합리적이라고 할 수 있다. 행정은 고도의 합리성을 수반한 협동적 인간 노력의 형태로 관료들은 주어진 목표를 성취하기 위해 최적의 수단을 선택하는 계산적 행위, 즉 합리적 행위를 하게 된다(Waldo, 1987). 다시 말해서, 관료들은 사회문제를 해결하기 위한 임무를 부여받고, 그런 임무를 달성하기 위해 적합한 수단을 선택하려는 합리적 노력을 하게 된다.

하지만, 현실에서 정책결정은 합리적·분석적 정책결정 방법이나 논리에 의해 이루어지지 않는다. 이는 정책결정자의 한계, 조직구조상의 제약, 환경적 제약 등의 문제가 있기 때문이다. 첫째, 정책결정자의 한계는 정책결정자의 정보 관련 지식과 경험 부족, 잘못된 가치관이나 편견, 정책결정자의 비난 회피 동기 등과 관련된다. 둘째, 조직구조의 특성 측면에서는 의회의 경우 합리적·분석적 결정보다는 정치적 결정의 경우가 많고, 관료제 내에서는 표준운영절차(Standard operating procedure)에 따른 상례적인 결정과 부처할거주의 등에 따라 합리적 결정이 제약을 받을 수 있다. 셋째, 정책결정과정에서 이익집단과의 흥정과 타협이 이루어질 수 있고, 사회적 규범이나 관습 등의 사회·문화적 환경도 영향을 미칠 수 있다.

합리성과 의사결정의 관계에 대한 논의에 따라 의사결정은 크게 합리모형과 점증모형으로 구분할 수 있다. 합리모형은 정책목표를 달성하기 위해 필요한 모든 정보와 자료를 수집하여 정책대안을 모색하고, 대안들의 결과를 예측해서 최선의 대안을 결정한다는 것이다. 이에 비해 점증모형은 실질적인 정책결정 과정에서 합리성의 추구는 불완전하므로 현실적인 정책결정 과정을 설명한다.

2. 정책결정 모형

1) 합리모형

합리모형은 인간은 이성과 합리성에 기초하여 정책을 결정한다는 이론이다. 정책결정자가 문제를 완전히 이해하고, 해결을 위한 모든 대안을 파악하고 있으며, 대안 선택의 기준이 명확하게 존재하는 동시에 자원이 충분하기 때문에 최선의 대안을 선택한다는 것을 전제한다. 이 모형은 실제 상황에 적용할 수 있는 현실적 모형이 아닌 이상적 모형이지만, 정책결정자가 합리적인 정책을 결정한다고 할 때 따라야 하는 논리나 절차를 밝히는 접근 방법이다. 이런 측면에서 정책분석에서 기본적인 방향과 기준으로 활용할 수 있다. 하지만, 합리적 방법이란 경제학적 측면에 기초를 두고 있기 때문에 비용·편익분석 등 경제문제에 한정될 수밖에 없고, 이상적·규범적 모형이므로 실제 정책결정이 이루어지는 현상을 효과적으로 설명하는 데에는 어려움이 있다.

2) 만족모형

만족모형은 합리모형의 현실적 한계를 보완하기 위한 것으로 현실성에 기초한 이론이다. 인간은 제한된 범위에서 합리성을 추구하는 제한된 합리성(bounded rationality)을 가지고 있기 때문에 최선의 대안보다는 현실적으로 만족할 만한 대안을 찾게 되면 대안 탐색을 더이상 하지 않는다는 이론이다. 즉, 시간과 비용, 노력 등을 고려해서 몇 개의 대안 중에서 만족할 만한 대안을 선택하게 된다는 것이다. 합리모형의 비현실성을 극복하고 정책결정이 실제로 이루어질 때 일어나는 현상을 정확하게 설명하고 있다고 평가된다. 하지만, 만족한 대안 탐색 이후에 중지하는 것은 자칫 포기하는 형태를 조장할 수 있고, 만족 수준이 상이하기 때문에 지나치게 주관적인 측면이 있다. 또한, 중요한 결정은 만족 수준이 아닌 과학적·분석적인 방법으로 이루어질 수 있고, 만족모형은 개인의 의사결정 문제를 설명하는 의도가 있기 때문에 조직 차원의 의사결정에는 적용이 곤란하다는 문제가 있다.

3) 점증모형

합리모형의 비현실성을 비판하며, 실제의 정책결정 과정은 점증적일 뿐만 아니라 점증적이어야 바람직하다는 입장이다. 정책을 기존의 정부활동으로 보고, 여기에 점진적으로 수정을 가하는 것으로 이해한다. 정책결정은 과거의 정책, 기존의 정책 또는 이미 시행하고 있는 시책과 비슷한 수준에서 결정된다는 것이다. 정책결정자의 인지능력의 한계 등으로 약간의 변화를 통해 정책을 결정하고 정책과정에서 환류되는 정보를 통해 다시 수정한다.

다양한 이해관계가 충돌하는 다원적 민주주의 사회에서는 협상과 타협의 과정을 거치기 때문에 정책이 조금씩 변화하는 것이 실현 가능성을 높이는 방법이라고 할 수 있다. 하지만, 안정적인 상황이 아닌 위기 시에는 적용이 곤란하고, 기존의 정책에 바탕을 두고 수정하기 때문에 목표 지향성이 약하다는 문제가 있다. 또한 보수성에 따른 쇄신 저해, 타성에 젖은 정책결정 조장 등의 문제와 함께 어느 정도가 점증적인가에 대한 기준이 모호하다는 비판을 받고 있다.

4) 혼합탐사(주사)모형

혼합탐사(주사)모형은 합리모형과 점증모형을 혼합한 모형이다. Etzioni(1967)는 합리모형은 이상적이며 비현실적인 반면, 점증모형은 지나치게 근시안적이고 보수적이라고 비판하면서 양자를 통합한 혼합탐사모형을 제시하였다. 이 모형에서는 근본적 결정과 세부적 결정으로 나누어 접근한다. 근본적 결정은 세부적 결정을 위한 개괄적 결정으로 전반적이고 근본적인 방향을 올바로 설정하려는 목적이 있다. 근본적 결정에서는 중요한 대안을 포괄적으로 모두 고려하기 때문에 합리모형에 입각하고 있다. 이에 비해 세부적 결정은 설정한 맥락 안에서 점증적으로 결정하는 것으로 근본적 결정의 구체화 혹은 집행과 관련된다. 이에 따라 근본적 결정과 세부적 결정은 지속적인 상호작용을 통해 상호보완적인 관계를 유지한다.

이 모형은 모든 결정을 동일한 수준으로 보지 않고, 근본적 결정과 세부적 결정으로 구분하면서 합리주의의 엄밀성과 점증주의의 보수성을 극복하기 위한 전략을 제시하였다고 볼 수 있다. 또한 비현실적인 것으로 평가받는 합리모형의 절차를 좀 더 현실에 가깝게 실현할 수 있는 전략을 제시했다고 볼 수 있다. 하지만, 새로운 이론이라기보다는 절충·혼합형 모형이기 때문에 독창성이 낮고, 어디에서 합리적인 접근 방법과 점증적인 방법을 사용할지 모호하다는 평가가 있다.

5) 최적모형

최적모형 또한 합리모형과 점증모형 양자에 비판을 제기하면서 현실주의와 이상주의를 통합하고 있다. Dror(1968)는 합리적 분석과 함께 선례가 없거나 매우 중요한 비정형적 결정에서는 직관·창의·판단 등과 같은 반무의식적 요소인 초합리적 요소가 정책결정 과정에 개입한다고 주장한다. 또한 Dror(1989)는 최적화를 위해서는 정책형성체제의 중요성을 강조하면서 초(메타) 정책결정단계, 정책결정단계, 정책결정 이후 단계와 환류 등으로 정책결정단계를 구분하였다. 이중 정책결정 이전에 정책문제 및 가치의 확인, 자원 확보, 정책결정 전략 수립 등 전반적인 정책결정의 구상이 이루어지는 초(메타) 정책결정단계를 강조하였다.

초합리성을 강조해 합리모형을 더욱 체계화하였으며, 초(메타) 정책결정 단계를 제시하여 새로운 이론 모형을 개척했고, 평가와 피드백을 공식적 단계로 포함했다는 측면에서 긍정적으로 평가된다. 하지만, 최적의 의미가 불분명하다는 지적과 함께 초합리성의 성격이 불명확하다는 평가를 받고 있다.

6) 회사모형

회사모형은 연합모형으로도 불리며, 개인 차원의 의사결정모형인 만족모형을 발전시켜 조직에서의 의사결정에 적용시킨 것으로 기업조직 내부의 의사결정을 설명하기 위한 모형이지만, 미국 정부기관에 대한 실증 연구에서 타당성을 인정받았다. 조직 내 다른 부서들이 부서별 목표를 달성하기 위해 노력하다 조직 전체 목표를 극대화하는 과정에서 나타나는 특성을 제시하고 있다. 그 특성은 갈등의 불완전한 해결, 문제 중심의 탐색, 불확실성의 회피, 조직의 학습, 표준운영절차에의 의존 등이다.

조직 내 하위조직들 간의 상이한 목표에 따른 갈등이 불완전한 상태로 해결되고, 표준운영절차에 의한 의사결정 행태 등은 현실성이 높은 것으로 평가되고 있다. 하지만, 하위조직에 권한을 위임하는 분권적 조직구조를 전제하고 있으므로 상위 조직에서 권한을 가지고 있는 권위주의적 조직에는 적용이 곤란한 모형이다. 또한, 급격한 변동을 겪는 개발도상국의 경우에는 표준운영절차에 의존하는 의사결정모형의 적용성이 낮다고 할 수 있다.

7) 쓰레기통모형

집단적 의사결정 이론으로 구성원의 결속력이 약한, 즉 조직화된 무정부상태하에서 의사결정이 이루어지는 과정을 설명하려는 모형이다. Cohen, March & Olsen(1972)은 계층적 조직 질서가 상대적으로 약한 대학교 총장의 의사결정 상황에 대한 분석을 통해 이 모형을 제시하였다. 체계적 의사결정이 아니라 쓰레기통 속의 쓰레기처럼 엉켜 있다가 우연한 기회에 쓰레기를 비우듯이 결정된다는 극도의 불합리한 집단적 의사결정 상황을 설명하고 있다. 즉, 문제가 제기되면 해결방안이 모색되고 선택이 이루어지는 순차적 단계들이 진행되는 것이 아니라 임의적이고 무작위적 성격으로 의사결정이 이루어진다.

기존 이론들이 무정부 상태를 부정적으로 인식했으나, 이 모형은 이를 긍정적으로 보고 분석을 시도하였다는 측면에서 공공기관이나 교육기관에서 간혹 볼 수 있는 조직적 혼란 상태에서의 의사결정을 적실성 있게 분석하고 있다. 하지만, 정책결정 상황을 우연으로 설명하는 경향이 있고, 조직적 혼란 상태는 일시적이고 특수한 경우이므로 설명의 한계는 있다.

8) 앨리슨 모형

Allison(1971)이 1962년 쿠바 미사일 위기를 맞아 미국 정부에서 발생한 집단적인 의사결정을 유형화해서 정리한 모형이다. 정부의 정책결정 과정을 설명하기 위해 합리모형, 조직모형, 정치모형의 세 가지 모형을 제시하고 있다. 첫째, 합리모형은 국익의 극대화를 위해 최선의 대안을 선택하는 합리적 결정으로 정책결정에 참여하는 모든 사람은 국가 전체의 이익을 위해 행동한다고 한다. 둘째, 조직모형에서는 정부는 하위조직들의 집합체로 하부조직의 표준운영절차에 의해 정책을 결정한다. 참여자들은 국가적 목표보다는 자신이 속해 있는 하위조직의 목표를 우선시한다. 셋째, 정치모형에서는 국가정책의 결정 주체는 극도로 다원화된 참여자 개개인이기 때문에 최선의 해결책이 아니라 참여자들 간의 갈등과 타협에 의해 결정된다.

이 모형은 종합적인 시각을 강조하는 것으로 정치모형은 상위계층, 조직모형은 하위계층에 적용되고 합리모형은 조직계층에 따른 차이 없이 전체적으로 적용된다. 즉, 하나의 정책 사례가 세 가지 모형을 모두 적용해야 해석될 수 있음을 보여주고 있다.

제6절 정책집행과 평가

1. 정책집행의 의미와 중요성

1) 정책집행의 의미

정책집행은 결정된 정책을 실현시키는 일련의 과정을 의미한다. 미국 등에서는 1970년대 초까지만 해도 정책이 결정되기만 하면 자동적으로 집행되어 결과로 이어진다고 인식했다. 하지만, 정책의 결정자와 집행자는 대부분 다르기 때문에 정책 결정자의 의도가 집행자에게 충분하게 전달되지 않을 가능성이 있고, 집행 과정에는 결정 시 고려하지 못했던 요인들이 있다. 따라서 결정된 정책은 자동적으로 집행되지 않고, 집행 과정에서 변형이 이루어지고 집행과정에서 재구성되기도 한다. 이런 측면을 고려하여 정책집행은 다양한 정책 관련 집단들에 의한 지속적인 의사결정 과정이라고 할 수 있고, 집행 과정을 정책결정 과정과 단절되고 분리된 것이라고 하기도 어렵다.

2) 정책집행의 중요성

정책집행은 정책의도의 실현, 정책 내용의 구체화, 국민 생활과 직결되는 정부 활동이라는 측면에서 중요성이 있다(백승기, 2016).

첫째, 정책집행이 제대로 이루어져야만 정책을 결정한 보람이 있다. 정책의 존재 이유가 되는 정책 목표는 집행이 되어야 성공적인 결실을 얻을 수 있다. 둘째, 정책결정 과정에서 다양한 이해관계자들 간의 갈등·협상 등 정치적 성격으로 인해 결정된 내용이 불명확한 경우가 많기 때문에 실제적 효과를 위해서는 집행과정에서 내용이 구체화된다. 정책내용의 구체화를 위해서는 정보 수집을 통한 불확실성의 축소, 정책목표 간의 우선 순위 고려 등이 필요하다. 셋째, 집행단계에서 시민과 관료의 상호 접촉이 활발하게 이루어진다. 정책의 집행자가 보여주는 행동, 태도 등에 시민들은 영향을 받을 수 있기 때문에 정책집행은 국민에게 긍정적·부정적 이미지를 심어주는 계기가 될 수 있다.

2. 정책집행의 접근방법과 영향 요인

1) 정책집행의 접근 방법

정책집행에 대한 연구는 미국의 경우 1970년대부터 본격적으로 진행되었다. 정책집행에 대한 연구는 크게 하향식 접근방법과 상향식 접근방법, 그리고 통합적 접근방법으로 구분할 수 있으나, 이하에서는 대표적인 하향식 접근방법과 상향식 접근방법에 대해 살펴본다.

(1) 하향식 접근방법(top-down approach)

하향식 접근방법이란 정책 중심적 접근방법으로 정책이 결정되어 결과로 이어지는 과정을 시간의 흐름에 따라 기술한다. 조직의 상층부 혹은 중심부에서 만들어진 정책이 하위조직에 의해 실현되는 것을 집행과정으로 간주한다 (Sabatier and Mazmanian, 1979; Hogwood and Gunn, 1984). 따라서 정책결정자의 영향이 집행과정에서 가장 크게 작용한다고 보고 있다. 이런 측면에서 정책결정자가 수립한 정책 목표와 집행 결과의 일치 정도에 초점을 두고 있으며, 집행자의 재량권은 극히 제한적이라고 판단한다.

하향식 접근방법은 성공적인 집행을 위해서는 정책 내용이 명확하게 잘 설정되어 있어야 함을 밝히고 있으며, 성공적 집행을 위한 조건으로 분명한 목표, 정책 내용의 합리성을 보장하는 적절한 인과이론, 집행관료와 대상집단의 순응을 확보하기 위한 법적 구조화 능력, 헌신적이고 숙련된 집행 관료집단, 이해관계자 및 통치자의 지지와 안정적인 집행환경 등을 제시하고 있다. 하지만, 다원적 민주주의 체제에서는 이해관계의 충돌 등으로 정책목표를 명확하게 설정하기 어려울 수밖에 없음을 간과하고 있다. 또한, 일선관료나 정책대상집단의 전략적 행동을 과소평가하는 경향이 있다는 비판을 받고 있다.

(2) 상향식 접근 방법(bottom-up approach)

상향식 접근 방법은 정책목표가 실현되는 과정을 정책 결정자의 관점에서 설명하는 하향식 접근방법은 정책집행 과정을 포괄적으로 다루고 있지도 않으며, 일선 집행관료들이나 정책 대상집단들이 집행과정에서 자신들에게 유리하도록 정책을 변화시키는 전략을 간과하고 있다고 비판하고 있다. 상향식 접근방법은 집행을 다수의 참여자 사이에서 발생하는 상호작용으로 이해한다. 정책결정집단의 정책 의도가 반드시 집행기관에 의해 정책 산출로 이어지지 않으며, 정책문제 해결에 필요한 전문성과 지식을 가진 집행권자가 집행과정에서 가장 큰 영향력을 미치기 때문에 집행연구는 일선관료집단과 대상집단의 행태를 살펴봐야 한다는 입장이다. 또한, 실제 정책결정은 일선관료집단의 집행 과정에서 구체화되므로 결정과 집행 간 구분에 의문을 제기한다.

상향적 접근방법은 실제적인 집행과정을 상세히 기술하고, 집행과정에서 일선관료들의 목표와 수단 선택 간의 인과 관계를 설명할 수 있으며, 집행현장의 의도하지 않았던 부수효과도 쉽게 파악할 수 있는 장점이 있다. 하지만, 정책결정권자가 통제할 수 있는 집행의 제도적 구조, 집행 자원 배분 등 집행의 거시적 틀을 무시하고 있다. 또한 결정과 집행 구분의 불필요는 선거직 공무원에 의한 정책결정이라는 민주주의의 기본 가치를 위배할 수 있다는 비판이 있다.

2) 정책집행에 대한 영향 요인

정책집행에 대한 영향 요인은 정책 자체 요인과 환경적 요인으로 구분해서 볼 수 있다. 먼저 정책 자체 요인으로는 정책내용, 정책집행 수단, 집행자의 능력과 태도 등을 들 수 있다. 첫째, 정책 내용이 바람직하면 성공 가능성은 높아질 수가 있다. 적절한 정책 목표와 능률적인 정책 수단을 가지고 있고, 모든 이해관계자들의 참여에 의한 민주적 과정을 거친 결정은 바람직한 정책이라고 할 수 있다. 둘째, 충분한 예산, 적정한 인원, 상당한 정도의 정보, 상당한 권위 등의 자원을 확보하고 있고, 순응 확보를 위해 설득, 유인, 강압의 권한을 집행권자에 부여하는 등의 노력도 필요하다. 셋째, 집행 주체가 의욕과 전문성을 가지고 성실하게 노력할 경우 집행상의 어려움을 어느 정도 극복할 수 있다.

환경적 요인은 정치적 상황, 대중 및 매스컴의 반응, 정책대상집단의 태도 등으로 구분할 수 있다. 첫째, 권위적·집권적 체제에서는 중앙통제적 집행 전략이 나타나고, 민주적·분권적 체제에서는 이해집단의 요구를 충족하면서 현지적응적 집행 전략이 유효할 것이다. 둘째, 성공적인 집행을 위해서는 지속적인 대중의 지지나 여론의 반응이 중요하다. 셋째, 성공적인 정책집행을 위해서는 수혜집단의 강력한 지지가 있어야 하고, 피해집단의 저항이 약해야 한다.

3. 정책평가의 의미

1) 정책평가의 개념

정책평가는 정책집행이 초래한 실질적인 사회적 영향을 밝히는 활동이다.

정책의 평가 대상은 정책산출(outputs)과 정책결과(outcomes)로 구분할 수 있다. 정책산출은 정부가 정책을 통해 무엇을 했는가를 확인할 수 있는 지표로 정책의 사회·경제적 영향이 아닌 얼마나 많은 예산과 인력을 투입하였는가, 수혜자에게 어떤 서비스를 제공했는가와 관련된 것이다. 이에 비해 정책결과는 정책집행이 실질적으로 일상생활에 어떤 영향을 미쳤는가에 대한 것으로 정책영향(impacts), 정책성과(performance) 등과 혼용되고 있다.

2) 정책평가의 필요성과 목적

정부의 정책은 제한된 합리성과 현장에서의 예상하지 못했던 저해요인 등으로 집행결과가 의도하지 않은 형태로 나타날 가능성이 높다. 따라서 정책이 의도한 결과를 어느 정도 성취했는가를 심층적으로 검토·분석하는 것은 매우 중요하다. 이를 바탕으로 정책과정에 대한 책임성을 확보할 수 있다. 특히, 정책평가를 통해 해당 정책과 관련된 사회문제에 대한 다양한 정보와 함께 정책과정에 대한 정보가 환류되기 때문에 새로운 지식이 축적되고, 그에 따라 기존 정책결정의 개선 또는 새로운 정책형성에 대한 실질적인 도움이 될 수 있다.

4. 정책평가의 유형 및 절차

1) 정책평가의 유형

정책평가는 평가의 시점에 따라 사전평가, 진행평가, 사후평가 등으로 구분할 수 있다(Wollmann, 2007). 또한, 평가대상에 따라 과정평가, 영향평가 또는 총괄평가로 구분할 수 있다.

사전평가는 계획적 정책의 효과 및 결과를 정책결정 전에 미리 추정하기 위한 것이다. 진행평가는 정책집행 과정에 이루어지는 평가로 형성평가라고도 한다. 사후평가는 정책집행이 종료된 이후 정책의 영향을 측정하는 것으로 총괄평가로 불리기도 한다.

과정평가는 정책의 집행과정에 대하여 평가하는 활동으로 앞서 설명한 형성평가라고도 하는데, 정책이나 프로그램이 공식화된 지침과 얼마나 상응하는가 하는 정도를 대상으로 한다. 또한 과정평가에는 정책 대상집단에 대한 서비스의 공급 상태와 프로그램의 기능 등의 검토를 통해 의도했던 대로 집행되고 있는지를 확인·점검하는 모니터링도 포함된다. 영향평가는 효과성 평가라고 하며, 정책이 초래한 결과가 의도한 목표를 어느 정도 달성했는가를 판단하는 것이다.

2) 정책평가의 절차

정책평가의 절차는 크게 6단계로 나눌 수 있다. 첫 번째 단계는 프로그램과 가장 밀접한 이해관계가 있는 사람 혹은 집단에 대한 탐색이다. 두 번째는 평가를 어떻게 수행할 것인가에 대한 세부적인 사항을 결정하는 평가목적의 결정 단계이다. 세 번째 단계는 프로그램을 평가할 수 있는 방법과 기준을 마련하기 위한 평가성 사정이 이루어진다. 넷째, 평가 담당자와 프로그램 관리자 간에 평가와 관련된 쟁점을 합의한 단계가 필요하다. 다섯 번째는 자료를 수집하고, 다양한 기법을 바탕으로 성과를 적절히 판단하는 프로그램 평가 단계이다. 마지막 단계는 평가 결과의 활용이다.

제5장 참고문헌

권기헌. (2014). 「행정학 강의」. 서울: 박영사.

노화준. (2012). 「정책학원론」. 서울: 박영사.

노병만. (2013). 저출산현상의 원인에 대한 개념구조와 정책적 검토. 「대한정치학회보」, 21(2): 179-207.

류지성. (2012). 「정책학」. 서울: 대영문화사

백승기. (2016). 「정책학원론」. 서울: 대영출판사

이달곤·김판석·김행범. (2012). 「테마 행정학」. 서울: 법우사.

이종수 외. (2014). 「새 행정학 2.0」. 서울: 대영문화사.

정정길·최종원·이시원·정준금·정광호. (2011). 「정책학원론」. 서울: 대명출판사.

Allison, G. T. (1971). *Essence of Decision: Explaining the Cuban Missile Crisis*. Boston: Little, Brown and Company.

Almond, G. & Powell, G. (1978). *Comparative Politics: Developmental Approach*. Boston: Little and Brown.

Anderson, J. E. (1975). *Public Policy-Making*. New York: Praeger.

_____. (2002). *Public Policy-Making*. 5th ed. Boston: Houhton Mifflin.

Bachrach, P. & Baratz. M. S. (1962). Two Faces of Power. *American Political Science Review*. 56(4): 947-952.

Birkland, T. A. (2011). *An Introduction to the Policy Process*. 3rd ed. NY.: M. E. Sharp.

Cobb, R. W. & Elder, C. D. (1972). *Participation in American Politics: The Dynamics of Agenda Building*. Boston: Allyn and Bacan, Inc.

Cobb, R. W., Ross, J. K. and Ross, M. H. (1976). Agenda Building as a Comparative Political Process. APSR. 70(1): 126-138.

Cohen, M. D., March, J. G. & Olsen, J. P. (1972). A Garbage Can Model of Organizational Choice. *Administrative Science Quarterly.* 17(1): 1-25.

Dror, Y. (1968). *Public Policy Making Re-examined.* San Francisco: Chandler Publishing.

_____. (1989). *Public Policy Making Re-examined.* NY: Transaction Publishers.

Dunn, W. N. (1981). *Public Policy Analysis.* Englewood Cliffs, NJ: Prentice-Hall.

Etzioni, A. (1967). Mixed-Scanning: An Approach of Decision-Making. *Public Administration Review.* 27(5): 385-392.

Eyeston, R. (1978). *From Social Issues to Public Policy.* New York: John Wiley & Sons.

Heclo, H. (1978). Issue Networks and the Executive Establishment. In Kings, A.(ed.). *The American Political System,* 87-124. Washington: American Enterprise Institute.

Hogwood, B. W. & Gunn, L. A. (1984). *Policy Analysis for the Real World.* London: Oxford University Press.

Howlett, M. and Ramesh, M. (1995). *Studying Public Policy.* Oxford: Oxford University Press.

Jones, C. O. (1984). *An Introduction to the Study of Public Policy.* 3rd ed. Monterey, CA: Brooks/Cole Publishing Co.

Kingdon, J. W. (1984). *Agenda, Alternatives, and Public Policies.* Boston: Little, Brown and Company.

_____. (1995). *Agenda, Alternatives, and Public Policies.* 2nd ed. NY: Addison Wesley Longman, Inc.

Lowi, T. J. (1964). American Business Public Policy, Case Studies and Political Theory. *World Politics.* 16(4): 677-715.

_____. (1972). Four Systems of Policy, Politics, and Choices. Public *Administration Review.* 32(4): 298-310.

Ripley, R. B. & Franklin, G. A. (1982). *Bureaucracy and Policy Implementation Homewood,* 4th ed. Chicago: Dorsey Press.

Sabatier, P. A. & Mazmanian, D. A. (1979). The Conditions of Effective Implementation: A Guide to Accomplishing Policy Objectives. *Policy Analysis.* 5(4): 481-504.

Simom, H. A. (1993). Decision Making: Rational, Nonrational, and Irrational. *Educational Administrative Quarterly*. 29(3): 392–411.

Yishai, Y. (1992). From an Iron Triangle to an Iron Duet? Health Policy Making in Israel. *European Journal of Political Research*. 21(1–2): 91–108

Waldo, D. (1987). What is Public Administration? in Jay M. Shafritz & Albert C. Hyde. *Classics of Public Adminstration*. Chicago: The Dorsey Press.

Wollmann, H. (2007). Policy Evaluation and Evaluation Research, In Fischer, R., G. J. Miller, & M. S. Sidney (eds.). 393–403, *Handbook of Public Policy Analysis*. Boca Raton, FL: CRC Press.

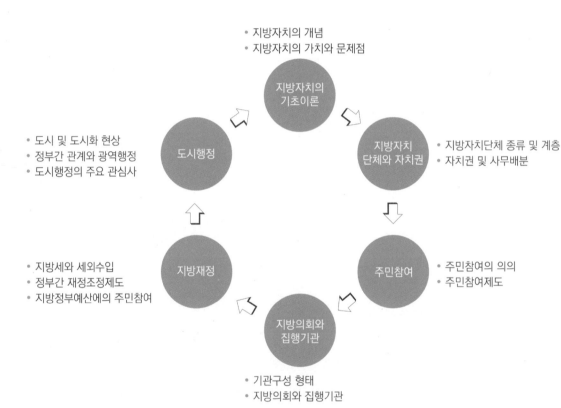

- 지방자치의 개념
- 지방자치의 가치와 문제점

지방자치의 기초이론

지방자치단체와 자치권

- 지방자치단체 종류 및 계층
- 자치권 및 사무배분

주민참여

- 주민참여의 의의
- 주민참여제도

지방의회와 집행기관

- 기관구성 형태
- 지방의회와 집행기관

지방재정

- 지방세와 세외수입
- 정부간 재정조정제도
- 지방정부예산에의 주민참여

도시행정

- 도시 및 도시화 현상
- 정부간 관계와 광역행정
- 도시행정의 주요 관심사

제6장

지방행정론과 도시행정

제1절 지방자치의 기초이론
  1. 지방자치의 개념과 구성요소
  2. 지방자치의 가치와 문제점

제2절 지방자치단체와 자치권
  1. 지방자치단체의 종류 및 계층
  2. 지방 자치권
  3. 사무배분

제3절 주민참여
  1. 주민참여의 개념
  2. 주민참여제도

제4절 지방의회와 집행기관
  1. 지방자치단체의 기관구성 형태

  2. 지방의회
  3. 집행기관(지방자치단체장)
  4. 지방의회와 집행기관에 대한 통제

제5절 지방재정
  1. 지방재정의 의미
  2. 지방세와 세외수입
  3. 정부간 재정조정제도
  4. 지방정부 예산에의 주민참여

제6절 도시행정
  1. 도시행정의 의의
  2. 도시, 도시화 현상
  3. 정부간 관계와 광역행정
  4. 도시행정의 주요 관심사

제6장
지방행정론과 도시행정

제1절 지방자치의 기초 이론

1. 지방자치의 개념과 구성요소

1) 개념

지방자치는 국가의 일정한 부분적 공간에 거주하는 주민들이 그 지역과 관련된 공적인 사무를 스스로의 책임하에서 또는 대표자를 통하여 처리하는 것을 의미한다. 지방자치는 주민 스스로의 참여와 의사결정을 통해 이루어지고 그 결과에 대해 책임을 지기 때문에 국가가 수행하는 지방행정과는 개념상의 차이가 있다. 지방행정을 넓은 의미로 이해할 경우 일정한 지역 내에서 수행하는 모든 행정을 의미하기 때문에 지방자치단체뿐만 아니라 국가도 지방행정을 수행할 수 있다. 특별지방행정기관(지방병무청, 지방보훈청 등)에 의해 일정한 지역에 거주하는 주민을 위한 행정이 수행되는 것은 그 예라고 할 수 있다. 다만 지방행정을 좁은 의미에서 중앙정부와 별도로 처리되는 자치행정이라고 이해할 경우 지방자치와 거의 동일한 개념으로 볼 수 있다.

2) 지방자치의 구성요소

지방자치의 개념을 고려할 때 지방자치를 위해서 필요한 구성요소는 지리적 공간, 주민과 지방자치단체, 자치권, 자치사무 등이다.

첫째, 지방자치를 위해서는 일정한 지리적 공간이 있어야 하며, 이런 지리적 공간은 국가의 한 부분이다. 둘째, 주민과 지방자치단체는 지방자치에서의 행위자들이다. 특히, 주민은 지역을 구성하는 구성원이며, 주인이다. 지방자치단체는 주민들의 의사와 수요를 바탕으로 지역문제를 해결할 수 있는 기구다. 셋째, 자치권은 지방자치단체가 자신의 책임하에서 자신의 사무를 처리할 수 있는 권한을 의미한다. 자치권이 없으면, 자치단체의 자율성은 유지되기 어렵고, 지방자치를 실현하는 것은 불가능하다. 넷째, 지방자치가 이루어지기 위해서는 주민과 지방자치단체가 처리할 수 있는 사무가 있어야 한다.

2. 지방자치의 가치와 문제점

1) 지방자치의 가치

지방자치의 가치는 정치적·행정적·경제적 측면으로 구분할 수 있다. 먼저 정치적 측면에서는 첫째, 주민들의 참여로 지역의 민주화가 높아지면 국가의 민주화를 구현할 수 있다. 둘째, 지방자치를 통해 주민들과 지방공무원들이 참여, 대화, 타협 등 민주주의를 학습할 수 있는 기회는 확대된다. 셋째, 중앙정부의 정권교체나 정국변동 등에 따라 발생할 수 있는 행정의 혼란이 지방에 확산하는 것을 어느 정도 차단할 수 있다.

또한 행정적 측면에서 보면 첫째, 지방자치를 통해 스스로 사무를 처리하기 때문에 지역의 특수성과 차별화된 수요를 행정에 반영할 가능성은 높아진다. 둘째, 중앙정부 행정은 분화되어 있어 부처 이기주의 등의 영향으로 지방에서 종합적인 조정이 이루어지기 어려우나, 지방자치에서는 단일 지방자치단체가 사무를 처리하기 때문에 행정의 종합적인 조정 가능성은 높아질 가능성이 있다. 셋째, 중앙정부와 지방자치단체가 기능을 분담하기 때문에 중앙정부의 과중한 부담에 따른 행정 능률성의 저하는 방지할 수 있다.

경제적 측면에서는 지방자치단체가 주민들의 지역발전에 대한 요구를 바탕으로 지역의 경쟁력을 강화하기 위한 창의적 노력을 할 가능성이 있고, 그를 통해 지역경제의 성장과 발전을 위한 다양한 정책이 추진될 수 있다. 국내 지방자치단체들이 일자리 창출, 산업정책 등 지역경제 활성화를 가장 중요한 정책 분야로 설정하고, 관련 조직을 확대한 것은 이러한 노력의 일환이다.

지방자치의 지방민주주의에서의 성과

행정자치부·한국지방행정연구원(2015)의 '지방자치 20년 평가'에 따르면, 민선지방자치 실시 이후 20년 동안 참여결정 권한의 변화에 대한 주민들의 인식은 보통 이상의 긍정적 비율이 61.2%로 나타났으나, 정책집단의 인식은 보통 이상의 긍정적 비율이 75.5%로 일반국민보다 높게 나타났다. 또한 주민의견 반영의 변화에 대한 일반국민들의 인식은 보통 이상의 긍정적 비율이 61.7%로 나타난 반면, 정책집단에서는 보통 이상의 긍정적 인식이 79%로 나타나고 있다. 이에 따라 이 보고서에서는 민선 지방자치 실시에 따른 지방대의민주주의는 확대된 것으로 평가하고 있다.

2) 지방자치의 문제점

지방자치는 장점만 있는 것이 아니며, 효과적으로 활용되지 않을 경우 다음과 같은 문제점이 발생될 수 있다. 첫째, 정치적 측면으로 자기 지역의 이익을 강조할 경우 국가적 이익이 침해될 가능성이 있고, 경우에 따라서는 지역 이기주의에 따라 지역 간 갈등이 발생할 수 있다. 이에 따라 국가 통합이 저해되거나, 갈등 해결에 사회적 비용이 소요될 수 있다. 둘째, 경제적 측면에서 경쟁 시스템에서 지방자치단체들 간에 불균형이 발생할 가능성이 있고, 동일·유사한 시설(문화시설, 체육관 등)을 지역마다 설치할 경우 규모의 경제를 상실할 수도 있다. 셋째, 행정적 측면에서 지역 간 대립, 토론·협상 등으로 정치적 협의 과정이 길어질 경우 행정 효율성은 저하될 수 있으며, 자치단체의 특수성이 강조될 경우 전국적 행정의 통일성을 확보하는 데 어려운 점이 있다.

제2절 지방자치단체와 자치권

1. 지방자치단체의 종류 및 계층

1) 지방자치단체의 개념과 특성

지방자치단체는 국가 영토의 일부분을 자기 구역으로 하고, 그 구역 내의 모든 주민을 구성원으로 하여 국가로부터 독립해서 일정한 자치권을 가지고 있는 법인격 있는 단체를 의미한다. 따라서 장소적 요인인 구역, 인적 요소인 주민, 법제적 요소인 자치권을 일반적으로 지방자치단체 구성의 세 가지 요소라고 한다.

지방자치단체는 다음과 같은 지위와 특징을 가지고 있다. 첫째, 헌법 제117조에는 지방자치단체의 설치를 규정하고 있기 때문에 지방자치단체는 헌법에 의해 기능을 부여받는다. 둘째, 지방자치단체는 단순한 행정구역이 아닌 독립적인 법적 권리·의무의 주체인 법인으로서의 지위를 가진다. 셋째, 지방자치단체는 구역과 주민을 포괄하는 자치권 있는 공공단체이다. 다만 자치권은 법률의 범위 내에서만 시행할 수 있는 제한성을 가지고 있다. 넷째, 지방자치단체는 지방의 사무를 처리하는 행정기관이지만, 국가적 통일성이 필요한 국가사무를 위임받아 수행하는 국가적 행정기관의 역할도 수행한다.

2) 지방자치단체의 종류

(1) 보통지방자치단체

보통지방자치단체는 존립 목적과 구성·조직·권한 등이 일반적이고 보편적인 특성을 가지고 있다. 보통지방자치단체는 관할 구역에 따라 광역지방자치단체와 기초지방자치단체로 구분한다. 국가별로 광역지방자치단체의 명칭은 상이하며, 우리나라는 특별시, 광역시, 특별자치시, 도, 특별자치도로 구분된다. 기초지방자치단체는 광역지방자치단체에 비해 관할 구역이 좁으며, 주민들과 가장 가까운 거리에 존재하는 것으로 시·군·구로 구분된다. 구는 특별시와 광역시에 설치되어 있는 자치구를 의미한다.

(2) 특별지방자치단체

특별지방자치단체는 특정 목적을 수행하기 위해 또는 행정사무를 공동으로 처리하기 위해 설치하는 단체로 목적, 구역, 사무, 조직, 권한 등이 특수한 단체이다. 행정 편의성과 효율성을 제고하기 위한 목적으로 설립이 되나, 지방자치단체 난립에 따른 복잡성, 행정 기능 간의 종합·조정 곤란, 주민의 관심 및 통제력 약화 등의 문제점이 있을 수 있다. 일반적으로 국내 학자들은 지방자치법 제159조에 규정된 지방자치단체 간의 공동 사무를 처리하기 위해 설립하는 지방자치단체조합을 특별지방자치단체로 보고 있다.[1]

3) 지방자치단체의 계층

지방자치단체의 계층은 단층제와 다층제로 구분할 수 있다. 단층제는 지방자치단체가 일정한 구역 내에 하나만 존재하는 것이고, 다층제는 상하 계층구

---

1) 2020년 12월 8일 지방자치법 전부 개정안이 국회를 통과하였으며, 1988년 지방자치법 전부 개정 이후 32년 만에 이뤄진 전면 개정이다. 전부 개정된 법은 공포 후 1년이 경과한 날부터 시행한다는 부칙에 따라 2022년 1월 5일부터 시행한다. 전부 개정된 지방자치법에서는 2개 이상의 지방자치단체가 공동으로 특정한 목적을 위하여 광역적으로 사무를 처리할 필요가 있을 때에는 특별지방자치단체를 설치할 수 있도록 규정하고 있다. 또한 지방자치단체조합의 설립에 대한 규정도 여전히 유지하고 있다.

조를 가지며 여러 지방자치단체가 중첩적으로 존재하는 것을 의미한다.

단층제의 장점으로는 신속한 행정과 함께 책임 소재가 명확하고, 주민의사와 여론의 신속한 전달이 가능하며, 지방자치단체의 자치권이나 지역의 개별성 및 특수성을 존중할 수 있다. 이에 비해 국토가 넓고, 인구가 많은 국가에서는 채택하기 어려우며, 대규모 사업과 광역행정의 처리에는 부적합하고, 광역지방자치단체가 없어 중앙집권화의 가능성이 있다는 단점이 있다.

다층제의 장점으로는 행정 기능이 광역과 기초지방자치단체로 분화하면서 효율적인 행정처리가 가능하고, 광역지방자치단체에서 기초지방자치단체의 행정구역을 초월하여 광역행정을 수행할 수 있으며, 광역자치단체의 보충적 기능 수행도 가능하다. 하지만, 계층이 중첩적이기 때문에 행정 기능의 중복 현상과 함께 경비 낭비의 가능성이 있다. 아울러 중앙정부와 주민 간의 소통 장애가 발생할 수 있으며, 각 지역의 개별성 및 특수성을 반영하기 곤란할 수 있다.

우리나라는 기본적으로 광역자치단체(특별시, 광역시, 도)와 기초자치단체(시, 군, 구)의 다층제 구조로 운영되고 있으나, 세종특별자치시와 제주특별자치도는 단층제로 운영되고 있다. 또한, 기초지방자치단체 아래에는 행정계층인 읍·면·동이 있다. 이와 함께 인구 50만 이상의 시에는 자치구가 아닌 행정구를 두고 있으며, 제주특별자치도의 경우 제주시와 서귀포시의 행정시를 두고 있다.

4) 지방자치단체의 구역

지방자치단체의 구역은 주민의 자연·지리적 거주 공간, 지역 주민의 정치적·사회경제적 활동 공간, 국가 및 지방사무를 처리하는 행정적 단위 공간, 심리적 집단화를 이루고 있는 생활공동체의 공간이다. 하지만, 사회경제적 여건의 변화가 발생하고, 주민들의 생활권과 경제권은 확대되고 있지만, 자치단체의 구역은 큰 변화가 없기 때문에 행정구역 개편에 대한 요구는 지속적으로 제기되고 있는 실정이다.

행정구역 설정의 기준에 대해서 학자들은 다양한 의견을 제시하고 있지만, 일반적으로 행정효율성, 자주적 재정기반, 공동생활권(공동체 의식), 주민편의,

주민참여 등을 중요한 기준으로 제시하고 있다. 첫째, 행정구역은 지방자치단체가 행정기능을 수행하는 과정에서 최소의 비용으로 최대의 서비스를 제공할 수 있는 구역이 되어야 한다. 둘째, 지역 사회의 행정수요를 충족시킬 수 있는 자체적인 재원조달능력을 확보할 수 있는 구역일 필요가 있다. 자체 능력이 약화하면 중앙정부에 대한 의존도가 증가하여 지방자치가 위협을 받을 수 있다. 셋째, 주민들 간에 자연스럽게 형성되어 있는 공동 경제·생활권과 행정구역을 일치시킬 수 있는 구역이 되어야 한다. 넷째, 교통·통신이 발달했다고는 하지만, 주민들이 지방자치단체에 접근하기 용이하고 행정의 편의성을 확보할 수 있는 구역이 되어야 한다. 다섯째, 지방행정에 대해 주민들의 직·간접적 참여를 활성화하고, 주민통제가 효과적으로 실시될 수 있는 구역일 필요가 있다.

2. 지방 자치권

1) 의미

지방 자치권은 지방자치단체가 구역의 주민을 위해 소관 사무를 자율적으로 처리할 수 있는 법률적 능력, 즉 자주적 통치권한을 의미한다. 지방자치권은 지방자치단체 구역에 있는 모든 사람을 포함하는 보편성, 지방자치단체의 독립성 또는 자기 책임성을 의미하는 자주성, 지방자치단체의 공공사무 범위가 국가의 법률에 의해 배분·결정되는 배분성(예속성)을 중요한 특징으로 하고 있다.

지방 자치권은 일반적으로 자치입법권, 자치행정권, 자치재정권, 자치조직권으로 구분하고 있으며, 자치행정권에 자치재정권과 자치조직권을 포함해서 설명하는 경우도 있다. 연방국가로서 주정부의 자치권한을 포괄적으로 인정하는 미국의 경우 자치사법권도 인정하고는 있으나, 우리나라에서는 보장되고 있지 않다.

2) 자치입법권

자치입법권은 지방자치단체가 지방자치단체의 관할에 속한 사무를 처리하기 위해 강제력 있는 법령을 제정하는 권한을 의미하며, 구체적으로는 조례와 규칙을 제정할 수 있는 권한을 말한다.

조례는 지방자치단체가 법령의 범위 안에서 그 권한에 속하는 사무에 대해 지방의회의 의결로써 제정하는 법규를 의미한다. 조례는 법령의 범위 안에서 정하는 것이기 때문에 반드시 법령의 위임이 있어야 하는 것은 아니며, 법령에 위반되지 아니하는 한 법령에서 규정하지 않은 사항도 가능하다. 다만, 상위법이나 상위 자치단체의 조례를 위반해서 제정할 수 없으며, 주민의 권리제한·의무 부과나 벌칙을 정할 때는 개별적인 법률의 위임이 존재해야 한다.

규칙은 지방자치단체의 장이 법령 또는 조례에 위임한 범위 내에서 그 권한에 속하는 사항에 관해 제정하는 자치법규를 의미한다. 조례의 개별적인 위임이 없는 한 주민의 권리제한·의무 부과나 벌칙을 규정할 수 없다.

조례와 규칙 간의 관계를 보면, 형식적 효력은 대등하다. 즉, 지방자치단체의 주민과 공무원에 미치는 효력은 동일하다. 다만, 조례와 규칙이 규정 내용이 서로 저촉될 경우 조례가 우선한다.

3) 자치행정권

자치행정권은 지방자치단체가 자기의 독자적 사무를 국가의 관여 없이 자주적으로 처리할 수 있는 권한을 의미한다. 자치사무 처리를 위한 정책대안의 탐색·모색, 의사결정 및 집행에 권한 등을 포함한다. 학자에 따라서는 자치행정권의 유형을 행정서비스를 중심으로 하는 관리행정과 통제 및 규제를 중심으로 하는 권력행정으로 구분하기도 한다(임승빈, 2014).

이러한 권한을 행사하기 위해서는 자치조직권과 자치재정권이 보장되어야 한다. 자치조직권은 지방자치단체가 자기의 조직을 정하는 권능을 의미한다. 행정기구를 조직하는 권리와 함께 행정기구 내부조직을 지방의 행정수요에 따라 형성할 수 있는 권리이다. 자치재정권은 자기 사무를 처리하는 데 필요한 경비를 충당하기 위해 자주적으로 그 재원을 조달·관리·지출하는 권한을 의미한다. 주민들의 행정수요에 대한 서비스를 제공하기 위해서는 재원의 확보와 함께 효율적인 관리가 중요하기 때문에 자치재정권은 지방자치를 실현하기 위한 핵심적인 요소라고 할 수 있다.

지역의 산업적 특성에 따른 지방자치단체의 조직

　　지방자치단체 행정조직에서 기획, 행정관리, 복지, 건설, 도로, 교통 등은 일반적인 기능이기 때문에 지방자치단체 간에 조직기구의 명칭에서는 거의 차이가 나지 않는다. 하지만, 산업·경제 영역에서는 지역별 산업구조의 차이에 따라 조직기구의 명칭에서 차별성이 나타나는 경우가 있다. 치즈로 유명한 임실군의 경우 '관광치즈과'를 두고 있으며, 과거 섬유산업의 비중이 절대적으로 높았던 대구광역시의 경우 여전히 '섬유패션과'를 두고 있다.

3. 사무배분

1) 지방자치단체의 사무

　　지방자치단체의 사무는 자치사무(고유사무), 단체위임사무, 기관위임사무 등으로 구분할 수 있다. 자치사무는 지방자치단체가 자기 책임과 부담으로 주민의 복리 증진을 위해 처리하는 사무로 지방자치단체의 존립 목적을 위한 본래적 사무라는 측면에서 고유사무 혹은 본래사무라고도 한다.

　　단체위임사무는 지방자치단체가 법령의 특별한 규정에 의해 국가 또는 상급 지방자치단체로부터 위임받아 처리하는 사무이다. 전국적 이해관계와 지방적 이해관계를 동시에 가지는 사무로 경비는 지방자치단체와 국가가 분담한다. 형식적으로는 자치사무와 같이 처리되기 때문에 자치사무와 단체위임사무의 구분은 큰 의미가 있는 것은 아니지만, 국가가 비용의 일부를 지원하고 국가가 사무의 감독권을 가지고 있다는 측면에서 자치사무와 차이가 있다.

　　기관위임사무는 지방적 이해관계가 없고 법령의 규정에 의해 국가 또는 상급자치단체로부터 집행기관에게 위임되는 사무이다. 위임받은 지방자치단체의 장은 중앙정부의 하급기관과 동일한 지위에서 사무를 처리한다. 이에 따라 기관위임사무는 지방의 자율성이 침해되어 지방분권을 저해하는 요소로 인식되고 있다.

2) 중앙과 지방 간의 사무배분

중앙과 지방 간의 사무배분은 중앙정부가 처리하는 것이 효율적인 사무를 국가사무, 그리고 지방자치단체가 수행하는 것이 효율적인 사무를 자치사무로 구분하고, 중앙정부와 지방자치단체에 그 사무의 처리 권한을 부여하는 것을 의미한다(임재현, 2017). 우리나라의 경우 지방자치단체 사무 중에서 위임사무의 비중이 높기 때문에 중앙정부의 지방자치단체에 대한 불필요한 간섭이 많아지고, 사무의 중복으로 책임 및 권한의 불명확성과 함께 그에 따른 비능률성이 발생하는 문제가 있기 때문에 효과적인 사무배분의 필요성이 제기되고 있다.

사무배분의 방식은 국가별로 다르지만, 개별적 지정 방식, 포괄적 지정 방식, 절충식으로 구분할 수 있다. 개별적 지정방식은 의회가 제정한 법률에 기초하여 개별 지방자치단체별로 사무를 지정하고 배분하는 방식이다. 책임 한계가 명확하나, 통일성이 저해되고, 다수의 개별법을 제정하는데 비용이 수반되는 문제가 있다. 포괄적 지정방식은 법률이 금지하는 사항이나 법률에 의해 중앙정부가 처리하도록 한 사항을 제외한 모든 지역적 사무처리 권한을 일괄적으로 부여하는 방식으로 융통성과 탄력성은 있으나, 정부 간의 사무배분이 모호하다는 단점이 있다. 절충방식은 일반법(예를 들어, 지방자치법 등)에 지방자치단체에 종합적으로 적용되는 사무배분 기준을 제시하되 구체적으로 사무 종목을 예시 또는 열거하는 방식으로 예시적 열거주의라고 부르기도 하며, 현재 우리나라가 채택하고 있다.

우리나라는 지방자치법 제9조 제1항에서 "지방자치단체는 관할 구역의 자치사무와 법령에 따라 지방자치단체에 속하는 사무를 처리한다"고 규정하고 있다.[2]

---

2) 전부 개정된 지방자치법(2022년 1월 5일 시행)에도 사무배분에 대한 규정은 기존과 동일하게 예시적으로 열거하고 있다. 또한 비경합의 원칙과 보충성의 원칙에 대한 내용도 여전히 유지하고 있다.

또한 제2항에서 "지방자치단체의 사무를 예시하면 다음 각 호와 같다"라고 규정하고 있어 자치사무를 예시적으로 열거하고 있다. 이와 함께 현재의 지방자치법에는 사무배분의 중요한 원칙으로 비경합의 원칙과 보충성의 원칙을 규정하고 있다. 비경합의 원칙과 관련해서 지방자치법 제10조 제3항 전반부에는 "시·도와 시·군 및 자치구는 그 사무를 처리함에 있어서 서로 경합하지 않아야 하며"라고 규정하고 있다. 또한 지방자치법 제10조 제3항 후단에는 "사무가 서로 경합하면 시·군 및 자치구에서 먼저 처리한다"고 규정하고 있다. 이는 주민의 복리에 관한 모든 사무는 우선적으로 기초자치단체에서 처리하고, 기초지방자치단체에서 처리가 불가능할 경우 광역지방자치단체나 국가에서 보충적으로 처리하도록 한 것으로 보충성의 원칙, 또는 기초자치단체 우선의 원칙을 규정한 것이다.

제3절   주민참여

1. 주민참여의 개념

1) 주민참여의 의미

주민은 지방자치단체의 구역 안에 주소를 가진 자를 의미한다. 주민은 지방의 주권자로서 해당 지방자치단체가 제공하는 행정서비스를 받을 수 있는 권리를 가지고 있다. 대부분의 국가에서는 주민들이 선출한 대표자가 지방사무를 처리하고 대의 민주주의 방식을 채택하여 운영하고 있으나, 주민의 의사가 효과적으로 반영되는 데 한계가 있을 수밖에 없다. 이러한 측면에서 주민들이 지방자치단체의 정책과정에 직접적으로 참여하려는 움직임은 확대되고 있다. 주민참여는 지역사회의 일반 주민이 지방자치단체의 공무원이나 그 자치단체의 운영 혹은 정책에 영향을 미치기 위해 행동하는 과정과 결과라고 정의할 수 있다(강용기, 2014). 따라서 주민참여는 정책결정 과정에 대한 명백하고 직접적인 접근 행위로 주민이 주체성을 가지고 자율적으로 참여하는 행위라는 특성을 가지고 있다.

2) 주민참여의 필요성

주민참여의 필요성은 주민 측면과 지방자치단체 측면으로 나누어 볼 수 있다. 주민 입장에서는 첫째, 행정통제의 실현이다. 행정의 전문성과 재량권의 확대로 행정 내부적 통제나 법적 통제가 어려워지고 있기 때문에 주민들에 의한 지방행정에 대한 통제의 필요성이 증가하고 있다. 둘째, 행정의 책임성 확보다. 주민들의 직접적인 참여를 통해 지방자치단체장과 의회의원들의 공약에 대한 모니터링 등의 활동을 통해 대표자들의 주민에 대한 책임성에 대한 인식을 강화할 필요가 있다. 셋째, 주민들의 이해 조정과 협력 활동의 증진이다. 주민들의 자기 이익에 대한 관심 증가와 정책 과정의 정치적 특성의 확대 등으로 주민들이 직접 참여해서 다양한 이해관계자들과의 논의·협의·타협 등의 노력과 활동은 지방자치의 민주성을 강화할 수 있다.

지방자치단체의 입장에서는 첫째, 주민협조의 확보이다. 정책 지지는 정책 집행의 효과성을 제고할 수 있는데, 주민들이 직접적으로 정책과정에 참여할 경우 정책에 대한 이해가 확대되고, 그에 따라 정책 지지의 가능성도 증가할 수 있다. 둘째, 행정수요의 파악이다. 주민들의 직접적인 참여와 의견개진, 그리고 그 과정에서 지방의회의원 혹은 공무원들과의 빈번한 상호작용이 이루어질 경우 행정수요가 보다 정확하게 지방자치단체에 전달될 수 있다. 셋째, 정책의 질 향상이다. 주민들의 참여가 확대되고, 그에 따라 정책의 수요적합성 제고 노력과 함께 주민들의 정책에 대한 관심이 증가할 경우 정책의 품질은 향상될 수 있다.

3) 주민참여의 한계

주민참여는 지방자치를 실현하는 데 있어서 중요한 요소로 긍정적인 측면이 많이 있다고 하더라도 한계와 단점이 없을 수 없다. 첫째, 행정기관 내부로부터의 저항이 있을 수 있다. 관료제적 특성에 따라 행정권한을 관료의 전유물로 인식하는 경향이 완전히 사라지지 않았고, 참여에 따른 비효율성 등으로 공무원들은 주민참여를 선호하지 않을 수 있다. 둘째, 대표성의 문제가 발생할 수 있다. 모든 주민들이 공평하게 참여하는 것이 아니기 때문에 실제 참여하는 사람들의 주민 대표성을 확보하기 어렵다. 셋째, 행정의 전문화를 저해할 수 있다. 주민들이 정책결정과정에 직접적으로 참여할 경우 공무원들은 행정 책임을 주민들에게 전가할 수 있고, 그러한 과정이 반복될 경우 공무원들이 의사결정에 대한 전문성을 축적하는 것이 어려워질 수도 있다. 넷째, 지역 이기주의에 따른 갈등이 발생할 수 있다. 참여하는 주민 집단들 간의 의견이 상이할 경우 자칫 이해관계에 따라 이기주의로 흐를 수 있고, 그에 따라 지역 내 갈등이 초래될 수도 있다.

2. 주민참여제도

1) 주민 협력적 참여수단

주민 협력적 참여수단은 주민들이 지방자치단체 행정과정에 의견을 개진하거나 지원하는 방식이다. 이러한 수단에는 민원모니터링, 간담회, 공청회, 자원봉사제도, 자문위원회, 주민제안제도 등이 있다. 간담회는 일종의 설명회로 정책방향이나 구체적인 정책 내용을 설명하고, 이해를 구하는 절차이다. 쌍방향 행정 수단이지만, 경우에 따라서는 지자체 치적을 홍보하는 수단으로 운영된다는 비판도 있다. 주민 공청회는 중요 정책현안에 대해 주민의 다양한 의견을 수렴하기 위한 정책토론회의 일종이다. 중장기계획 등의 초안에 대한 공청회가 이루어지고는 있으나, 주민들의 참여가 제한적이고 형식적으로 이루어지고 있다는 문제도 있다.

2) 주민 감시적 참여수단

주민 감시적 참여수단에는 주민참여 예산제도, 주민감사청구제, 주민소송제 등이 있다. 주민참여 예산제도는 예산편성에 대한 권한을 지역주민들에게 부분적으로 부여하는 제도로 해당 지역의 예산편성 과정에 지역주민들의 직접적인 참여를 보장하여 주민들의 영향력을 확보하기 위한 것이다. 주민감사청구제는 일정 주민수 이상의 연서로 지방자치단체의 권한에 속하는 사무의 처리가 법령에 위반되거나 공익을 현저히 해한다고 인정하는 경우 광역자치단체 주민은 주무부 장관에게, 기초자치단체 주민은 광역단체장에게 감사를 청구할 수 있다. 감사 청구한 결과에 대한 미흡한 부분이 발생했을 경우 소송을 제기할 수 있는 주민소송제 또한 지방자치법에 규정하고 있다. 이는 공익소송의 성격을 가지고 있으며, 주민의 개인적 권리·이익의 침해가 아닌 지방공공의 이익 보호 내지 침해의 예방을 위하여 제기하는 소송이다.

3) 주민 권력적 참여수단

주민 권력적 참여수단에는 주민투표제, 주민발안(발의)제, 주민소환제 등이 포함된다. 주민투표제는 지역의 주요 안건을 해결하는 제도로서 지방자치단체의 중요한 결정에 대해 주민들이 투표를 통해 의사를 표시하는 방법이다. 지방자치법에는 지방자치단체의 장은 주민에게 과도한 부담을 주거나 중대한 영향을 미치는 주요 결정사항 등에 대하여 주민투표에 부칠 수 있다고 규정하고 있다. 주민투표와 관련된 내용은 주민투표법에 상세하게 규정하고 있다. 주민발안(발의)제는 일정 주민수 이상의 연서로 해당 지방자치단체의 장에게 조례를 제정하거나 개정 혹은 폐지할 것을 청구할 수 있는 제도이다. 주민의 조례 제정·개폐 청구권이라고도 한다. 사실 주민발안은 주민이 능동적이고 적극적으로 단체장이나 의회의원의 권한 일부를 행사하는 것이라는 측면에서 조례 제정·개폐 청구권뿐만 아니라 주민감사 청구제를 포함하는 학자도 있다. 주민소환제는 주민들이 공직자들을 임기 중간에 불신임해 직무를 정지시켜 지방자치단체의 문제를 직접 시정하려는 제도로서 가장 적극적이고 강력한 참여의 방법이다. 원칙적으로 선출직 공무원에 한해 인정하고 있으며, 주민소환도 주민투표로 결정된다는 측면에서 주민투표제와 유사하나, 공직자에 대한 처리이기 때문에 일반적 안건에 대한 주민들의 결정제도인 주민투표제와는 구분된다.

제4절 지방의회와 집행기관

1. 지방자치단체의 기관구성 형태

지방자치단체의 기관은 지방의회와 집행기관으로 나누어진다. 지방자치단체의 기관을 구성하는 방식은 국가마다 차이가 있는데, 크게 기관통합형과 기관대립형을 구분할 수 있다.

1) 기관통합형

기관통합형은 주로 의원내각제 국가에서 채택하고 있는 것으로 권력 통합주의에 기초하여 의결기능과 집행기능을 지방의회 단일기관에서 처리하는 형태이다. 지방의회에서 모든 권한을 가지고 있으며, 지방의회의장은 단체장을 겸직하는 한편 지방자치단체를 대표하는 상징적인 존재이나, 실질적인 권한은 의회의 각 위원회에서 보유하고 있다. 장점으로는 주민의 대표기관인 의회에서 최종적인 책임을 지기 때문에 민주주의 원리와 책임정치를 구현하는데 적합하고, 의결기관과 집행기관의 대립이 없으므로 원활한 업무를 추진할 수 있다. 하지만, 위원회로 분산되어 있고, 의장이 행정적 업무를 통합하지 않기 때문에 행정의 종합성과 통일성 확보가 어려우며, 견제와 균형의 원칙이 적용되지 않으므로 권력 남용의 우려가 있다. 영국의 지방자치단체가 대표적인 사례이다.

2) 기관대립형

기관대립형은 대통령 중심제와 유사한 방식으로 권력 분립주의에 입각해 지방자치단체의 의사결정기능을 담당하는 의회와 정책집행 기능을 담당하는 집행기관을 분리시켜 이들 상호 간의 견제와 균형의 원리에 의해 지방행정을 운영하는 형태이다. 집행기관의 장을 주민들이 직접적으로 선출하는 집행기관 직선형과 집행기관의 장을 주민의 대표기관인 지방의회에서 선출하는 집행기관 간선형으로 구분할 수 있다.

집행기관 직선형의 경우 주민들이 양 기관을 직접 선출함으로써 주민통제의 실효성을 확보할 수 있고, 기관 간의 견제와 균형 그리고 비판과 감시를 통해 책임감 있는 행정이 가능하다. 하지만, 양 기관 간의 마찰로 인한 지방행정의 혼란과 마비를 초래할 수 있는 문제점이 있다. 한국, 독일, 일본 등에서 채택하고 있다. 집행기관 간선형의 경우 의회와의 긴밀한 협력체제를 유지할 수 있고, 의회의 지지를 바탕으로 강력한 행정을 추진할 수 있는 장점이 있다. 다만, 단체장이 의회에서 선출되기 때문에 정치세력에 의한 무능력자 선출 가능성과 함께 합리적이고 능률적인 행정을 저해할 수 있고, 주민통제 및 민의 반영이 약화될 수도 있다. 이는 프랑스에서 채택하고 있다.

2. 지방의회

1) 지방의회의 지위와 권한

지방의회의 지위는 주민의 대표기관, 최종적인 의사결정기관, 견제 및 감시기관 등이다. 첫째, 지방의회는 주민들의 직접적인 선거를 통해 선출된 의원들로 구성된 주민의 대표기관이다. 지방자치단체장도 주민에 의해 선출되기 때문에 주민대표 기능을 함께 가지고 있다. 둘째, 지방의회는 예산 및 정책, 조례 등 지방행정 전반에 대한 최종적인 의사결정기관이다. 지방자치단체의 예산과 조례에 대한 심의·의결과 함께 다양한 정책에 대해 의견을 제시하고 중요 안건을 의결한다. 특히 자치법규인 조례를 제정하기 때문에 입법기관이라고도 한다. 셋째, 집행기관에 대한 견제와 감시 기능도 중요하다. 기관대립형의 기관 구성에서 집행기관의 행정행위에 대한 비판과 감시 활동은 주민을 위한 책임 있는 행정에 반드시 필요한 기능이다.

지방의회의 이러한 지위와 기능을 보장하기 위해 지방자치법에는 지방의회의 권한을 규정하고 있다. 주요 안건에 대한 심의·의결권, 회의규칙 제정 등 의회 내부 자율권, 행정사무감사 및 조사권, 주민 청원의 심사 및 처리권, 서류 제출 요구권, 행정사무 처리에 대한 보고 요구권, 단체장 또는 관계 공무원 출석 요구권 등이 있다.

2) 지방의원의 신분과 의무

지방의회의 구성은 의원의 정수에 따라 다수주의 방식과 소수주의 방식으로 구분할 수 있다. 다수주의는 지역주민의 이익을 광범위하고 고르게 대표할 수 있고, 신중한 의사결정이 가능하다. 이에 비해 소수주의는 유능한 인재의 선택으로 의원의 질이 향상될 수 있고, 소규모로 운영되기 때문에 능률적인 의회 운영과 함께 의회 운영비를 절감할 수 있다. 의원들의 정수는 의원들의 신분이 명예직이냐 유급직이냐에 따라 달라진다. 명예직에서는 다수주의, 유급직에서는 소수주의를 채택하는 것이 일반적인 경향이다.

우리나라의 지방의회의원은 주민이 직접 선출하는 주민의 대표로서 신분은 정무직 지방공무원이다. 2003년 지방자치법 개정으로 '명예직'이라는 용어를 삭제하고 2006년부터 지방의원에게 월정수당을 지급함으로써 유급제로 운영하고 있다. 유급제 전환은 훌륭한 자질을 갖춘 인사들의 지방의회 진출을 위해 지방의정활동에 전념할 수 있도록 물질적인 기반을 구축할 필요가 있었고, 부정비리의 방지로 지방의회의 위상을 강화해야 한다는 요청 등에 기초하였다. 또한 지방의회의원에게는 공공이익 우선 의무, 청렴 및 품위유지 의무, 지위남용 금지 의무 등이 있으며, 업무에 대한 전념과 공익 추구를 위해 일정한 직위에 대한 겸직 금지와 함께 영리행위를 제한하고 있다.

3) 지방의회의 조직과 운영

지방의회에는 의장과 부의장3)을 두고 있으며, 임기는 2년이다. 지방의회는 조례가 정하는 바에 따라 위원회를 두고 있다. 위원회는 최종적으로 의결을 하

---

3) 광역지방의회의 경우 부의장이 2명이며, 기초지방의회는 부의장이 1명이다.

는 본회의 전에 사전적으로 심사하기 위한 상임위원회와 상임위원회 소관사항
이 아니거나 상임위원회에서 처리하는 것이 부적당한 특정 안건을 일시적으로
처리하기 위해 둘 수 있는 특별위원회로 구분된다.

　　지방의회의 회의는 매년 2회의 정례회와 임시회로 구분된다. 재적의원 3분
의 1 이상의 출석으로 개의하고 재적의원 과반수의 출석과 출석의원 과반수의
찬성으로 의결한다. 회의 진행의 기본 원칙으로는 회의 공개의 원칙, 회기 중에
의결되지 않더라도 폐기되지 않는 회기 계속의 원칙, 부결될 의안은 같은 회기
중에 다시 발의되거나 제출되지 않는다는 일사부재의의 원칙, 의원의 이해관계
가 있는 안건에 대한 의사 제척의 원칙 등이 있다. 의안의 발의는 재적의원 5분
의 1 이상 또는 10인 이상의 연서로 할 수 있다.[4]

3. 집행기관(지방자치단체장)

1) 집행기관의 의미

　　집행기관은 담임 사무에 관해 스스로 결정권을 가지고 유효하게 행정행위
를 수행할 수 있는 기관이다. 현대 사회에서는 행정 수요의 양적·질적 확대에
따라 집행기관의 권한도 강해지고 있다. 집행기관은 지방자치단체장과 보조·
보좌기관, 소속행정기관, 하부행정기관으로 구성된다.

　　먼저 지방자치단체장은 주민의 대표기관, 지방자치단체의 대표기관, 지방
자치단체의 최고행정기관으로서의 지위를 가진다. 지방의회와 동일하게 주민에
의해 선출되기 때문에 대표기관이다. 또한, 지방자치단체의 장은 지방자치단체
를 대표한다. 상징적 의미로서 의전행사에서 자치단체를 대표하기도 하고, 실
질적 의미에서 법인격을 가지고 있어 법률행위를 하는 데 있어서 대표성을 가
진다. 아울러 지방자치단체장은 행정사무를 총괄하고 책임을 지는 최고의 행정
관청이다.

---

4) 지방자치단체장도 지방의회에 의안을 발의할 수 있다.

2) 지방자치단체장의 권한

지방자치단체장의 권한은 지방자치단체를 대표하고 사무를 총괄할 수 있는 통합대표권, 고유사무와 단체 및 기관위임사무에 대한 관리·집행권, 소속 직원에 대한 지휘·감독권과 임면권, 규칙제정권 등이 있다. 또한, 지방의회에 대한 견제 및 감시권으로 의안 발의권 및 출석 발언권, 예산편성 제출권 및 재의 요구권, 임시회 및 위원회 소집 요구권, 선결처분권이 있다. 재의 요구권은 지방의회의 월권 또는 법령에 위반되거나 공익을 해한다고 인정한 경우, 예산상 집행 불가능한 경우와 의무 경비를 삭감하는 경우 등에는 이유를 붙여 재의를 요구할 수 있는 권한이다. 또한 선결처분권은 지방의회 미성립 시, 주민의 생명과 재산 보호를 위해 긴급하게 필요한 사항으로서 지방의회가 소집될 여유가 없거나 의결이 지체될 때 의회의 의결을 받지 않고 처분할 수 있는 권한이다.

지방자치단체의 임기는 4년으로 계속 재임은 3기에 한하고 있다. 지방자치법에는 지방의회의원과 마찬가지로 재임 중에 일정 직위에 대한 겸직 금지와 함께 재임 중에 지방자치단체와 영리를 목적으로 하는 거래를 하거나 그 지방자치단체와 관계 있는 영리사업에 종사할 수 없도록 하고 있다.

3) 보조기관과 하부 기관

보조기관은 지방자치단체장의 의사결정에 대한 보조를 통해 지방자치단체의 존립 목적을 달성하는 데 기여하는 기관을 의미하며, 지방자치법에는 부단체장, 행정기구와 공무원으로 분류하고 있다. 부단체장의 경우 서울특별시와 경기도에는 3명의 부시장(행정부시장 2명, 정부부시장 1명)을 두고 있으며, 그 외의 광역자치단체에는 2명을 두는데, 1명은 행정부시장 혹은 행정부지사, 다른 1명은 정무부시장 혹은 정무부지사다. 기초자치단체는 부시장, 부군수, 부구청장을 두고 있으며, 이들은 일반직 지방공무원으로 시장·군수·구청장이 임명한다. 행정기구란 행정사무를 분담하는 하위조직으로 실·국·과·담당 등을 의미한다.

소속행정기관은 직속기관, 사업소, 출장소, 합의제 행정기관 등을 의미한다. 직속기관에는 소방기관, 교육훈련기관, 보건진료기관, 시험연구기관, 중소기업지도기관 등을 설치할 수 있다. 사업소에는 상수도사업본부(혹은 상수도사업소), 건설안전관리본부(혹은 건설사업소), 문화회관, 시민회관, 차량등록사업소 등이 있다. 출장소는 원격지 주민의 행정 편의를 도모하고, 특정 지역의 개발을 촉진하기 위해 설치할 수 있다. 합의제 행정기관에는 인사위원회와 공무원 소청심사위원회 등이 있다.

하부행정기관이란 자치구가 아닌 구의 구청장, 읍·면·동의 장을 의미한다. 하부행정기관의 장은 일반직 지방공무원으로 임명한다.

생각 꾸러미

지방자치단체의 국가직 공무원

지방자치단체 소속 공무원들은 지방자치단체장이 임용하는 지방공무원이다. 하지만, 광역지방자치단체의 행정부시장(혹은 행정부지사)과 기획관리실장은 국가공무원으로 임명한다. 즉, 이들에 대한 인사권은 지방자치단체장이 아닌 대통령이 행사한다. 물론 중앙정부가 일방적으로 인사권을 행사하는 것이 아니라 사전에 지방자치단체와 협의를 거쳐 임명이 이루어진다. 하지만, 일각에서는 지방자치단체의 고위직에 국가직 공무원을 임명하는 것은 구시대적인 중앙집권적 발상이며, 중앙부처의 인사 적체를 해소하려는 방편이라는 지적이 있다. 이에 비해 지방자치단체 업무 가운데 상당 부분이 국가위임 사무라는 측면에서 원활한 업무 협조를 위해 필요하다는 입장도 있다.

4) 지방교육자치

교육의 자주성·전문성 및 지방 교육의 특수성을 제고하기 위해 지방교육행정기관(교육청)으로 분리 설치하여 교육·학예에 관한 사무를 집행하고 있다. 지방교육자치는 기초자치단체가 아닌 광역자치단체를 중심으로 이루어지고 있다. 지방교육자치단체의 기관 구성은 기관대립형으로 운영되고 있는데, 의결기관은 광역지방의회이며, 집행기관으로서 별도로 시·도에 교육감을 두고 있다. 교육감은 시·도의 교육·학예에 관한 사무의 집행기관 및 대표기관이며, 주민의 직접선거로 선출하고 있다. 지방자치단체에서 설립하지 않은 이상, 대학은 지방자치단체에 소속된 교육자치의 대상은 아니다.

4. 지방의회와 집행기관에 대한 통제

1) 의미

지방자치단체는 국가 전체의 일부분이며, 국가적 통일성을 확보할 필요가 있기 때문에 중앙정부가 지방자치단체를 통제하는 권한은 일정 부분 필요하다. 특히 행정기능의 양적 확대에 따라 지역 간의 편차가 발생하고 있고, 행정기능의 질적 복잡화와 고도화에 따라 전문성을 가진 중앙정부의 역할이 필요하다고 볼 수 있다. 아울러 사회문제의 관련성 확대와 대중매체의 발달 등으로 지방적 사무의 전국적 이해관계화에 따라 국가적 차원에서의 개입 필요성이 발생하는 경우가 있다. 지방자치단체에 대한 통제는 지도·감독뿐만 아니라 지원도 포함되며, 시·도에 대한 통제는 주무부장관이, 시·군·구에 대한 통제는 1차적으로 시·도지사가, 2차적으로는 주무부장관이 한다.

2) 지방의회에 대한 통제

지방자치법에는 지방의회의 의결이 법령에 위반되거나 공익을 현저히 해친다고 판단되면 시·도에 대하여는 주무부장관이, 시·군 및 자치구에 대하여는 시·도지사가 재의를 요구하게 할 수 있다. 이 때 재의 결과, 재적의원 과반수의 출석과 출석의원 3분의 2 이상의 찬성으로 전과 같은 의결을 하면 그 의결 사항은 확정되지만, 지방자치단체장은 재의결한 사항이 법령에 위반된다고 판단되면 대법원에 소를 제기할 수 있다. 만약 자치단체장이 소를 제기하지 아니하면 주무부장관이나 시·도지사는 단체장에게 제소를 지시하거나 직접 제소 및 집행정지결정을 신청할 수 있다.

3) 지방자치단체장에 대한 통제

중앙행정기관의 장이나 시·도지사는 지방자치단체의 사무에 관하여 조언 또는 권고하거나 지도할 수 있으며, 재정 및 기술지원을 할 수 있다. 또한 국가의 위임사무에 대해서도 주무부장관과 시·도지사의 지도·감독이 가능하다. 이와 함께 지방자치단체의 사무에 관한 명령이나 처분이 법령에 위반되거나 현저히 부당하여 공익을 해친다고 인정되면 주무부장관과 시·도지사는 시정 명령을 할 수 있고 이행하지 아니하면 취소하거나 정지할 수 있다. 지방자치단체의 장이 의무에 속하는 국가위임사무나 시·도위임사무의 관리와 집행을 게을리하고 있다고 인정되면 주무부장관과 시·도지사는 이행을 명령할 수 있다. 또한, 행정안전부장관이나 시·도지사는 지방자치단체의 자치사무에 관하여 보고를 받거나 서류·장부 또는 회계를 감사할 수 있는데, 감사는 법령위반사항에 대하여만 실시한다.

제5절 지방재정

1. 지방재정의 의미

1) 지방재정의 개념과 특징

지방재정은 관할 행정구역 내 지역 주민들을 위한 재화와 서비스의 생산·공급에 필요한 재원의 동원과 관리 및 배분 등과 관련된 활동과 과정이라고 할 수 있다. 지방재정의 기본적 구조는 예산(일반회계와 특별회계)과 기금으로 국가재정과 동일하나, 국가재정과는 다른 특성이 있다. 첫째, 지방자치단체는 자연적·경제적 조건이 다르고, 인구 규모 등이 차이가 있기 때문에 지방재정의 내용은 다양하다. 둘째, 중앙정부와 광역지방자치단체의 이전재원이 있기 때문에 중앙정부와 광역지방자치단체에 대한 의존성이 있다. 셋째, 지역의 특수성에 따른 행정수요를 충족하는 과정에서 응익적 요소가 국가재정에 비해서는 강하다.5)

이와 함께 지방자치단체 재정과는 별개로 지방교육청이 독립적으로 운영하고 있는 지방교육재정이 있다. 지방교육재정은 지방자치단체 재정과는 분리된 '교육비특별회계'로 운영되고 있으며, 지방교육청은 과세권이 없기 때문에 대부분의 재원을 중앙정부 또는 지방정부에 의존하고 있다.6)

2) 재정분권

재정분권은 지방자치단체의 기능 수행을 가능하게 하는 지방자치권의 핵심적인 요소로 재정상의 의사결정 권한과 책임을 중앙정부와 지방자치단체가 어떻게 분담하고 있는가를 보는 개념이다(윤영진, 2014).

재정분권은 양적 재정분권과 질적 재정분권으로 나눌 수 있다. 양적 재정분권은 재정에 관한 지방자치단체의 자율적 재정권한이 미칠 수 있는 재정적 활동량을 의미하는 것으로 일반정부 세입에서 지방정부 세입이 차지하는 비중인 세입분권(국가 전체 조세에서 국세와 지방세의 비중)과 일반정부 지출에서 지방정부 재정지출이 차지하는 비중인 세출분권으로 구분한다. 따라서 지방세의 비중이 높고, 지방정부 재정지출 비중이 높으면, 양적인 측면에서의 재정분권의 수준은 높다고 할 수 있다. 질적 재정분권은 자율적으로 결정할 수 있는 재량의 정도를 의미하는 것으로 재원 확보의 자주권(과세 자주권, 지방 공공요금의 자율적 결정권 등)과 재정 운영의 자주권(예산 편성 및 집행 자율성, 주민 참여 등)으로 나눌 수 있다.

---

5) 응익성은 조세나 비용을 납세자 혹은 수익자가 제공받는 서비스의 수익 정도에 따라서 부담하는 것을 의미한다. 이에 비해 응능성은 납세자 혹은 수익자의 재원 부담 능력 정도에 따라서 부담하는 것을 의미한다.
6) 예를 들어, 대구광역시교육청의 예산은 대구광역시교육비특별회계라는 용어로 사용되고 있다.

2. 지방세와 세외수입

1) 지방세입의 의미

지방세입은 지방자치단체의 각종 행정 수요를 충족하기 위한 재원이다. 지방세입은 자주재원과 의존재원, 일반재원과 특정재원, 경상수입과 임시수입으로 구분할 수 있다. 자주재원은 지방자치단체가 자주적으로 받아들이는 재원으로 지방세와 세외수입이 있다. 의존재원은 국가나 광역자치단체의 교부 혹은 보조에 의한 재원으로 지방교부세와 국고보조금이 있다. 일반재원은 자치단체가 어떠한 경비로서도 지출할 수 있는 수입으로 지방세와 지방교부세 등이 해당된다. 경상수입은 매년 규칙적·안정적으로 확보할 수 있는 수입으로 지방세, 사용료, 수수료 등이 해당되고, 임시수입은 매년 불규칙적으로 그리고 임시적으로 확보되는 수입으로 특별교부세, 지방채 등이 있다.

2) 지방세

지방세는 지방자치단체가 행정 사무를 처리하는 데 소요되는 일반경비를 충당하기 위해 주민 등으로부터 일정한 개별적 보상 없이 강제적으로 징수하는 금전을 의미한다. 현재 지방세는 11개 세목(보통세 9개, 목적세 2개)이 있으며, 지방자치단체별로 귀속되는 지방세는 차이가 있다. 이중 지방교육세는 교육청 수

표 6-1 지방세의 구조

지방자치단체	보통세	목적세
특별·광역시	취득세, 레저세, 담배소비세, 지방소비세, 주민세, 지방소득세, 자동차세	지역자원시설세 지방교육세
자치구	등록면허세, 재산세	–
도	취득세, 등록면허세, 레저세, 지방소비세	지역자원시설세 지방교육세
시·군	지방소득세, 담배소비세, 주민세, 재산세, 자동차세	–

입으로 전입되어 지방교육재정에 포함되며, 광역자치단체의 수입에는 포함되지
않는다.

3) 세외수입

세외수입은 지방정부 자체수입 중 지방세 이외의 수입을 의미하는 것으로
도로·하천·상수소 사용료수입, 쓰레기처리봉투 판매수입 등의 수수료수입, 주
차요금수입 등의 사업수입, 재산매각수입, 과징금 및 과태료 등이 있다. 지방세
는 강제적으로 부과 및 징수하는 비교환적 수입이지만, 세외수입은 수익자 부
담 원리에 근거한 교환적 수입의 성격을 가지고 있다. 세외수입은 법령에 저촉
되지 않는 한 상대적으로 자유롭게 주민을 위한 서비스를 개발하고 그에 따른
수입을 거둘 수 있는 수입원이 될 수 있다. 또한 응익적 요소에 따른 수익자 부
담 원리의 적용으로 서비스 공급 및 소비의 효율성이 강화될 수는 있으나, 지나
칠 경우 사회적 약자에 대한 서비스 제공의 기회를 박탈할 가능성이 있다.

4) 지방채

지방채는 지방자치단체가 재정수입의 부족액 보전, 투자재원의 조달 등을
위해 정부 또는 민간 부분으로부터 자금을 조달하는 채무를 의미한다. 지방채
는 2개년 이상에 걸쳐 상환되는 것으로 해당 회계연도의 수입으로 상환해야 하
는 일시차입금은 지방채에 포함하지 않는다. 지방자치단체의 신용(과세권)을 실
질적인 담보로 한다. 대규모 자본투자 사업의 경우 현 세대가 부담하는 세금으
로 추진할 경우 미래세대와 현 세대 간의 부담이 공평하지 않으므로 지방채 발
행을 통해 이러한 사업을 추진한다. 또한, 지방정부의 자체수입에 결함이 발생
할 경우 지방채 발행을 통해 기존의 재정활동을 지속하고, 사업 규모 축소를 미
연에 방지할 수 있다.

3. 정부간 재정조정제도

1) 정부간 재정조정의 의미

정부간 재정조정은 주로 이전재원의 배분을 의미한다. 중앙정부와 지방정부, 광역지방자치단체와 기초지방자치단체 간의 재정배분 시스템이라고 할 수 있다. 정부간 재정 조정의 필요성은 수직적 균형, 재정 균등화, 외부성 등이다. 첫째, 지방정부의 재정지출 책임에 비해 조세확보 능력이 충분하지 않기 때문에 생기는 문제를 조세징수권 이양보다는 이전재원을 통해 해결할 수 있다. 둘째, 지역 간의 재정 격차가 발생할 수 있는데, 그냥 두게 되면 최소한의 공공서비스가 제공되지 않을 수 있으므로 이전재원이 필요하다. 셋째, 지방정부의 서비스 공급이 과소 혹은 과다로 이루어질 수 있으므로 이전재원을 통해 최적의 서비스 공급을 유인할 필요가 있다.

우리나라의 대표적인 정부간 이전재정은 중앙정부의 지방교부세와 국고보조금, 그리고 광역지방자치단체의 조정교부금 등이다.

2) 지방교부세

지방교부세는 국가가 재정적 결함이 있는 지방자치단체에 교부하는 금액으로 용도 제한이나 특정 조건을 붙이지 않는 무조건부 지원금이다. 단순한 이전재원이라는 의미가 아니라 중앙과 지방이 세원을 공유하는 세원 재배분의 한 형태이다. 지방교부세는 보통교부세, 특별교부세, 부동산교부세, 소방안전교부세로 구분한다. 보통교부세는 지방자치단체의 일반재원 수입으로 충당할 수 없는 부족분을 보전하는 것으로 매년도의 기준재정 수입액이 기준재정 수요액에 미달하는 지자체에 대해 부족분을 기초로 하여 교부한다. 특별·광역시의 자치구를 제외한 모든 단체에 교부한다. 특별교부세는 지방재정 여건의 변동이나 예상하지 못한 수요에 대응하기 위해 특별히 교부하는 것으로 보통교부세와는 달리 용도가 정해진 특정재원이다. 보통교부세와 특별교부세는 내국세 총액의 19.24%를 재원으로 한다. 부동산교부세는 지방세였던 종합부동산세를 국세로 전환함에 따라 지방자치단체의 재원 감소분을 보전하고 재정 형평성을 제고하기 위해 종합부동산세 총액을 시·군·구에 전액 교부하는 제도이다. 소방안전교부세는 지방자치단체의 소방 및 안전시설 확충, 안전관리 강화 등을 위해 광역지방자치단체에만 교부하는 것으로 특정재원이다.

3) 국고보조금

국고보조금은 국가와 지방자치단체 간의 협력이 필요한 사업, 국가가 지방자치단체로 하여금 처리하게 하도록 사업, 국가적 입장에서 장려할 필요가 있는 사업 등을 위해 필요한 비용의 일부 또는 전부를 지방자치단체에 지원하는 재원이다. 지방교부세와는 달리 사용 목적과 용도가 정해진 지원금이며, 지방자치단체가 일정 부분 대응적(matching)으로 재정 부담을 한다는 것이 특징이다. 지원 방식은 중앙정부가 일정 비율을 지원하고 나머지는 지방자치단체가 부담하게 하는 정률 보조금과 특정 사업에 대해 고정된 금액을 지원하는 정액 보조금 형태로 나누어진다.

국고보조금은 지방비 대응 조건 때문에 중앙정부의 재정 부담을 줄이는 수단이 될 뿐만 아니라 지방재정의 압박과 왜곡요인이 되고 있으며, 지방자치단체가 더 많은 국고보조금을 받기 위해 로비 등 시간과 노력을 기울이는 지대 추구(rent seeking) 행위로 사회적 낭비가 초래되고 있다는 비판이 있다

4. 지방정부 예산에의 주민참여

1) 재정 민주주의

재정 민주주의는 재정상의 의사결정 및 재정 운영을 민주화한다는 것으로 재정 주권이 납세자인 국민에게 있다는 것을 의미한다. 즉, 납세자인 국민이 재정의 주인으로서 재정과정에 의견을 반영하고 재정운영을 감시하는 한편, 잘못된 부분의 시정을 요구하는 것을 말한다. 이를 위해 예산과정에 주민들이 직·간접으로 참여할 수 있는 다양한 방식과 제도를 마련하고 있다. 주민의 재정

선호가 제대로 반영되고 있는지를 직접 감시하고 통제하는 방식으로 시민단체의 예산 낭비 감시, 지방의회 예산 심의 기능에 대한 감시 등이 있다. 또한 예산 편성 단계에서의 공청회와 정책 토론회, 주민참여 예산제도 등을 통해 의사결정 과정에 직접적으로 참여하는 제도도 있다.

2) 주민참여 예산제도

주민참여 예산제도는 지방자치단체의 예산 편성과정에 주민이 직접 참여해 주민들의 선호와 우선순위에 따라 예산을 스스로 결정하는 제도이다. 예산 과정에서 주민의 참여와 합의를 가장 중요한 의사결정 기준으로 삼아야 한다는 의미로 재정 민주주의를 가장 잘 구현한 제도라고 할 수 있다. 지방재정법에서는 주민참여 예산제도를 의무적인 사항으로 규정하고 있다.

주민참여 예산제도는 주민 누구에게나 참여의 기회를 보장하고 있으며, 참여 주민에게 실질적 결정권한을 부여하고 있고, 참여 과정의 모든 정보를 공개하는 등의 원리에 의해 운영되고 있다. 대다수의 지방자치단체는 공모와 추천 등의 방식을 혼용하여 주민참여예산위원회 구성을 통해 이 제도를 운영하고 있다.

제6절 도시행정

1. 도시행정의 의의

지방행정 일반에 이어 도시행정을 다루는 뜻은 도시행정만의 특성 또는 가치에 주목해야 하기 때문이다. 첫째, 행정학은 기본적으로 정부 조직의 내부관리에 우선 초점을 맞추는데, 지방행정의 경우 '지역' 요소를 고려하여 중앙행정에 대비되는 지방행정의 고유 영역이 있음을 강조한다. 이어지는 맥락으로, 지방행정의 일반적인 관심사를 넘어 도시행정에서는 '공간'의 요소에 주목한다.

둘째, 한국인의 90%쯤이 도시에 사는 현실에 비춘다면 지방행정은 곧 도시행정일 수 있다. 즉, 공공조직의 운영을 넘어 도시의 사회문화적 특성에 부합하는 이슈와 공공서비스를 추가 논의하는 의미가 크다.

셋째, 지방행정에서는 중앙정부와 견주어지는 내용, 예컨대 지방자치, 지방의회, 분권 등이 특별히 강조되고 있다. 재정 역시 중앙과 비교하거나 자치단체별 고유의 세입세출 등에 관심을 둔다. 도시행정에서는 더 구체적으로 교통과 환경 등 정책의 내용에도 큰 비중을 둠으로써 행정과 외부환경의 상호작용을 살필 수 있다. 실제 보통사람의 일상에서 가장 큰 관심은 바로 이 분야일 것이다.

2. 도시와 도시화 현상

도시는 인류의 예지가 쌓인 결정체로, Glaeser(2012)는 "도시의 승리"를 선언하며 인간이 거둔 최고의 성취로서 뉴욕 등 세계의 대도시를 예찬한 바 있다. 현대 세계의 도시화는 매우 빨리 진행되어 왔다. 대략 전 세계 인구의 절반 이상이 현재 도시에 살고 있는 것으로 추계된다.

도시(都市, city)는 사람들이 밀집하여 사는 곳을 일컬으며 보통은 농촌 등과 대비되는 개념으로 이해된다. 아시아권에서는 한자어 자체로도 의미를 살필 수 있듯이 정치와 경제의 중심으로 이해되어 왔으며, 영어의 경우 고어인 'civic'에서 '문명'(civilization)이 파생되었듯이 도시는 문명 그 자체를 뜻하기도 했다. 많은 경우 도시를 정의하는 첫째 잣대는 인구와 물리적 요소이다. 즉, 일정 규모 이상의 사람들이 모여 사는 가운데 건물, 도로, 상하수도 등의 시설이 집적되어 있는 공간이 상상된다. 둘째 기준은 경제사회적 측면으로 농어업보다는 제조업과 서비스업이 주종을 이루는 공동체로 알려져 있다.

도시화 현상에는 다양한 모습으로 긍정과 부정의 영향이 존재한다. 혼잡으로 인한 교통, 환경 등의 일반적인 도시문제는 물론 범죄와 인간소외 등 사회적 문제까지 매우 다양할 터이다. 이러한 도시화 현상을 일으키는 요인으로 크게 두 가지, 즉 흡인요인(pulling factors)과 압출요인(pushing factors)을 들고 있다(대한국토도시계획학회, 2016; 박종화 외, 2018). 사람들을 도시로 끌어들이는 것은 취업 등 경제적 측면이 우선 크고, 문화 서비스에 대한 접근성이나 편리성·익명성 등의 사회적 요인을 함께 들고 있다. 인구를 농촌으로부터 밀어내는 것은 그 반대 측면인데, 농업을 포함한 일자리 부족, 생활수준의 상대적 빈곤, 교통통신 서비스의 미흡 등이 사례이다.

도시의 주요 구성요소로 시민(citizen), 도시활동(activity), 토지 및 시설(land, facility) 등을 들고 있다. 어떤 현상이 나타나면 특정 지역이 도시화(urbanization) 되는 것으로 말할 수 있을까? 동서양의 근현대사 전반에 걸쳐 도시화는 근대화, 산업화와 혼용되어 사용되어 왔다. 즉, 인구·지역성(공간 집중), 합리성(문명), 기술·산업구조(산업혁명) 등의 변화가 특정 삶터를 중심으로 급격히 이루어졌다는 뜻도 된다(대한국토도시계획학회, 2016).

3. 정부간 관계와 광역행정

1) 정부간 관계

지역이든 도시든 진공 속에 존재하지 않으며, 도시의 자족성이 강조되는 가운데도 주변 도시와의 관계, 상호작용에 대하여는 아무리 강조해도 지나치지 않다. 지방자치단체 간의 상호관계, 구체적으로는 도시와 도시 간의 연결성은 물리적으로 또는 행정적으로도 나타나게 된다. 이른바 정부 간 관계(intergovernmental relation, IGR) 그리고 광역행정의 논의 필요성은 언제나 절실하다.

우선 '정부 간 관계' 용어 자체는 1930년대 미국에서 쓰이기 시작했다고 알려져 있는데, 미국의 특성상 주로 연방정부와 주정부 간의 관계에 대한 논의에서 출발했지만, 그 이후 주-주, 주-지방정부, 지방정부-지방정부 등 다층 다양한 수준을 함께 검토하게 되었다(Wright, 1988; 행정학 전자사전).

우리나라는 전통적으로 중앙집권 경향이 강했으며 1990년대 지방자치 부활 이후에도 지방의 권한과 역량은 여전히 한정적이라 볼 수 있을 것이다. 가장 상징적이면서도 실질적인 것으로, 조세법정주의에 의하여 지방세 중에서 지방의 권한으로 신설하거나 바꿀 수 없다든지, 2020년 8월 기준으로 중앙부처 중

하나인 행정안전부가 지방자치단체 전부를 "지도 감독"하는 법적 권능을 갖고 있는 사실을 들 수 있다. 이러한 배경, 즉 지방분권이 정치적 수사에 그치는 경우가 많은 현실에서, 우리나라의 정부 간 관계 논의 중 중앙정부−지방자치단체의 관계는 기본적으로 계층적, 상하관계일 수밖에 없다.

조금 더 의미있게 나타나는 것은 광역−기초 자치단체 간의 관계, 그리고 광역−광역, 기초−기초 등 수준에서의 상호 관계와 협력이 된다. 지방자치단체 조합 등 특별지방자치단체와 일반 지방자치단체와의 상호작용 역시 마찬가지이다. 극단적인 경우로 자치단체 간 분쟁과 갈등이 있는 경우의 해결기제에 대한 논의가 중요하다. 대등한 협상, 중앙부처 및 제3자에 의한 조정 등 다양한 모습으로 나타나고 있다.

2) 광역행정

도시행정의 영역에서 정부 간 관계가 나타나는 모습으로 광역행정을 들 수 있다. 우리나라에는 인구 5천만 명에 자치단체의 숫자가 모두 240개 남짓하다. 반면, 인구가 우리의 대략 6배인 미국의 〈지방정부 센서스〉(Local Governmentn Census)에 의하면 이 나라에는 5만여 개 도시정부를 포함해서 9만여 개의 지방정부가 있을 정도로 파편화(fragmentation)가 심하다. 당연히 도시정부의 공간적·행정적 범위를 넘는 도시서비스를 공급하고 관리하는 문제가 중요하게 대두된다.

물을 공급하고 불을 끄며 눈을 치우고 공립학교를 운영하는 등 기본적인 분야에서 소형화·파편화의 한계를 극복하는 방법으로 특별행정구(special districts)를 설치하는 사례가 미국에는 많다. 일반적인 도시정부의 관할권을 넘는 넓은 지역에 대하여, 상수도·소방·교육·하천관리·대중교통 등에 특화한 정부단위를 구성하여 운영하는 것이다. 이들 특별구는 각각 선출직 대표자가 있고 세금을 별도로 거두며 예산을 세워 이를 집행하므로 실제 정부(government)로 불릴 수 있는 것이다.

우리나라의 경우 상대적으로 집권적·통합적인 정부체제이며, 비교적 공간에 비해 관할 자치 및 행정권이 넓게 부여되어 있어 광역행정을 미국만큼 별도로 심각하게 다루지는 않아도 된다. 그럼에도 불구하고 농촌이나 중소도시의 경우 상수도·지하철 등 몇몇 영역에서 이웃한 대도시와 협력하거나 신세를 지게 된다. 기본적인 도시서비스 수요에 대응하는 정도를 넘어, 적극적인 경제발전이나 관광 진흥을 위해 광역적 협력이 이루어지는 경우도 많다. 대구경북, 부산진해, 인천 등 전국에 산재한 경제자유구역이 좋은 사례가 된다. 도시계획과 연관되는 광역행정의 대표 사례는 2003년 〈국토의 계획 및 이용에 관한 법률〉에 근거하여 시작된 '광역도시계획'이다. 예로, 대구광역시와 인근 7개 시군이 연합하여 개발제한구역 조정 및 광역권 토지이용배분 등을 담아 이 계획을 의무적으로 마련하도록 하고 있다.

4. 도시행정의 주요 관심사

'도시행정'의 주제로 무엇을 다룰지는 학자와 학생마다 다를 수 있다. 행정학 일반에서 논의와 부분적으로 중복되는 경우도 있는데, 박종화 외(2018) 〈도시행정〉 교과서에서 제시하는 주요 주제를 보면 대략 그림이 잡힌다.

우선 도시, 도시문제, 도시화 등의 기본적 주제가 다루어진다. 뒤이어 도시의 물리적인 공간구조를 개관하는 가운데 도시의 계층과 성장을 논의하고 있다. 도시정부의 구성과 운영에 대한 부분은 주로 미국 등 외국의 사례를 소개하는 데 중점을 두며, 지방행정과의 중복성을 가급적 피하고 있음에도 불구하고 도시재정 분야의 경우 우리나라의 지방자치 및 지방행정 논의에서도 자주 보이는 내용이 있다.

앞서 언급한 광역행정의 경우, 지방행정론 일반에서는 거의 볼 수 없는 것으로 정부 간 관계에 대한 이론적 접근보다는 광역행정의 대상, 분류, 실제 방식, 우리나라 사례 등을 종합적으로 다룬다.

물리적인 '공간' 요소의 중점 논의는 도시계획 부분에서 가장 두드러진다. 도시계획의 기본 개념, 유형, 시대적 변천 등을 개관하면서 우리나라의 현대 도시계획제도를 설명하고 있다. 외국이든 우리나라든 실제 도시정부에서 계획하

고 실행하는 각종 도시정책의 실제가 폭넓게 등장하게 된다. 예컨대 도시개발
사업, 도시경제 프로그램, 토지관리 기법, 주택정책, 도시교통 및 환경 정책, 도
시재난 이슈, 빈곤 및 범죄 이슈에 이르기까지 매우 광범위하다. 출근길 혼잡이
나 차량 매연 등의 교통 및 환경 문제는 학술적 관심을 차치하고 보통사람의 일
상에서도 늘 관심의 대상이 아닌가. 마무리로서, 미래의 사회와 도시를 예측하
며 도시행정의 새로운 방향을 모색한다. 이상, 간략히 특정 도시행정 교재를 들
추어 보았지만, 웬만한 교재에서도 비슷한 내용으로 서술하고 있다.

　　최근의 도시정책에서는 UN의 지속가능발전목표(Sustainable Developmennt
Goals, SDGs)와 관련, 국제사회-국가 단위의 노력에 발맞추어 도시 단위에서 자
체 계획을 세워 이를 실천하고 평가하려는 움직임도 눈에 띈다.[7] 연결되는 논
의로, 유럽형 그린 어바니즘(Green Urbanism)의 비전을 제시하면서 현대 도시가
나아갈 방향을 압축형·자족형으로 제시한 바 있다(Beatley, 2000). 즉, 근본적으
로 생태발자국(ecological footprints)을 줄이면서 이웃 도시 및 지구 차원의 연결
성과 영향을 인식한다는 비전이다.

　　2020년 코로나19 팬데믹으로 인해 도시계획과 도시행정의 미래에도 커다
란 변화가 올 것으로 예상할 수 있다. 즉, 많은 인구가 밀집하여 대도시에 살면
서 지하철 등 대중교통의 수단으로 서로를 연결하는 '이상적인' 도시계획에 대
한 근본적 의문이 제기된 것이다. 핵심은 밀도-안전(density-safety)의 공존 가
능성일 것이다. 뉴욕 등 감염병 피해를 크게 입은 대도시에서는 이미 도심 사무
공간의 수요가 줄고 있으며 사람들이 교외로 떠나 살려고 하는 등 토지이용·주
택·교통 등 도시계획의 전반에 걸쳐 의미있는 변화도 나타나고 있다(이시철,
2020; New York Times, 2020. 8. 30). 그렇지만 다른 대안은 아직 많지 않은 듯하
다. 가깝고 먼 미래, 우리의 도시행정에서도 종합적으로 엄중히 고려할 일이다.

---

　　7) UN 지속가능발전목표 홈페이지(www.un.org/sustainabledevelopment/sustainable-devel-
　　　opment-goals)

제6장 참고문헌

강용기. (2014). 「현대지방자치론」. 서울: 대영문화사

박종화·윤대식·이종렬. (2018). 「도시행정론」. 서울: 대영문화사.

윤영진. (2014). 「새 지방재정론」. 서울: 대영문화사.

이시철. (2020). "밀도와 안전의 공존 가능성－코로나19 시대, 공간계획의 변화 방향 예측". 〈국토계획〉 55(5): 134－150.

임승빈. (2014). 「지방자치론」. 파주: 법문사.

임재현. (2017). 「지방행정론」. 서울: 대영문화사.

행정안전부. (2020). 「지방의회 백서」.

행정자치부·한국지방행정연구원. (2015). 「지방자치 20년 평가」.

대한국토도시계획학회. (2016). 「도시계획론」(6정판). 서울: 보성각.

Beatley, Timothy. (2000). *Green Urbanism: Learning from European Cities*. Island Press.－이시철 옮김. (2013). 「그린 어바니즘」. 서울: 아카넷.

Glaeser, Edward. (2011). *Triumph of the City: How Our Greatest Invention Makes Us Richer, Smarter, Greener, Healthier, and Happier*－이진원 역. (2011). 「도시의 승리 : 도시는 어떻게 인간을 더 풍요롭고 더 행복하게 만들었나?」. 해냄.

New York Times. The. "New Yorkers Are Fleeing to the Suburbs: 'The Demand Is Insane'" 2020－08－30.

Wright, Deil S. (1988). *Understanding Intergovernmental Relations*. Pacific Grove, California: Brooks/Cole Publishing Company.

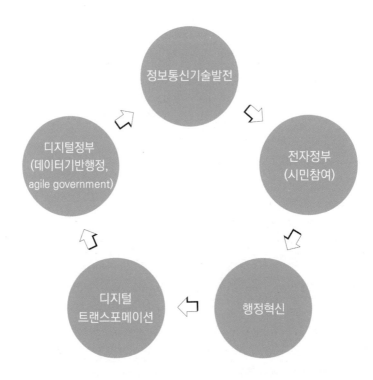

제7장

디지털행정론

제1절 디지털 행정의 등장과 의의

1. 디지털 행정의 의미와 필요성
2. 정보통신기술의 발전
3. 행정환경의 변화와 정보통신정책

제2절 전자정부

1. 전자정부의 개념과 전자정부 평가(UN)
2. 전자정부 성과와 행정혁신
3. 전자정부와 시민참여

제3절 디지털정부

1. 디지털 전환
2. 디지털 정부로의 변화
3. 데이터 기반행정과 애자일 거버먼트(Agile Government)
4. 미래정부의 모습

제7장

디지털행정론

제1절 디지털 행정의 등장과 의의

1. 디지털 행정의 의미와 필요성

디지털 행정 혹은 디지털 정부(Digital Government)는 최근 디지털 대전환(Digital Transformation)에 따른 정부의 역할, 행정서비스의 혁신적인 변화를 일컫는 새로운 용어이다. 이는 기존의 전자정부와 정보화정책을 포함하며 더욱 확장된 개념이라고 볼 수 있다.

2020년 4월 우리나라 행정안전부는 기존의 전자정부국을 디지털정부국[1]으로 개편하였으며,[2] 2020년 7월 우리나라 정부는 코로나바이러스 상황을 극복하기 위한 대책의 하나로 범부처적인 디지털 뉴딜을 발표하였다.[3] 바야흐로 디지털 행정의 시작과 도약을 의미한다고 볼 수 있다.

디지털행정의 궁극적인 지향점은 정부혁신이다. 정보통신기술, 그리고 이제는 디지털기술을 활용해서 정부의 일하는 방식의 혁신, 국민들에게 행정서비

---

1) https://www.mois.go.kr/frt/sub/a06/b04/egovMainBusiness/screen.do 행정안전부 디지털정부국
2) 연합뉴스 디지털정부국 개편 2020. 4. 27.
3) https://www.gov.kr/portal/ntnadmNews/2208307 정부24, 디지털뉴딜, 코로나 이후 디지털 대전환을 선도합니다! 2020. 7. 15.

스를 혁신적으로 제공하고, 일련의 사회문제를 대응하는 정책을 디지털기술과 연계해서 모색해 보는 것이다.

　　기존의 전자정부(e-government)란 전자상거래(e-commerce)처럼 전자(e~)라는 정보통신기술을 활용해 기존의 정부의 역할을 온라인 공간을 활용해 확장했다. 현재의 전자정부법 제2조에서는 전자정부를 다음과 같이 정의하고 있다. 전자정부란 정보기술을 활용하여 행정기관 및 공공기관의 업무를 전자화하여 행정기관 등의 상호간의 행정업무 및 국민에 대한 행정업무를 효율적으로 수행하는 정부를 말한다. 정충식(2018, p. 8)은 "광의의 전자정부는 단순하게 전자적인 민원행정서비스만을 전달하는 정부에서 나아가서 정보기술을 활용하여 정부를 혁신시키는 것에 초점을 두고 있다. 더 나아가 전자민주주의를 통하여 국민이 정부에 직접 참여하고 국민이 정치에 직접 참여할 수 있는 열린 행정과 열린 정치를 의미하는 것이다."라고 의미를 부여하였다. 디지털정부는 이러한 광의의 전자정부 개념을 계승하여 발전해나가고자 함이다.

　　정부혁신이란 정부의 가치를 높이는 모든 활동이라고 보는 것이다. 국가에 따라 개혁(reform) 혹은 근대화(modernization)라고 불리기도 하였다. 정보통신기술과 관련된 주요한 기준은 정보통신기술을 활용하여 효율성과 능률성을 향상시키며 행정서비스의 수준 제고를 목표로 함이 첫 번째이다. 물론 여기에는 관료제 내부의 혁신을 동반한다. 다음으로는 정보통신기술을 활용하여 시민의 참여(정책결정과정에의 참여)를 높이는 민주성, 정부의 책임성 강화가 두 번째이다.

2. 정보통신기술의 발전[4]

　　현재 정보통신기술의 발전을 아우르는 용어들로는 4차 산업혁명, 그리고 지능정보사회라는 유사한 내용을 담은 두 가지가 있다. 내용은 큰 차이점이 없고 주요 기술은 인공지능(Artificial Intelligence), 사물인터넷(Internet of Things),

---

4) 이 부분은 성욱준·황성수(2017) 지능정보시대의 전망과 정책대응 방향 모색의 일부분을 발췌, 활용하였다.

빅데이터(Big Data), 클라우드 컴퓨팅(Cloud Computing) 등이 특징이다. 이러한 4차 산업혁명과 지능정보시대의 도래로 정보통신기술의 발전 속도와 사회에 미치는 환경변화가 더욱 빨라지고 또 커지고 있다.

인공지능(AI) 바둑 프로그램인 알파고(AlphaGo)와 프로바둑기사인 이세돌의 대국 이후로 일반 국민들에게까지 인공지능, 지능정보시대, 4차 산업혁명이라는 용어들이 널리 알려지고 있다. 정부에서도 2016년 12월, "제4차 산업혁명에 대응한 지능정보사회 중장기 종합대책(관계부처 합동, 2016. 12. 27.)"을 발표하였다.

4차 산업혁명이라는 용어의 등장은 2016년 1월 다보스 포럼(World Economic Forum)의 "The future of Jobs"라는 보고서에서 4차 산업혁명이 머지 않은 미래에 나타날 것이며 이로 인해 일자리 지형의 대대적 변화가 발생할 것이라고 전망한 데 따른 것이다. 인공지능, 사물인터넷(IoT) 등으로 대변되는 기술의 혁신을 제4차 산업혁명이라고 부르고 있다.

4차 산업혁명의 특징은 초연결성(hyper-connected)과 초지능화(hyper-intelligence)로 요약될 수 있다. 초연결성이란 사물인터넷으로 시작되는 신기술로 사람과 사물을 서로 연결하여 네트워크를 형성하는 것을 말한다. 디지털 영역과 물리적 영역의 경계가 허물어지고 연결이 된다. 단순하게는 O2O(오프라인 to 온라인)로 대변되는 온라인과 오프라인이 연결된 상거래로부터, 궁극적으로는 물리적인 현실 세계를 데이터베이스화하는 디지털트윈(digital twin)을 예로 들 수 있다. 초지능화란 이러한 초연결로 수집된 데이터가 빅데이터화로 이어지고 기계학습과 인공지능으로 연결되어 문제해결을 해주는 지능형 제품이나 맞춤형 서비스로 구현될 수 있다. 예를 들면, 어느 TV광고에서처럼 아빠가 아기를 보다가 잠들면 엄마가 휴대폰으로 그 모습을 보면서 불을 원격으로 꺼주는, 더 나아가서는 센서(sensor)로 연결된 시스템이 저절로 사람의 행위를 판단해서 수면에 적합한 환경으로 자동으로 조절해 주는 환경이 구축될 것이다. 즉, 사물들이 센서로 서로 다 연결되고 인간이 이러한 사물네트워크에 연결되어 의사결정을 내리거나 센서들이 인공지능화되어 기계학습(machine learning)을 통한 초지능화가 가능해진다.

　지능정보사회란 지능정보기술을 기반으로 사회 전 영역에서 활용될 수 있는 범용기술 특성을 보유하여 사회 전반에 혁신을 유발하고 광범위한 사회, 경제적 파급력을 가지고 올 미래 사회를 그린 것이다. 고도화된 정보통신기술 인프라(ICBM: IoT, Cloud, Big data and Mobile)를 통해 생성, 수집, 축적된 데이터와 인공지능이 결합한 지능정보기술이 경제, 사회, 삶 모든 분야에 보편적으로 활용됨으로써 새로운 가치가 창출되고 발전하는 사회를 말한다(김윤명, 2017, 한세억, 2017, 관계부처합동 2016). 이렇듯 지능정보사회가 국가정책 의제로 등장하고 있는 것은 지능정보기술이 가져 올 자동화의 영향으로 사회 전반의 변화와 혁신이 예측되기 때문이다.

　2000년대 후반 스마트기기의 등장을 계기로 한 정보통신 기술의 변화는 최근 몇년간 빅데이터, 클라우드 컴퓨팅, 사물인터넷 등의 발전과 함께 O2O(Online to Offline)나 공유경제, 핀테크, 웨어러블 기기, 스마트 그리드, 자율주행 자동차 등의 다양한 분야의 산업과 결합하여 신융합 시대의 도래를 알리고 있다. 그리고 지금까지의 정보통신 기술들을 연결하는 플랫폼으로서 인공지능기술의 발전은 새로운 시대, 지능정보시대로의 변화가 시작되었다. 특히 지능정보시대의 핵심 기술로서 IoT, CPS, Big data 그리고 인공지능이 주목받고 있다(한국정보화진흥원, 2017).

　인공지능(AI)이란 용어는 1956년 존 메카시(J. McCarthy)와 마빈 민스키(M. Minsky) 등에 의해 인간의 지능처럼 사고하는 컴퓨터 프로그램을 연구하면서 '인공지능'이란 용어를 처음으로 사용하였다. 인공지능기술의 개념정의에 대해서는 아직 논의가 진행 중이다. 하지만 그 개념정의가 어떻든 인공지능의 목표는 기술을 활용하여 인간의 두뇌와 유사한 지능을 구현하는 것이다. 예를 들면, 1967년 체스프로그램이 처음으로 일반인을 체스로 이긴 이후, 1990년대 들어 체스 게임에서 컴퓨터와 인간챔피언의 대결(1996년, 1997년), 2010년대 퀴즈, 장기, 포커, 바둑 등의 분야에서 잇따른 인간과 인공지능의 대결이 이루어졌다. 즉, 인공지능이란 인간의 지각과 추론, 학습능력 등을 컴퓨터 기술을 통하여 구현함으로써 문제해결을 가능하게 하는 기술이라고 할 수 있을 것이다.

이러한 인공지능을 비롯한 다양한 빅데이터, 사물인터넷, 클라우드컴퓨팅 등의 기술 발전이 가져오는 사회의 변화를 우리나라는 지능정보사회라는 개념을 사용하여 정의하고 있다. 한국정보화진흥원(NIA)은 지능정보사회를 지금까지 구현된 ICT 기반 아래, 지능(효율화)이 극대화되어 국가사회 전반이 혁신되고 새로운 가치가 창출되는 사회, 인간과 사물의 사고능력이 획기적으로 개선되어 문제해결 능력이 제고되고 경제사회 시스템이 최적화되는 사회로 정의하였다(NIA, 2016).

3. 행정환경의 변화와 정보통신정책

정보화정책이란 급변하는 정보통신기술이 우리 사회의 여러 부분에 변화를 가져다주고 그 변화는 행정을 펼치는 데 환경변화로 작용하므로 이에 적절히 대응하기 위한 대응책(정책)을 마련하는 것이다. 김성태(2010, p. 83)는 "정보정책은 총체적인 사회문제 해결과 국민의 삶의 질 향상과 국가경쟁력 향상 등의 미래 지향적인 국가목표 달성을 위한, 정보사회기반 … 원활히 연결하기 위한 제반 정책으로 정의될 수 있다."라고 설명하였다.

〈그림 7-1〉에서 나타내었듯이 정보통신정책 혹은 정보화정책은 1) 정보통신기술의 변화, 2) 사회환경변화, 3) 정부의 대응책으로 정리될 수 있다. 디지털행정의 경우에는 1) 디지털기술의 폭발적인 성장, 2) 디지털대전환이라는 사회변화, 즉 행정환경의 변화, 3) 이에 대응하기 위한 정부의 대응책으로 정리될

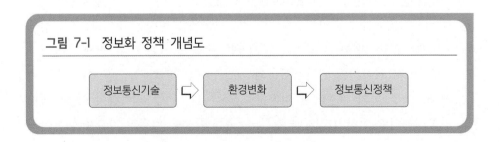

그림 7-1 정보화 정책 개념도

정보통신기술 ⇨ 환경변화 ⇨ 정보통신정책

수 있다. 5장 정책이론에서 설명하였듯이 이러한 정부의 대응책(정보통신정책) 수립 시에는 정책수단의 선택, 정책과제선정, 정책과제 집행을 위한 자원의 확보 등이 중요하다. 앞에서 제시한 디지털뉴딜에 대한 내용들이 이러한 사례가 된다.

정책수단은 대표적으로 의무화(mandate), 유인책(incentive), 역량강화(capacity building)로 구성되어 있고 대부분 이러한 수단을 혼용해서 상황에 적절하게 활용한다. 정보통신정책의 경우에는 대부분의 기술발전을 유도하는 쪽으로는 유인책과 역량강화의 수단이 많이 활용되고 내부적으로 정부의 시스템 구축과 활용 측면에서는 의무화의 수단이 종종 활용된다.

예를 들어, 디지털정부국의 주요 중점 업무 중 하나인 클라우드 기반의 전자정부를 통한 정보자원의 효율적인 운영은, 중앙정부가 클라우드 기반 행정 시스템을 구축하여 정부 모든 부처에서 활용할 수 있도록 의무화하고 역량강화 지원책을 펼친다.

제2절 전자정부

1. 전자정부의 개념과 전자정부 평가(UN)

전자정부의 개념은 2001년 7월부터 시행되고 있는 '전자정부법[5]'에 구체적으로 명시되어 있다. 명승환(2020, p. 45)은 전자정부법을 토대로 개념을 정리하여 "전자정부란 정보기술을 활용하여 행정기관 등의 업무를 효율적으로 수행함

---

5) law.go.kr/법령/전자정부법(국가법령정보센터) 전자정부법 제1조를 보면 '이 법은 행정업무의 전자적 처리를 위한 기본원칙, 절차 및 추진방법 등을 규정함으로써 전자정부를 효율적으로 구현하고 행정의 생산성, 투명성 및 민주성을 높여 국민의 삶의 질을 향상시키는 것을 목적으로 한다'고 규정하고 있다. 전자정부의 개념과 목적에 더불어 구체적으로 2조에서는 '전자정부란 정보기술을 활용하여 행정기관 및 공공기관의 업무를 전자화하여 행정기관등의 상호간의 행정업무 및 국민에 대한 행정업무를 효율적으로 수행하는 정부를 말한다.'라고 규정하고 있다.

으로써 행정의 생산성·투명성·민주성을 높여 국민의 삶의 질을 향상시키는 정부를 말한다."라고 정의하였다. 정충식(2018, p. 8)은 확장된 개념을 제시하면서 "정보기술을 활용하여 정부를 혁신시키고, 더 나아가 전자민주주의를 통하여 국민이 정부에 직접 참여할 수 있는 열린 행정을 의미한다."라고 하였다.

우리나라는 2002년부터 시작한 UN의 전자정부 평가에서 꾸준하게 좋은 평가를 받아왔다. 특히 2010년 전체 192개국 중 1위로 평가됨으로써 전자정부 선도국의 지위를 전 세계적으로 인정받기에 이르렀다. UN의 전자정부 평가는 세계의 여러 국가의 전자정부 수준 제고를 촉진하고 선진국가의 성공요인과 발전단계 향상을 위한 가이드라인 제시에 있다. 온라인서비스, 정보통신인프라, 인적자원 등으로 구성된 전자정부준비지수로 시작하였고 이후에는 온라인참여지수(e-participation index)를 추가하여 전자민주주의의 요소를 추가적으로 고려하였다.

UN웹수준 모델(Web Presence Measurement Model)을 살펴 보면 전자정부 발전 초기에 만들어져서 벤치마킹의 수단으로 활용되었다. 1단계는 출현(emerging)으로 국가행정기관들이 포털 사이트를 구축하기 시작해 각종 정보를 제공하는 단계이고, 2단계는 발전(enhanced)으로 정부의 법, 정책, 규제 등에 관한 상세한 내용을 제공하고 관련 이슈나 통계자료를 제공한다. 3단계는 전자거래(transactional)로 시민과 정부 간의 온라인 서비스 신청과 발급이 가능하고 전자적인 지불이 가능해져야 한다. 4단계는 통합처리(networked)로 정부와 정부, 정부와 시민이 연계되어 시민참여와 정부 피드백이 가능해진다. 이러한 기준에 추가로 추후에 온라인 참여지수(e-participation index)가 생겨서 전자적인 정보제공, 정책참여, 의사결정을 측정하는 세부측정 항목이 추가되었다.

전자정부의 개념과 평가로 살펴본 바에 따르면 전자정부 구축 초기에는 정부운영과 행정서비스 제공의 효율성 추구를 목표로 하고 이후에는 시민참여를 온라인으로 구축하는 민주성 추구를 목표로 하였다. 행정가치의 대표적인 효율성과 민주성 가치를 정보통신기술을 활용하여 동시에 추구하며 행정의 혁신을 이루어냈다.

2. 전자정부 성과와 행정혁신

대표적인 전자정부 서비스 웹사이트를 예를 들면서 우리나라 전자정부의 성과를 살펴보겠다. 1990년대 후반 선진국들의 정부개혁의 공통점은 정보기술을 행정에 적극 도입하여 신속 정확하고 효율적인 행정서비스를 제공하려고 출발하였다. 당시 우리나라는 김대중 정부가 "산업화는 늦었지만 정보화는 앞서가자"라는 전자정부 비전을 제시하고 대통령 기관으로서 전자정부 특별위원회를 설치·운영하여 전자정부 추진을 전 정부적, 전 국가적으로 실시하였다. 가장 대표적으로 구축된 사이트가 현재 많은 국민들이 이용하고 있는 민원24 서비스이다. 정부의 대국민 서비스 제공 차원(G4C: Government for Citizen)에서 인터넷 기반의 전자정부 단일창구 구축을 통한 국민지향적 대민 서비스의 실현을 목표로 제시하고 구축하였다. 각종 민원을 편리하게 인터넷에서 해결함으로써 정부혁신의 주요한 사례가 되었다. 이는 앞서 논의한 행정의 가치 중 효율성 증대로 요약될 수 있다.

이 당시 전자정부특별위원회의 11대 중점추진과제(정충식, 2018, p. 113)로 4대사회보험 정보시스템 연계구축, 인터넷 기반의 종합국세서비스, 전국단위의

표 7-1 정부별 전자정부 주요내용 요약

	비전	대표포털	주요 추진체계	주요 행정이념
김대중정부	국민의정부	민원24	전자정부특별위원회/ 정보통신부	효율성＋대민서비스 (편의성)
노무현정부	참여정부	국민신문고	전자정부특별위원회/ 정보통신부/ 행정자치부	효율성＋편의성＋ 민주성(참여)
이명박정부	국가정보화	무역정보망· 국토공간정보	국가정보화전략위원 회/방통위/행안부	효율성＋편의성 (대민＋대기업)
박근혜정부	정부3.0	공공데이터포털	미래창조과학부	효율성＋투명성
문재인정부	지능형정부	광화문1번가	행정안전부	민주성(참여)

그림 7-2 민원24시

교육행정 정보시스템, 범정부적 통합전산환경 구축 등 주요한 사업을 선정하고 구축하여 전자정부의 초석을 잘 다졌다.

다음으로 노무현정부(2003~2007)는 참여정부라는 이름에 걸맞게 시민참여에 대한 전폭적인 혁신을 시도하였다. 대표적으로 국민신문고 포털을 구축하여 복합민원을 접수받고, 국민제안 및 정책형성과정에의 시민참여를 활성화시켰다. 또한 이때 청와대 홈페이지에서 직접 국민의 소리를 청취하는 게시판을 운영하는 등 행정의 민주성을 높이고자 노력하였다. 오바마 대통령이 세계에 널리 알린 열린 정부(Open Government)의 개념과 여러 포털서비스(예: 정부 정보공개포털: www.open.go.kr)를 우리나라가 먼저 선도적으로 만들었다.

그림 7-3 국민신문고

이명박정부(2008~2012)는 참여정부와의 차별화 전략의 일환으로 전자정부를 국정과제에 포함시키지 않고 정보통신부를 해체하였다. 그리고 국가정보화라는 새로운 패러다임을 제시하였다. 대표적인 사업을 꼽으면 경제 활성화를 위해 기업의 창업·폐업 등 다부처 복합민원을 단일창구에서 일괄 처리하고 기업 애로 사항을 기관 간 협의하여 처리할 수 있는 체계를 고도화하는 데 주력하였다. 특히 물류·무역·통관의 각종 서비스들을 연계한 국가 통합물류·무역정보망(www.unipass.customs.go.kr)을 확대·구축하였다. 그리고 공간정보를 표준화하고 통합 구축(국가공간정보포털: www.nsdi.go.kr)함으로써 국토관리 및 이와 연계된 지방자치단체의 행정업무를 획기적으로 개선하였다.

박근혜정부(2013~2017)는 미래창조과학부를 신설하여 창조경제와 정부 3.0이라는 정부혁신을 추진하였다. 정부 3.0의 주요 특징으로는 공공정보를 적극

개방하고 공유하고 부처 간 칸막이를 없애고 소통하고 협력함으로써 정부 내 업무혁신을 꾀하였다. 대표적으로 2013년 선진적인 '공공데이터법6)'을 제정하고 공공데이터포털(www.data.go.kr)을 구축하여 데이터기반행정의 기초를 다졌다. 정보공유 및 시스템 연계를 위해 정부통합전산센터를 고도화(클라우드 기반)하고 정부업무평가에 협업 가산점을 설계하기도 하였다. 세월호 침몰 사건(2014) 이후 통합재난안전체계 구축 및 고도화를 추진하기도 하였다. 정부 3.0은 많은 좋은 내용과 사업을 담고 있었음에도 불구하고 뚜렷한 특징 없는 모호함과 산만함의 단점이 지적되기도 하였다.

　문재인정부(2017~2022)는 지능형 정부 기본계획(2017)을 수립하고 미래지향의 지능형 정부로 도약하기 위해 노력하였다. 인공지능, 빅데이터, 스마트시티 등의 과제를 제시하고 수행하였으나 2020년 코로나 팬데믹으로 인해 디지털 뉴딜7)을 발표하는 수정, 확대 전략을 수립하였다. D.N.A.(Data, Network, AI) 생태계 강화를 대표적으로 주요 내용으로 발표하였다. 또한 정부출범 전후로 광화문1번가(www.gwanghwamoon1st.go.kr)라는 시민참여포털을 구축하여 시민참여와 정책제안을 활성화시키려고 하였다.

3. 전자정부와 시민참여

　민주성을 추구하기 위해 앞서 소개한 국민신문고 그리고 광화문 1번가에 더해 서울시가 운영하고 있는 '천만상상 오아시스'도 있다. 전자정부의 발전단계에서도 설명하였듯이 이제는 정부의 개방과 시민의 참여가 전자정부의 완성단계에서 주요한 부분을 이룬다. 이러한 측면에서 전자정부사이트에서 시민들의 참여를 통한 정책제안이 어떻게 이루어지는지 간략히 살펴본다.8)

　서울시의 천만상상 오아시스(oasis.seoul.go.kr)는 온라인상에서의 활발한 시

---

6) 공공데이터의 제공 및 이용활성화에 관한 법률. law.go.kr/법령/공공데이터의제공및이용활성화에관한법률.
7) http://www.moef.go.kr/mp/nd/newDeal.do 한국판 뉴딜, 디지털 뉴딜과 그린뉴딜.
8) 이 부분은 황성수(2011). 전자거버넌스와 정책의제 설정의 일부분을 발췌, 수정, 활용하였다.

민참여를 유도하고 오프라인상에서 시민과 시정부 관계자와의 토론을 통하여 시민들이 제안하는 내용을 최종 채택하여 서울시의 정책에 반영하는 인터넷 사이트로서 Web 2.0이 표방하는 용이한 참여를 이끌어내려는 시스템이다. 천만상상 오아시스(이하 천상오)는 2006년 10월 운영을 시작하여 2009년도에는 UN 의 공공행정상을 수상하게 되는 성과를 보이게 되었다. 기존의 많은 정책 공모전, 정책제안사이트들이 단순히 우수 제안을 채택해서 상(혹은 상금)을 주는 것에서 그치는 경우가 많으나 천만상상 오아시스는 실제 채택된 제안을 실천하고 또 어떻게 진행되고 있는지 천상오 웹사이트를 통해서 보여준다는 데 의의가 있다.

정책제안 채택 단계를 살펴보면 크게 3단계로 구성이 되어 있는데 1단계의 상상 제안에서는 개인이 자유롭게 아이디어를 제안하거나 시기별로 지정된 주제에 대해서 제안을 할 수 있다. 이때 기존에 제안된 아이디어를 검색할 수 있도록 해 놓아서 비슷한 제안이 이미 제기되어 있는지 확인해 볼 수 있다. 2단계에서는 상상토론 방으로 옮겨진 제안들에 대해 방문자들이 온라인상에서 토론을 하게 된다. 일례로 초등학교에 칫솔 보관함을 설치해서 치아건강에 도움을 주자는 의견이 있었다. 초기에 학교들의 의견을 구해보니 시큰둥한 반응을 보여 좀 더 자세히 알아보니 현실은 수도시설, 즉 세면대가 턱없이 부족한 점이 있다는 것을 알게 되었다. 그래서 시범학교들에게는 복도에 양치용 추가 세면대를 설치하는 것을 보조해 주었더니 좋은 결과가 나왔으며 2010년부터 확대실시 중에 있다. 이는 어떤 정책제안이 실질적인 효과를 거두려면 칫솔 보관함을 설치하는 데 그치는 게 아니라 세면대를 설치해야 하는 위의 예처럼 예상외의 예산이 필요한 경우가 종종 생긴다.

그리고 3단계에서는 2개월에 한번 실현회의를 개최하게 된다. 이 실현회의는 주로 서울시청 대회의실에서 개최되는데 시장을 비롯하여 여러 부서의 담당관들이 참여하고, 시민단체(소비자단체 등), 상상누리단(자원 봉사단 개념의 천상오 회원 모임) 및 각계각층의 일반 시민들이 참여한다. 선정된 정책제안들의 최종 선택 여부를 이 자리에서 결정하게 되는데 재미있는 동영상 및 시청각 자료

를 활용하고 정보기술을 활용한 찬성/반대 실시간 투표도 하는 흥겹고 의미 있
는 일종의 타운홀 모임(town hall meeting)같은 성격이라고 볼 수 있다. 시민의
입장에서도 시장 및 주요 시정 담당자들에게 직접 이야기를 들어보는 자리가
마련됨으로써 정부와 시민의 소통에 기여하고 행정의 대응성도 높아진다고 하
겠다.

　　서울시 천상오, 광화문1번가 그리고 국민신문고 등은 의미 있는 주민참여
가 이루어지고 있다고 할 수 있다. 즉, 발달된 정보기술과 정보기술에 익숙한
시민들이 온라인상에서의 주민참여를 활발히 하고 있다. 단순한 민원처리와 제
시에서 벗어나 시민들의 생활에 직접적인 영향을 주는 작은 규모의 정책제안들
을 아주 활발히 하고 정책제안의 활발한 정도에는 미치지 못하지만 토론도 활
발히 하고 있다. 이는 행정의 민주성과 대응성을 증대시키는 방향이다.

　　시민참여는 도시계획(urban planning)을 연구하는 도시행정의 주민참여(public
participation)에서 기원을 찾을 수 있다. 특히 대표적인 학자인 Arnstein (1969)의
참여의 유형별 분류(a ladder of citizen participation) 연구를 시작으로 정책형성과
집행과정에서의 시민참여의 중요성이 강조되고 연구되었다. 정치학에서는 전자
민주주의를 연구하는 학자들이 전자정부에서의 시민참여와 정보통신기술을 활
용한 폭넓은 의미의 정치과정에의 시민참여를 연구하고 있다(유석진 2000, 장우
영·류석진 2013, 김용철·윤성이, 2005; 윤영민, 김동욱, & 조희정, 2007).

제3절　디지털정부

1. 디지털 전환

　　디지털전환은 디지털 신기술로 촉발되는 환경변화에 대응하여 생존과 성
장을 추구하는 기업의 경영활동을 일컫는 데서 시작하여 디지털 기술의 개발과
사용에서 확장되어 산업별로 존재하는 관행과 질서를 바꾸고 또 그 결과로 산

업지형에까지 영향을 주는 경제적, 사회적 영향을 포함하는 개념이다(STEPI, 2018). 대표적인 디지털 신기술은 이미 언급한 사물인터넷, 클라우드 컴퓨팅, 빅데이터, 인공지능 등이다. 이러한 디지털 기술이 에너지, 의료, 행정, 무역, 농업, 제조, 교통 등 사회 전 방위적으로 모든 분야에서 혁신선도의 역할을 수행하며 디지털변혁을 촉진시키고 있다.

이렇게 디지털 기술 분야의 경쟁력이 기업과 국가의 경쟁력을 결정하는 시대가 되었다는 인식하에 주요국들은 2010년경부터 디지털 기술을 사회 전반에 적용해 국가 경쟁력을 향상시키기 위한 디지털트랜스포메이션 정책을 추진하고 있다(NIA, 2019).

〈표 7-2〉는 주요 국가별 정책 중점 분야 및 내용을 요약하였다(NIA, 2019). 주요 선진국들은 특정 분야에 집중하여 관련 정책을 지속적으로 추진하고 있다. 주요 특징을 간략하게 살펴보면 미국의 경우 민간과 정부의 역할이 뚜렷하게 구분되어 있고 과학기술 선도 국가답게 정부가 장기적인 기초투자를 적극적으로 하고 있다. 일본의 경우 사회현안을 해결하기 위한 디지털 정책 추진을 추진하고 있다. 전문 인재양성과 산업 생태계 조성의 중요성을 강조한다. 우리나라의 경우 균형적인 시각을 가지고 많은 내용을 추진하고 있으나 우선순위를 명확하게 하고 우리나라의 특장점을 발굴해 국가경쟁력 강화에 가시적인 효과가 나올 수 있는 분야에 집중하는 것으로 변화해야 할 필요도 있다.

표 7-2 주요국 디지털 전환 대응 정책 요약

국가	정책 중점 분야	주요 내용
미국	✔ 기본 및 응용연구 ✔ 인프라 조성	• 정부는 기초연구 투자 및 확산, 민간은 산업 혁신 촉진 - 민간 기업의 경쟁력이 뛰어난 미국은 민간에서 쉽게 하지 못하는(대규모, 장시간 투입 등) 원천기술 개발 및 인프라 조성에 초점을 둔 정책추진
중국	✔ 기본 및 응용연구 ✔ 산업생태계 조성 ✔ 인프라 조성	• 산업 혁신을 위한 디지털 전환 강력 추진 - 중국은 기존의 양적 성장에서 질적 성장으로 변화하기 위해 신기술을 적용한 산업 생태계 전환(특히 제조업)에 초점, 기본 및 응용연구 분야 중 응용연구에 좀 더 집중

일본	✔ 기본 및 응용연구 ✔ 인재유치 및 개발 ✔ 산업생태계 조성 ✔ 디지털 포용	• 사회현안을 해결하기 위한 포용적 디지털 정책 추진 - 일본은 고령화, 인구부족 등 사회문제를 해결하고 경제 부흥을 이루기 위해 인재양성, 산업생태계 조성에 초점, 특히 디지털 포용 부문에 ICT를 활용
EU	✔ 규제	• 하나된 디지털 시장을 위한 포괄적 윤리·법규제 추진 - EU는 미·중에 대응해 ICT 경쟁력을 키우기 위해서 EU 회원국 전체의 디지털 시장 단일 전략(Digital Single Market)을 추진하며, 법·규제적으로 통일된 기준을 마련하기 위한 포괄적 법규제를 선제적으로 제시
싱가포르	✔ 기본 및 응용연구 ✔ 교육 ✔ 산업생태계 조성	• 풍부한 데이터와 AI 활용을 통한 산업경쟁력 향상 - 싱가포르는 자국의 금융, 물류 등 전통산업과 신성장 산업의 풍부한 데이터, 그리고 AI 경쟁력을 활용하여 산업을 발전시키고 관련 인재를 양성해 국가 경쟁력 향상 추진
한국	-	• 모든 분야의 균형 있는 성장을 위한 포괄적 정책추진 - 한국은 기본 및 응용연구, 인재, 생태계 및 인프라 조성, 규제 등 모든 부분에서 균형감 있는 정책 추진

자료: NIA, 2019.

2. 디지털 정부로의 변화

앞서 소개하였지만 2020년 4월 우리나라 행정안전부는 기존의 전자정부국을 디지털정부국으로 개편하였으며, 2020년 7월 우리나라 정부는 코로나바이러스 상황을 극복하기 위한 대책의 하나로 범부처적인 디지털 뉴딜을 발표하였다. 디지털 뉴딜 4대 분야는 공공데이터 및 데이터 댐 구축, AI융합서비스 확산 등으로 데이터 경제를 가속화하고, 교육인프라 디지털 전환을 위한 디지털교육 환경 구축과, 스마트 의료, 소상공인 온라인 비즈니스 지원 등의 비대면 산업 육성, 그리고 사회기반시설을 디지털화 하는 것으로 이루어져 있다.[9] 행정안전부는 디지털정부국으로의 개편으로 기존의 전자정부 총괄 기능을 유지하면서 공공데이터개방, 유통, 활용, 그리고 모바일 기반 행정서비스 구현과 클라우드

---

9) https://www.gov.kr/portal/ntnadmNews/2208307 정부 24, 기관 소식. 2020. 7. 15.

기반의 효율적인 정보자원의 통합관리를 주요 업무로 제시하였다.[10]

　이러한 방향은 기존에 학자들이 제시하던 플랫폼 정부의 연장선상이라고 볼 수 있다. 플랫폼 정부(Platform Government)란 명승환·허철준·황성수(2011)는 "정부가 구축한 장에 사용자(국민, 기업, 정부 등 모든 행위자를 망라)가 접근하여 새로운 서비스를 창출함으로써 사용자의 부가가치가 증대되는 정부의 기능"이라고 정의하였고, 이지형·박형준·남태우(2020)는 "공공영역에서 정부·시장·시민사회를 구성하는 다양한 이해관계자들이 ICT기술을 기반으로 한 '플랫폼'이라는 매개체를 통해 다양한 정보를 공유하고 소통함으로써 접근성·투명성·민주성을 강화함과 동시에 새로운 공공가치(public value)를 창출해내는 개방형 형태의 거버넌스 구조"로 정의하였다.

　플랫폼에 대해서는 막연하게 연결의 장으로 추상적으로 활용되고 설명되고 있다. 그러나 여기서 플랫폼에 대한 구체적인 설명을 하자면 플랫폼에 도착하면 어디로든 출발할 수 있고 환승할 수 있고 또 가장 중요한 목적지에 도착할 수 있어야 한다. 즉, 플랫폼 이용자의 목적이 시작부터 끝까지 끊김 없이 실행되어야 한다. 이러한 개념을 전자정부에서는 "Seamless Government(이음새 없는, 벽 없는 정부)"로 표현하기도 했다. 예를 들면, 배달음식 주문이던, 홈쇼핑이던, 정부 민원 제기이던 종류는 다르지만 시작도 간편해야 하고 완료도 간편하게 정리되어야 한다. 물론 이를 처리하기 위해 보이지 않는 프로세스는 복잡할 것이다. 또한 두 번째 중요한 특성은 확장가능성이다. 이를 모듈화라고 부를 수도 있다. 추가 탑재가 쉽게 가능하다는 이야기이다. 기존 음식배달에 세탁물배달 업종을 쉽게 추가할 수 있거나, 민원 접수에 국정운영 의사표시도 쉽게 추가할 수 있어야 진정한 플랫폼이 구축되었다 할 수 있겠다. 최근 긍정적인 평가를 받고 있는 광화문1번가[11]는 오프라인, 온라인 모두 접근가능하며 다양한 참여(정책제안, 참여, 현장소통)를 제공하고 있으며 기존 전자정부 플랫폼(국민신문고, 정부혁신 등)과 연계가 잘 되어 있다. 즉, 부언하면 플랫폼은 완결,[12] 확장, 가치

창출의 세 가지 기능을 모두 가지고 있어야 한다.

플랫폼과 연계되어서 널리 활용되는 생태계(eco-system)에 대해 간략히 설명하고자 한다. 4차 산업혁명 그리고 디지털뉴딜에서의 디지털전환 연관 산업을 이해하기 위해서는 필요한 부분이다. 최근 공유경제(sharing economy)를 표방한 우버(Uber)로 인해 생태계라는 용어가 널리 쓰이게 되었다. 비즈니스 생태계 개념을 최초로 주장한 Moore(1993)에 의하면 비즈니스 생태계는 생성, 팽창, 리더십, 자기연장(self-renewal)이라는 4단계를 가진다고 했다. 이러한 Moore의 시각에 따르면 개별 기업은 산업의 파트가 아닌 생태계의 일부로써 기업 간 협력이나 갈등의 활동을 펼치며 새로운 혁신(innovation)을 창출하거나 혹은 도태된다고 하였다.

구체적인 예를 들면 우버의 경우 뉴욕시에서는 적절한 협의를 통해 우버와 택시가 잘 공존해서 소비자후생(consumer benefit)을 높였다. 주요 장소에 택시 승하차장과 우버 승하차장을 다르게 지정함으로써 공존을 모색하였다. 물론 이러한 합의를 도출할 수 있도록 협의체를 구성하고 갈등을 해결한 지방정부의 역할이 돋보였다. 반대의 경우에는 택시업계가 도산하거나 아니면 택시업계의 강력한 저항으로 우버 같은 승차공유 업계가 진출하지 못한 사례가 있다. 이경민 외(2018)에서도 중앙정부나 지방자치단체의 역할에 따라 정책 결정의 방향과 생태계 변화가 생기며 생태계에 맞는 플랫폼을 지원하기 위한 정책이 뒷받침되어야 한다고 했다.

디지털 전환의 맥락에서 보는 생태계 활성화는 신 사업자로 인한 생태계 교란이 없고 신 사업자로 인해 생태계 유지와 확대가 되도록 장기적으로 접근해야 한다는 것이며, 추가적인 관련된 사업자들과 편익을 제공받는 소비자로 인한 사회 전반의 이익이 상승한다는 것이다. 박창규(2018, pp. 421~423)에서도 도식화해서 제시하였듯이 여러 가지 포지션을 가진 참여 그룹들(생태계 창조자, 주요 기술이나 부품 공급자, 플랫폼 내 별도 사업운영자, 고유상품판매자, 사용자)이 있다. 정부의 역할은 이러한 참여자들과 그룹들이 시장의 실패로 인해 생태계 교란이 오지 않도록 하는 것이다. 물론 분야에 따라 예측과 조정이 더 힘들 수도 있다. 일례로 차량공유와 숙박공유의 차이를 살펴보면 생태계에 포지셔닝되어 있는 참여자들의 특성 차이(호텔 업계 혹은 개인택시업자)와 소비자들의 선호도 분화, 그리고 정부의 중재 역할의 차이로 인한 생태계의 활성화 및 성장에서 다른 결과들을 보인다. 또한 동일한 업계(예: 차량 공유)에서도 미국 뉴욕의 경우 정부 및 시장참여자들의 조정 노력으로 공생하면서 생태계를 활성화시키기도 하고, 다른 도시들의 경우 택시회사가 파산하는 서로 다른 결과를 보인다.13)

3. 데이터 기반행정14)과 애자일 거버먼트(Agile Government)

최근 대두된 데이터 기반 행정이란 이러한 증거기반 정책결정에 뿌리를 두고 정보통신기술의 발달에 따른 대용량 데이터 처리 및 분석, 최신 데이터 분석 기법을 활용해서 행정서비스를 제공한다는 것이다. 문재인정부의 지능형 정부 그리고 이전 박근혜정부의 정부 3.0에서 이러한 흐름을 볼 수 있다. 2017년 정부자료를 살펴보면 의사결정 시 사이버 공간에 축적된 지식과 지능을 인공지능 기술을 활용해 인간의 개입을 줄이고 자동화된 의사결정과 또 자동화, 무인화된 행정서비스 제공을 이야기하고 있다(은종환·황성수, 2020). 즉, 정책결정의 비교적 객관화라는 측면은 증거기반정책결정과 맥을 같이 하고 있으면서 강화한 방향이며 행정서비스를 제공하는 측면에서는 전자정부의 고도화와 맥을 같이 하고 있다고 볼 수 있다.

데이터기반 행정이란 정책결정자가 정책을 정부 사업의 개발, 실행, 평가에 컴퓨터 기술의 발달로 인해 향상된 데이터 수집, 통합 및 분석 기술과 활용 가능해진 정보를 활용 및 확산하는 것을 지칭하는 용어로 사용되고 있다(윤충식, 2018). 기존의 경험이나 직관적인 정책수립 및 의사결정을 지양하고 데이터 분석을 통하여 데이터 기반에 근거를 두는 객관적이고 과학적인 행정을 구현하

---

13) 이 문단은 "황성수·신용호(2019) Mobility 신산업 동향 및 쟁점, 그리고 정부의 역할"에서 발췌, 수정, 활용하였다.

14) 데이터기반행정 부분은 황성수 외(2020)의 보고서(Portrait of Data Based Policy Making in Indonesia and Korea)의 일부분을 발췌, 수정, 활용하였다.

고자 하는 것을 말한다. 일례로 우리나라 인천시에서는 데이터 기반행정의 비전을 데이터 기반 정책혁신을 통한 인천시민의 삶의 질 향상, 목표를 정보매개 소통형 시정, 데이터기반 과학적 의사결정, 수요자 맞춤형 생활문제의 해결로 삼고 데이터 행정 인프라 확충, 데이터 기반의 일하는 방식 개선, 데이터 거버넌스 구축의 세 가지 구분으로 10개의 추진과제를 실행하고 있다.15)

데이터기반 행정 활성화에 관한 법률 제정안(제2조 제2호)에 따르면 '공공기관이 생성하거나 다른 공공기관 및 법인·단체로부터 취득하여 관리하고 있는 데이터를 수집·저장·가공·분석·표현하는 등(이하 '분석 등'이라 한다)의 방법으로 정책 수립 및 의사결정에 활용함으로써 객관적이고 과학적으로 수행하는 행정'을 데이터기반행정으로 정의하고 있다.

증거기반정책결정에서 진화를 하고 있다고 볼 수 있는 데이터기반행정의 차별점 두 가지를 정리하면 첫 번째로는 컴퓨터 기술의 발달과 함께 원천 데이터(raw data)의 증가 및 분석 처리능력의 증대이다. 두 번째로는 이러한 데이터 분석기술의 발달로 인해 소위 빅데이터 분석을 활용한 통찰(insight)을 도출할 수 있다는 것이다. 즉, 증거기반정책결정의 과학적 근거 도출과 합리적 의사결정에 추가하여 다양한 분야의 현상을 융합적인 데이터 분석을 통해 통찰을 도출하고 선제적으로 예측하여 민첩하게 대처하는 정부(Agile Government)를 지향하는 것이다.

이러한 데이터 기반행정과 맥을 같이 하여 기존의 정책 입안 및 개발과 다르게, 변화하는 환경에 지속적이고 능동적으로 대처하여 끊임없이 정책 대안을 만들고, 수정하고, 테스트하고 개선하는 방식을 채택하는 것을 '애자일 정부'라고 한다. 애자일 방식은 정책 개발 및 집행의 과정에서 지속적으로 정책을 테스트하고 집행을 개선하는 방식을 말한다. 즉, 이러한 과정에서 내·외부적 외생변수들을 신속하게 반영해서 정책실패의 가능성을 낮추고자 함이다. 애자일의 출발은 소프트웨어 산업에서 순차적으로 진행되던 개발, 테스트, 판매, 고객응대 등의 과정을 애자일 팀에서 외부 변화(시장, 고객)를 즉각적으로 이러한 과정

---

15) https://www.incheon.go.kr/data/DATA040101 인천데이터포털 데이터기반행정 소개 2020. 3. 5.

에서 수용할 수 있도록 유연하게 대응, 개선하고 개발 및 실행(판매)까지 총체적으로 수행할 수 있도록 한 것이다.

이러한 데이터 기반행정과 애자일 정부의 결합이 이루어지면, 데이터에 기반을 두어 정책을 수립하고 수정하고, 정책의 수혜자의 피드백을 즉각적으로 반영하여 정책실패를 미연에 방지한다. Mergel et al(2020)은 애자일(agile)을 수시로 변하는 공공의 수요와 기대치에 효율적으로 대응하는 것이라고 하였다. 이러한 개념은 대응성(responsiveness)과 적응형 거버넌스(adaptive governance)와 같이 많이 언급된다고 하였다. 문명재 외(2017)는 정부의 민첩성을 높이기 위해 전략적 민감도, 자원흐름 및 집합적 몰입에 대해 재정비가 필요하다고 하였고 특히 우리나라는 민간 전문가 및 이해관계자들이 참여하는 위원회가 다수 존재하며 이를 활용하여 전략적 민감도를 높이고 정부의 대응성과 민첩성을 높여야 한다고 하였다.

4. 미래정부의 모습[16]

미래의 행정은 첫 번째로 데이터 분석과 활용이 긍정적인 행정서비스의 제공을 가져다 줄 수 있다. 두 번째로는 보편성과 개별성의 약간은 상충되는 두 가지 가치의 조화로운 추구가 있을 것이다. 그래서 미래 정부의 모습은 데이터 기반행정을 민첩하게 펼치며 정책수혜자, 즉 국민의 변화하는 요구에 적극적으로 대응하고 소통하는 방향으로 이루어질 것이다. 물론 극복해야 할 과제는 개인정보를 보호하면서도 정보공개와 활용을 하고, 개인의 개별성을 충분히 맞춘 맞춤형 서비스를 제공하면서도 전체적으로 보편타당성을 유지하는 것이다.

앞서 논의하였지만 변화하는 환경의 영향력은 기존에 보지 못할 정도로 크다. 인공지능, 블록체인, 빅데이터, 사물인터넷, O2O비즈니스, 신 물류(쿠팡, 드론, 모빌리티), 도시화문제를 극복하기 위한 스마트 시티와 도심재생 등 사회 환

---

16) 이 부분은 데이터기반행정의 현안과 발전방향-한국정책학회, 행정안전부 공동기획 세미나 2018, "황성수, 미래의 행정" 발표내용을 일부 활용하였다.

경의 급격한 변화가 이루어지고 있다. 또한 코로나 팬데믹(pandemic)을 대응하기 위한 정보통신기술의 활용이 크게 요구되고 있다. 즉, 이러한 현상들은 일자리 변화, 소득과 소비의 양극화, 비대면 업무 및 일상 등의 전반적인 lifestyle(생활양식)의 변화로 나타난다. 그러므로 정부의 행정서비스 및 정책적 대응도 이에 맞춘 변화가 필요하다.

머지 않은 미래를 상상해보자. 해외여행객들에게 단편적, 보편적으로 제공하는 간략한 안내 문자를 넘어서서 개인이 위치정보에 동의한다면 소지하고 있는 휴대폰을 통해 위험지역을 실시간으로 안내해주고, 또 정부는 해외여행자 파악, 보호 및 관리가 용이해진다. 현재 외교부에서 앱을 통해 시범서비스 하고는 있지만 초보적인 수준이다. 특정 위치에서 우리나라 사람이 도난, 교통사고 등의 사례가 많은지 데이터가 축적되면 선제적으로 대응할 수 있고 또 주의경보를 미세한 위치까지 서비스 해줄 수 있다.

전기요금, 아파트 관리비 등 공과금을 옆집과 비교해 주는 행동경제학적인 디자인을 응용한 행정정보공급의 서비스가 제공된다. 옆집과 비교해 주니 에너지 절약의 동기부여가 되며, 지역별 패턴 정보를 제공하고 공유해 시빗거리와 부정, 불법을 원천 차단할 수 있다. 여기에서 더 나아가 개인의 생애주기(life cycle)를 분석하고 생활양식(lifestyle)을 빅 데이터로 분석할 수 있다. 공공데이터와 민간데이터가 개인정보의 가명정보단계를 걸쳐 마이데이터[17]로 융합되어 활용되면, 개인의 주택, 자동차 구입 및 교체를 예상하여 금융정보를 제공해 주고 세금납부를 미리 준비하라는 안내를 해줄 수 있다.[18]

미래 10년 후 정부는 데이터 기반 행정을 펼치며 민간과 협력 거버넌스체계로 운영한다. 주요 영역으로는 교통, 여행, 금융/세금, 재난안전, 복지, 의료/보건으로 꼽힌다. 코로나 대응으로 정부의 데이터 제공과 민간의 앱 구축으로 K-방역에 도움이 된 사례를 이미 목격하고 있다.

---

17) https://www.mois.go.kr/frt/sub/a06/b02/digitalOpendataMydata/screen.do 행정안전부 디지털정부국 공공부문 마이데이터
18) https://biz.chosun.com/site/data/html_dir/2020/06/29/2020062900906.html 마이데이터 시대, 금융은 어떻게 바뀔까?

이상적인 미래 정부는 행정 고유의 가치인 공공성과 보편타당성을 유지하면서도 빅데이터 분석으로 개개인 국민의 수요를 분석하고 선제적인 행정서비스를 민첩하게 제공하여야 한다. 이를 위해서는 정보공유와 활용에 대한 모범사례의 추가적인 발굴 및 가이드라인을 행정안전부가 제공해야 한다. 그리고 범부처적으로 데이터 분석 인력을 증원하고 각각의 고유영역에서 통찰력(data insight)을 발휘할 수 있는 상설 자문 팀을 가동해야 한다. 자문 팀은 내부의 데이터 전문가, 업무 영역 전문가와 외부의 데이터와 분야별 전문가로 구성되어야 한다. 또 부처를 아우르는 통합적인 접근과 범부처적인 인식개선을 위해 리더십의 지지가 중요하다.

물론 이러한 이상적인 정부 모습을 실현하기 위해서는 주의할 점도 있다. 여러 가지 측면의 정보격차를 지속적으로 줄이기 위한 노력이 디지털 전환의 시대에 더욱 더 필요하다. 개인정보 보호를 하면서도 데이터기반행정 활성화와 데이터 경제 발전을 이루어내는 기술적 발전(가명정보 처리)과 균형점 유지(법적, 제도적, 문화적 기반 조성)가 선결과제이다.

생각 꾸러미

> 1) 디지털전환(Digital Transformation)을 견인하는 신기술들 중 대표적인 것들은 무엇인가? 이러한 기술들이 왜 융합되어야 한다고 하는가?
> 2) 디지털 경제 생태계는 무엇이며 주요 특징점들은 우리나라에서 어떻게 발현되고 있는가? 이러한 생태계를 건강하게 유지하고 활성화시키기 위한 우리나라 디지털 정부의 역할과 방향성은 어떠해야 하는가?
> 3) 데이터기반 행정 활성화에 관한 법률 제정안에 따른 데이터기반행정의 성격은 어떠하며 데이터기반행정이 성공하기 위한 조건들은 어떠한 것들이 있는가?

제7장 참고문헌

과학기술정책연구원(STEPI). (2018). 디지털 전환에 따른 혁신생태계 변화 전망: 여객·운송 분야 모빌리티서비스를 중심으로. 정책연구 2018-11.

관계부처 합동. (2016). 제4차 산업혁명에 대응한 지능정보사회 중장기 종합대책. 12월 27일.

김성태. (2010). 정보정책론: 이론과 전략. 서울. 법문사.

김용철·윤성이. (2005). E-Governance 구축의 전략적 모색: 정책결정의 관점에서. 「한국정치학회보」, 39(5): 199-214.

김윤명. (2017). "지능정보사회에 대한 규범적 논의와 법·정책적 대응." 정보화정책, 23(4): 24-37.

명승환. (2020). 스마트 전자정부론: 정보체계와 전자정부의 이론과 실제 4판. 서울. 율곡출판사.

명승환·허철준·황성수. (2011). 스마트사회의 정부: 플랫폼형 정부 모델을 중심으로. 한국행정학회 동계학술발표논문집. 1-31.

문명재 외. (2017) 미래정부조직의 비전과 전략에 관한 연구. 행정학회 정책연구과제 최종보고서. 행정안전부.

박창규. (2018). 4차 산업혁명 시대 콘텐츠가 왕이라면 컨텍스트는 신이다. 서울. 클라우드나인.

성욱준·황성수. (2017). 지능정보시대의 전망과 정책대응 방향 모색. 정보화정책 24(2).

정충식. (2018). 전자정부론: 정보기술을 활용한 정부혁신론. 서울. 서울경제경영.

유석진. (2000). "정보화와 21세기 한국정치." 『국가전략』 6(2).

윤영민·김동욱·조희정. (2007). 온라인 국민참여확대 사례연구. 서울.

은종환·황성수. (2020). 인공지능을 활용한 정책의사결정에 탐색적 연구: 문제구조화 유형으로 살펴 본 성공과 실패 사례 분석. 정보화정책, 27(4).

이경민·배채윤·정남호. (2018). 4차 산업혁명 시대의 공유경제 생태계 정책 제안: 우버(Uber)사례를 중심으로. 지식경제연구 19(1).

이지형·박형준·남태우 (2020). 네트워크 거버넌스의 진화? 플랫폼 정부 모델과 전략 분석: 광화문 1번가를 중심으로. 한국행정연구 29(2).

장우영·류석진. (2013). "소셜네트워크 캠페인의 정치적 효과: 19대 총선의 빅데이터 분석."『한국정치학회보』47(4): 93-112.

한국정보화진흥원/NIA. (2017).「지능정보사회의 새로운 과제와 대응방안: 지능화연구시리즈」. 대구: 한국정보화진흥원.

한국정보화진흥원/NIA. (2019). 디지털 트랜스포메이션 성공전략: 주요국 국가정책 분석을 중심으로 IT & Future Strategy 제5호(2019. 11. 6.).

한세억. (2017). "지능정보시대의 지역혁신가치와 전략: 창조적 지역공동체." 한국지역정보화학회 2017 춘계학술대회.

황성수. (2011). 전자거버넌스와 정책의제 설정: 전자정부사이트에서의 정책제안과 시민참여 탐색연구. 한국정책학회보 20(2).

황성수. (2018). 미래의 행정:2029년의 모습? 데이터기반행정의 현안과 발전방향-한국정책학회, 행정안전부 공동기획 세미나 발표문. 2018. 9. 12.

황성수·신용호. (2019) Mobility 신산업 동향 및 쟁점, 그리고 정부의 역할. 정보화정책 26(2).

Arnstein, S. R. (1969). "A Ladder of Citizen Participation." *Journal of the American Planning Association*, 35(4): 216-224.

Hwang, S. et al (2020). Portrait of Data-Based Policy Making in Indonesia and Korea. KIPA.

Mergel, I., Ganapati, S. and Whitford, A.B. (2020), "Agile: A New Way of Governing." *Public Administration Review* doi:10.1111/puar.13202

Moore, J. F. 1993. "Predators and prey: a new ecology of competition." *Harvard business review* (71: 3), pp. 75-83.

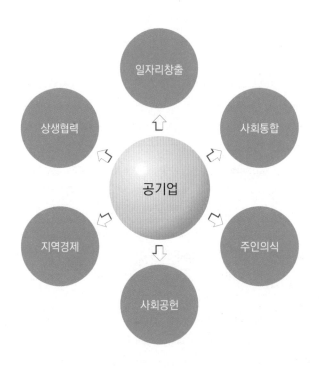

제8장

공기업론

제1절 공기업의 개념과 현황
  1. 공기업의 개념
  2. 공기업의 유형과 법률체계

제2절 공기업 경영원리와 주요 이론
  1. 공기업의 경영원리
  2. 공기업 경영상의 주요 이슈와 연계된
     주요이론

제3절 공기업 경영평가의 이해
  1. 공기업 경영상의 문제점
  2. 공기업 경영효율화를 위한 대안

제4절 공기업과 사회적 가치

제8장

공기업론

본 장에서는 공기업의 개념 및 운영원리, 관련 이론 등을 조명하고, 효과적인 공기업 운영 및 공공기관 책무성 강화를 위하여 고안된 경영평가제도에 대하여 논의한다. 또한, 공기업의 전반적인 현황 및 운영관리 측면에서의 한계점들을 정리·제시하고, 최근 사회적으로 강조되고 있는 사회적 가치 관련 공기업 경영평가 주요 지표들을 살펴본다.

제1절 공기업의 개념과 현황

1. 공기업의 개념

공기업의 개념은 학자 간 다양하게 제시되고 있으나, 일반적인 개념은 공공이 소유·통제하고 정부수준별 정책사업 및 기능수행을 위한 기업적 성격을 지닌 단위체 또는 기관을 통칭함을 말한다(서재호, 2012). 이러한 공기업의 개념

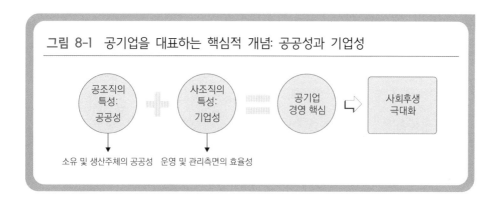

그림 8-1 공기업을 대표하는 핵심적 개념: 공공성과 기업성

을 확장하여 논의하면, '공기업은 공익성 증대를 기관의 경영목표로 설정하고, 운영원리에 있어서 기업성의 특징'을 갖는 것이다(원구환, 2018). 즉, 공공기관으로서의 사회적 후생복지 증진 및 공공성 증대에 대한 사회적 책무성 확보를 최우선 목표 및 기관 과제로 설정하고, 생산재화 및 서비스 공급을 통한 부대수익 창출 그리고 민간기업에서 활용·추진하고 있는 선진화된 경영전략 및 경영체계의 벤치마킹을 통한 운영의 효율성을 제고하고자 하는 것이다. 공기업의 개념을 도식화하면 〈그림 8-1〉과 같다.

   공기업의 개념을 '공공기관 운영에 관한 법률'에 기반하여 살펴보면 '공기업 운영주체의 공공성'으로 제시될 수 있다. 즉, 공기업의 주인은 국민으로 규정되나, 실질적인 운영상의 주체는 국민으로부터 권한을 위임받은 정부단위체(중앙정부 및 광역지방자치단체)인 것이다. 공공기관 운영에 관한 법률에서도 공기업의 설립 등에 대한 정부의 직간접적인 영향력 행사 및 공기업 정책·운영지침 등에 대한 실질적인 지배력을 행사할 수 있도록 규정하고 있어 공공성에 입각한 운영주체를 설정하고 있는 것이다(김대인, 2012). 또한, 공기업 개념을 민간조직(사조직)과 구분하여 논의할 수 있는데, 이는 〈표 8-1〉과 같이 정리될 수 있다(이상철, 2018).

표 8-1 공기업과 사기업 간의 특징 비교

구분		행정기관	공기업	사기업
최상위 목적성		공익 추구	공익 추구	사익 추구
재화의 성격		공공재	요금재 (준공공재적 성격)	민간재
소유구조		공적 소유	공적 소유	사적 소유
경영원리		독점	독점	경쟁
재원조달		조세	요금	시장 가격
경영관리 요소	조직	정부조직	독립된 법인체	개별 조직
	인사	공무원	민간 (형법상 준공무원)	민간
	재무	공적 규제	독립채산+공적 규제	시장원리
	배분	국민을 위한 자원배분 및 재분배	국민 재투자+ 일부 배당	주주 배당

자료: 이상철(2018. p. 29), '한국 공기업의 이해'에서 일부 발췌.

2. 공기업의 유형과 법률체계

공공기관의 유형은 '공공기관 운영에 관한 법률(2020년 3월 기준)'에서 잘 제시되고 있다. 공공기관 운영에 관한 법률에서는 기획재정부장관이 공공기관을 구분·지정할 수 있음을 규정하고 있으며, 일반적으로 공기업·준정부기관 그리고 기타 공공기관 등으로 구분한다.

공기업·준정부기관은 직원 정원, 수입액 및 자산규모가 대통령령으로 정하는 기준에 해당하는 공공기관이며, 이외의 공공기관은 '기타공공기관'으로 지정되어 있다. 공기업 분류에서는 시장형 공기업과 준시장형 공기업으로 구분되며, 준정부기관은 기금관리형 준정부기관, 위탁집행형 준정부기관으로 구분된다. 공기업 유형화에 따른 특징은 〈표 8-2〉와 같다.

구분	기관유형	특징
공기업	시장형 공기업	• 자산규모가 2조원 이상이고, 총 수입액 중, 자체 수입액이 85% 이상인 공기업
	준시장형 공기업	• 시장형 공기업이 아닌 공기업
준정부기관	기금관리형 준정부기관	• 국가재정법에 따라 기금을 관리하거나 기금의 관리를 위탁받은 준정부기관
	위탁집행형 준정부기관	• 기금관리형 준정부기관이 아닌 준정부기관

표 8-2 공공기관 유형[1] 및 특징

자료: 공공기관 경영정보 공개시스템 자료 재구성(2020).

앞서 전술된 공공기관 운영에 관한 법률에 근거한 공기업 유형은 경영형태, 주요 사업 및 근거법률체계 측면에서 재구분 될 수 있다(원구환, 2018. p. 86). 즉, 공기업은 국가 및 지방자치단체가 직접 경영하는 형태와 간접적으로 경영하는 형태에 따라 구분되기도 하며, 주요 사업 및 근거법률이 서로 상이하게 구성되어 있다. 예를 들어 우편, 양곡, 조달과 같은 사업의 경우에는 정부기업에서 추진되며, 근거법률은 정부기업예산법 및 개별법을 기반으로 한다. 반면에 지방자치단체에서 직접 또는 간접적으로 경영하는 지방직영기업 및 지방공사 등은 지방공기업 및 조례 등을 기반으로 운영되고 있다. 〈표 8-3〉은 공기업 유형에 따른 법률체계를 정리한 것이다(원구환, 2018. p. 86).

---

1) 공공기관 유형에 대한 구체적인 내용은 부록 참조.

표 8-3 공기업 유형별 주요 사업 분야 및 근거법률

구분		경영형태		주요 사업	법률
국가	직접경영	정부기업		우편, 우체국예금, 양곡, 조달	개별법 정부기업예산법
	간접경영	공기업	시장형	전기, 가스, 석유, 공항, 항만 등	개별법 공공기관의 운영에 관한 법률
			준시장형	수자원, 도로, 조폐, 관광 등	
		준정부기관	기금관리	국민연금, 공무원연금공단, 근로복지공단 등	
			위탁집행	연구재단, 장학재단, 정보화진흥원 등	
		기타공공기관		경제인문사회연구회, 국립대학병원 등	
지방	직접경영	지방직영기업		상·하수도, 공영개발	지방공기업법 조례
	간접경영	지방공사		도시개발, 지하철 등	
		지방공단		시설관리 등	
		출자·출연기관		의료원, 연구원, 장학재단 등	개별법, 조례, 지방자치단체 출자· 출연기관의 운영에 관한 법률

자료: 원구환(2018. p. 86), '공기업론'.

제2절 공기업 경영원리와 주요 이론

1. 공기업의 경영원리

공기업은 과거 국가발전 및 성장을 위한 경제 및 생산기반 시설(사회간접자본 공급)을 구축하고, 시장실패에서 기인된 사회적 형평성 제고, 공공재적 성격의 재화 및 서비스 공급 등을 위하여 설립 및 추진되었다. 현대에 이르러 공기업이 가진 중요한 역할과 기능은 공공부문의 비효율성을 제거하고, 노동 생산성 및 기관 경쟁력 강화를 통한 고품질의 대국민 서비스 제공이다.

공기업의 역할과 기능의 변화는 1990년대 이후, 정부운영체계 변화에 큰 영향을 준 신공공관리론의 등장과 함께 나타났다. 신공공관리의 핵심적 논의사항은 '경쟁과 협업'의 관점이 공공부문에 적용되어 국민 수요 대응성(고객지향주의)을 강화하는 것이다. 이는 앞서 전술한 바와 같이 공공부문의 혁신적 변화관리 측면에서의 경쟁원리 적용을 통한 기관 생산성과 성과 극대화를 추구하는 것이며, 나아가 협력과 협업체계 구축을 통한 공공기관별 단일사업단위 및 수행 업무의 긍정적인 시너지 효과를 증대시키기 위함이다.

또한, 최근에는 공공부문에서 강조되는 거버넌스의 운영체계를 공기업 경영원리에 적극 적용하여 추진하고 있다. 일반적으로 거버넌스는 수평적/협력적 관계를 지향하고, 권한과 기능을 배분하여 현장지향적이며 책임성 있는 공공서비스 전달체계로 개념화된다. 이러한 정부 단위의 거버넌스 운영원리 채택은 공기업의 경영원리에도 적용되어 추진되고 있다.

일선 공기업 현장에서는 공기업별 고유기능에 대한 국민적 수요에 적극 대응하고자 혁신경영전략을 수립하고, 고객 맞춤형 사업 발굴 및 추진체계에 대한 변화관리를 위해 노력하고 있다. 공기업 조직 내부적 관점에서는 기존의 위계적 관리구조에서 탈피하여 수평적 조직 문화를 구축하는 노력을 하고 있다. 특히, 권한과 책임을 일선현장 및 조직(부서)에 부여하여 사업 추진의 자율성을 제고하고, 자율성에 기반한 부서 간의 경쟁과 협업의 균형적인 적용 및 책임성

그림 8-2 공기업의 경영원리

을 강화하기 위한 전사적 성과관리체계를 구축하고 있다. 대외적인 관점에서는 유관기관 간의 협업을 통하여 사업 추진에 필요한 필수자원을 적극 확보하고, 공기업 간 기능 및 사업 연계를 통한 대국민/대시민의 효용 수준을 제고하고자 노력하고 있다.

따라서 공기업의 경영원리는 공공기관으로서의 사회적 책무성 제고를 위한 혁신적 변화관리체계로 개념화할 수 있으며, 경영원리의 구성요소는 '경쟁과 협업', '권한과 기능 배분', '사회적 형평성과 경영 효율성', '자율성과 책임성 및 성과관리' 등으로 요약될 수 있다.

2. 공기업 경영상의 주요 이슈와 연계된 주요 이론

공공부문과 연계된 학술적 이론들은 이미 다양하게 제시되고 있으며, 일선 공공조직의 현안사안에 대응하고자 적극 활용되고 있다. 공기업 분야 역시 다학제 간 논의들이 공기업 운영상의 개선방안 설정 등에 객관적 논의자료로 많이 인용되고 있다. 따라서 공기업 경영원리와 연계된 주요 이론들을 살펴봄으

표 8-4 공기업 경영원리와 주요 이론 예시

구분		주요 이론	주요 관점 및 연계성
거시적 관점 (공기업과 거버넌스 운영체계 접목)		신공공관리론	• 공기업의 경쟁원리 및 변화관리 ─ 시장화, 분권화, 고객지향주의, 정부 책임성

		후기신공공관리론	• 공기업 사회적 책무성 강화
			  ─ 신공공관리론 핵심 원리＋공공부문의 사
			    회적 책무성 강화

		신공공서비스론	• 공기업의 사회적 가치＋고객 맞춤형 서비스 제공
미시적 관점	운영 방식	자원의존성이론	• 공기업 자원 희소성의 원칙 및 협업 필요성
		체제이론	• 외부환경변화 대응 공기업 조직 변화관리
		거래비용이론	• 공기업 조직 및 인력운영/기능 재구조 등과 연계된 권한 및 기능 배분 원리
		네트워크이론	• 이해관계자 분석에 따른 공기업 기능/사업 효과성 제고
		정책분석 및 평가(비용편익분석)	• 공기업 사업 타당성 및 효과성 분석
	운영상의 문제점	주인─대리인이론	• 공기업 관리 및 기능 주체의 복대리인 문제
		공공선택론	• 공기업 정책결정의 왜곡성 문제
		집합적 행위이론	• 공기업 성과달성 저해요인인 무임승차자 문제

로써 다학제 간 이론들을 학습하고, 논리적 연계성을 제고할 필요가 있다.

공기업 경영에 대응할 수 있는 주요 내용은 공기업 경영체계 이해와 공기업 운영 방식 등과 연계될 수 있다. 공기업 경영체계의 이해의 경우, 거시적 관점에서의 주요 이론들을 살펴 볼 필요가 있으며, 운영 방식 측면에서는 미시적 관점에서의 주요 이론들을 논의할 필요가 있다. 즉, 거시적 관점에서는 공공부문 전반에 걸친 운영체계의 변화 방향성과 현재 강조되고 있는 공공기관의 정책 방향성을 논의할 수 있는 이론들을 연계하고, 미시적 관점에서는 경영 및 사업 운영방식, 운영체계, 경영상의 문제점 등을 연계할 수 있는 이론들을 살펴볼 필요가 있다. 〈표 8-4〉는 거시적 그리고 미시적 관점에서 공기업 경영 전반에 대응할 수 있는 이론들을 제시한 것이다.

제3절　공기업 경영평가의 이해

1. 공기업 경영상의 문제점

　　공기업 운영의 문제점을 지적할 때 항상 수식어처럼 회자되는 것이 바로 경영 비효율성과 방만 경영이다. 경영 비효율성과 방만 경영이라는 문제점은 공공부문의 관료제적 조직 문화에서 비롯된 비효율성의 문제와 공기업 관리 및 수행주체의 구조적인 문제에서 시작되는 대리인의 행태(도덕적 해이)에서 파생된다고 볼 수 있다. 즉, 행정학 및 정책학 등 다양한 학술 영역에서 논의되는 주인-대리인 이론이 공기업 운영상의 문제점을 지적할 때 많이 활용된다.

　　주인-대리인 이론에서는 인간행태에 있어 '제한된 합리성'이라는 기본 전제를 기반으로 출발한다. 인간의 의사결정은 개인별 비용/편익 구조에 입각하여 판단하게 되며, 비용을 최소화하고 개인적 편익을 증진시키는 방향으로 행태를 한다는 것이다. 또한, 개인별(주인-대리인 관계) 상호작용에 있어서 정보의 비대칭성의 문제가 나타나게 되어 주인과 대리인 간의 모니터링이 쉽지 않음을 제시하고 있다. 즉, 제한된 합리성을 기반으로 한 대리인의 행태는 계약관계에 의해 설정된 주인의 목표 및 목적에 부합되지 않는 대리인 개인의 편익을 증진시키는 방향으로 의사결정 및 행위를 하는 것이다. 이는 정보의 비대칭성에서 기인된 대리인의 모든 행태를 관리·감독할 수 없는 모니터링의 한계가 발생하는 것이다. 이러한 과정 속에서 대리인의 도덕적 해이라는 문제점이 나타날 수 있는 것이다. 물론 대리인 선정 과정에서도 주인의 입장에서 후보자에 대한 모든 정보를 파악하여 판단할 수 없는 상황이 발생하는 역선택의 문제도 나타날

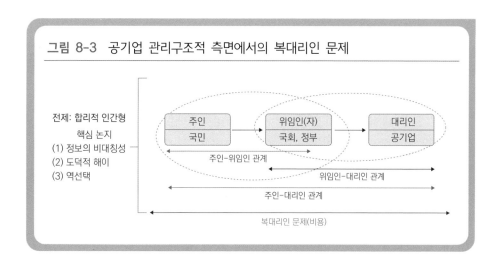

그림 8-3 공기업 관리구조적 측면에서의 복대리인 문제

수 있다.

이러한 주인-대리인 이론의 내용들은 공기업 관리구조에서도 나타난다. 공기업의 최상위 주인은 국민이지만 실제 모든 국민이 공기업을 관리할 수는 없다. 따라서 국민은 권한을 정부 단위에 위임하게 되고, 정부는 공기업을 관리하게 되는 것이다. 또한 실제 공기업 운영은 공기업 단위에서 이루지게 됨으로써 실제 공기업 내부에는 주인이 없는 대리인들에 의해 운영되는 것이다. 이러한 공기업의 관리구조적 측면에서 제기될 수 있는 부분은 바로 복대리인 비용 문제이다. 국민-정부-공기업으로 연결되는 구조적인 측면에서 다수의 대리인이 발생하게 되고, 대리인들의 관점을 제한된 합리성을 지닌 인간형으로 논의를 하게 되면 복대리인의 문제, 즉 다수의 대리인에 의한 도덕적 해이 비용이 발생하는 것이다. 〈그림 8-3〉은 공기업 관리구조적 측면에서의 복대리인의 문제를 나타낸다.

복대리인 비용 이외의 공기업 운영의 문제점 중 자주 제시되는 것이 무임승차자(Free Rider) 문제이다. 무임승차자 문제는 공공부문에서 자주 논의되는 부분으로 공공재 및 공유재의 특성 등에 기인된 사회 문제점을 지적할 때 자주 활용된다. 또한, 공기업 내부 구성원들의 조직 몰입도 측면에서 많이 논의되는

데 이는 집합적 행위이론과 연결된다. 집합적 행위이론은 협업 및 집합적 행위 시 발생되는 비용은 감내하지 않고, 편익만을 취하려 하는 조직 구성원의 행태를 지적하고, 이러한 무임승차자를 최소화하고 조직몰입 및 직무몰입 그리고 협업을 이끌어 낼 수 있는 방법론을 제시하는 이론이다.

공기업의 설립목적 및 기관 미션 등 경영목표 달성을 위하여 구성원 전체 차원의 집합적 행위 노력이 필요함에도 불구하고, 부서이기주의, 부서할거주의, 비용 회피 등에 의한 무임승차자가 발생하게 되는 것이다. 따라서 무임승차자 감내하지 않은 비용(노력 및 몰입 등)이 타인 또는 공기업 기관 차원의 비용으로 전가될 때 문제시된다. 공기업에서는 이러한 무임승차자를 최소화하기 위해 구성원들의 성과평가 및 관리체계를 객관화 및 구체화하고 있으며, 성과달성 수준에 따른 성과우수자 및 성과미흡자 관리를 위한 선택적 인센티브(selective incentive) 제도를 운영하고 있다.

2. 공기업 경영효율화를 위한 대안

1) 경영효율화를 위한 민영화와 시장화

공기업의 경영 비효율성을 제거하고, 효율성을 증대시키기 위한 대안으로 제시되는 것이 소유권을 전환시키는 민영화와 관리운영 변화관리 전략인 시장화이다. 민영화는 공공이 소유한 공기업을 민간에 소유권을 전환시키는 것을 의미한다. 즉, 대리인에 의해 운영되는 공기업 운영의 문제점을 해결하고, 공공성이 낮은 영역에 대한 시장경제 여건 및 재화의 경쟁성 등을 감안하여 공기업을 민간부분으로 이관함을 의미한다(노광표 외, 2019; 이상철, 2018; 박영흐 외, 2010).

하지만, 공기업 경영 비효율성 해소 차원의 민영화 대안에 대하여 반대의 논지도 많이 제시되고 있다. 우선 기존 공기업이 생산하는 재화 및 서비스 영역은 초기 투자자본이 많이 소요되는 영역이 많아 시장으로의 민영화가 추진되었을 시 독점 및 독과점의 형태인 시장실패가 나타날 수 있다. 또한, 공기업 구조에서 민간기업화가 되었을 시, 기업 차원의 영리추구 및 조직 축소 등으로 인한 대규모의 구조조정이 예상되어 실업자 증가에 따른 사회적 비용 증가에 대한 우려의 목소리도 있다. 뿐만 아니라, 공기업의 생산재화 및 서비스 대부분은 국민 실생활과 직접적으로 연결되는 준공공재의 성격이 강한 재화임을 감안하면 민간기업에 의해 생산될 경우 사적재로 전환되어 경합과 배제의 원리가 작동되어 사회적 형평성 차원의 재화 공급이 원활하지 않을 가능성이 제기되고 있다.

최근에는 소유권 전환이라는 민영화 대안보다는 공기업 운영 및 관리방식을 전환하는 시장화의 대안이 더욱 부각되고 있다. 시장화는 공기업의 경영체질을 개선하기 위하여 민간시장에서 운영 및 적용되는 선진화된 경영기법들을 벤치마킹하는 것이다.

시장화라는 접근법을 통하여 제시되는 공기업 경영 변화관리 대안은 일반적으로 두 가지로 구분되어진다. 첫 번째는 제도화를 통한 기능적인 합리성을 추구하는 것이다. 이는 공기업 운영 조직 개편, 사업 및 기능 수행의 절차 및 방식 개선, 업무프로세스 개선, 일하는 방식 개선 등 공식적인 제도화를 통하여 경영 효율성을 확보하는 것이다. 두 번째는 공기업 운영 주체 및 구성원들의 의지(Willingness)를 제고하는 실질적 합리성을 추구하는 것이다. 공식적 제도화를 위한 구조적 변화관리가 체계화되더라도 구성원 단위에서의 직무몰입, 협업, 동기부여 등과 관련된 규범, 조직 문화 등이 구현되지 못하면 실질적인 변화관리의 성과달성이 어렵기 때문이다(이상철, 2018).

따라서 공기업 경영 효율화를 위한 대안들을 도식화하면 다음과 같다.

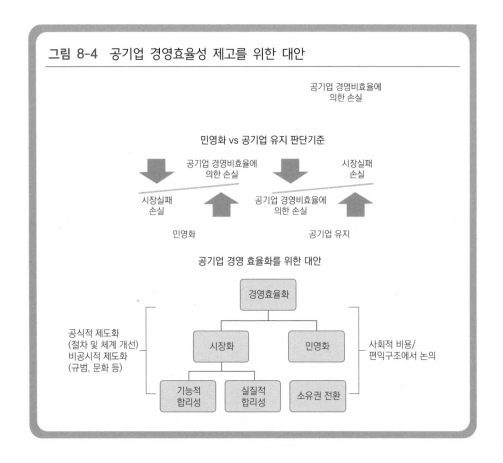

그림 8-4 공기업 경영효율성 제고를 위한 대안

2) 경영평가제도의 활용

(1) 경영평가제도의 이해

경영평가제도는 공기업의 고유사업 및 사회적 공헌활동에 대한 성과를 제고하기 위하여 도입되었으며, 공기업에 부여된 자율성에 입각하여 사회적 책무성 관점에서의 책임성을 논의하기 위해 고안된 제도이다. 즉, 경영평가제도는 공기업 경영의 자율성 및 책임경영체제 확립을 위해 매년 경영성과를 공정하고, 객관적으로 평가하는 제도이다(기획재정부, 2020). 경영평가의 필요성과 이유에 대한 논의는 〈표 8-5〉와 같다.

표 8-5 공기업 경영평가의 필요성과 이유

구분	세부 내용
사회적 기여도 확보	• 공기업 설립목적에 부합하는 사업성과 및 사회적 책무성 제고를 위한 공기업 책임성 강화 차원
대리인 문제 해소	• 공기업 내·외부적 대리인 구조에서 발생하는 대리인 비용 최소화와 구성원 직무몰입 유도를 통한 성과창출 차원
준공공재 공급	• 국민경제 및 실생활과 직접적으로 연관되는 공기업 생산재화 및 서비스 공급의 적절성 확보 차원
공적규제의 확보	• 정부 차원의 권장정책 이행 수준 및 법령상 의무 사항에 대한 공기업 사업 추진 정합성 확보 차원
경영 효율성 및 혁신경영체계 확보	• 공기업 운영구조의 비효율성을 제거하고, 미래지향성 및 지속가능성 확보를 위한 경영체질 개선 차원

자료: 원구환(2018. pp. 451~452). '공기업론'.

경영평가는 크게 중앙공기업과 지방공기업에 평가체계로 이원화되어 있다. 중앙공기업 경영평가는 기획재정부에서 주관하는 것으로 경영관리영역과 주요 사업영역으로 구분되어 있다. 경영관리영역에서는 ① 경영전략 및 리더십, ② 사회적 가치 구현, ③ 업무효율, ④ 조직·인사·재무관리, ⑤ 보수 및 복리후생관리, ⑥ 혁신과 소통 등 하위평가영역으로 구성되어 있다(기획재정부, 2020).

| 표 8-6 | 중앙공기업 경영평가지표 및 세부평가내용 | |

범주	평가지표	평가내용 / 지표정의
경영전략 및 리더십	전략기획	기관의 설립목적에 부합하는 비전, 경영목표, 경영전략의 수립과 이를 실행하기 위한 노력과 성과를 평가함
	경영개선	기관의 기능조정·신규사업 발굴 및 경영개선 계획 수립·시행 실적 등 경영효율성 제고를 위한 기관의 노력과 성과를 평가함
	리더십	경영계약 이행 노력·성과, 구성원 동기부여, 이사회 운영 등 기관장의 리더십을 평가함
사회적 가치 구현	일자리 창출	비정규직의 정규직 전환 실적, 청년 미취업자, 시간선택제 실적을 평가함
		일자리 창출(민간부문의 일자리 창출 포함)과 고용의 질 개선을 위한 노력과 성과를 평가함
	균등한 기회와 사회 통합	사회적 약자에 대한 고용과 보호 등 사회통합 노력과 성과를 평가함
		사회형평적 인력 활용과 균등한 기회보장을 위한 노력과 성과를 평가함
	안전 및 환경	환경보전 및 환경의 지속가능성을 위한 노력과 성과를 평가함
		재난 사고로부터 안전한 근로 생활환경을 유지하기 위한 노력과 성과를 평가함
	상생협력 및 지역발전	지역경제 활성화와 중소기업 사회적 경제 기업과의 상생·협력을 위한 실적을 평가함
		지역사회발전 및 지역경제 활성화와 중소기업·소상공인 등과의 상생·협력을 위한 노력과 성과를 평가함
	윤리경영	경영활동 시 경제적·법적 책임과 더불어 사회적 통념으로 기대되는 윤리적 책임을 준수하려는 노력과 성과를 평가함
업무효율	업무효율	업무효율 향상 실적을 평가함
조직 인사 일반	조직·인사 일반 (삶의 질 제고)	조직 및 인적자원 관리와 성과관리 체계의 구축·운영 노력과 성과를 평가함
	재무예산 운영·성과	기관의 경영상황을 고려하여 재무(예산) 안정성, 투자 및 집행효율성 등을 평가함
		공공기관의 운영에 관한 법률 제39조의 2에 따른 중장기재무관리계획 이행실적을 평가함

		건전한 재무구조 및 합리적 예산운용을 위한 재무예산 관리 시스템 구축 및 운영 성과를 평가함
보수 및 복리후생 관리	보수 및 복리후생 관리	합리적인 보수 및 복리후생 제도 구축을 위한 노력과 성과를 평가함
	총인건비 관리	공기업·준정부기관 예산편성 지침의 총인건비 인상률 준수 여부를 평가함
	노사관계	협력적 노사관계를 위한 노력과 성과를 평가함
혁신과 소통	혁신노력 및 성과	혁신계획의 적정성, 기관장의 혁신리더십, 혁신추진체계 구축, 혁신 문화 조성 등을 위한 노력과 성과를 평가함
		국민 등 대내외 이해관계자와의 소통·참여, 투명성 제고를 위한 노력과 성과를 평가함
		중점추진과제의 성과를 평가함
	국민소통	경영투명성 제고를 위해 경영정보 공개시스템(알리오)에 공시하는 자료의 정확성 및 적시성 등을 평가함
		고객만족도, 사회적 가치 기여도 조사결과에 나타난 고객만족도, 사회적 가치 기여도의 수준을 평가함
주요 사업 범주	주요 사업 지표구성의 적정성	주요 사업 계량지표 구성의 적정성 및 목표의 도전성을 평가함
	주요 사업 성과관리의 적정성	추진 계획 수립·집행·성과·환류 및 사회적 가치 실현 등 주요 사업의 전반적인 추진 성과를 평가함
혁신성장 가점	혁신성장	혁신성장 수요 창출, 혁신 기술 융합, 혁신성장 인프라 구축, 혁신지향 공공조달 등을 위한 노력과 성과를 평가함

자료: 기획재정부(2020).

지방공기업평가제도는 1992년에 도입되어 1993년에 본격적으로 시작되었으며, 지방공기업의 경영개선을 목표로 행정안전부에서 주관이 되어 시행되고 있다. 지방공기업의 경영평가대상은 공기업 기능별 8개의 유형에 대한 평가를 진행하고 있다. 지방공기업 경영평가대상 및 구분 기준은 〈표 8-7〉과 같다(행정안전부, 2020).

표 8-7 지방공기업 경영평가대상 및 기준

경영평가대상	구분 기준
상수도	지방직영기업 중 수도사업 또는 공업용수도사업을 경영하는 공기업
하수도	지방직영기업 중 하수도사업을 경영하는 공기업
도시철도공사	지방공사 중 궤도사업을 경영하는 공기업
도시개발공사	지방공사 중 주택건설, 토지개발을 주된 사업으로 경영하는 공기업
특정공사·공단	도시철도·도시개발공사를 제외한 농수산물공사·에너지공사 등의 지방공사, 지방공단 중 경륜을 주된 사업으로 경영하는 공단
관광공사	광역자치단체가 설립한 지방공사 중 관광진흥, 관광마케팅, 컨벤션센터를 주된 사업으로 경영하는 공기업
시설관리공단	지방공단 중 주차장, 체육시설물 등 지방자치단체의 공공시설물 관리·운영을 주된 사업으로 경영하는 공기업, 시설관리형 공사
환경시설공사·공단	지방공사·공단 중 하수처리를 주된 사업으로 경영하는 공기업

자료: 행정안전부(2020).

　지방공기업의 경영평가 주요 지표는 대분류지표에서는 지속가능경영, 경영성과, 사회적 가치로 구성되며, 중분류지표에서는 ① 리더십, ② 경영시스템, ③ 주요 사업, ④ 경영효율성과, ⑤ 고객만족성과, ⑥ 일자리 확대, ⑦ 사회적 책임으로 구성되어 있다.

표 8-8 지방공기업 경영평가 세부지표

대분류지표	중분류지표	세부지표	배점						
			도시철도	도시개발	광역특정	기초특정	관광공사	시설공단	환경공단
지속가능경영	리더십	경영층의 리더십	5	5	5	5	5	5	5
		전략경영	5	5	5	5	5	5	5
		혁신성과	4	4	4	4	4	4	4
	경영시스템	조직·인사관리	5	5	5	5	5	5	5
		재무관리	6	6	6	6	6	6	6

			25	25	25	25	25	25	25
		지속가능경영 합계	25	25	25	25	25	25	25
경영성과	주요 사업	주요 사업	12	10	15	15*	15	17	20
	경영효율성과	경영수지 관련 지표	18	20	15	15*	15	13	10
	고객만족성과	고객만족도	10	10	10	10	10	10	10
	경영성과 합계		40	40	40	40	40	40	40
사회적 가치	일자리 확대	일자리 창출 및 일·가정 양립	8	8	8	8	8	8	8
	사회적 책임	소통 및 참여	5	5	5	5	5	5	5
		윤리경영	2	2	2	2	2	2	2
		인권경영	2	2	2	2	2	2	2
		재난·안전관리	10	10	10	10	10	10	10
		지역상생발전	8	8	8	8	8	8	8
	사회적 가치 합계		35	35	35	35	35	35	35
총 합계			100	100	100	100	100	100	100
정성지표			40	41	41	41	41	41	41
정량지표			60	59	59	59	59	59	59

자료: 행정안전부(2020).

(2) 경영평가제도의 문제점

공기업 경영평가제도의 개선필요 부분들은 평가체계, 평가지표, 평가위원, 평가환류 측면에서 수정·보완되어야 하는 사항들이 논의되고 있다. 경영평가제도의 목적성을 달성하기 위해서는 평가에 대한 공정성과 객관성이 유지되어야 하며, 평가결과에 대한 환류적 기능이 강화되어야 한다. 〈표 8-9〉는 공기업 경영평가제도에서 보완되어야 하는 부분들을 요약 정리한 것이다.

| 표 8-9 | 공기업 경영평가제도의 문제점: 예시 |

구분	문제점	내용
평가체계	평가의 이원화 문제	• 정부 단위의 경영평가와 기관자체평가의 이원화 구조에 따른 평가업무 가중 및 본연의 업무 수행 집중력 저하 • 기관 자체평가의 객관성 문제
평가지표	공통 평가지표 개발 문제	• 피평가 기관의 평가결과 수용성을 제고하고, 공기업 유형별 고유사업 및 기능수행에 대응할 수 있는 평가지표 개발 필요
평가지표	정성평가 객관성 부재	• 평가위원의 전문성 및 주관성에 입각한 정성평가의 경우, 평가위원별 판단기준이 상이하여 평가결과의 수용성 및 신뢰성의 문제 발생
평가결과	평가결과의 고착화 문제	• 피평가기관의 인력 및 조직규모, 사업영역에 따른 성과관리활동 수준 차이에서 발생한 평가결과들이 고착화되는 문제 발생
평가결과	평가결과의 활용성 문제	• 직전연도 사업실적 평가에 대한 지적사항 및 개선의견이 차년도 6월~8월경에 피평가기관에 통보되어 실효적인 대안 발굴 등 평가환류 내용의 활용성 문제

제4절 공기업과 사회적 가치

최근 범정부 차원에서 가장 중요한 정책과제 중의 하나가 바로 사회적 가치 실현이다. 사회적 가치 실현은 현재 우리사회가 직면하고 있는 사회 양극화 문제를 해소하고, 상생과 균형발전을 위한 공동체 수준을 제고하기 위하여 강조되고 있는 공공부문의 핵심 과제라고 할 수 있다.

사회적 가치 실현의 본연의 목표를 달성하고, 공공부문의 선제적 역할과 역량을 집중시키기 위하여 범정부 차원에서는 '같이 가는 사회, 가치 있는 삶'이라는 비전을 설정하고, 4대 추진전략(① 상생경제, ② 사람중심 포용사회, ③ 안전하고 지속가능한 환경, ④ 역량 있는 시민·공동체)을 설정하고 있다. 또한 사회적 가치 실현과 관련된 주요 영역은 인권, 건강보건, 노동, 사회통합, 환경, 안전, 시민사회, 참여, 지역경제, 지역사회, CSR, 상생협력, 일자리분야이며, 공공부문에서는 사회적 가치 실현을 위한 인프라 및 사회적 시스템을 구축하고, 민간부문에서는 지속가능한 경영지원 및 공동체 역량 강화 그리고 사회적 경제 활성화 등이 강조되고 있다(관계부처 합동자료, 2020). 공공부문에서 사회적 가치 실현 관련 주요 추진과제를 정리하면 다음과 같다.

표 8-10 공공부문 사회적 가치 실현 주요 추진과제

사회적 가치 실현 분야	사회적 가치 방향성	추진과제
조직 구조·문화 개선	사회적 가치 실현 촉진을 위한 조직 기반 정비	• 정부운영 단위의 사회적 가치 유형에 따른 정부조직관리지침 명문화 • 공공사회서비스 품질제고를 위한 현장·민생 공무원 및 조직을 확충하고, 기관별 사회적 가치 전담부서·책임관 지정
	협업·참여를 통한 조직의 사회적 유연성 제고	• 혁신·도전 과제 중심의 벤처형 조직, 국민 안전 등 현안 긴급 대응반, 부처간 협업 정원 등 운영 활성화 • 복지·안전 등 생활 밀접 분야에서의 서비스 수요자인 국민이 직접 공공조직을 진단·평가하는 국민참여 조직 진단 실시 확대 • 공공기관별 특성·여건을 고려한 근로자의 이사회 참관·참여, 이사 추천 등 노사 협력적 공공기관 운영을 위한 단계적 도입 추진
	사회적 가치에 공감하는 조직 문화 확산	• 사회적 가치 실현 사례 경진 대회 등 집단 지성을 통해 조직의 SQ(Spiritual Quotient)를 계발하고, 사회적 가치 실현 선도 • 적극 행정을 공직 사회 조직 문화로 정착시켜 사회적 약자 보호, 지역경제 활성화 등 사회적 가치 실현 유도
인사 단계별 사회적 가치 반영	공무원 등 채용·승진 시 사회적 가치 고려 강화	• 공무원 면접시험, 고위 공직자 역량 평가 등 채용·승진 과정에서 사회적 가치·책임 관련 평가를 대폭 강화 • 성과평가를 협업·조직 중심으로 전환하여 민관·부서 간 협업, 팀워크 등 공동체 가치 반영

		• 공공기관장 성과 계약 시, 비리·범죄 근절, 국민·근로자 보호, 일자리 창출, 혁신 성장 등 사회적 책무를 명시하고, 기관장 리더 역량 제고
	공정하고 투명한 포용적 인사관리 도무	• 채용 비리 제재 강화, 지방공공기관 통합채용 추진 • 여성·장애인·지역 인재·저소득층 등 균형 인사 계획 수립을 지자체, 공공기관으로 확산하고, 취약 계층 채용 확대 및 장애인 근무 여건 개선
	사회적 가치 교육·훈련 프로그램 확대	• 교육·훈련 기관 성과 진단 시 사회적 가치 교육 및 사회 혁신 방법론(리빙랩 등) 도입 실적 등을 반영 • 사회적 가치에 기여하는 국민 소통·공익 활동 등을 공무원 필수 학습 요건으로 지정
공공부문 평가체계 개선	평가체계 전반에 사회적 가치를 체계적으로 반영	• (중앙행정기관) 재정사업 자율평가 시, 사회적 가치 가점제도를 의무화하고, 정부업무평가 관련 지표의 세분화 및 배점·가점 확대 • (지자체) 사회적 가치 항목을 고려하여 합동 평가 지표개발·평가·환류를 담당하는 분과위원회 재구성 및 가치 반영 • (공공기관) 사회적 평가지표 보완 및 배점 확대 • (기금·R&D) 기금의 존치 타당성 평가기준에 사회적 가치를 신규 반영하고, 국가연구개발 성과평가에 가치 반영 구체화 및 확대
	기관 내부의 사회적 가치 평가 역량 강화	• 기관별 평가지표 개발 지원을 위해 세부항목별 지표 Pool을 구축하고, 정부업무평가에 사회적 가치 관련 지표를 추가 발굴 • 공공기관의 사회적 가치 역량 강화 등을 위한 권역별 공공기관 순회 설명회 개최
	컨설팅·인센티브 등 평가결과 환류 강화	• 정부혁신 평가 결과 사회적 가치 항목 하위 기관을 대상으로 컨설팅을 진행하고, 컨설팅단에 사회적 가치 전문가를 보강 • 지자체, 시·도교육청의 사회적 가치 실현 우수사례 발굴 및 공유, 평가에 따른 재정인센티브, 포상 등 부여
재정의 사회적 가치 실현	사회적 가치 핵심 재정사업 선정	• 매년 사회적 약자 보호, 기회균등, 공동체 등 핵심 가치 관련성이 높은 사업 위주 100개 내외의 사업을 선정 및 적극 지원

재정운용기준에 사회적 가치 원리 강화	• 예산·기금 등 재정운용 수과정에서 사회적 가치를 실현할 수 있도록 예산안 편성지침 등에 관련 내용 포함
재정사업 추진과정에서 참여· 협업 촉진	• 참여예산 내실화를 위해 집행 모니터링단 운영을 정례화하고, 집중토론 등을 통해 주 요 이슈에 대한 해결방안 모색 • 재정사업 추진과정에서 사회적 경제기업 참 여 활성화
사회적 가치 공공조달제도 강화	• 공공조달 계약과정에서 사회적 가치가 적극 고려될 수 있도록 평가체계 등 조달제도 개선 • 중대재해 유발업체에 대한 입찰참가자격 제 한 강화, 사회적 가치 고려를 포함하는 '공 공조달 혁신방안' 추진

자료: 관계부처 합동자료(2020).

이러한 범정부 차원의 공공부문 사회적 가치 실현 주요 과제와 연계되어
일선 공기업의 역할도 강조되고 있다. 공기업 단위에서는 경영혁신과 사업운영

표 8-11 사회적 가치 관련 공기업 경영평가 지표

대분류	중분류	소분류	방향성
경영관리	사회적 가치 구현	일자리 창출	• 일자리 창출(민간 및 공공)을 위한 노력
		균등한 기회와 사회통합	• 사회적 약자에 대한 고용 및 보호를 통한 사회통 합 추진
		안전 및 환경	• 환경보전을 통한 지속가능한 발전을 위한 노력 경주
		상생·협력 및 지역발전	• 민간분야와의 상생과 협력을 통한 지역경제 활성 화 도모
		윤리경영	• 윤리경영체계의 구축을 통한 조직운영 과정에서 의 투명성 강화
	혁신과 소통	혁신노력 및 성과	• 다양한 이해관계자 참여 그리고 정보개방 및 공 유를 통한 공공서비스 혁신
		국민소통	• 공공기관의 사회적 가치 달성 노력 및 고객만족 노력을 통해 국민의 기대에 부응하는 기관 달성

자료: 기획재정부(2020). 「공공기관 경영평가편람」 재구성.

에 있어서의 사회적 가치 실현을 위한 책무성을 강화하고 있으며, 지역사회 및 국가 차원에서의 사회적 가치 성과창출을 위하여 공기업 경영평가 및 자체성과 관리지표로 설정하여 관리하고 있다. 또한, 공기업별 고유기능을 연계하여 사회적 가치 실현과 관련된 경영목표를 설정하고, 전략과제 및 실행과제를 구체화하여 추진하고 있다.

하지만, 범정부 차원에서의 역량을 집중하고, 경영평가를 통한 공기업의 운영 방향성을 제시하는 것도 중요할 수 있으나, 사회적 가치 실현에 대한 실효적인 성과를 달성하기 위해서는 공기업 경영전략 및 운영방식의 혁신관리가 필요하다. 즉, 공기업별 사회적 가치와 관련된 경영핵심가치를 재설정하고, 경영전략체계의 고도화를 통한 전략과제의 실행체계를 구축하는 것이 무엇보다도 중요할 수 있다. 이는 사업기획(계획)-실행-평가-환류(PDCA: Planning- Doing- Checking-Action) 단계별 전사적 실행로드맵을 설정하고, 실행력 제고를 위한 공기업의 내·외부 자원(물적, 인적자원 등)의 적절한 배분 및 협업체계가 기반이

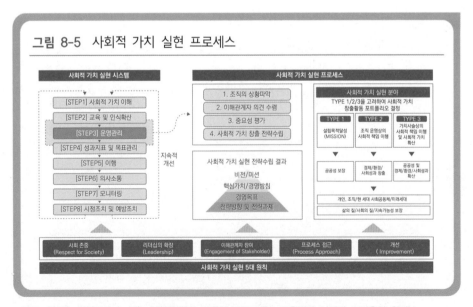

그림 8-5 사회적 가치 실현 프로세스

자료: 양동수 외(2019. p.18), '공공기관의 사회적 가치 실현: 포용국가 시대의 조직운영 원리'.

되어야 함을 의미하는 것이다.

따라서, 다양한 접근법을 통하여 사회적 가치 실현을 위한 공기업의 역할과 성과가 제고될 수 있으나, 다음과 같은 사회적 가치 실현 프로세스를 예시로 공기업의 운영전략을 수정·보완할 필요가 있을 것이다.

제8장　참고문헌

서재호. (2012). 공기업 운영의 실태와 과제. 법과기업연구, 2(2), 169–200.

김대인. (2012). 공기업 개념에 대한 재고찰. 행정법연구(33), 101–121.

기획재정부. (2019). 「2020년도 공공기관 경영평가편람」.

김현조. (2005). 「공기업관리론」. 서울: 대영문화사.

노광표·허인·김경율. (2019). 「민영화 공기업의 재공영화에 관한 연구: 공공부문 아웃소싱 업무의 재공영화 방안」. 한국노총 중앙연구원 연구총서.

민병찬. (2014). 「공공기관 경영실적평가의 문제점과 개선과제」. 국회예산정책처 연구보고서.

박석희. (2003). 정부투자기관 경영평가제도 20년의 조망과 변천과정 분석. 「공기업 논총」, 15(1): 11–47.

양동수·김진경·조현경·고동현·온누리·이원재. (2019). 공공기관의 사회적 가치 실현: 포용국가 시대의 조직 운영 원리. LAB2050.

원구환. (2018). 「공공기관 사회적 가치의 경영평가 지표화 방안」. 한국조세재정연구원 연구보고서.

원구환. (2018). 「공기업론」. 서울: 대영문화사.

이상철. (2018). 「한국 공기업의 이해」. 서울: 대영문화사.

이원희·라영재. (2015). 「공공기관 경영평가 30년, 회고와 전망」. 세종: 조명문화사.

장희란. (2019). 「개발도상국의 공기업 민영화 결정과 성과 영향요인 연구」. 이화여자대학교 대학원 박사학위 논문.

지방공공기관통합공시 홈페이지. (2020).

한인섭·김형진. (2017). 공공기관과 지방공기업 경영평가제도 비교. 「한국인사행정학회보」. 13(1): 23–56.

행정안전부·지방공기업평가원. (2020). 「2021년도 지방공기업 경영평가 편람」.

부록: 공기업 유형 및 종류

구분	유형	기준	기관
공기업	공기업 I	법률 제4조 내지 제6조에 따라 지정된 공기업 중 사회기반시설(SOC)에 대한 계획과 건설, 관리 등을 주요 업무로 하는 대규모기관	인천국제공항공사, 한국가스공사, 한국공항공사, 한국도로공사, 한국석유공사, 한국수자원공사, 한국전력공사, 한국지역난방공사, 한국철도공사, 한국토지주택공사
준정부기관	공기업 II	법률 제4조 내지 제6조에 따라 지정된 공기업 중 특정 분야의 산업에 대한 진흥을 주요 업무로 하는 기관, 중소형 SOC기관, 자회사 등	강원랜드(주), 그랜드코리아레저(주), 대한석탄공사, 부산항만공사, 여수광양항만공사, 울산항만공사, 인천항만공사, 제주국제자유도시개발센터, 주식회사 에스알, 주택도시보증공사, ㈜한국가스기술공사, 한국감정원, 한국광물자원공사, 한국남동발전(주), 한국남부발전(주), 한국동서발전(주), 한국마사회, 한국방송광고진흥공사, 한국서부발전(주), 한국수력원자력(주), 한국전력기술(주), 한국조폐공사, 한국중부발전(주), 한전KDN(주), 한전KPS(주), 해양환경공단
	기금관리형	법률 제4조 내지 제6조에 따라 직원 정원이 50인 이상이고, 「국가재정법」에 따라 기금을 관리하거나 기금의 관리를 위탁받은 기관 중에서 기금관리형 준정부기관으로 지정된 기관(강소형기관은 제외)	공무원연금공단, 국민연금공단, 국민체육진흥공단, 근로복지공단, 기술보증기금, 사립학교교직원연금공단, 신용보증기금, 예금보험공사, 중소벤처기업진흥공단, 한국무역보험공사, 한국원자력환경공단, 한국자산관리공사, 한국주택금융공사
	위탁집행형	법률 제4조 내지 제6조에 따라 직원 정원이 50인 이상이고, 기금관리형 준정부기관이 아닌 기관 중에서 위탁집행형 준정부기관으로 지정된 기관(강소형기관은 제외)	건강보험심사평가원, 국립공원공단, 국립생태원, 국민건강보험공단, 대한무역투자진흥공사, 도로교통공단, 사회보장정보원, 소상공인시장진흥공단, 우체국금융개발원, 우체국물류지원단, 축산물품질평가원, 한국가스안전공사, 한국고용정보원, 한국관광공사, 한국교통안전공단, 한국국제협력단, 한국국토정보공사, 한국농수산식품유통공사, 한국농어촌공사, 한국방송통신전파진흥원,

구분	유형	기준	기관
			한국보훈복지의료공단, 한국산업기술진흥원, 한국산업단지공단, 한국산업안전보건공단, 한국산업인력공단, 한국석유관리원, 한국소비자원, 한국승강기안전공단, 한국시설안전공단, 한국에너지공단, 한국연구재단, 한국인터넷진흥원, 한국장애인고용공단, 한국장학재단, 한국전기안전공사, 한국전력거래소, 한국정보화진흥원, 한국철도시설공단, 한국해양교통안전공단, 한국환경공단, 한국환경산업기술원
	강소형	법률 제4조 내지 제6조에 따라 위탁집행형 준정부기관으로 지정된 기관 중에서 정원이 300인 미만인 기관과 기금관리형 준정부기관으로 지정된 기관 중에서 자산규모(위탁관리하는 기금자산 포함)가 1조원 미만이고 정원이 300인 미만인 기관(2018년말 기준)	국제방송교류재단, 국토교통과학기술진흥원, 농림수산식품교육문화정보원, 농림식품기술기획평가원, 농업기술실용화재단, 독립기념관, 시청자미디어재단, 아시아문화원, 연구개발특구진흥재단, 재단법인 대한건설기계안전관리원, 정보통신산업진흥원, 중소기업기술정보진흥원, 창업진흥원, 한국건강증진개발원, 한국과학창의재단, 한국광해관리공단, 한국교육학술정보원, 한국기상산업기술원, 한국노인인력개발원, 한국디자인진흥원, 한국보건복지인력개발원, 한국보건산업진흥원, 한국보육진흥원, 한국산림복지진흥원, 한국산업기술평가관리원, 한국소방산업기술원, 한국수산자원공단, 한국식품안전관리인증원, 한국언론진흥재단, 한국에너지기술평가원, 한국우편사업진흥원, 한국임업진흥원, 한국재정정보원, 한국청소년상담복지개발원, 한국청소년활동진흥원, 한국콘텐츠진흥원, 한국특허전략개발원, 한국해양수산연수원, 해양수산과학기술진흥원

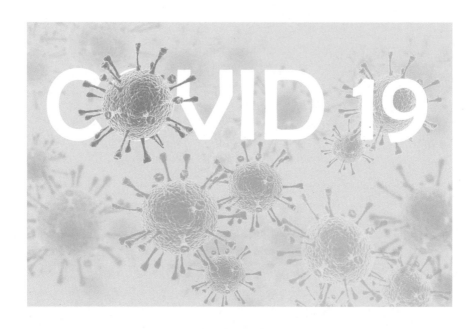

제9장

위기관리

제1절 위기관리의 의의와 특징
  1. 위기관리의 의의
  2. 위기관리의 제약요인
  3. 지방자치단체의 위기관리

제2절 위기관리의 과정과 활동
  1. 위기발생 이전단계
  2. 위기발생 이후단계

제3절 급격한 환경변화와 새로운 위기관리
       정책
  1. 감염병 위기관리
  2. 새로운 재해구호의 등장
  3. 재난불평등
  4. 테러와 위기관리

제9장
위기관리

제1절 위기관리의 의의와 특징

전 세계 모든 국가들은 태풍이나 홍수 등 자연재난 이외에 가스폭발, 건물 붕괴, 대규모시위, 폭동, 테러 등과 같은 사회적 재난으로부터 국가의 핵심 기능을 보호하는 것을 주요 정책과제로 인식하고 있다. 또한 모든 국가들은 '살기 좋은 국가' 만들기에 국가의 역량을 집중하고 있다. 그 중에서도 '각종 위험으로부터 국민이 안전한 국가'는 살기 좋은 국가 만들기에 있어 가장 중요한 요소 중의 하나라고 할 수 있다. 즉, 각종 재난이나 범죄, 테러 등으로부터 국민들이 안전하게 살 수 있는 국가가 살기 좋은 국가라고 할 수 있는 것이다.

우리나라는 빠른 경제성장의 이면에 '안전'이라는 정책이슈를 너무 소홀하게 취급하여 왔다. '설마', '빨리빨리'라고 하는 두 단어는 우리 사회에서 '안전'이라는 이슈를 국가정책에서 후순위로 밀어 냈다. 이런 과정에서 대한민국은 '안전 후진국'이라는 불명예를 갖게 되었다.

실제로 우리 사회에서 발생한 서해 훼리호 침몰사고(1993년, 292명 사망), 성수대교 붕괴사고(1994, 32명 사망), 삼풍백화점 붕괴참사(1995, 502명 사망), 인천 호프집 화재사고(1999, 57명 사망), 상주MBC 가요콘서트 사고(2005, 11명 사망), 경주마우나 리조트 붕괴사고(2014, 10명 사망), 세월호 참사(2004. 304명 사망),

메르스 사태(2015년, 38명 사망), 제천화재 참사(2017년, 29명 사망), 밀양 세종병원 화재(2018, 47명 사망) 등과 같은 재난은 대한민국의 후진적 위기관리를 여실히 드러내는 사건들이다.

이러한 맥락에서, 여기서는 국가 위기관리의 필요성과 중요성, 효율적인 위기관리를 위한 과정과 활동, 환경변화에 따른 위기관리의 정책변화 등을 중심으로 살펴보고자 한다.

1. 위기관리의 의의

1) 위기의 개념과 특징

코로나19에서 경험한 바와 같이, 위기가 발생하지 않는 국가는 없다. 미국이나 영국, 독일과 같은 선진국에서도 마찬가지다. 국가마다 형태는 다르지만 여러 가지 형태의 위기가 발생하며, 위기관리의 역사는 인류문명이 탄생했을 때부터 생겨난 인류의 역사라고 할 수 있다(이재은, 2012: 20). 다만 위기를 잘 대비하고 관리하는 국가가 있고, 잘 관리하지 못하는 국가가 있을 뿐이다. 이번 코로나 19에서 여실히 드러났다.

여기서 말하는 위기라는 용어는 한마디로 개념 정의하기가 매우 어렵다. 이러한 위기의 개념은 '정상적인 상황을 넘어서는 극히 예외적인 상황'으로 파악할 수 있을 뿐인데, 이러한 경우 과학의 영역에 따라 개념의 폭에 큰 차이가 생긴다.

정부 위기관리 차원에서 위기는 "체계의 존립을 위태롭게 하면서 그 구성원의 건강과 생명, 재산에 손상을 줄 수 있는 사건이나 상황"이라고 정의할 수 있다(이재은, 2012).

일반적으로, 위기는 그 형태를 불문하고, 다음과 같은 몇 가지 특징을 가지고 있다.

첫째, 위기는 체계의 일상적인 역량으로는 해결하기 어렵기 때문에 관련된 기관들과 사람들 간의 협력 시스템이 무엇보다 필수적이다. 즉, 어느 한 기관의 역량으로는 해결이 어렵다.

둘째, 위기는 구성원 어느 누구도 원하지 않는 돌발적인 성격을 갖고 있으며, 사회의 제반 가치와 규범, 문화 그리고 상호관계들을 변화시키는 역할을 한다.

셋째, 위기의 대상은 한정되어 있지 않고, 어떤 국가나 조직, 집단, 개인도 위기로부터 자유로울 수 없다.

넷째, 위기는 주기적, 반복적으로 발생한다. 과거에 발생한 위기가 제대로 된 학습이나 관리가 부적절하면 동일한 유형의 위기가 다시 발생할 가능성이 높다. 위기발생의 근본을 해결해야 한다.

다섯째, 위기는 시간과 공간의 제약을 받지 않는다. 위기의 발생원인은 복잡하고, 다양하다. 위기는 언제, 어디서, 어떤 이유에 의해 발생될지 명확하지 않다(정찬권, 2013).

여섯째, 위기를 극복하는 해결책의 유무와 결과의 예측가능성이다. 어떤 상황에 직면했을 때, 해결책을 알 수 없으면 위기감은 증대한다. 또한, 이 해결책이 준비되더라도 그 결과를 예측하기 어려울 때는 위기감이 증대된다(김용민 외, 2013: 7).

2) 위기관리의 개념과 의의

위기관리는 인간의 존엄성을 존중하고 구현하기 위해 노력하는 과정이다. 그러므로 위기관리에서 인간은 태어난 그 자체로서 존중받아야 할 가치가 있다는 것이 학문적 논의의 출발점이다(이재은, 2012: 17).

오늘날 기후변화, 도시화 등 각종 위기발생 가능성이 높아지고, 또한 위기요인이 다양해짐에 따라 수많은 위험이 상존하고 있다. 이러한 위험에 효율적으로 대비하자는 의미에서 대두된 것이 바로 '위기관리' 개념이다.

위기관리의 개념은 학자들의 전공 및 학문영역에 따라 다양하게 정의되고 있다(박동균, 1996). 일반적으로는 위기상황의 통제에 대한 보다 광의의 접근방법을 의미하는 것으로 사람에게 피해를 가할 수 있는 돌발적인 사건의 위험을 인식하고 통제하는 것으로 이해된다(Karwan & Wallace, 1984: 177- 181).

이러한 맥락에서 위기관리는 "위기상황이 발생하지 않도록 사전에 철저하게 예방하고, 부득이하게 위기상황이 발생한 경우에는 여러 위험을 효율적으로 관리하는 행정"으로 정의할 수 있다. 또한, 위기관리체제는 위기관리를 담당하는 조직들로 구성된 체제이며(Comfort, 1988: 344-349), 위기발생이라는 환경에 대비하여 주민들의 생명과 재산을 보호할 목적으로 상호 관련된 기관들끼리 협조와 조정을 통하여 문제를 해결하려는 체제이다.

위기관리는 인간의 존엄성(human dignity) 구현을 학문적 지표로 삼는다(이재은, 2012).

일반적으로 위기관리는 다음과 같은 특징을 갖고 있다.

첫째, 위기관리는 책임부문에 있어서 보편성과 일반성을 갖고 있다. 즉, 국가뿐만 아니라 기업이나 단체, 개인도 위기관리에 있어서 책임을 다해야 한다.

둘째, 위기관리는 위기발생의 원인이 개인이나 기업, 단체의 실수나 부주의에 있다고 하더라도 결국 그 영향은 국가나 지역사회, 국제사회 등에 미칠 수 있기 때문에 공공재적인 성격이 큰 국정과제라고 할 수 있다. 국가나 사회의 안전은 하나의 가치로서 시장에서 교환되기가 어렵고, 모든 사회구성원이 공유하는 공공재에 해당되기 때문에 공공적 가치로 다루어져야 한다(정찬권, 2013: 32).

셋째, 위기관리는 일상화가 요구된다. 현대사회는 기능의 복잡성과 전문성으로 인해서 만약 일부의 기능마비가 발생한다면 이는 바로 사회전체적인 기능마비를 초래할 수 있다. 따라서 위기관리는 일상생활과 더불어 존재해야 한다.

넷째, 위기관리는 인간의 존엄성을 주요 정책가치로 삼는다. 따라서 위기발생 이후의 대응 및 복구뿐만 아니라 위기발생 이전의 예방과 대비도 함께 중요하다(김용민 외, 2013: 16). 사실 위기관리는 위기가 발생하기 이전의 노력인 예방과 대비가 더욱 중요하다.

3) 정부가 위기관리에 개입해야 하는 이론적 근거

각종 위기상황에 정부가 적극적이고 능동적으로 개입해야 하는 이론적 근거로 다음과 같은 것을 제시할 수 있다(박동균, 1996).

첫째, 한 국가에서 발생하는 각종 위기상황은 심각한 사회적 문제들을 발생시킬 수 있으며, 이러한 사건들의 물리적, 경제적, 정서적 비용들이 커서 무시하거나 간과할 수 없기 때문이다.

둘째, 위기상황은 매우 '정치적인(politicized)' 쟁점이 된다. 즉, 재난이나 테러 등과 같은 위기상황은 정치가들로 하여금 시민들의 욕구에 기꺼이 대응하게 함으로써 위기 자체가 정치적 쟁점사안으로 전환된다는 것을 의미한다.

셋째, 대부분의 위기상황들은 민간영역의 역량만으로는 해결할 수 없는 문제들이다(Schneider, 1995: 23-31). 따라서, 위기관리는 공공재적인 성격을 갖는다.

넷째, 위기상황은 다분히 공공의 관심을 끌 수 있는 정책이슈이며, 정부 권한의 합법적 영역 내에서의 정책문제로 인식된다(Cigler, 1988: 5-19).

다섯째, 위기관리에는 많은 자원의 동원을 필요로 한다. 따라서 정부야말로 이러한 다양하고 막대한 자원동원 능력을 갖고 있으며, 합법적인 강제력을 갖고 있기 때문에 위기관리의 전체 과정에 정부가 개입하게 되는 것이다(김형렬, 1997).

여섯째, 안전은 중요한 사회적 자산이다. 안전의 파괴는 공동체 구성원 모두의 손실로 이어진다(김영평, 1994).

4) 위기학습

현대사회는 수많은 위험요인에 노출되어 있다. 이러한 위험요인은 시간과 공간을 초월하기도 하며, 어느 한 지역의 조그만 문제가 특정 지역에 머물러 있지 않고, 국가 차원을 넘어 국제 간의 문제로 확산되기도 한다. 또한, 더욱 심각한 문제는 위기상황을 초기에 적절하게 관리하지 못하는 바람에 별로 위험하지 않은 작은 위기상황이 최악의 심각한 위기상황으로 변질될 수 있다는 점이다. 즉, 초기에 소화기로 끌 수 있는 화재를 여러 대의 소방차로도 진압이 어려울 수 있다는 의미이다.

실제로 위기관리의 선진국들은 위기발생 초기에 적실성있고 체계적인 위기관리를 통해서 위기상황을 차분하게 안정시키면서 극복한다. 이에 비해서, 후진국들은 위기를 제대로 관리하지 못해 작은 위기가 더욱더 심각한 상황으로 전개되어 가는 것을 볼 수 있다. 즉, 위기관리의 후진국들은 이전에도 발생했던 동일한 유형의 위기들이 철저하게 관리되지 못하고 동일한 형태의 위기들이 반복되어 발생한다는 점이다.

우리나라도 최근에 발생한 각종 위기사고들을 통해서 과연 정부가 위기관리에 효율적으로 대응을 하고 있는지 의구심이 간다. 뿐만 아니라 이미 발생했던 위기사고로부터 사회적 학습을 통하여 위기관리 시스템의 실패를 고칠 수 있는 메커니즘이 작동하지 않았다는 근원적인 문제점이 나타났다.

2015년 메르스 사태가 발생하기 불과 1년 전에 우리나라는 2014년 4월 16일에 세월호 참사라고 하는 엄청난 재난을 겪은 바 있다. 세월호 참사는 사고발생 초기 대응의 실패, 컨트롤타워의 부재, 구조과정에서 위기관리 시스템의 미비 등이 복합적으로 만들어낸 부끄러운 후진국형 재난사고이다. 이 참담한 사고 이후 국민안전처를 신설하는 등 다양한 위기관리 후속정책들을 시행하였지만 2015년 메르스 사태를 통해서 또다시 국가 위기관리의 문제점을 노출했다. 과거에 발생했던 실패사고로부터 학습을 통한 위기관리 시스템이 작동하지 않은 것이다.

하지만 2019년 발생한 코로나19 사태에 있어서는 위기학습 기제가 어느 정도 가동되었다. 정부는 감염병과 같은 위기상황에서 신속하고 정확한 분석을 토대로 국민에게 연관성이 있는 구체적이고 실질적인 정보와 행동수칙을 신속하게 다양한 채널을 통하여 일관성있게 제시해야 한다.

위기관리에 있어 중요한 것은 공개해서는 절대 안되는 국가기밀 이외의 필수적인 정보는 국민들에게 공개함으로써 국민들의 협조를 구해야 한다는 것이다. 이는 민주사회의 정책과정에서 나타나는 다양한 갈등의 요소와 불확실성을 해소하는 데도 중요한 기제가 될 수 있다(이인원, 2015: 91).

이번 우리나라 코로나19 사태는 지난 메르스 사태를 통해서 배운 '정보공개'의 원칙이 잘 작동했다. K-방역 성공의 유력한 가설 가운데 하나가 바로 '메르스 학습효과'다. 2015년 기승을 부린 메르스는 치사율 34.3%의 무서운 감염병이었다. 메르스는 미국과 유럽을 비껴갔지만, 우리나라는 사우디아라비아(452명) 다음으로 많은 사망자(38명)를 냈다. 이 경험과 위기학습을 토대로 코로나19에 비교적 잘 대응하였다.

또한, 허리케인 샌디는 미국 오바마 정부의 대응 중 위기학습이 잘된 사례로 볼 수 있다. 넓은 영토만큼이나 다양한 재난을 경험하고 있는 미국은 위기관리의 실패교훈을 사회적 학습을 통해서 위기를 극복하고 있는 국가이다.

2012년 10월 29일, 미국의 동북부 지역에 찾아온 허리케인 샌디는 폭풍직경이 최대 1,520km로, 최대풍속이 초속 50m에 가까운 엄청난 파괴력을 지닌 자연재난이었다. 미국의 22개 주에 걸쳐 막대한 영향을 주었는데, 폭우와 바람을 동반했을 뿐만 아니라 폭설까지도 기록될 정도로 유별난 허리케인이었다.

이 자연재난으로 인해서 뉴욕의 지하철과 버스, 항공 등 대중교통이 거의 마비되었고, 모든 학교와 기업체, 증권회사 등이 휴교, 휴장했다.

이러한 대형재난에 대비해서 세계 최고의 과학기술을 보유한 미국의 연방 재난대응팀과 지방자치단체들은 자국의 영토와 국민을 보호하기 위해 최선을 다했다. 미국 동북부 지역을 매우 느린 속도로 통과할 것으로 예상하고, 해당 지역에 재난경보를 발령했고, 위험지대에 있는 주민들을 신속하게 대피시켰다.

해당 지역의 주지사와 시장 등 모든 공무원들과 위기관리 기관들이 재난대비 및 대응계획을 수립하였고, 연방재난관리청과 국립 허리케인 센터는 슈퍼컴퓨터로 계산된 허리케인 샌디의 이동 경로와 시간, 피해 위험지역 및 대비 등의 구체적인 정보를 주요 방송매체와 다양한 경로를 통해 신속하게 전파했다(박동균, 2013a: 73-95).

CNN을 비롯한 거의 모든 미국 TV방송은 24시간 특집으로 연일 이 위기

대응 내용들을 보도했고, 유튜브나 페이스북 등 SNS도 재난대비에 큰 기여를
했다.

미국 역사상 최악의 자연재난으로 평가되던 허리케인 샌디로 인해서 발생
한 사망·실종자 수는 허리케인 카트리나 때의 5%도 안 됐다. 카트리나의 실패
사례로부터 얻은 교훈을 적절하게 잘 활용했기 때문이다. 힘겨웠던 허리케인
샌디 위기를 잘 극복한 오바마 대통령은 열세에 있었던 대통령 선거에서 공화
당의 상대후보 롬니를 꺾고 승리했다(박동균, 2013a: 73-95). 위기는 잘 극복하
면, 한 단계 발전할 수 있는 기회가 된다.

2. 위기관리의 제약요인

위기관리에 있어 정부의 역할과 책임은 무엇보다 중요하다. 이러한 정부의
위기관리 중요성에도 불구하고, 성공적이고 효율적인 위기관리가 이루어지지
못한 데는 다음과 같은 위기관리가 갖는 제약요인이 존재한다(박동균, 1996).

1) 위기속성상의 제약요인

최근에 각종 재난사고를 경험하면서도 위기관리에 대한 근본적이고 종합
적인 대비책이 마련되지 못한 데는 일반적으로 위기가 갖는 본질적인 속성으로
서 다음의 몇 가지 제약요인을 들 수 있다.

첫째, 위기상황이 본질적으로 갖는 '시간적인 제약성'이다. 위기관리는 그
자체가 시간적, 공간적, 물적 제한 속에서 이루어지는 일종의 비상관리라고 할
수 있다. 위기관리에 있어 시간적인 제약요인은 위기상황이 발생한 직후에는
위기관리에 대한 중요성 및 당위성에 대한 의식이 높다가 시간이 지남에 따라
그 중요성에 대한 인식이 잊혀지면서 대비의 미흡으로 이어져 위기관리의 악순
환이 반복되는 것이다. 이와 같은 시간적 제약성은 위험의 발생가능성은 항상
존재하지만 그 존재양식이 가시적이지 않고, 잠재적이며, 돌발적이라는 특성에
서 발생한다(박동균, 1996).

둘째, 위기발생으로 인한 피해대상의 국지성에서 오는 제약요인이다. 피해대상의 국지성이란 "위기사고의 발생으로 인한 피해의 대상이 일부 지역에 한정된다"는 의미이다. 피해대상이 국지성을 띠고 있을 때는 위기관리에 대한 전국가적, 전사회적인 합의도출이 어렵다. 따라서 국가정책의 우선순위에 있어서도 다른 경쟁관계에 있는 정책에 후순위로 밀리는 결과를 초래한다(박동균, 1996).

셋째, 위기발생 예측의 불확실성에서 오는 제약요인이다. 위기관리조직은 언제, 어떤 형태로 발생할지 모르는 미래 위기상황에 대비하기 위해 인력, 장비, 기술을 구비하고 항시 적용태세를 갖추고 있다가 위기발생 시 현장에 신속하게 투입시켜 위기를 해소해야 한다(정찬권, 2013: 34). 하지만 재난이나 테러 등 각종 위기상황은 언제, 어디서, 어떻게, 어떤 형태로 발생할지를 정확하게 예측하기는 현실적으로 불가능하다. 따라서, 이와 같은 위기예측의 불확실성은 효율적인 위기관리를 어렵게 하는 요인으로 작용한다(Brice B. Clary, 1985: 20-24).

2) 정치적인 제약요인

성공적인 위기관리를 위해서는 위기관리에 대한 정책우선순위가 주어져야 하고, 이를 위해서는 정치적인 지원과 관심이 필수적이다. 재난과 같은 위기상황은 앞서 설명한 위기 그 속성상의 이유로 지역주민들의 합의도출이 쉽지 않아 정치적으로 위기관리를 효과적으로 수행할 수 있는 법적·제도적인 장치가 미비하였다(박동균, 2004: 187).

3) 재정적인 제약요인

위기관리의 재정적인 제약요인이란 위기관리에 필요한 재정적 부담능력의 한계에서 오는 제약요인이다. 위기관리는 많은 예산이 필요함에도 불구하고, 필요한 예산이 없으면 위기관리는 그 실효성을 얻을 수 없다. 또한, 경제적 효용성의 문제에 있어서도 비용과 편익을 측정하여 효율성을 측정하기가 무척 어렵다. 위기관리에 투입되는 각종 경비는 단시간내에 그 효과가 나타나는 것이 아니고, 장기적인 계획에 맞추어 설계하고 건설하는 경우가 많아서 그 경제성에 대한 찬반논쟁이 있게 된다. 많은 경우 정책의 우선순위에서 밀려 나게 되는데, 이러한 요인은 곧 위기관리를 제약하는 요인으로 작용한다(박동균, 2004: 187).

3. 지방자치단체의 위기관리

1) 지방자치단체의 위기관리 중요성

이번 코로나19 대응을 보면서 지방자치단체의 역할이 중요하다는 것을 실감했다. 초기에 방역성과를 이루어낼 수 있었던 것은 선제적이고 적극적으로 방역행정을 추진한 지방자치단체의 역할이 있었기 때문에 가능한 것이다.

위기발생 시 현장에 있는 사람과 사무실에서 업무처리를 하는 사람과는 위기인식과 대응에 괴리가 발생할 수 있기 때문에 위기관리는 현장에 위치한 관리자에게 최종권한을 주어 상황이나 사태의 변화를 보아가며, 적절한 대응조치를 하도록 여건을 마련해주는 것이 무엇보다 중요하다(정찬권, 2013: 33). 즉, 돌발성과 불확실성의 특성을 갖고 있는 위기관리는 위기가 발생하는 '현장'이 중심이다.

즉, 위기발생 현장에서 가장 가까운 곳에 있는 지방자치단체의 역할이 중요한 것이다. 이런 점에서 지방자치단체의 위기관리가 중요하게 등장하게 되는데, 위기관리가 지방자치단체 차원에서 더욱 중요한 이유는 크게 다음과 같은 두 가지를 들 수 있다(최용호, 2005: 678-679).

첫째, 행정조직의 최일선에서 지방자치단체는 실질적으로 시민들의 재산과 생명을 보호해야 하며, 위기발생 현장에서 가장 근접한 거리에 위치해 있기 때문이다. 즉, 지방자치단체는 위기관리의 실질적인 일선책임기관이다. 따라서 성공적인 위기관리에 대한 책임은 대부분이 중앙정부보다는 지방자치단체에게 있게 된다.

둘째, 지방자치단체가 위기관리체제를 보다 능동적이고 적극적으로 실천해야 하는 이유는 위기상황이 발생하면 지방자치단체가 지불해야 할 비용이 현저하게 증가하기 때문이다. 위기상황의 발생은 피해지역에 엄청난 경제적인 타격을 가져온다. 지방자치단체의 재정은 법정 채무의 증가, 보험금의 요구 등이 급속하게 늘어남에 따라 위축될 것이며, 최악의 경우에는 예기치 못한 경제적 파산사태로 이어질 수 있다(박동균, 1996).

특히, 기초지방자치단체는 위기발생 시 현장의 최일선에서 가장 먼저 주민들을 대피시키고, 위기상황을 수습하는 기능과 역할을 수행하므로 위기관리에 있어서 보다 중요한 위치에 있다(박동균, 2010: 169). 그러나 지방자치단체는 중앙정부에 비해서 위기관리 전담조직이 상대적으로 미약하다고 할 수 있으며, 중앙정부의 지침을 수행하는 소극적인 입장에서 업무를 수행한다고 볼 수 있다(양기근 외, 2006: 11). 그리고 지방자치단체는 위기관리에 대하여 생활현장에서 주민의 생명과 안전을 보호해야 할 일차적인 책임이 있음에도 불구하고, 위기발생 시마다 체계적인 대응과 장기적인 사후복구로 재발방지에 힘쓰기보다는 일회적인 단순한 복구지원이나 사고책임자 처벌 정도로만 위기를 모면하려는 미숙한 위기대응 행태를 보이고 있어 문제점으로 지적할 수 있다(최용호, 2005: 676).

지방자치 시대에 있어서 자치권은 해당 지방자치단체의 장에게 있기 때문에 위기관리를 위한 권한과 책임 또한 지방자치단체에 있다. 따라서 지역주민의 직접선거에 의해서 지방자치단체의 수장인 지방자치단체장이 선출되고, 선출된 지방자치단체장에게 지방행정 전반에 대한 책임이 부여되고 있다. 이러한 책임과 권한은 중앙정부의 권한이 지방자치단체로 이양될수록 책임도 함께 이양되는 것이므로 위기관리에 대한 책임 역시 지방자치단체가 책임을 지고, 위기관리행정을 수행해야 한다(권건주, 2005: 82).

재난 및 안전관리기본법 제4조에서는 "국가 및 지방자치단체는 재난으로부터 국민의 생명, 신체 및 재난을 보호할 책무를 지고, 재난의 예방과 피해경감을 위하여 노력하여야 하며, 발생한 재난을 신속하게 대응, 복구하기 위한 계획을 수립·시행해야 한다"고 규정하고 있다.

또한, 자연재해대책법 제3조 제1항에서는 "국가는 기본법 및 이 법의 목적에 따라 자연현상으로 인한 재난으로부터 국민의 생명, 재산과 주요 기간시설을 보호하기 위하여 자연재해의 예방 및 대비에 관한 종합계획을 수립하여 이를 시행할 책무를 지며, 그 시행을 위한 최대한의 재정적, 기술적 지원을 해야 한다"고 규정하고 있다. 이와 같이 지방자치단체는 사회적 재난뿐만 아니라 자연재난, 국가기반재난 등 모든 유형의 재난을 관리하는 주체로서 중앙정부와 함께 재난관리 책임기관으로 지정되어 있다(재난 및 안전관리기본법, §3조).

2) 위기관리에 있어서 지방자치단체의 역할

재난 등 위기상황이 발생했을 때, 지역주민들은 자신들이 거주하고 있는 지방자치단체가 자체적으로 수립된 지역안전관리계획에 의해 적절한 조치를 취해 줄 것을 기대하고 있다. 또한 위기관리 과정별로 대응조치들이 유관 기관 간 유기적인 협력관계를 유지하면서 총체적으로 재난에 대처하여 지역주민들의 피해가 최소화되기를 기대한다.

지방자치단체들은 지역주민들의 기대에 부흥하고, 위기의 효율적인 관리를 위하여 중앙정부와 기타 유관기관과 다른 역할을 수행하게 되는데, 그 역할을 살펴보면 다음과 같다(권건주, 2005: 82).

첫째, 지방자치단체는 위기관리 활동의 전 과정에서 주체적이고, 주도적인 역할을 수행한다. 중앙정부는 위기발생 이후에 대응과 복구활동 등 필요한 막대한 재원을 보유하고 있기 때문에 위기관리행정에 있어서는 직접적인 활동주체로서 뿐만 아니라 지원기관으로서의 역할을 수행하지만 지방자치단체는 위기상황의 발생을 억제하거나 예방을 수행하는 재난의 예방기능, 재난발생 시를 대비하여 지역안전관리계획을 수립하거나 재난정보 시스템을 구축·운영하는 등 대비기능, 나아가 재난발생 시 피해를 최소화하기 위하여 각종 물적·인적 자원을 동원하여 재난을 수습하는 대응 기능, 마지막으로 재난피해 지역에 대하여 정상적인 생활을 할 수 있도록 하는 복구 기능 등 위기관리 전반에 대하여 위기관리 주체로서의 역할을 수행한다(박동균, 1996).

둘째, 지방자치단체는 위기관리에 있어서 조정의 역할을 수행한다. 위기관리에 있어서 일련의 과정인 예방, 대비, 대응, 복구과정을 수행할 때는 여러 위기관련 단체 및 기관이 참여하게 되는데, 이 때 지방자치단체는 각급 위기관리 책임기관, 긴급구조기관, 긴급구조지원기관, 자원봉사자 등의 다양한 의견을 들어 가장 합리적인 위기관리 대안을 선택하여 이행될 수 있도록 유관기관 간의 조정역할을 수행한다(박동균, 2010: 171).

따라서, 위기관리의 일차적인 관리책임을 가진 지방자치단체의 역량강화가 중요하다.

지방자치단체의 위기관리 시스템을 효율적으로 증진시키기 위해서는 먼저 지방자치단체 차원에서 각 부서 간 기능과 역할에 대해 명확한 정의 수립이 필요하다. 또한, 위기현장 대응자의 입장에서 지침 수립이 필요하며, 위기관리 담당 공무원들에 대한 사기진작과 적절한 교육훈련이 필수적이다.

아울러 지방자치단체 위기대응 시스템을 효율적으로 운영하기 위해서는 무엇보다도 위기관리 서비스 제공에 필요한 예산의 충분성이 확보되어야 하며, 과거에 발생한 위기대응 사례의 면밀한 평가를 통한 문제점을 도출, 피드백을 상시적으로 실시하여, 수정하는 시스템이 중요하다(박동균, 2016: 63).

제2절 위기관리의 과정과 활동

위기관리정책의 분석은 시간국면에 따라 위기발생 이전의 예방, 대비 단계와 위기발생 이후의 대응, 복구단계로 구성된 과정모형에 입각한다. 즉, 위기발생을 중심으로 위기발생 이전 과정과 위기발생 이후 과정으로 분류하고, 위기발생 이전 과정은 예방(prevention and mitigation)과 대비(preparedness) 단계로, 위기발생 이후 과정은 대응(response)과 복구(recovery) 단계로 분류한다. 이 과정들은 상호배타적이라기 보다는 상호 유기적인 관계를 갖고 있다(McLouglin, 1985: 166; Petak, 1985: 3).

이러한 위기관리의 네 과정에서 제시된 프로그램과 내용, 구체적인 전략과 수단은 시간대별 위기발생의 진행상황에 맞춘 전략일 뿐만 아니라 위기관리의 기본 전제에 대한 논의도 담고 있다.

1. 위기발생 이전단계

1) 위기예방단계

위기상황이 발생했을 때, 한 국가가 입는 피해는 인명피해, 직접적인 건물의 파손, 인명의 손실과 부상, 농작물, 가축 등에만 국한되지 않는다. 간접적인 피해로서 소방, 경찰, 긴급구조, 대피소 운용 등에 따른 국가적으로 지출되는 위기대응 비용, 경제활동의 마비나 중단으로 인한 지역경제에 미치는 영향, 이재민의 심리적 스트레스 등으로 다양하다.

위기예방은 위기상황이 발생하지 않도록 하는 노력으로서 다음과 같은 장점이 있다.

- 인명을 보호한다.
- 재산피해를 예방하거나 줄인다.
- 경제적 손실을 최소화한다.
- 사회적인 혼란과 스트레스를 최소화한다.
- 농작물의 피해를 줄인다.
- 위기발생 시 주요 공공시설의 역할수행을 원활하게 한다.
- 사회기반시설의 피해를 줄인다.
- 심리적인 안정감을 이룬다.
- 정부와 공무원의 법적 책임을 줄인다.
- 국민들로부터 정부정책에 대한 신뢰를 쌓는다(이재은, 2012).

위기예방은 사회의 안전 및 복지, 건강 등에 대한 위험이 존재하는 영역에서 무엇을 해야 할 것인지를 결정하고, 위험감소를 위한 노력을 하는 단계이다.

따라서 예방과정에서는 위기상황이 실제로 발생하기 이전에 위기발생 원인을 미리 제거하거나 위기발생요인이 표출되지 않도록 억제 또는 예방하는 활동을 말한다(Petak, 1985: 5).

대체로 예방과정에서는 장기적인 관점에서 사회가 직면하게 될 장래의 위기를 극복할 수 있는 역량을 키우는 데 중점을 두며, 위기의 종류에 따라 예방과 완화의 목표가 변화될 수 있다(Godschalk and Brower, 1985: 64-66). 즉, 잠재적인 위험성을 가진 물질이나 방사능의 누출현상을 포함하는 재난의 경우에는 발생기회를 감소시키거나 원인을 제거하는 조치에 중점을 두는 반면, 지진이나 태풍과 같은 자연재난의 경우에는 대비나 구조 활동 등을 통해 노출지역에서의 재난을 감소시키는 데 중점을 둔다.

이러한 예방과정은 위기복구단계에서 개발된 정책이나 사업계획들에 의해 개선될 수 있으며(Rubin and Barbee, 1985: 57-63), 따라서 대비, 대응, 복구단계와 직·간접적인 관련성이 있다.

위기예방은 위기로부터 발생할 수 있는 국민의 생명, 재산, 사회경제적 활동, 자연자원을 파괴하는 위협을 완전히 제거하거나 줄이기 위한 행위들을 말한다. 위기 예방단계에서 사용되는 기법으로는 앞으로 개발되는 지역과 건물들의 피해를 막기 위해 그 지역의 토지이용형태를 보다 자연친화적이고 재난으로부터 피해를 최소화할 수 있게 재해경감계획, 도시개발계획 및 구획관리, 건축법, 홍수터 규제, 하수관리 규제, 홍수조절법, 조세제도, 자금지출계획, 보험, 그리고 위기정보체계 등이 있으며, 이들 접근법들을 활용하는 과정에서의 기술적·정치적 과정 모두를 포함한다(Godschalk, 1991: 131-160).

2) 위기대비단계

대비단계는 "위기발생 시의 대응을 위한 운영능력을 개발시키려는 활동"으로 정의할 수 있다. 대비는 비상대응, 복구, 재활을 위한 대비를 통하여 효율적으로 위기의 영향을 최소화하는 것이다. 대비단계는 현재의 위기관리 역량을 강화하거나 적절한 능력을 유지하고 관리하는 과정으로 발생가능성이 높은 위기에 대비해 대응계획 수립과 대응조직의 훈련 등이 이루어진다(이재은, 2012: 271). 즉, 위기에 대비하여 필요한 비상계획을 수립하고, 훈련을 통해 위기대응 조직의 운영능력을 개발시키려는 단계이다(McLoughlin, 1985: 166). 비상계획에는 위기발생의 피해를 최소화하기 위한 조기경보체제의 구축과 효과적인 비상대응 활동의 확립이 포함된다(Clary, 1985: 20). 또한, 위기발생 시 투입될 자원과 관련하여 신속하게 자원이 배분될 수 있도록 자원배분의 우선순위가 이 단계에서 설정되어야 하며, 위기발생 시 정상적으로 사용할 수 있는 자원 외에 예측하지 못한 재난에 대해서도 자원이 투입될 수 있는 특별자원의 확보방안도 마련되어야 한다(Zimmerman, 1985: 35-36).

위기발생 시 대응단계에서 일어날 수 있는 조직 간, 지역 간의 갈등을 조정하는 문제도 이 단계에서 주의깊게 다루어 져야 한다. 특히 응급의료체계에 있어 병원들과 위기관리기관들과의 긴밀한 협조는 재난의 인명피해를 줄이는 데 있어 중요한 문제이다(Tierney, 1985: 77-78). 따라서, 위기관리가 정상상태로의 신속한 복귀를 목표로 한다면 지속적·연속적 과정으로서의 대비과정은 대응과정과 연계되어야만 하며, 과학적 지식과 계획에 의해 합리적으로 이루어져야 한다(Kreps, 1991: 33-36).

대비는 위험요소의 평가, 계획, 조직, 정보전달 및 경보체계, 자원, 대응조직 및 구조 확보, 공공교육 및 훈련, 연습의 순서로 진행된다.

위기대비는 수동적인 대비와 능동적인 대비로 구분할 수 있는데, 수동적인 대비는 위기발생 시 행동지침 작성, 구호품의 대비, 동원인력 및 장비 목록의 작성 등이고, 능동적인 대비는 대비계획의 작성, 위험감시 활동, 대응요원과 지역주민의 훈련 등이다.

위기대비는 위기가 발생했을 때 효과적인 대응을 하기 위한 대응능력을 개발하는 것이다. 이 단계에서는 위기방송 및 통신, 위기상황실, 위기대비 비상계획, 교육 및 훈련, 위기분석, 응원협정, 자원관리, 경보시스템, 비상 시 정부기능 유지 등을 대상으로 한다. 특히, 이 중에서 위기대비 비상계획과 훈련, 협조 시스템의 구축, 대응능력의 향상이 위기대비의 핵심이다(이재은, 2012: 272).

2. 위기발생 이후단계

1) 초동대응단계

철저하게 위기발생을 예방해도, 위기는 발생할 수 있다. 위기가 발생하면 적실성있는 대응조치를 통해 위기피해의 심각성을 줄이고 확산을 방지하기 위한 활동이 전개된다. 대응단계는 인명을 구조하고 재산피해를 최소화하며, 위기복구가 순조롭게 될 수 있도록 수행한다(Petak, 1985: 3-6).

대응단계에서는 위기발생 이전에 수립했던 비상계획이 실행되고, 응급의료체계가 가동되며, 재난대책본부와 같은 비상기구가 작동된다. 구체적인 비상대응 활동으로는 위기현장에서의 수색과 구조, 피해지역의 안전 확보, 필요한 경우 응급의료, 구호품의 보급, 비상 대피소의 설치 등을 들 수 있다(박동균, 1996).

이외에 위기상황에 대해 보다 효과적으로 대응하기 위해서는 위기대비 과정에서 집중화되고 공식적인 의사결정보다는 유연한 결정구조를 유지하는 것이 바람직하며, 조직 구성원들의 위기관리 역할을 구체화시키는 것이 필요하다(Mileti and Sorensen, 1987: 13-21). 이와 같이 대응단계에서의 활동은 앞서 설명한 예방과 대비과정과 독립되어 있는 것이 아니라 상호 밀접하게 연계되어 있다. 그러므로 위기에 대한 대응은 대규모 자연재난과 사회적 재난을 막론하고, 대응단계에서 전체적인 차원에서 위기를 파악하고 대응하기 위한 통합위기관리체제의 확립이 필요하다(Drabek, 1985: 85-92).

위기대응 과정은 실제로 위기가 발생한 경우 위기관리 기관들이 수행해야할 각종 임무 및 기능을 적용하는 활동과정이다. 이와 같은 대응과정은 예방 단계, 대비 단계와 상호 연계함으로써 제2의 손실이 발생할 가능성을 감소시키고, 복구과정에서 발생할 수 있는 문제점들을 최소화하는 위기관리의 실제 활동국면을 의미한다(Drabek, 1985: 85).

위기상황이 발생하면 일련의 대응조치를 통해 위기의 심각성을 줄여가고 확산을 방지하기 위한 활동이 전개된다. 위기대응과정은 인명을 구조하고 재산

피해를 최소화하며, 위기의 확산을 방지하고 위기복구가 순조롭게 이루어질 수 있도록 활동하는 단계이다. 이 단계에서는 이전에 세워 놓았던 비상계획이 실행되며, 응급의료체계가 가동되고, 재난대책본부와 같은 비상기구가 작동된다. 위기대응 활동에는 여러 기관이 참여하게 되므로 위기대비 단계에서 수립된 관련기관들 간의 체계적인 협조망의 순조로운 작동이 긴급대응 활동의 효과를 좌우하게 된다(정기성, 2003: 229).

그리고 대응과정은 정책의 집행단계를 대표하기 때문에 위기대비과정과 밀접한 관계에 있으며, 위기관리의 전 과정 중에서 시간적으로는 가장 짧지만, 이 활동을 위해서 오랜 시간 동안에 예방과 대비의 노력을 기울인 것이므로 가장 중요한 과정이라고 할 수 있다(박동균 외, 2009).

위기관리에 있어 초동대응의 기능으로서 경보 기능, 소개 기능, 응급의료 서비스 기능, 탐색·구조 기능, 질서유지 기능, 긴급피해 복구 기능 등의 여섯 가지로 설명할 수 있다(이재은, 1998: 232-236).

첫째, 경보(warning) 기능은 위험에 처한 지역주민들에게 발하는 의사소통으로서 발생 가능한 위기상황을 탐지하는 위기환경에 대한 관찰 단계에 의해 위협요인이 탐지된 경우 관련 기관에 위험 정보를 전달하는 위험통고 단계(notification), 위협에 대한 평가와 강도 높은 감청활동, 그리고 평가결과와 위협의 심각성을 잠재적 대응조직들과 공공정책 결정자들에게 전달하고 사전절차를 규정하는 위협평가(threat assessment) 단계, 마지막으로 피해가능성이 있는 모든 사람들에게 실제로 경보가 행해지는 시민들에 대한 경보 단계로 구분하고 있다(Mileti and Sorenson, 1987: 17).

둘째, 소개(evacuation) 기능은 시민들을 위험한 지역으로부터 안전한 지역으로 이동시키는 것으로서 적절하게 집행된 소개는 초기의 위기발생으로 인한 인명피해를 감소시킨다. 특히 경찰 등 법집행기관의 주도적인 역할하에서 그 절차와 장소가 규정되어 있을 경우, 소개의 효과성과 주민들의 순응성 확보가 가능하다.

셋째, 응급의료 서비스 기능에서는 위기발생으로 인한 부상자의 파악 및 명부 작성, 부상 정도의 파악, 진료기관의 확정 및 이송, 사망자 신원파악과 안치장소 결정, 희생자 가족 대기·보호 장소, 편의시설 구축 등이 이루어진다.

넷째, 탐색·구조 기능은 구조작업이 원활하게 진행될 수 있도록 위기관리 기관 간의 의사소통 시스템을 확립하고, 대응장비를 준비하며, 구조에 필요한 무선통신망 등과 같은 대응 프로그램 마련들이 이루어진다(류상일, 2007: 27).

다섯째, 질서유지 기능은 위기발생 초기에 위기관리 기관이 위기발생 지역을 장악하고, 통제체제를 갖추는 기능이다. 특히, 위기발생 지역에는 범죄자들이 구조대원, 자원봉사자를 사칭하여 재난피해 지역의 상점이나 주택에 침입하여 절도나 강간을 하는 사례가 있다(Perry, 1985: 54).

여섯째, 긴급피해 복구 기능은 탐색·구조 등의 대응기능을 위해서 피해시설에 대한 긴급피해 복구활동을 펼치는 것을 의미한다. 일반적으로 재난영향 지역복구는 재난대응이 종료된 이후 행해지는 기능으로 간주되는 경향이 있다. 그러나 재난발생 직후 대응 기능의 수행과정에서 피해시설 및 지역에 대한 긴급복구가 없을 경우에는 오히려 대응이 지연됨으로써 심각한 결과가 초래되기 때문이다(이재은, 1998: 233-236, 박동균 외, 2009).

2014년에 발생한 세월호 참사에서 초동대응의 실패로 아까운 생명의 구조에 실패했다. 2015년에 발생한 메르스 사태에서도 정부가 메르스 환자 확대의 진원지인 삼성서울병원을 빨리 공개해서 초동대응을 제대로 했다면 그렇게 쉽게 빨리 전파되지는 않았을 것이다. 위기상황에서는 초동대응(골든 타임)이 중요하다. 정부는 재난 '현장' 중심의 초동대응을 중시하는 국가위기관리 시스템을 만들어야 한다. 또한, 위기상황에서 신속하고 정확한 정보분석을 토대로 국민에게 구체적이고 실질적인 정보와 행동수칙을 빠르고 일관성있게 제공하여야 한다. 공개해서는 절대 안 되는 국가기밀 이외의 정보는 국민들에게 솔직하게 공개함으로써 국민들의 참여와 협조를 구해야 한다. 이는 민주사회의 정책과정에서 나타나는 다양한 갈등의 요소와 불확실성을 해소하는 중요한 기제가 될 수도 있다(박동균, 2016).

2) 위기복구단계

복구는 한마디로 말해서 "위기상황이 종료된 후 원래의 상태로 회복하기 위한 모든 노력"을 의미한다. 즉, 복구과정은 위기가 발생한 직후부터 피해지역이 위기가 발생하기 이전의 원상태로 회복될 때까지의 장기적인 활동과정인 동시에, 초기 회복기간으로부터 그 지역이 정상적인 상태로 돌아올 때까지 지원을 제공하는 지속적인 활동이다.

복구과정은 중앙정부와 지방자치단체는 물론이고 시민, 이해관계자, 자원봉사조직, 공익단체 등이 공동으로 파트너십을 갖고 참여하는 과정이기도 하다(이재은, 2012: 299).

일반적으로, 위기상황이 안정되고 긴급한 인명구조와 재산보호가 수행되고 난 이후에는 위기발생 지역이 위기발생 이전의 정상적인 상태로 회복시키는 데 초점을 맞추어야 한다.

여기서 위기복구 과정은 단기적인 복구와 장기적인 복구를 통해 피해지역을 위기발생 이전의 상태로 회복시키는 활동을 포함한다(박동균 외, 2009: 35-36).

먼저, 단기적인 복구활동은 이재민들이 최소한의 생활을 영위해 나갈 수 있도록 하는 데 중점을 두어야 하며, 단기복구 계획의 수립, 주요 피해상황의 조사 및 평가, 잔해물의 제거, 임시수용시설의 마련, 작업 등에 의한 스트레스 해소를 위한 상담조사 프로그램이 주요 활동으로 전개된다.

한편, 장기적인 복구활동은 장기복구 계획의 수립, 재정지원의 확보, 생활편의시설의 재건, 지역사회 사업분야의 재건, 위기관리 법령의 정비, 지역사회의 경제재건 및 활성화 프로그램 개발 및 시행, 위기대응 능력의 보강 등이 포함된다. 이러한 계획들은 미래에 닥쳐올 위기발생 피해의 영향을 줄이거나 재발을 방지할 수 있는 좋은 기회가 되며, 위기관리의 첫 단계인 예방과 완화단계에 순환적으로 연결된다(McLoughlin, 1985: 169-170).

복구과정은 위기로 인한 피해 지역이 정상으로 회복할 때까지 최소한의 운영수준에 요구되는 필수생명 유지장치를 즉각적으로 제공하고, 이를 지속적으로 지원하는 것을 포함한다. 결론적으로 복구과정은 위기관리의 전 과정 중에서 예산이 가장 많이 소요되는 단계로서 정상상태로의 복원, 재건축, 복귀를 포함하는 것이다. 따라서, 복구단계에 참여하는 인력은 일상적으로 위기 대응단계에 참여하는 인력의 수보다 훨씬 많다.

이상에서 살펴본 바와 같이 예방과 대비활동은 일반적으로 위기발생 이전에 기능하는 것이며, 대응과 복구활동은 위기발생 이후의 조치로 볼 수 있다.

이들 단계 중 위기발생 자체를 억제하거나 예방, 준비하는 예방·대비 과정이 중시되어야 함에도 불구하고, 현실적으로는 정치적인 성격에 의해 위기관리에 소요되는 대부분의 각종 자금과 자원들이 복구과정에 집중되어 있다(Perry, 1985: 72-76).

따라서, 위기관리의 각 과정은 어느 하나 중요하지 않은 것이 없다. 따라서 예방, 대비, 대응, 복구의 전 과정에 균형있게 효율적으로 자원을 배분해 주는 노력이 필요하다. 하지만 위기는 발생을 억제, 예방하는 것이 무엇보다 중요하므로 미국이나 일본 등 주요 선진국들은 위기발생의 사전대비에 많은 자원과 노력을 투입하고 있다.

제3절 급격한 환경변화와 새로운 위기관리 정책

오늘날 세계 모든 국가들은 사스, 메르스, 코로나19와 같은 감염병, 태풍이나 지진, 허리케인, 가뭄 등 자연재난과 대규모 시위, 파업과 폭동, 테러리즘 등의 사회적 재난으로부터 국가의 핵심 기능을 보호하는 것을 주요 정책과제로 채택하여 관리하고 있다.

우리 사회는 산업화, 도시화 및 지식정보화 단계를 거쳐 발전하면서 사회구조적인 변화는 물론이고, 위기발생의 유형과 피해규모도 함께 변화를 거듭하였다(이재은, 2012).

최근의 세계 각국에는 새로운 위협요인들이 등장하고 있다. 이러한 현상은 우리 사회의 지속적인 복잡화, 새로운 과학기술의 발전에 따른 불확실성의 증대, 급변하는 국내정세와 자국이기주의 등 여러 가지 원인이 복합되어 나타나는 것으로 기존의 위기관리 조직이 담당해야 했던 외부의 위협이 증가함을 의미한다(김용민 외, 2012: 61).

즉, 기후변화에 따른 각종 기상 및 신종재난의 발생 가능성, 국제정세의 변화로 인한 뉴 테러리즘의 도발 가능성, 한반도에 존재하는 북한에 의한 위기발생 가능성, 묻지마 범죄 등 다양한 강력범죄의 발생 등 다양한 환경변화에 직면해 있다. 또한, 국민의 생명과 재산을 보호할 수 있는 국가역량의 제고와 안전한 국가 만들기에 대한 국민들의 요구가 훨씬 커질 것으로 예상된다.

제대로 된 국가 위기관리 시스템의 구축이 필요한 시점이다. 아울러, 앞으로의 위기관리 연구에 있어서도 기존의 일반적인 재난에 대한 연구를 지속함은 물론이고, 국내외 환경변화에 따른 다양한 위기 분야에 대한 대응책을 강구해야 할 것이다.

1. 감염병 위기관리

2020년 세계보건기구(World Health Organization)는 2019년 처음 존재가 확인된 이후 현재 전 세계를 강타중인 코로나 19의 전 세계적 대유행(pandemic)을 선언하였다. 코로나19는 전파력이 강하고 아직 해결책이 없는 신종 감염병이다. 전문가들은 5개월에서 10개월만에 종식되었던 사스나 메르스와 달리 코로나19 사태는 길면 2년 후에나 종식될 것으로 분석하기도 한다(박동균, 2020).

우리나라는 현재 전 세계적으로 2020년 코로나19 팬데믹 사태에 가장 잘 대응한 성공적인 국가로 인정받고 있다. 세계적인 주간지 TIME은 한국이 도시봉쇄 등 극단적인 조치를 취하지 않고 일상을 유지하면서 코로나19에 대응했던 이유를 한국정부의 경쟁력이라는 관점에서 분석했다. 하지만 우리나라 코로나19 대응상 문제점도 여러 측면에서 지적할 수 있는데, 초기에 중국발 입국통제 등 초동대응의 실패를 우리 정부 위기대응의 가장 큰 문제점으로 지적할 수 있다. 이른바 '창문 열어놓고 모기잡기' 형국이었다. 또한, 마스크를 사기 위해 긴 줄을 서고도 구하지 못했던 초기의 마스크 대란, 가짜 뉴스로 인한 사회적 혼란 등 위기관리의 문제점이 발생하였다. 하지만 이번 우리나라 코로나 19 사태는 지난 메르스 사태를 통해서 배운 '정보공개'의 원칙이 잘 작동했다. 매일 발표되는 질병관리본부의 정보공개 및 팩트 체크는 국민들의 신뢰확보는 물론 방역 성공의 큰 축이 되었다. 또한, 초기봉쇄 조치에는 실패한 우리나라가 2차 완화 대응조치에서 성공을 거두었는데, 이는 사회적 거리두기를 잘 지켜준 높은 시민의식과 의료진의 희생정신과 높은 역량, 선진화된 의료보험 체계가 있었기 때문에 가능한 일이었다. 이는 코로나19 대응에 실패한 미국과 이탈리아, 영국, 일본 등 주요 선진국들이 부러워할 위기관리 모델의 대상이 되었다.

차제에 우리 정부도 코로나19를 계기로 보다 업그레이드된 위기관리 정책을 실시해야 한다. 향후 정부는 국민들의 정부에 대한 신뢰감을 한층 높여야 한다. 현재 우리 사회는 사회적 양극화로 인한 계층 간의 불신이 높고, 정부에 대한 신뢰도가 낮은 편이다. 신뢰도가 낮은 상황에서 위기가 발생했을 때, 필요한 위험소통이 제대로 이루어지는 것은 불가능하다. 따라서 평상시에 사회 각 부분에서 다양한 정책을 통해서 정부에 대한 신뢰를 증진시키도록 노력해야 한다 (김은성, 2015: 106). 신뢰는 국가 위기관리에 있어 중요한 사회적 자본이다. 신뢰받지 못하는 정부는 위기를 극복할 수 없다.

중국 광둥성에서 최초의 사스 환자가 발생한 것은 2002년 11월이고, 광둥성 정부가 발병 사실을 공식 발표한 것은 2003년 2월 11일이다. 중앙 국무원이 본격적인 대책 마련에 돌입한 것은 4월 2일이다. 피해 규모는 지금이 더 크지만 부실 대처라는 면에서는 사스 때가 더 심했다고 볼 수 있다(박동균·이재호, 2003).

이번 코로나19 사태에 대해서 우리 정부의 대응은 미국이나 일본, 유럽 등에 비해 비교적 신뢰를 줄 수 있는 대응으로 평가된다. 세계적인 석학 기소르망 전 프랑스 파리정치대 교수는 "한국이 코로나19 방역에 대해서 최고의 성과를 나타내고 있다. 엄격한 선별적 격리의 적용, 감염집단 전수조사, 위중환자 입원

치료 등 신속한 대응으로 감염자가 많았는데도 사망자가 적었고, 전국민 봉쇄도 피할 수 있었다"고 호평했다. 또한 유럽과 미국에서 대해서는 "위험에 대한 감각이 부족했고, 미국이 가장 피해를 낳고 있는 것에 대해서는 트럼프 대통령의 리더십과 신뢰부족"이라고 지적했다(동아일보, 2020. 4. 30).

미국은 코로나19 국면 초기 검사·확진, 조사·추적, 격리·치료 등 한국형 방역모델을 대수롭지 않게 여겼다. 마스크 대란을 아시아 변방 국가에서 벌어진 한심한 사건 정도로 치부했고, 코로나19 바이러스가 미국에서 광범위하게 퍼지지 않을 것이라는 오판도 팽배했다. 그러나 막상 뚜껑을 열어 보니 화장지 대란 등 사재기 현상으로 미국은 체면을 제대로 구겼다.

뒤늦은 마스크 착용 의무화는 가장 아쉬운 대목 중 하나다. 개인의 자유에 대한 과도한 침해라는 이념적 저항감 속에 마스크는 아시아에서나 쓰는 것이라는 편견이 심했다. 일종의 '자존심' 문제로 본 것이다. 미국은 뒤늦게 마스크 착용 의무화·진단키트 수입 및 개발·인공호흡기 생산 등에 적극 나섰지만 이미 바이러스는 뉴욕을 중심으로 미 전역에 퍼진 이후였다(이데일리, 2020. 5. 17).

일본 정부는 도쿄 올림픽 개최를 위해 코로나19 확산 상황을 대내외에 제대로 알리지 않았다는 지적에 직면했다. 올림픽 개최 연기를 결정한 이후 갑자기 코로나19 검사 수와 확진자 수가 급증했다. 최근엔 중앙정부와 지자체 간 조치 수위를 놓고 힘겨루기를 하면서 시민들이 우왕좌왕하기도 했다.

방역에는 두 단계 전략이 있다. 1차 봉쇄와 2차 완화다. 봉쇄(containment) 조치는 입국을 통한 감염병 유입 자체를 차단하는 것이다. 소수 감염자가 나오면 감염 경로와 밀접 접촉자를 찾아 격리해 더 번지지 못하게 한다. 이것이 실패하면 다음 단계의 완화(mitigation)로 넘어간다. 일단 지역사회 감염으로 번진 상황에서 '사회적 거리 두기'와 '경증 환자 격리'로 대규모 확산을 억제하면서 중증 위주로 진료 체계를 구성해 사망자를 줄이는 것을 목표로 하게 된다(박동균, 2020).

대만, 베트남, 홍콩 등 방역모범국은 공통적으로 초기부터 중국인 입국금지와 국경봉쇄를 실행에 옮겼다. 봉쇄조치가 가장 근본적이고 효과적인 감염원

차단책임을 입증하고 있다.

2020년 3월 17일 뉴욕타임스(NYT)는 "싱가포르·대만·홍콩은 적어도 지금까지 성공적인 전략을 보여주고 있다"고 했다. NYT는 이들 국가 정부가 ▲ 중국 본토에서 오는 모든 여행객 전면 거부 ▲ 중국발 항공편 연기 ▲ 학교 폐쇄 등의 조처를 모두 1월 중에 시행한 점을 높이 평가했다. 싱가포르는 1차 봉쇄조치에서 효과를 거둬 초기에 방역 모범국으로 언급됐으나, 최근 개학 이후 완화 조치가 잘 되지 않으면서 확진자가 급증했다.[1]

우리나라는 1단계 봉쇄 조치를 우한발 입국자 외에는 전혀 하지 않았다. 이 때문에 대구발 신천지 집단감염이 촉발된 것은 변명할 여지가 없다. 전 세계적으로 중국 외 코로나19 해외 발생은 대규모 중국인 이동이 일어난 춘절을 즈음해 나타났고, 우리나라도 춘절 즈음인 1월 20일부터 확진자가 발생하기 시작했다.

현재 한국이 방역 모범국이라는 칭찬은 1차 봉쇄 조치에는 실패한 한국이 2차 완화 조치에서 선방하고 있다는 의미이다. 이는 문 열어두고 방역을 한다는 측면에서 국민의 높은 시민의식과 대량진단 능력, 의료진의 희생, 선진화된 의료보험 체계가 있었기 때문에 가능한 일이다. 나아가 이런 선진화된 의료시스템과 인프라가 있는 한국이 초기에 국경봉쇄까지 했더라면 대만처럼 코로나19 사망자는 한 자릿수에 머물렀을 가능성도 배제할 수 없다(천지일보, http://www.newscj.com). 현명한 국민[2]들이 열심히 마스크를 착용하고 손을 씻고 종교의 자유를 기본권 침해를 감수하면서까지 사회적 거리두기를 시행한데다 의사, 약사 등 현업의 전문인들이 드라이브 쓰루 검사와 약국 마스크 판매와 같은 획기적인 아이디어를 내면서 성공적인 방역으로 이끌었다(동아일보, 2020. 4. 8).

---

1) 동남아 코로나19 방역 모범국으로 평가받던 싱가포르가 빠른 제한 조처 완화로 동남아에서 코로나19 환자가 가장 많이 발생하는 국가로 전락했다.
2) 프랑스 상원 공화당 그룹은 최근 작성한 '코로나19 감염병 관리의 모범 사례: 한국'이라는 보고서에서 "정부가 본격적으로 코로나19 대처에 나서기도 전에 시민들이 바이러스의 심각한 위험성을 인식하고 자가격리에 자발적으로 협조하는 등의 공동체 의식이 자리했다"고 전했다. 이어 "한국은 이런 종류의 위기에 당면하면 공동체 정신을 발현한다"면서 "정부의 대책과 방역망이 제대로 작동할 수 있었던 것도 시민들의 이런 공동체 정신에 기인한다"고 평가했다(서울신문, 2020. 5. 7).

코로나19는 올겨울까지 바이러스 변이가 일어날 가능성이 높다는 분석이 있다. 지난 스페인 독감의 데이터를 통해 코로나19 역시 앞으로도 재유행이 계속될 수 있음을 인식하고 철저하게 대비해야 한다. 코로나19와 같은 위기상황은 현재 정부의 역량을 점검하고 도약할 수 있는 기회가 된다. 이번 코로나19로부터 얻은 많은 교훈을 통해 최고의 감염병 위기관리 대응 매뉴얼을 만들어야 한다. 아울러 보다 신뢰받는 정부의 구축, 국제사회의 공조 거버넌스 구축 등의 정책적 노력이 필요하다. 이번 코로나19 대응을 통해 나타난 문제점을 제대로 고쳐야 한다. 국민의 안전을 지키는 것이야말로 국가의 최고 과제이다.

2. 새로운 재해구호의 등장

각종 위기상황이 발생하면 다양한 재해구호가 시작된다. 재해구호는 이재민과 일시 대피자를 대상으로 구호기관과 구호지원기관이 행하는 모든 활동이다.

우리나라의 재해구호 시스템은 중앙정부, 광역지방자치단체, 기초지방자치단체 등 정부 차원의 지원 체계뿐만 아니라 전국재해구호협회, 대한적십자사, 지역 군부대, 민간자원 봉사단체 등이 상호 유기적으로 협조 및 연계 체제를 구축하고 있다. 전반적인 재해구호의 행정체계는 재난 등 위기상황이 발생하면 시·군·구의 재난안전대책본부에서 시·도의 재난안전대책본부를 거쳐 중앙재난안전대책본부로 보고하게 되고, 중앙재난안전대책본부는 보고기관에 대해 피해 상황에 적합한 조치를 취하도록 지시를 하게 되어 있다.

현재 우리나라 재해구호의 대표적 민간기관으로는 대한적십자사와 전국재해구호협회가 있다(이재은, 2006). 전국재해구호협회는 언론을 통한 재해 의연금 모금과 관리 및 배분을 주요 업무로 하고 있다. 기타 안전생활실천시민연합, 해병대전우회, 청년회의소 등 각종 민간단체가 직·간접적으로 재해구호에 참여하고 있다. 정부에서는 이러한 시민단체를 체계화하기 위해서 기초지방자치단체별로 '시민안전봉사대'를 조직하고, 2003년부터는 '시민안전봉사대장 과정'

교육을 실시하여 재해구호 현장에서의 혼란을 줄이고 민관의 효과적인 통합을 위해 노력하고 있다(박동균, 2011).

2011년 3월 11일 일본 이와테현과 미야기현 등 동북부 지방에서 규모 9.0의 지진과 지진해일이 발생했다. 대피령이 내려진 후쿠시마(福島) 제1원전 인근과 쓰나미로 고립된 지역에 있는 환자와 노인들이 사실상 방치되어 생명에 위협을 받았다.[3]

3월 18일 NHK 방송에 따르면, 후쿠시마 원전 반경 20~30㎞ 내 병원에는 정부 대피령에도 불구하고 환자 800여 명이 남아 있는 것으로 파악됐다. 이 지역 환자 1,100명 가운데 300명만 외부로 옮겨졌다. 일본 정부는 사고 원전 반경 20㎞ 이내 지역에 대피령을 내린 상태다. 이날 요미우리신문 등에 따르면, 후쿠시마 원전 반경 10㎞ 안에 있는 후타바 병원에서는 의료진이 모두 대피하고, 환자 98명만 남겨져 있었다. 또한 후쿠시마 제1원전 인근 대피소에 피난해 있던 병원 환자 18명이 이송 과정 또는 직후에 숨졌다. 대피소로 피한 노인환자들도 의약품 부족과 저체온증으로 위험한 상태라고 로이터 통신이 '국경없는 의사회' 등 구호단체를 인용해 보도했다(국민일보, 2011. 3. 18).

위의 사례에서 보는 바와 같이, 노인이나 장애인, 어린이, 만성질환자 등 환자들인 사회적 약자들은 재난과 같은 위기상황이 발생하면 위기정보를 접하기가 어렵고, 이에 대한 대비가 어려워 위기상황이 발생하는 순간부터 복구에 이르기까지 곤란에 처하게 된다. 따라서 자원봉사자는 사회적 약자에 대한 지원활동에 신경을 써야 한다. 이와 같은 사회적 약자에는 장애인, 노인, 어린이, 외국인 등을 들 수 있으며, 최근에는 다문화사회 속에서 외국인들이 밀집되어 있는 지역에는 외국인을 위한 위기경보 시스템 구축 및 다양한 위기정보 제공

---

3) 동일본 대지진과 쓰나미 발생 1주일째를 맞으면서 피난민 가운데서도 사망자가 속출하고 있다. 불충분한 의료설비와 추위 등 때문이다. 일본 동북지방은 16일부터 겨울형 기압 배치가 되면서 17일 한겨울이나 다름없는 추위를 보였다. 이에 따라 피로와 스트레스 등으로 면역력이 떨어진 노인 환자들의 사망이 이어졌다. 고혈압, 당뇨 등 지병이 있는 사람들도 위기에 처해 있다. 피난소까지 왔더라도 대부분 평소 복용하던 약을 제대로 챙기지 못한 경우가 많기 때문이다. 후쿠시마현에서는 원전 사고로 의료기관이 문을 닫으면서 인공투석을 받지 못하게 된 환자 740여 명이 이날 오전 버스 30대로 도쿄 등 수도권 의료기관에 이송됐다고 요미우리신문이 전했다(국민일보, 2011. 3. 17).

이 필요하다고 할 수 있다(박동균, 2011).

또한, 최근 위기관리 활동에 있어서 다양한 이재민들의 욕구가 나타나고 있다. 최근에는 우리나라를 포함해서 여러 국가에서 애완견 등을 키우고 있다. 이러한 애완견들은 사람과 동일하게 가족과 같은 분위기가 형성되어 있다. 일본에서 1995년에 발생한 한신대지진 당시에 애완동물 보호를 위한 자원봉사 활동이 생겨났다. 이러한 경향은 앞으로도 확산될 것이다(이재은 외, 2006: 497).

3. 재난불평등

코로나19 상황에서 미국의 높은 의료비용과 낮은 의료보험 가입률이란 고질적 문제는 여실히 드러났다. 최대 400만 원에 달하는 코로나19 검진 비용은 무보험 빈곤층이 병원가는 걸 포기하게 만들었다. 대부분의 선진국이 제공하는 전국민 의료보험도 없어 병원에 가도 검사나 치료를 받지 못하는 사람이 많았다(동아일보, 2020. 4. 30).

코로나19 피해가 집중된 뉴욕시에서는 사망자의 62%가 흑인과 히스패닉이었다. 이들은 미국 사회에서 상대적으로 경제 취약계층이다. 앤드루 쿠오모 뉴욕주지사는 "뉴욕 내 인종에 따른 피해 편중에 충격을 받았다"며, "왜 가장 빈곤한 사람들이 언제나 최대 피해자가 돼야 하는가"라고 말했다. 미국은 감염을 막기 위해 각 주마다 집으로 대피하라는 조치를 내렸지만 집 없는 사람이 수십만 명이다(동아일보, 2020. 4. 30).

바이러스 확산을 피해 세계 각국의 정부가 자가 격리와 외출금지를 주문했으나 이 역시 빈부격차를 드러내는 도구가 됐다. 스스로를 격리할 집이 있는지, 재택근무가 가능한 직종인지, 며칠간 휴직하고도 생계를 이을 수 있는지에 따라 생명권에 격차가 생겼다.

실제로 일본 아베 신조 일본 총리가 자택에서 애완견과 놀아주고, 커피를 마시는 등 여유롭게 쉬는 영상을 공개했다가 일본 국민으로부터 비난을 받았다. 아베 총리는 트위터에 "친구를 만날 수 없다. 회식도 할 수 없다. 다만 여러

분의 이런 행동이 많은 생명을 구할 수 있다. 지금 이 순간에도 가혹한 현장에서 분투하는 의료 종사자 여러분의 부담이 줄어든다. 한 분 한 분의 협조에 진심으로 감사하다"고 했다. 그는 또 해당 트윗의 댓글을 통해 "반드시 모두 모여 웃는 얼굴로 이야기를 주고받을 때가 온다. 그 때를 위해 오늘은 집에서, 어쨌든 여러분의 협력을 부탁 드린다"라고 했다. 문제는 트윗 글과 함께 올린 영상이었다. 그는 일본의 유명 싱어송 라이터이자 배우인 호시노 겐이 올린 '집에서 춤추자'라며 노래한 영상에 본인의 모습을 덧붙여 56초 분량의 영상을 게재했다. 집 소파에 앉아 개와 놀아주거나, 차를 마시거나 독서를 하는 모습 등이 나왔다. 일본 네티즌들은 아베 총리가 게재한 영상에 대해 "누가 생각한 연출인지 모르겠지만 화가 난다"며 비판했다. 다수의 네티즌들은 적극적인 자택격리를 당부하는 취지에서 올린 영상이었지만 코로나 19로 고생하는 국민 감정과 동떨어진 행보라는 비판이 이어졌다. 이들은 "우아하네요. (코로나 19에) 필사적으로 생각하는 국민들이 많이 있는데 여유롭게 애완견과 놀고 차를 마시고 TV를 보다니. 전쟁터가 된 병원에라도 시찰하러 가면 어떤가요?", "친구를 만나지 못하고 회식을 할 수 없는 게 고통스러운 게 아니다. 코로나 사태가 계속되는데 검사도 받지 못하고 언제까지 코로나가 계속될지 모르는 게 고통스러운 거다. 솔직히 국가에 버려졌다는 기분이 들었다", "이 동영상을 만든 사람도 이상하다. 쉬고 있는 것으로밖에 안 보인다", "이것도 또 해외에서 웃음거리가 되겠다", "누가 생각한 연출인지 모르겠지만 화난다. 아직 아무것도 해결된 게 없다" 등 쓴 소리를 냈다(더 팩트, 2020. 4. 12).

인도에서는 정부의 외출자제령에도 하루 생계를 위해 많은 사람이 외출을 감행했다. 브라질과 멕시코 등 저개발 국가에서도 비슷한 일이 발생하고 있다. 미국 내 56만 명에 달하는 노숙자는 코로나19 확산의 복병이 됐다. 미국 라스베거스시는 공공시설이 문을 닫으면서 격리가 불가능해진 노숙자들을 주차장 맨바닥에 재웠다가 비판에 휩싸였다(머니투데이, 2020. 4. 14).

장애인의 날인 4월 20일 장애인 관련 단체가 장애인 정책 개선을 요구하며, 문재인 대통령에게 면담을 요구했다. 145개 단체로 구성된 420 장애인 차별

철폐 공동투쟁은 20일 오후 서울시 종로구 마로니에공원에서 '제19회 420 장애인차별철폐 투쟁 결의대회'를 열었다.

이들은 이날 오후 2시부터 광화문 광장에서 마로니에공원으로 행진했다. 420 공투단은 정부와 국회가 장애인 관련 법 개정에 대해 적극적인 태도를 보여야 한다고 촉구했다. 이들은 △ 대통령 면담 △ 21개 장애인 권리보장 관련법 제·개정 논의 관련 여당 대표 면담 △ 장애인권리보장 헌법 개정 △ 코로나19 재난 중증장애인과 가족 지원 대책 수립 △ 중증장애인맞춤형 일자리 제공 대책 △ 코호트 격리 등 장애인 거주시설 정책 폐지 등을 요구했다.

이 단체는 "한국사회에 만연하는 장애인에 대한 차별과 배제의 사슬을 끊기 위해 적극적인 정치적 응답이 있어야 한다"면서 "하지만 더불어민주당과 미래통합당은 우리와 만나주질 않았고, 대통령 공약인 장애등급제 폐지와 탈시설 정책 추진 공약도 임기 반이 지나도록 제대로 추진되지 않고 있다"고 목소리를 높였다.

또한 코로나19 사태에서 중증장애인이 차별적 정책으로 인해 갇혀 있다고 호소했다. 단체는 "장애인의 날 보건복지부가 발표한 장애인정책은 한 마디로 중증장애인에게는 코호트 격리와 같은 분리 정책이다"라면서 "예산 반영 없는, 말만 번지르한 지속적인 사기임을 다시 한 번 증명하고 있다"고 강조했다. 이어 "우리가 지속 요구하고 있는 만 65세 연령 제한 폐지, 중증장애인 하루 24시간 보장, 본인부담금 폐지 등에 대한 내용은 글자 한 자 없다"면서 "그러면서 코로나19 재난을 통해 문제가 드러난 집단적 장애인 거주시설 공간을 오히려 기능 보강해 격리와 배제의 일상화로 방향을 잡고 있다"고 지적했다. 이들은 "코로나19 재난은 중증장애인들에게는 너무나 심각했고, 정부 대책마저 너무나 불평등했다"면서 "정부의 코로나19 재난 대응 사회적 거리두기는 사회적 약자에 대한 불평등과 피해를 심화시켰다"고 밝혔다. 이어 "사회적 연대 강화를 통해 재난에서 더욱 고통 받을 수밖에 없는 사회적 약자에 대한 맞춤형 종합대책도 수립되길 바란다"고 강조했다(이데일리, 2020. 4. 20).

코로나19 사태는 자연적 사건이지만 이후의 상황은 순전히 사회적이다. 따라서 진단키트나 백신 개발 같은 과학적 대책만으로는 코로나19에 대응하는 데 충분하지 않다. 개개인의 역량을 강화하여 재난에 대처하는 힘을 키우고 동시에 위태로운 이들의 삶을 지탱해줄 안전망 확보와 구조적 개혁을 통한 불평등 완화는 코로나19가 우리 사회에 던지는 핵심 숙제다(시사인, 2020. 4. 3).

코로나19와 같은 재난은 약자에게 더 고통을 준다. 재난은 결코 평등하지 않고 가난한 사람들에게 더 가혹하다. 위태로운 이들의 삶을 지탱해줄 안전망을 확보하고 불평등을 개선해야 한다. 코로나19의 위기를 잘 극복하더라도 향후 빈익빈 부익부의 경제적 양극화 및 사회적 불평등을 더욱 심화시킬 가능성이 높다. 따라서, 취약계층을 위한 복지혜택 분배, 새로운 시대에 대응하기 위한 정부, 기업, 노조가 모두 참여하는 새로운 형태의 거버넌스 구축이 요구된다.

4. 테러와 위기관리

테러는 현대에 들어서서 새롭게 등장한 개념이 아니다. 테러는 인권, 빈곤, 기후변화 및 환경문제 등과 함께 국제평화를 위협하는 주요 국제이슈로서 주목받고 있다.

최근 국제 테러정세의 주요 특징을 살펴 보면, 첫째, 중동 및 북아프리카 지역에서 정부, 종파갈등을 틈타 IS가 급속하게 세력을 확대하여 새로운 국제테러 주도세력으로 부상하였고 일부 이슬람 극단주의 단체들이 알카에다 계열에서 이탈하고 IS를 지지하는 등 이합집산의 양상을 보였다. 둘째, 시리아 내전 및 IS에 가담하는 외국인 테러전투원들이 증가하면서 이들에 의한 자생테러 위협이 고조되었다. 셋째, IS, 알 카에다, 칼레반 등 테러단체들이 추적회피가 용이하고 실시간으로 콘텐츠 전파가 가능한 인터넷, SNS를 통해 조직원 모집 및 자생테러 선동을 강화하였다(경찰청, 2015).

오늘날 무선통신 등 급속한 과학기술의 발전으로 인해 테러의 유형과 양상도 다양해지고 있다. 정보통신 기술과 과학의 발전으로 인해 대량 인명살상이

가능한 생화학무기, 폭탄, 핵, 사이버 테러 등이 이용되고, 인터넷의 발전은 세계화를 추구하는 새로운 테러조직의 연계를 통한 국제테러 네트워크를 형성하고 있다(이창용, 2007).

전 세계 1,000개 이상의 크고 작은 테러집단, 범죄단체와의 전쟁은 이미 시작되었다고 할 수 있다.

최근 테러는 불특정 다수의 시민들을 향해 다양한 수단과 방법으로 무차별적으로 자행되고 있다. 테러는 전쟁에 맞먹는 엄청난 피해를 유발함으로써 사회 안녕은 물론 국가안보까지 위협하는 양상으로 전개되고 있다.

전쟁이 상대 적국을 대상으로 전개된 것과 달리 테러는 그 대상의 범위에 있어 정부, 군인, 민간인, 남녀노소를 불문하고 언제, 어디서 진행될지 몰라 인류는 항상 테러공포에 시달리고 있다(이현경, 2003: 66).

역사적인 맥락에서 볼 때, 국가적인 위기 상황은 대부분 전쟁과 관련된 것들이 많았다. 그러나 최근에는 국가가 관심을 기울여야 할 위기의 영역들도 다양해지고 확대되었다. 즉, 1990년대 후반 탈냉전 시대가 전개되면서 국가가 대비하고, 관리해야 할 위기의 근원과 위협요인들이 급증하기 시작한 것이다. 동서 냉전의 종식과 함께 세계대전의 위험성은 줄었지만 지역 차원의 무장분쟁이나 갈등사례는 증가했다. 특히 테러리즘은 이제 전쟁 이상의 위협으로 우리에게 다가오고 있다(차두현, 2008: 175).

2001년 9월 11일 아침, 19명의 알 카에다 요원들이 네 개의 팀으로 나누어 서류커트용 나이프를 이용하여 민간 항공기를 납치하였다. 납치과정에서 테러리스트들은 별다른 저항을 받지 않았고, 그 결과 워싱턴의 펜타곤과 뉴욕 세계무역센터 건물이 무너졌다. 이 테러의 피해는 2,998명의 사망자와 함께 측정하기 어려울 정도의 경제적인 피해를 남겼다. 9·11 테러에 의해 테러리스트들은 어떠한 수단도 사용할 수 있고, 대규모의 민간인 피해도 전혀 개의치 않는다는 점이 입증되었다.

테러의 안전지대는 지구상에 존재하지 않으며, 대한민국도 테러로부터 안전지대라고 말할 수 없다. 세계유일의 분단국가로서 북한과의 특수한 관계 속에 있다는 점, 다문화 국가로의 발전, 국제사회 속에서 미국의 우방국으로서 여러 전쟁에 군대를 파견하는 등 자생테러 및 국제 테러리즘 등 다양한 테러리즘의 발생 가능성을 예상해 볼 수 있다(박동균, 2009: 81).

2009년 3월 한국인 관광객 4명이 희생된 알카에다에 의한 예멘테러와 같이 최근의 테러는 민간인을 대상으로 하는 테러양상을 보이고 있다. 즉, 최근 IS를 비롯한 테러조직들은 상대적으로 경비가 허술하고 접근이 용이한 철도·나이트클럽·호텔 등 다중이용시설을 테러 대상으로 하고 있다.

국가적 차원에서 대테러 시스템을 정비하고 대응역량을 강화하는 것도 중요하지만, 최근의 뉴테러리즘의 양상이 점점 더 테러대상을 민간 다중이용시설 등의 소프트 타깃(연성 목표물)으로 전환하고 있기 때문에 무엇보다도 각종 현장에 근무하고 있는 위기관리 주체들의 역할이 중요하다.

현재 세계 선진 국가들이 채택하고 있는 테러에 대하여 거의 모든 국가들이 공통적으로 정책을 집행하는 것은 테러관련 방지법의 제정 및 강화, 대테러 전담기구의 설치, 테러담당 요원의 전문화, 대테러 훈련 강화 등으로 압축해 볼 수 있다. 이에 따라 우리도 철저하게 대비해야 한다.

제9장 참고문헌

경찰청. (2019), 「경찰백서」.

김영평. (1994). 현대사회와 위험의 문제, 「한국행정연구」 3(4): 5-26.

김용민 외. (2012). 「경찰위기관리론」, 경찰대학 출판사.

류상일. (2007). 네트워크관점 지방정부 재난대응과정. 「한국행정학보」 41(4). 한국행정학회. 138~150.

류상일. (2008). 지방자치단체의 재난대응 네트워크 분석. 「한국지방자치학회보」, 20(1): 53-70.

박동균. (1996). 지방정부의 위기관리행정에 관한 연구, 동국대학교 행정학박사학위논문.

박동균. (2004). 한국 경찰의 위기관리 능력 제고방안, 「한국공안행정학회보」 18: 179-215.

박동균. (2007). 지방자치단체의 재난 초동대응 시스템 강화방안. 국제위기관리학술 세미나 발표논문집.

박동균. (2008). 한국 위기관리 시스템의 효율화 방안.「한국경찰연구」 7(1): 175-210.

박동균. (2009), 한국의 테러리즘 발생 가능성과 국가대비전략, 「한국테러학회보」 2(1): 81-111.

박동균·박창근·송철호·오재호. (2009). 「지방자치단체의 재난대응론」. 대영문화사.

박동균. (2010). 다중이용시설 테러에 대비한 지방자치단체의 위기관리전략, 『한국지방자치연구』 11(4), 165-185.

박동균. (2011) 미국의 재해구호활동과 시스템: 특징 및 함의, 한국행정학회 학술대회 발표논문집: 71-86.

박동균·양기근·류상일. (2011). 지방자치단체 재난관리 시스템의 개선방안. 「대한지방자치학회 2011 추계학술대회 발표논문집」: 535-556.

박동균. (2013 a). 허리케인 샌디 대응을 통해 본 미국 위기관리 시스템의 교훈, 「한국민간경비학회보」 23: 73-95.

박동균. (2013 b). 미국 경찰의 위기관리 활동의 특징과 함의, 「한국경찰연구」 12(3): 103-124.

박동균. (2016). 세월호 사례를 통해 본 한국 위기관리행정의 문제점 및 개선방안, 「한국치안행정논집」 13(1): 45-72.

박동균. (2020). 코로나 19 사태를 통해 본 대한민국 위기관리의 문제점과 교훈, 한국치안행정논집 17권 3호: 127-150.

양기근. (2008). 허베이 스피리트호 기름유출사고의 지역 및 지역민의 위험관리방안. 「원광대학교 소방행정학부 학술세미나」 1-23.

이재은. (1998). 위기관리 정책에 관한 연구: 개념, 영역, 정책결정을 중심으로. 「한국행정논집」 10(1).

이재은. (2005). 통합위기관리시스템의 효율화 방안. 「한국위기관리논집」, 1(2): 25-43.

이재은 외. (2006). 「재난관리론」. 서울: 대영문화사.

이재은. (2012). 『위기관리학』, 서울: 대영문화사.

이창용. (2005). 테러리즘 방지를 위한 한국형 위기관리 시스템 구축방안, 『지방정부연구』 9(2): 204.

이창용. (2007). 『뉴 테러리즘과 국가위기관리』, 서울: 대영문화사.

이헌경. (2003). 테러의 본질과 한국의 대테러 방향, 『통일전략』 3(1), 341-360.

정기성. (2003). 재난관리 행정체계의 합리적 개선에 관한 연구. 「한국정치정보학회」. 6(1): 213-247.

정지범 외 편저. (2009). 「국가종합위기관리」. 법문사.

정찬권. (2013). 「국가위기관리론」, 대왕사.

차두현. (2008). 한국의 테러리즘 대응방안, 『한국국제정치학회학술대회 발표논문집』.

최용호. (2005). 지방정부의 사전대비 재난관리체제 효율성의 영향요인에 관한 실증적 연구. 「2005년도 한국행정학회 춘계학술대회 발표논문집-한국행정학의 성찰과 전망」.

치안정책연구소. (2020). 「치안전망 2020」.

Cigler, Beverly A. (1988), "Emergency Management and Public Administration." in Michael T. Charles & John Choon K. Kim (ed.). *Crisis Management : A Casebook*. Springfield, IL: Charles C. Thomas Publisher. 5-19.

Clary, Bruce B. (1985), "The Evolution and Structure of Natural Hazard Policies", *Public Administration Review* (special issue), 45: 20-8.

Comfort, L. K.(1998), "Designing Policy for Action: The Emergency Management System". pp. 344-349. in Comfort, L. K., (ed.), *Managing Disaster*, Dorham, North Carolina: Duke University Press.

Drabek, Thomas E. (1985), "Managing the Emergency Response", *Public Administration Review* (special issue) 45.

Godschalk, David R. & David J. Brower, (1985). "Mitigation Strategies and Integrated Emergency Management" *Public Administration Review* (special issue), 45: 64-71.

Huffman, J. (1986), *Government Liability and Disaster Mitigation*, Univ. of Press of America.

Karwan K. R. & Wallace, W. A.(1984), "Can We Manage Natural Hazard ?", *Public Administration Review*, 44.

Kasperson, R. E. & K. D. Pijawka, (1985). "Societal Response to Hazards and Major Hazard Events: Comparing Natural and Technological Hazards". *Public Administration Review* (special issue), 45: 7-19.

Kreps, Gary A. (1991), "Organizing for Emergency Management." in Thomas E. Drabek & Gerard J. Hoetmer (eds). *Emergency Management: Principles and Practice for Local Government*. Washington, D. C.: International City Management Association. 30-54.

May, P. J.(1985), "FEMA's Role in Emergency Management: Examining Recent Experience", PAR, Vol. 45.

McLouglin, David. (1985), "A Framework for Integrated Emergency Management". *Public Administration Review* (special issue), 45: 165-72.

Mileti, Dennis S. & John H. Sorensen. (1987). "Determinants of Organizational Effectiveness in Responding to Low Probability Catastrophic Events." *The Columbia Journal of World Business*. 22(1).

Perry, Ronald W. & Joanne M. Nigg, (1985), "Emergency Management Strategies for Communicating Hazard Information." *Public Administration Review*. 45(special issue).

Petak, William J. (1985), "Emergency Management: A Challenge for Public Administration", *Public Administration Review* (special issue), 45.

Pickett, John H. & Barbara A. Block. 1991. "Day-to-Day Management." In Thomas E. Drabek & Gerard J. Hoetmer(eds.), *Emergency Management: Principles and*

Practice for Local Government. Washington, DC: International City Management Association.

Walsh, Mike(1989), *Disasters-current planning and recent experience*, Edward Arnold.

Zimmerman, Rae (1985), "The Relationship of Emergency Management to Governmental Policies on Man-Made Technological Disasters", *Public Administration Review* (special issue), 45: 29-39.

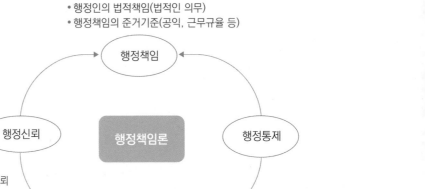

• 행정인의 행동기준
• 행정인의 법적책임(법적인 의무)
• 행정책임의 준거기준(공익, 근무규율 등)

행정책임

행정신뢰

행정책임론

행정통제

• 신용적, 상호적, 사회적 신뢰
• 행정윤리, 공무원의 행동규범
• 공직윤리 확보방안

행정개혁

• 행정책임 보장하기 위한 수단
• 부정부패(거래형, 독자형)
• 행정통제모형(주인–대리인 모형)
• 내부/외부통제, 공식적/비공식적 통제

• 행정개선, 행정혁신, 행정쇄신
• 행정개혁의 특징과 접근방법
• 미국, 일본, 한국의 행정개혁 과제
• 행정개혁의 방향과 혁신과제

제10장

행정책임과 통제, 개혁

제1절 행정신뢰
1. 행정신뢰의 본질과 속성
2. 행정신뢰의 결정요인
3. 행정윤리

제2절 행정책임
1. 행정책임의 본질과 속성
2. 행정책임과 기준

제3절 부정부패와 행정통제
1. 부정부패의 의의
2. 부정부패의 통제

3. 행정통제와 모형
4. 행정통제의 유형

제4절 행정개혁
1. 행정개혁과 특징
2. 행정개혁의 접근방법과 과정
3. 행정개혁의 저항과 극복방안
4. 주요국의 행정개혁 동향
5. 한국의 행정개혁과 과제

제10장
행정책임과 통제, 개혁

제1절 행정신뢰

1. 행정신뢰의 본질과 속성

　신뢰란 어떤 사람이나 집단의 의도나 행동에 나타난 신념 및 자신감으로서 사회적 교환관계에서 다른 사람들의 권리에 대해 윤리적으로 행동하고 공정한 관심을 보여주는 기대라고 할 수 있다. 또한 신뢰란 일반적으로 다른 사람들이 예측 가능한 방식으로 행동할 것이라는 기대 내지 신념에 관한 것이다. 이때 행동이란 반드시 자기이익을 실현하기 위해서만 발생하는 것은 아니다. 신뢰는 다음의 세 가지로 구분되는데, 신용적 신뢰, 상호적 신뢰, 그리고 사회적 신뢰가 그것이다.

　첫째, 신용적 신뢰(fiduciary trust)는 어떤 사람이 자신의 능력으로 다른 사람의 행동을 평가할 때 발생하는 신뢰이다. 전문가에 대한 신뢰가 대표적인 신용적 신뢰이며, 행정신뢰에서 시민과 정부 사이의 관계가 균형적이지 않기 때문에 시민들이 정부의 성과를 통제하고 감시하는 것이 지극히 어렵다는 것을 전제로 한다. 따라서 시민들은 일방적으로 정부기관을 신뢰할 수밖에 없고 정부는 공익을 위해서 업무를 수행한다는 것을 지속적으로 보여줄 때 시민으로부터 신뢰를 형성할 수 있다. 행정은 「스튜어디스」의 역할을 해야 하며. 관료는 정의와 윤리라는 도덕적 규범1)에 따라 행정업무를 수행하여야 한다는 것이다 (Thomas, 1998). 둘째, 상호적 신뢰(mutual trust)이다. 상호적 신뢰는 시민과 직접 접촉하는 일선 공무원들에게 대면적 관계를 바탕으로 한 것이다. 상호적 신뢰에 바탕을 둔 시민과 정부 사이의 관계가 계산된 행동으로 나타나 우월적 지위에 있는 사람들의 이익만 반영할 것이라는 우려도 있지만, 행정 관료들이 신용적 신뢰에 바탕을 두고 상호적 신뢰하에 개개 시민과 개방적 관계를 유지한다면 이러한 문제는 사라지게 될 것이다. 그러나 행정신뢰가 전적으로 신용적 신뢰에만 의존할 경우 일선 관료들이 고객과 대면적 관계를 통해 상호적 신뢰를 유지하게 되는 기회는 상실되게 된다. 셋째, 사회적 신뢰(social trust)이다. 경제적 교환관계가 전적으로 계산에 의존하고 있지만, 이것은 신뢰에 바탕을 둔 사회체계하에서 나타나게 된다. 이 점을 인정하고 있으며, 실제 개인의 합리적 계산 상황은 문화, 규제, 그리고 직업적 규범과 같은 사회적 요인에 의하여 영향을 받는다는 것이다. 이러한 의미에서 사회적 신뢰란 일종의 사회적 자본이다. 즉, 개인이 서로 상호작용하여 사회적 자본을 축적하면 그것이 공공의 선이 되고, 이로 인해 사회적 신뢰가 형성되게 된다는 것이다(Williamson, 1993).

2. 행정신뢰의 결정요인

행정신뢰를 결정하는 요인은 다양하다. Zucker(1986)에 따르면 성격에 바탕을 둔 신뢰(Characteristic-based trust), 과정에 바탕을 둔 신뢰(Process-based trust), 그리고 제도에 바탕을 둔 신뢰(Institutional-based trust)가 있다고 하였다.

---

1) 도덕적 규범이란 모든 국민을 동등하게 다루어야 할 것을 명시한 규칙과 절차, 그리고 보살 핌이다. 그러나 규칙과 절차를 지나치게 고수할 경우 시민들의 특정하면서도 개인적인 이익 은 무시될 수 있다. 따라서 보살핌(care)을 하나의 윤리적 규범으로 삼아 시민의 개인적 이 익을 보호해야 한다는 것이다. 규칙에 집착하는 행동은 중립성과 공정성을 보장해줄 수 있 지만 사회적 관계에서 시민들의 이익을 박탈시킬 수도 있다. 따라서 보살핌이라는 도덕적 규범을 통해서 행정공무원들은 시민들의 욕구에 부합할 수 있는 자유재량권을 부여받을 수 있다는 것이다.

이들 신뢰는 각각 지각, 감정, 행동을 반영한다고 하며, 사회가 발전함에 따라 점차 성격에 바탕을 둔 신뢰에서 과정에 바탕을 둔 신뢰를 거쳐 제도에 바탕을 둔 신뢰로 옮겨가는 것으로 보았다.

첫째, 성격에 바탕을 둔 신뢰요인이다. 이 신뢰는 종족, 가족배경 등과 같은 개인적 특성에 의하여 신뢰가 생성되는 것을 말한다. 따라서 이 신뢰는 공통의 문화적 체제라는 소속감의 지표가 된다. 성격에 바탕을 둔 신뢰가 행정신뢰에서도 나타날 수 있다. 그러나 그 정도는 매우 미미한 것으로 평가할 수 있다. 왜냐하면 복잡한 사회의 개인은 성격에 바탕을 둔 신뢰에 믿음을 보내지 않으며, 실제 이것에 바탕을 둔 신뢰는 엽관주의와 같은 행정의 병리 현상을 초래할 수 있기 때문이다. 둘째, 과정에 바탕을 둔 신뢰요인이다. 과정에 바탕을 둔 신뢰는 계속적인 교환관계를 통해 신뢰가 형성되는 것을 말한다. 이때 교환관계는 주로 자기이익 추구과정에서 발생하게 되는데, 교환된 재화의 값이 과정에 바탕을 둔 신뢰형성에 영향을 준다는 것이다. 교환관계는 전혀 공리적 값이 없는 경우도 있고, 약간의 계산된 상황도 있다. 그 어떤 것이든 교환관계는 과정에 바탕을 둔 신뢰에 영향을 미치게 된다. 셋째, 제도에 기반을 둔 신뢰요인이다. 이것은 사회적 실제로 받아들여진 제도를 통하여 신뢰가 형성된 것을 말한다. Zucker(1986)에 따르면 19세기 이후, 사회가 복잡해지고 경제적 관계가 다양해짐에 따라 사회적 교환의 새로운 대안으로 제도에 기반을 둔 신뢰가 형성되었다는 것이다. 전문가 집단의 탄생, 관료적 조직, 정부의 규제 등 사회·경제적 성숙을 이 신뢰형성의 주원인으로 보았다. 송건섭 외 연구(1998)는 행정신뢰는 주로 업무태도, 공무원의 청렴성, 공무원의 공익성에 의해서 형성된다는 것이다. 즉, 공무원의 업무태도가 양호하고, 공무원의 청렴성과 희생성, 공익성 정도가 높을수록, 그리고 법제도적인 장치를 잘 구비할수록 행정에 대한 사회적 신뢰가 증가한다는 것을 알 수 있다.

3. 행정윤리

윤리라는 용어는 인간 행동의 선(good), 악(evil), 정(right), 사(wrong)를 판단하는 기준이 된다. 따라서 이는 도덕적인 행동기준을 함축하고 있고, 윤리적 행동이란 인간의 선하고 바른 행동을 함을 의미한다. 그러나 윤리라는 용어는 조작적 개념정의가 어렵고 애매모호한 속성을 지닌다는 것이 공통된 특징이다. 한편, 행정윤리 혹은 공직윤리는 일반윤리의 특수 분야에 속한다. 행정윤리는 당위성을 바탕으로 하는 가치 함축적인 판단이며(규범성), 외부로부터 구체화된 것이 아니라 인간 내면적인 가치체계 속에 잠재해 있으며(내재성), 시대에 따른 가치관의 변화를 반영하는(상황성) 등의 세 가지 특성을 가지고 있다.

또한 공직이 국민 전체에 대한 공익의 실천을 최우선으로 한다는 점에서 다른 직업보다 더 높은 수준의 윤리가 요구되지만, 일반사무의 윤리수준으로부터 제약을 받기도 하는 양면성을 지닌다. 현대 민주국가에서 공무원들은 국민 전체의 봉사자로서 공익을 추구해야 할 입장에 서 있고, 또 공무원들은 국민생활에 심대한 영향을 미칠 수 있는 지위에 있기 때문에 국민은 공무원들의 높은 직업윤리를 기대하여 정부는 그들의 행동규범을 엄격히 규정하는 경향이 있다. 공무원이 공직을 수행함에 있어 무엇이 선한 것이며 정당한 것인가를 판단하고 행동하는 것은 그렇게 쉬운 일이 아니나 공무원의 윤리적 행동 여하는 행정의 방향과 가치에 심대한 영향을 미치는 것이다. 행정윤리에 대한 관심이 높아진 것은 군부지도자 박정희 대통령의 제3공화국에 들어와서인데, 공무원의 행동규범을 내면화하기 위해서 기존의 공무원법상의 법적의무규정 외에 비법제상의 「공무원의 윤리강령」이 제정되었고, 이것이 그 후 「공무원의 신조」로 개편되어 제4공화국인 유신 정권까지 이어졌다. 뒤이어 전두환 대통령의 제5공화국에 와서 「공무원윤리헌장 및 실천강령」, 「공직자윤리법」[2] 등이 제정되어 오늘에 이

2) 공직자윤리법(1981. 12. 31., 법률 제3530호)은 오랜 세월에 걸쳐 우리나라 공직사회에 누적되어 온 부정부패 풍조를 일조하기 위한 제도적 장치로서 정부의 신뢰성 제고는 물론 선량한 공직자를 보호하려는 데 목적을 두고 있다. 현재까지 7차례에 걸쳐 개정된 공직자윤리법의 주요 내용은 공직자 재산등록제 실시, 퇴직 공직자 취업 제한제 실시, 공직자 선물신고

르고 있다. 또한 최근 공직윤리를 확보하기 위해 「부정청탁 및 금품 등 수수의 금지에 관한 법률」3)이 제정되어 2016년 9월 28일부터 시행되고 있다.

제2절 행정책임

1. 행정책임의 본질과 속성

행정책임이란 행정인 또는 행정조직이 일정한 행동기준에 따라 행동할 의무를 지고 있는 것을 말한다. 즉, 이러한 전제로 하여 그 행동결과에 대하여 비판을 받을 상태에 있는 것을 말한다. 이러한 행정책임을 보장하기 위하여 행정통제가 이루어진다. 즉, 행정통제란 행정책임을 보장하기 위한 수단으로서 행정의 목표가 효과적으로 수행될 수 있고, 행정이 국민의 입장에서 국민을 위하여 수행될 수 있도록 업무수행과정이나 결과에 대하여 조정하고 환류하며, 진행시키는 것을 의미한다. 일반적으로 행정통제는 외적인 통제를 민주통제, 내적인 통제를 관리통제라고도 한다. 외부적 통제에는 ① 국민에 의한 통제(민중통제, 선거, 국민 여론, 청원·진정, 이익단체의 역할, 정당을 통한 간접통제), ② 입법부에 의한 입법통제(입법권, 재정권, 일반국무에 관한 권한을 가지고 있고 이를 사용하여 통제함), ③ 사법부에 의한 사법통제 및, ④ 옴부즈만제도 등이 있으며, 내부적 통제에는 ① 행정수반에 의한 통제, ② 정책 및 기획통제, ③ 행정인의 자기규제에 의한 통제, ④ 운영통제(관리통제), ⑤ 감찰통제 등이 있다.

행정책임은 개인적 차원에서는 공무원 개개인에 대한 의무임과 동시에 국가적 차원에서는 국민 전체에 대한 국가 역할의 정당성을 확인하는 것이라고

제 실시, 적극적 업무처리자세의 확립 등이다.

3) 부정청탁 및 금품등 수수의 금지에 관한 법률(2015. 03. 27., 법률 제13278호)은 2011년 6월 김영란(당시 국민권익위원장)이 제안하고 2012년 발의한 법이어서 '김영란법'이라고 불린다. 이 법은 2015년 3월 3일 국회 본회의에서 통과돼 3월 27일 공포되었고, 1년 6개월의 유예 기간을 거쳐 2016년 9월 28일에 시행되었다.

할 수 있다. 특히 행정책임은 정부의 권위 체계가 약화되고 공직사회의 윤리가
올바로 확립되지 못할 때 더욱 중요해진다. 그리고 행정책임을 중시해야 할 여
러 현상적 요인으로서 국가 권력의 우위, 정부부문의 국가사회적 영향력의 증
대, 공무원의 전문성 및 기술성의 향상, 재량권의 확대, 자원 관리량의 증대 등
을 들 수 있다. 이에 대한 방안으로는 행정책임의 문제는 결국 공무원 개인 또
는 행정체제의 일탈에 대한 감시와 처벌이라는 측면에서 고찰되어야 할 것이
다. 행정책임의 확보문제를 기본적으로 공무원 개인 차원에서 접근해야 하느냐,
아니면 조직 차원에서 접근해야 하느냐는 오랫동안의 논쟁거리였다. 프리드리
히는 "책임 있는 행위는 집행되기보다는 유도해내는 것이다."라고 주장하고 있
다. 이것은 공무원 개개인이 갖는 전문적 가치와 공익에 충실하는 것이 책임성
확보에 중요함을 의미한다. 그러나 파이너는 조직이 책임 있는 행동을 보장하
기 위해 공무원 개개인에게 통제를 행사해야 한다고 주장하고 있다.

2. 행정책임과 기준

행정에 관하여 의사를 결정하고 평가할 때는 그 기준이 있어야 한다. 행정
활동의 기준은 행정이 존재하는 이유와 나가야 할 방향을 제시해 준다. 그리고
그것은 공무원이 행정활동을 하면서 지키며, 보호하고, 추구하며 증진시켜야
할 가치이며 규범이다.

민주국가에 있어서 어떻게 하면 최대의 행정능률을 올릴 수 있느냐의 요청
은 그것만으로서 자족적인 것이 될 수 없다. 왜냐하면 항상 어떻게 하면 동시에
개인에게도 최대의 자유를 보장하며 확보케 할 수 있을 것인가의 또 하나의 중
요한 요청을 전제로 하지 않으면 안 되기 때문이다. 정치학자인 Finer는 '민주주
의에 있어서 행정책임은 행정능률보다 중요하지 않은 것은 아니다. 그것은 오
히려 결과적으로 능률을 촉진케 하는 것이다'라고 지적한 바 있거니와 요컨대
오늘날 행정에 있어서 궁극적인 가치는 그 책임성 확보에 있다고 보아도 무방
하며, 관료들이 행정을 수행하는 데 있어 책임성확보를 위해 행동하기 위한 준

거가 되는 책임의 기준이 반드시 필요한데, 바로 행정책임의 평가기준이다. 이러한 행정책임의 평가기준은 행정책임을 추궁할 수 있는 근거를 말한다. 행정책임 평가기준도 헌법과 법령 등에 명문으로 규정하고 있는 경우도 있고, 그렇지 않는 경우도 있다. 행정인의 책임은 의무를 전제로 하여 발생하는 것인데, 특히 행정인의 법적인 책임은 법적인 의무를 전제로 하여 발생하는 것이며, 구체적인 법적인 의무는 수많은 개별적인 법규범에 근거하게 된다. 따라서 법령 등의 명문의 규정으로 제시된 다양한 형태의 각종 의무들의 내용은 바로 '책임 있는 행정'의 전제이며, 기준이 되는 것이다. 한국은 국가공무원법, 지방공무원법, 공무원복무규정 등에 성실, 친절, 법령준수, 복종, 직무전념, 비밀엄수, 품위유지의무 등을 규정하고 있다. 여기서 문제가 되는 것은 관료들의 행정활동에 있어서 객관적인 법령 등 명문규정이 없는 경우에는 어떠한 기준에 따라서 행정책임을 평가해야 할 것인가 하는 문제가 남게 된다.

Sharkansky는 행위의 기준을 법률 또는 규정 등에서 명백하게 규정하고 있지 않을지라도 행정인들에 의해 널리 공유되고 있는 이상(ideals)들은 책임의 준거기준이 된다고 하였다. 그는 행정책임의 기준으로 다음의 네 가지 이념(ideals)에 준거할 수 있다고 한다. 즉, ① 정의(justice), ② 평등(equality), ③ 자유(freedom), ④ 민주주의(democracy)의 기준을 제시하고 있다. D. A. Cutchin은 행정의 지침이 되는 규범으로서 열 가지를 들고 있다. 즉, ① 참여(participation), ② 절약(economy), ③ 효과성(effectiveness), ④ 능률(efficiency), ⑤ 점증주의(incrementalism), ⑥ 정치적 중립(political neutrality), ⑦ 생산성(productivity), ⑧ 합리성(rationality), ⑨ 대응성(responsiveness), ⑩ 사회적 형평(social equity) 등이다. Piffner와 Presthus는 행정책임의 기준으로 ① 공익이라는 규범, ② 근무규율과 같은 직업윤리 및 행정에서 요구되는 기술성, ③ 합법성, ④ 이익단체의 요구 등을 제시하고 있다.

한편 국내학자로 백완기 교수는 행정책임의 기준을 명문화된 기준, 행정이념(민주성, 효과성, 능률성, 중립성 등), 공익, 고객의 요구 등을 제시하고 있으며(백완기, 1998), 박동서 교수는 민주국가에서 행정평가의 기준이란 일반적으로 제 행정이념, 공익, 국민의 기대, 관계법령, 조직의 목표, 정책 등이라고 할 수 있으며, 이를 환언하면, 민주성·효율성이라고 하겠고, 포괄적으로 책임성을 들고 있다(박동서, 2001). 안해균 교수는 행정책임을 보장하고 평가하는 기준으로서 합법성, 민주성, 공익성, 효율성을 지적하면서 이러한 기준을 기본 지표로 삼고 이들로부터 구체적이고도 합리적인 하위지표로서의 정책목표와 법규 같은 세부 기준들을 만들어 낸 후 실제평가에 적용해야 한다고 보았다(안해균, 1998).

지방정부의 책임

　지방자치의 실시 이후, 지방자치단체들이 각종 지역 개발 사업을 경쟁적으로 추진하면서 사업의 타당성분석이나 Cost/Benefit 분석 등의 정확한 검증 없이 A시의 지방자치단체는 공단조성에 100억을 투자하고도 공단조성실패로 국민 혈세로 조성된 예산을 엄청나게 낭비하였다. 뿐만 아니라 B광역시는 연말 집행치 못한 예산을 집중적으로 쓰다 보니 다시 중복투자, 투자하지 않아도 될 분야, 즉 멀쩡한 보도블럭을 교체하는 등 예산을 무리하게 지출했고 오히려 행정의 고객인 시민을 번거롭게 하는 결과를 낳았다. 그럼에도 불구하고 어느 누구도 이러한 사실에 대하여 행정책임을 지지 않는다는 사실에 보다 큰 문제가 있다.

제3절 부정부패와 행정통제

1. 부정부패의 의의

Werner에 의하면 부정부패는 국민정신을 황폐화시키고, 사회적 기강을 해이하게 만들며 인간가치기준을 모호하게 함으로써 국가발전을 위협한다고 하였고, 김영종 교수는 부정부패를 인간의 행복을 빼앗아 가는 괴물적 존재라고까지 표현하였다. 문민정부 출범직후, '정치자금을 안 받겠다', '부정부패에 대한 성역 없는 조사' 등으로 부정부패 척결운동을 벌여왔다. 세계적으로 이러한 운동이 확산되면서 급기야는 OECD가 '반 부패라운드'(anti-corruption round)를 추진하고 있다.

부패 현상은 빙산모형으로 표현하듯 노출된 부분보다는 은폐된 부분이 훨씬 크다. 이러한 부정부패는 첫째, 관료가 자신의 직무와 직접·간접적으로 관련된 권력을 부당하게 행사하여 사익을 추구하거나 공익을 침해한 경우, 둘째, 개인적인 이득을 얻기 위하여 공권력 혹은 권위의 불법적인 사용, 셋째, 공직자 혹은 그와 관련된 자가 공직을 이용하여 부당한 금전적 혜택(pecuniary benefit)을 취하거나 혹은 이에 상응한 향응을 누리는 행위 등으로 다양하다. 관료부패는 국민의 도덕성을 상실하게 하고, 정부권위의 상실, 행정운영의 비능률, 조직범죄의 기회증가, 정치적 만행, 조세부담의 증가, 재원사용의 비효율, 국민의 사기저하 등 폐단이 매우 크다. 부정부패를 보는 시각은 1960년대 이후 세 개의 학파로 구분하여 설명할 수 있다.

첫째, 기능주의 학파(the functionalist school)로 1960년대의 주도적인 연구경향이었으며, 부정부패를 단순히 '정상적인 성장-부패의 생명주기를 지니는 고유한 양상'으로 보아 일정한 기간이 경과하면 사라지는 것으로 보았다. 따라서 부정부패를 엄격히 통제하여 사회로부터 추방되기보다는 국가발전에 도움을 주는 한 어느 정도 인정해야 한다는 입장이다. 이러한 긍정적인 입장은 Nye, Bayley, Huntington 등에 의해 많은 지지를 받았다.

둘째, 후기기능주의 학파(the post-functionalist school)는 1970년대 등장한 학파로 기능주의 학파의 부패시각을 비판하였다. 부정부패는 정부의 도덕적 권위를 상실하게 하며, 정부운영의 능률성을 약화시키는 원인이 될 뿐만 아니라 사회를 파괴하는 요인이 되므로 부정부패를 엄격히 통제해야 한다는 입장이다. 이러한 부정부패에 대한 부정적인 입장을 취한 학자는 Caiden, Rose-Ackerman 등이다.

셋째, 도덕주의 학파(moralist school)는 부정부패에 대한 시각에 있어 후기기능주의 학파와 그 맥을 같이하지만 대응전략 면에서는 차이가 있다. 후기기능주의 학파가 제도 정비를 통해 부패를 방지하려는 데 대해, 도덕주의 학파는 부패원인이 공동체의식 및 개인주의적 경향 때문인 것으로 파악해 국민 혹은 공직자의 도덕성 회복이 최선이라고 보았다. 따라서 자유재량권을 많이 가지고 있는 관료들이 올바른 정책을 수행하고 국민의 신뢰성 회복을 위해 도덕교육이 필요하다는 입장을 피력했다. 대표적인 연구자들은 Werner, Nas, Price 등이다.

부정부패는 거래형과 독자형으로 구분된다. 거래형 부정부패는 공직자가 상대방으로부터 뇌물 혹은 이에 상응하는 향응을 받고, 어떤 혜택을 주는 행위이다. 관료에 의한 권력이 독점되거나 행정서비스의 병목(bottleneck) 현상이 심한 경우 빈번히 일어난다. 독자형 부정부패는 공직자가 스스로 이득을 챙기기 위해서 행동을 취하는 경우이다. 공금을 횡령 혹은 유용하거나 정보를 사적으로 이용하는 행위 등이다.

표 10-1 부정부패 유형

유형	혜택	구체적 비리
거래형	뇌물·향응	특혜사례비·급행료·규제묵인사례비·상납 혹은 촌지·친교비·청탁비
독자형	금품수수	횡령·유용·정보의 사적 이용·비양심적인 정책집행

부패의 공급자가 누구냐에 따라서 다음의 다섯 가지로 부패의 유형을 분류해 놓고 있다. 정치집단이 정권의 획득이나 집권의 연장을 위한 정치자금을 마

련하기 위하여 저지르는 정치부패, 관료가 치부를 목적으로 인·허가의 권한 등을 남용하는 부정부패, 행정기관이 통제·감독 기능의 수행에서 행하는 행정부패, 교육기관 특히 의과대학이나 예·체능계의 교육자가 치부를 목적으로 대학입시에 학생의 평가를 자의적으로 하는 교육부패, 그리고 기타 민간 기업이나 단체에서의 공금착복이나 인사상의 부패를 민간부패로 분류해 볼 수 있다.

2. 부정부패의 통제

이러한 부패를 방지하기 위한 여러 가지 방안이 강구되는데, 중요한 것은 부패기회를 감소하고 부정적인 부패이미지를 개선하는 것이 급선무라는 것이다. 부패를 줄이기 위한 방안으로 법제도적인 통제는 물론이고, 부패기회 및 동기감소, 부패이미지를 개선하여 조직의 문화 및 환경을 변화시키는 것이 필요하다.

1) 법제도적인 통제

부패기회 감소를 위한 방법은 여러 가지 측면에서 접근될 수 있지만, 부패기회요인 등을 종합적으로 검토해 보면, 그래도 한국의 경우 현시점에서 부정부패를 보다 체계적으로 억제하기 위해서는 법적, 제도적 접근이 요구된다. 공직사회에 만연하고 있는 부정부패를 척결하기 위해 법제도적 통제의 대표적인 것으로 통합적인 부패방지법의 제정이 절실히 요구되며, 현재 공직자윤리법은 재산등록 및 공개를 제외하고는 추상적인 청렴 의무 규정과 외국으로부터의 선물신고, 취업제한에 대한 규정만을 두고 있으므로 공직사회의 부정적 관행과 의식을 획기적으로 바꿀 수 있는 법으로 개정, 정직한 공직자들이나 누구보다도 부정부패의 실체를 잘 알고 있는 공직자들이 동료의 부패행위에 대해 고발하여도 법적으로 보호받는 내부고발자 보호법제정 등을 들고 있다. 또한 각종 행정제도의 개선을 통하여 행정규제 및 관리기준을 현실화해야 된다. 한국의 경우 인·허가 사항이나 절차가 지나치게 까다로워 각종 부조리의 발생소지가 충분히 있다. 현재 세계화의 시대정신이라고 불릴 만큼 규제완화는 중요하다. 이러한 규제완화를 통해 대규모의 부패기회를 근절하고 정책의 투명성을 통해 경쟁력을 강화할 수 있을 것으로 판단된다.

2) 부패기회와 동기를 감소

부패거래금액이 적을수록 외부에 쉽게 노출되는 반면, 대규모의 부패는 비밀보호수단이 강구되므로 쉽게 노출되지 않는 속성이 있다. 이를 위해 의사결정과정의 명확한 절차수립, 정책목표가 너무 복잡하거나 모호(정책내용)하면 부패소지가 커지므로 정책목표를 구체적이고 명확히 설정, 민감한 의사결정 담당 직위에 있는 자를 병렬적으로 배치하는 것도 중요하다. 부패비용(cost)을 증대시키는 것도 방법이다. 엄격한 규제절차는 부패억제효과가 없다. 왜냐하면 엄격하면 곧 높은 진입장벽을 쌓게 되고, 진입장벽이 높으면 높은 수준의 지대(rent)의 보장을 해주어야 하고, 오히려 부패가능성이 증대될 수 있다. 그러나 엄격하지 못한 규제는 진입희망자에게 자발적 일탈행위를 초래한다. 따라서 부패개입에 따른 비용이 편익(뇌물수수)을 초과하도록 구성하는 것이 중요하다.

3) 부패이미지 개선

부패이미지 개선으로 공무원보수의 현실화 등 처우개선문제와 의식전환의 필요성을 강조하고자 한다. 부패방지가 어려운 이유로 한 개인으로서의 공무원이 사회구성원으로서 받고 있는 보수문제를 들 수 있고, 정부의 만성적인 재정압박은 공무원에게 박봉을 주게 되고, 공무원은 그들의 지위를 이용하여 부패행위를 한다. 공무원들이 공기업이나 사기업에 비하여 낮은 임금을 받는 현실에서 부정에 대한 유혹을 제거하기란 상당히 어렵다. 따라서 공무원 보수를 현실에 맞게 조정하는 것도 부패를 예방하는 데 필요하다. 의식전환은 공무원과 시민으로 나누어 볼 수 있다. 공무원은 자신의 성찰과 비판의식을 통해 윤리의식을 높이는 것이 필요하다. 조직이 부패하지 않도록 자신과 조직, 그리고 국민에게 책임을 지는 공무원이 될 수 있는 행동규범을 가져야 한다. 시민들의 의식

전환은 정부에 대한 무지로부터 벗어나 참여를 통해 자신들의 이익을 행정과정에 반영시킬 수 있어야 한다. 특히 시민들은 공공정신을 함양하여 정부와 공무원의 부패행위를 감시·통제하고, 부정과 부패, 비리를 찾아내어 척결한다는 의식이 선행되어야 한다.

　우리 사회에 만연한 부패를 통제하기 위한 메커니즘은 강제성보다는 자율적인 통제라고 할 수 있다. 그것은 사회의 청렴도나 투명도와도 관련되고 우리의 성숙한 민주화 의식이나 반부패문화의 정착과도 깊은 관련성이 있다고 본다. 따라서 우리는 공공기관의 자율성이 이론이 아닌 실제로 정착되어 부패가 가장 효율적이고 효과적으로 억제되어야 한다. 이를 위해 무엇보다 반부패문화를 강화시키는 조직문화가 필요하다. 여기에는 조직의 리더의 역할과 기능이 매우 중요한 변수가 된다고 할 수 있다.

우리나라 부패 정도 조사

　2005년에 부패방지위원회에서 조사 발표한 부패수준은 흥미롭다. 우리사회의 부패가 점차 개선되고는 있으나 여전히 그 정도가 심각한 것으로 나타났다. 특히 정치 분야의 부패는 가장 시급히 척결해야 할 대상으로 꼽혔다. 부패방지위원회와 한국투명성기구가 최근 사회 각 분야의 전문가 100명을 대상으로 실시한 '우리사회의 부패현황과 개선과제'라는 설문조사 결과 드러났다. 조사는 2005년 1월 10일부터 15일까지 진행됐다. 조사대상자는 정치 분야의 경우 국회의원 또는 의원보좌관(25명), 경제 분야는 경제단체 및 기업체 부장급 이상(25명), 공공기관은 정부 각 부처의 과장급 이상(25명), 시민사회분야는 시민단체 부장급 이상(25명)이었다. 이에 따르면 우리나라의 부패정도에 대해 응답자의 47%가 '심각하다'고 했다. '보통'이 43%였고, '깨끗한 수준'이라는 응답은 10%에 그쳤다. 특히 우리나라의 부패 정도를 선진국과 비교할 경우 '취약한 수준'이라는 응답이 93%에 달했다. 그러나 참여정부 출범이후 부패 개선도에 대해서는 '개선되었다'는 응답이 전체의 61%나 됐다. '별 차이가 없다'는 34%였다. '어느 분야의 부패가 가장 시급히 개선돼야 하느냐'는 질문에는 정치 분야가 45%, 공공부문(27%), 경제부문(13%), 사회분야(13%)순이었다. 흥미있는 것은 정치분야는 현 정부 출범 이후 가장 많이 부패가 개선된 곳으로도 지적한 것이 59%였다.

또한 부패방지위원회가 전국 313개 공공기관을 대상으로 조사한 '2004년도 공공기관 주요 대민업무 청렴도 측정결과'를 보면 조사대상 기관 중 중앙부처 18개, 청단위 기관 14개, 광역 지방자치 단체 16개, 지방교육청 16개, 정부산하기관 15개, 기초지자체 234개였다. 조사는 2003년 9월~2004년 7월 해당기관을 직접 경험한 민원인 7만 5,000여 명과의 전화통화로 이뤄졌다. 측정 결과 조사대상 기관의 평균 청렴도는 8.46점(10점만점)으로 부방위가 '청렴'한 것으로 평가하는 기준(9점 이상)에 미치지 못했다. 9점 이상을 받은 기관은 제주도를 포함해 모두 11곳에 불과했다. 그러나 2002년(6.43점)과 2003년(7.71점)에 비해서는 많이 개선된 것이다. 또 중앙부처 청렴도 순위(2004년 청렴도, 전년대비 개선도)는 정보통신부가 8.79점으로 가장 높았고 산업자원부(8.89점), 과학기술부(8.87점)의 순위였고 기획 예산처는 7.96점으로 최하위를 기록했고 농림부(8.08점)와 해양수산부 8.12점)도 청렴도가 낮게 평가됐다. 예산관련부처인 기획예산처가 청렴도 순위에 있어서 최하위를 자지하고 있는 점이다. 예산과 관련된 부처가 가장 부패한 기관으로 인지됨은 우연한 일이 아닐 것이다.

출처: 국가청렴위원회(2007. 10. 1), http://www.kicac.go.k

3. 행정통제와 모형

1) 행정통제의 의의

통제(control)란 조직의 목표달성을 위한 일련의 과정에서 제 활동을 시정하고 측정하며 평가하는 것이며, 행정통제는 행정책임 확보를 위한 필수적인 기능이다. 행정기능이 확대되고 행정권한이 확산됨에 따라 행정책임의 중요성이 높아지면서 그러한 책임확보의 수단으로서 행정통제에 더욱 비중을 두는 경향이 있다. Anthony Downs는 통제를 일련의 명령을 발하고 부하들이 거둔 실적이나 실제 수행한 것이 무엇인가를 규명해서, 통제자의 원래 의도와 그 효과를 비교하여 결과의 효과성을 결정하고 다시 명령을 발하는 것이라고 본다. 반면에 Kernaghn은 행정책임의 확보를 영향력과 구분해서 그 의미를 살펴야 한다고 주장하면서, 통제를 "A가 B에게 무엇을 하도록 명령하거나 지시하는 권능을 갖는 형태"라고 하면서, 영향력은 "통제보다 더 일반적이고 더 넓게 미치는 세력의 형태인 것"이라 하였다. 안해균 교수는 "행정통제는 행정책임을 다하기 위해 필요한 행정의 합법성과 민주성, 그리고 효율성을 확보하기 위한 사전적 혹은 사후적 제어장치"라고 보았고, 백완기 교수는 "크게는 국민이 원하는 행정을 실시하고 작게는 불법적이고 부당하고 비능률적인 행정행위를 사전·사후에 방지하는 데 통제의 기본 목적이 있다."라고 언급하고 있다. 결국 행정통제는 단순히 조직의 효율적인 관리를 위한 통제를 뜻하는 것이 아니고 책임 있는 행정을 구현하고 확보하기 위한 제반 활동을 의미한다는 것이 오늘날의 공통적인 견해라 할 수 있다.

    이러한 행정통제에 대한 개념은 학자와 그들의 전공분야 및 연구방법 등에 따라 많은 차이가 있지만 어떠한 조직이든지 통제는 세 가지 과정을 거쳐서 이루어지는 것이 일반적이다. 즉, 기준의 설정, 성과의 측정, 편차의 시정이다. 첫째, 기준의 설정은 성과측정을 용이하게 하기 위한 기초로서 중요한 수단이 된다. 통제를 위한 기준은 여러 가지가 있을 수 있다. 즉, 이러한 기준은 목표를 분명하게 설정하는 것이고 달성하고자 하는 바람직한 방향으로 세부 또는 하위 목표를 하나하나 구체화해 나가는 과정이다. 이러한 기준의 설정은 양과 질을 함께 달성할 수 있는 것으로 선정되어야 함은 물론이다. 둘째, 성과의 측정은 다음 단계인 편차의 시정을 최소화하기 위한 방향으로 이루어져야 한다. 기준이 분명하게 설정되어 있으면 성과를 측정하는 과정은 아주 간단하다. 그러나 정확한 기준에 따라 이를 명확하게 측정한다는 것은 매우 어렵다. 특히 수량화되지 않고 추상적인 기준에 입각한 측정은 주먹구구식이 될 수밖에 없다. 따라서 성과의 측정은 기준의 우선순위를 정해놓고 양적인 것과 질적인 것으로 구분하여 검토하는 것이 바람직하다. 셋째, 편차의 시정은 부정적 편차를 선정하는 작업이다. 왜냐하면 긍정적 편차는 구태여 시정하거나 바꿀 필요가 없기 때문이다. 이러한 시정은 목표를 구체화하고 실현 가능한 방향으로 조직을 재편성하고 재분류함으로써 그 기능을 활성화하는 방향으로 모색되고 추진되어야 한다.

2) 행정통제의 모형

행정통제를 설명하는 주요 모형으로 주인-대리인 모형(principal-agent model)
이 있다. 주인-대리인 관계는 한 사람이 다른 사람으로 하여금 자신의 이익과
관련된 행위를 그의 재량으로 하여 줄 것을 내용으로 하는 계약이 있을 때 성립
하는 것으로 국민(주인)-국회의원(대리인), 대통령·국회의원-관료, 국민-관료,
지주-소작농, 환자-의사, 주주-경영자 관계 등 많이 있다.

이러한 주인-대리인 관계가 성립하는 것은 물론 대리인이 주인보다 특정
한 과업에 대하여 더 많은 지식과 능력을 갖고 있기 때문이다. 그러므로 주인은
대리인에게 위임업무에 대하여 많은 재량권을 부여하고 또한 대리인은 그 재량
권의 범위 안에서 자신의 역량을 발휘하지만 그 결과는 주인에게 귀속하게 된
다. 그리고 주인과 대리인은 서로 자기이익을 극대화하려고 노력하므로 상충
된 이해관계를 갖게 된다. 따라서 주인이 자기의 이익을 극대화하려면 우선
능력 있는 대리인을 선택해야 하고 그 대리인이 주인을 대신해서 업무를 효
율적으로 적절히 수행하는지를 관찰하고 감시·감독해야 한다. 그러나 주인
은 대리인보다 업무에 대한 전문적인 지식이 부족하고 또 실제로 대리인의 업
무수행 과정을 감독하기 어렵기 때문에 만일 대리인이 자기 이익의 극대화
(maximization of self-interest)를 추구한다고 가정하면 과연 대리인이 주인의 이
익을 위해 적절한 행동을 취하는지 논의해 볼 필요가 있다.

행정조직에서 대리인은 불확실성(uncertainty)하에서 업무를 담당하기 때문
에 정책수행에 있어서 대리인 문제가 발생한다. 비록 불확실성하에서 대리인
이 정책을 수행한다고 하더라도 주인과 대리인의 이해관계가 상충(conflict of
interest relationship)되지 않는다면 대리인 비용은 발생하지 않을 것이다. 그러나
주인과 대리인은 각각 자신의 이익을 극대화하려고 하기 때문에 상충되는 이해
관계를 가지므로 대리인 문제가 발생하며 이외에 정보의 비대칭성(information
asymmetry)이 있다. 이것은 주인과 대리인 양측이 갖는 정보가 다를 경우, 더 많
은 정보를 가지고 있는 대리인은 이러한 기회를 자신에게 유리하게 이용해 보

려는 유혹을 갖게 되는데, 이는 기회주의적 행동 때문이라고 볼 수 있으며, 이것은 이익을 극대화하려는 행위자의 합리성 가정에 기인한다. 정보의 비대칭성에는 '역선택(adverse selection)'과 '도덕적 위험(moral hazard)'으로 지칭되는 두 가지 유형이 있다.

아래 〈그림 10-1〉은 국민(선거구민, 이익단체)이 유일한 주인이고 대통령, 국회의원과 정부관료가 동시에 복수의 대리인을 구성할 수 있다. 주인인 국민은 정보의 부족과 전문지식의 결여 때문에 대리인인 국회 및 감사원을 통해 역시 대리인인 행정부 각 부처에 대해 통제를 하도록 업무를 위임하고 있다. 그러나 대리인인 국회의 행정부 통제기능은 정부활동에 대한 입법권, 예산심의권, 국정조사권 등을 통해 통제를 하고 있으나 또 다른 대리인인 정부관료의 독자성, 전문성 및 국회와 행정부 간의 정보의 불균형성으로 인해 행정부가 대리인문제를 일으킬 소지를 완전히 배제하지 못한다. 따라서 대리인인 국회의원이또 다른 대리인인 행정부 관료를 적절히 통제할 수 없다. 그러나 같은 정부부처이면서 대통령 직속이나 어느 정도 독립성이 부여되어 있는 대리인인 감사원의

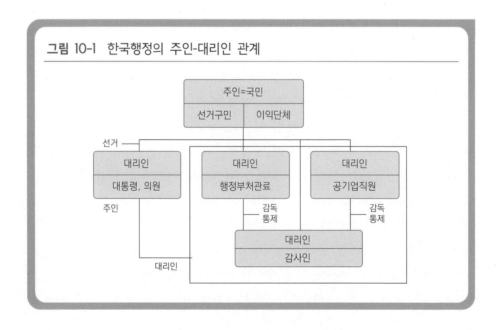

그림 10-1 한국행정의 주인-대리인 관계

감사인은 주인의 기대에 어느 정도 부응할 수 있다. 즉, 주인으로부터 업무를 위임받아 업무를 수행하는 정부부처는 대리인인 피감사인이며, 감사업무를 수행하는 대리인은 감사인이다.

결국 주인-대리인 문제의 핵심은 정보의 비대칭성에 놓여 있으며 이 때문에 주인인 국민은 대리인인 관료의 행동을 하나하나 알 수 없으며, 따라서 관료들의 보이지 않는 행동 등에는 부정부패, 권한남용 등의 소지가 있다. 그러면 어떻게 하면 정보의 비대칭성 상황을 완화시킬 수 있으며 또는 정보의 비대칭 상황에서 어떻게 하면 대리인의 이익과 주인의 이익을 가능한 일치시킬 것인가 하는 것이 대리인 이론의 핵심이다. 주인과 대리인 간에는 이러한 정보의 비대칭성의 감소를 통해 통제의 효율성을 기해야 한다. 그리고 통제의 가장 효과적인 수단은 감사라고 볼 수 있다. 그러나 현재 감사는 법규나 규칙의 위반사항 확인과 장부 정리의 완벽성이나 감시하는 수준에 머물고 있음은 일반적으로 지적되고 있고, 이러한 의미 없는 감사는 수없이 계속되어 정부의 비효율의 원인으로 비난받고 있다.

4. 행정통제의 유형

행정책임을 확보하기 위한 통제 방법은 내부적 통제와 외부적 통제로 크게 나눌 수 있다. 내부적 통제는 관리통제라고도 하며, 행정활동이 본래의 목표·계획과 기준에 따라 수행되고 있는가를 확인하고, 실적·성과와 비교하여 그 결과에 따라 필요한 시정조치를 취하는 것을 말한다. 이러한 통제로는 행정수반에 의한 통제, 정책 및 기획통제, 운영통제, 감찰통제, 행정인의 자율적 윤리관 확립 등이다.

외부적 통제는 행정이 국민 일반과 입법부·사법부에 대하여 지는 행정책임을 보장하는 데 의미가 있으며, 민중통제로서의 정치적 성격을 띠고 있다. 입법부에 의한 통제, 사법부에 의한 통제, 옴부즈만(ombudsman)[4]에 의한 통제,

---

4) 옴부즈만(ombudsman) 제도는 1809년 스웨덴에서 헌법상 채택한 이래 핀란드·노르웨이가

시민에 의한 통제 등으로 나눌 수 있다. 그러나 입법부에 의한 통제는 행정부에 대한 적절한 통제수단을 가지고 있는 것처럼 보이지만 실질적으로 무력화 내지 형식화되어 그 효율성이 제한되어 있다. 우리나라의 사법통제는 사법부가 행정부에 대하여 강력한 독립성을 확립시켜 오지 못하였고, 사법부에 대한 행정통제가 매우 취약하였다. 옴부즈만 제도는 아직까지 도입되지 않고 있는데, 이를 도입하는 경우 기존의 관련된 여러 제도와 통합 내지 조정이 선결과제이다. 현재 행정부를 통제하는데, 가장 큰 관심을 불러일으키는 것은 시민에 의한 통제이다. 시민통제[5]는 선거권의 행사, 이익단체의 구성·활동, 시민단체활동, 여론의 조성·작용 등을 통하여 행정을 주로 간접적·비공식적으로 통제하는 것이다. 그러나 이것은 국민에 대하여 직접적으로 공식적 책임을 지지 않는 행정에 대한 통제인만큼 국민의 높은 정치의식수준이 전제되어야 하며, 고도의 시민의

표 10-2　행정통제의 유형

구분	외부통제	내부통제
공식적 통제	• 입법부에 의한 통제 • 사법부에 의한 통제	• 조직인사관리를 통한 통제 • 감사원에 의한 통제 • 대통령 및 국무총리실에 의한 통제 • 중앙행정기관에 의한 통제
비공식적 통제	• 일반시민에 의한 통제 • 이익집단에 의한 통제 • 여론 및 대중매체	• 공무원으로서의 직업윤리 • 동료집단의 평가와 통제

채택하였으며, 덴마크도 1954년에 실시하기 시작하였다. 옴부즈만(ombudsmam)은 호민관, 또는 행정감찰관을 말하며, 공무원의 위법·부당한 행위로 말미암아 권리의 침해를 받은 시민이 제기하는 민원·불평을 조사하여 관계기관에 시정을 권고함으로써 국민의 권리를 구제하는 기관이다. 우리나라에서는 기능면에서 이와 유사한 제도로는 감사원의 직무감찰제도와 심사청구제도, 행정상담제도, 대통령민원비서실·사정비서실, 의회의 청원제도 등이 있다.

5) 시민통제의 대표적인 예로 미국의 커먼코즈(common course)의 활동을 들 수 있다. 커먼코즈는 '돈과 정치의 결탁을 철저히 막는다'는 취지로 미국의 보건복지부장관을 지냈던 존 가드너가 1970년에 만든 단체이다. 워싱턴의 정치인들 간에는 '민간 중앙정보국'(Civil CIA)이라고 불린다. 이 단체는 선거 제도 개선, 선거자금 제한, 정치헌금 규제, 공직자윤리기준 강화 등에 활동의 초점을 맞추고 있다. 또한 정부나 노조, 기타 외부단체의 보조를 일절 사절한다는 행동강령을 정해 회원들의 헌금으로 모든 재정을 충당하고 있다. 워싱턴에 본부가 있고 주별로도 지부가 있는데 회원은 무려 25만 명에 달한다.

식이 국민 가운데 정착되어 있지 않는 경우에는 그 성과를 기대하기 어렵다.

시장과 의원의 갈등

우리는 최근 신문보도를 통하여 A시의회 의원들이 시장을 출석시켜 울분을 토하면서 시장을 질책했고, 이에 시장은 미안하다는 말과 함께 이후에는 시의 공무원들이 시의회를 경시하는 일이 없도록 조치하겠다고 답변을 하였다고 한다. 그러나 시의원들은 평소에 시장의 의회에 대한 고답적인 자세가 오늘의 사태를 가져온 것이라고 보고 이번 정기회기 때 본때를 보여주자고 단합대회까지 치렀다고 한다. 이러한 사연은 A시의 시장이 선거공약의 하나로 약속한 이미 시에 기부 채납한 상가건물이 재난관리법에 의해서 경제구역으로 설정되면서 철거하게 되는 상인과 거주자에게 시의 예산으로 이사비와 이전비는 물론 세입자보상과 건물보상까지 하려고 하자 시의회가 어불성설(語不成說)이라 하며 계속 반대한 데서 발단되었다. 여기에 시장이 계속 곤욕을 치르자 집행부과장과 계장들이 시의회 의장실에 난입하여, 왜 의회는 시장이 하는 일마다 방해를 하느냐고 고함을 치면서 의장실을 잠그고 그 이유를 해명할 것을 요구하였다. 이러한 사실들이 연일 언론에 보도되어 상급기관에서 감사를 시작하자 A시의 시장도 어쩔 수 없이 시의회에 사과를 하게 된 것이다.

제4절 행정개혁

1. 행정개혁과 특징

1) 행정개혁의 의의

행정개혁(administration reform)은 행정을 현재의 상태보다 나은 미래의 상태로 유도하려는 의도적·계획적 변동을 의미한다. 행정개혁은 행정조직의 구조변동과 정책·기술·방법의 채택과 적용뿐만 아니라 공무원의 가치관, 신념, 태도를 변화시켜 개인발전과 조직발전을 통합시키려는 것이다. 행정개혁이란 언제나 변화를 전제로 한 과정이고 행정개선, 행정혁신, 행정쇄신 심지어는 행정혁명이라는 용어로 표현되고 있다. 따라서 이같이 변화 또는 발전이라는 요소를 내포하고 있는 행정개혁이라는 절차는 행정학에서 중요한 연구 분야가 되고 있는 것이다. F. C. Mosher는 행정개혁을 '변화되는 주위환경에 효율적으로 적응하고 대처하기 위해서 행정부가 의식적으로 추구하는 계획된 변화'로 정의했고, 행정학자인 Caiden은 행정개혁을 저항에 대항하여 인위적으로 강행되는 행정적 변형이라고 정의하였다. 이렇게 정의한 근거로는 행정개혁이란 다른 사회개혁과 달라서 권력의 뒷받침을 받는 정치에 기반을 두고 있기 때문이라고 한다. 즉, 행정개혁은 정치이념의 합리화, 어떤 지역과 사람과 서비스를 얻기 위한 투쟁, 정치적 참여, 정치제도, 파괴적인 전략, 타협과 양보 등과 같은 정치적 요소를 수반하는 것이다. 행정개혁은 그 규모가 크건 작건 간에 정치지도자의 정치적 결단과 밀착되어 있다. 따라서 행정개혁을 관료와 사회 내의 다른 요소와 또는 관료내부의 관계를 조절하기 위한 정치적 과정이라고도 한다. 이러한 의견을 종합하여 행정개혁을 정의한다면, 현재의 행정체제를 보다 나은 방향으로 변혁시키기 위한 의도적인 노력으로 볼 수 있다. 물론 단순한 행정기구의 변혁만이 아니라 인력이나 재정의 효율적 활용을 비롯하여 행정인의 행태교정이나 행정기술의 개선까지를 포함한 광범위한 뜻을 지니고 있다.

최근 우리나라는 정부 조직을 비롯한 공공부문과 민간부문의 광범위한 개혁과 국정 전반에 걸쳐 혁신(innovation), 정부혁신을 통하여 국가발전 및 선진국 진입을 추진하고 있다.

2) 행정개혁의 특징

행정개혁의 특성을 자세히 제시하면 다음과 같다. 첫째, 행정개혁은 행정을 인위적, 의식적, 계획적으로 변화시키려는 것이므로 전술한 바와 같이 불가피하게 관련자들의 저항을 수반한다. 둘째, 사회 환경도 끊임없이 변화하고 행정체제도 변화하는 환경 속에서 생성, 발전, 소멸하는 생태적인 속성을 가지고 있는바, 행정개혁은 일시적·즉흥적이 아닌 계속적인 과정이라는 점이다. 셋째, 행정개혁은 성공 여부에 대한 불확실성과 위험 속에서 새로운 방법을 고안하여 적용하고 실천하는 동태적·의식적 과정이다. 넷째, 행정개혁은 조직의 관리·기술적인 속성과 함께 권력투쟁, 타협, 설득이 병행되는 정치적·사회 심리적 과정이다. 즉, 행정개혁은 행정 내부에서만 이루어지는 것이 아니라 행정 밖의 정치 세력들과 상호 연결되어 있으며, 이에 따라 행정개혁은 정치이념의 합리화, 정치적 참여, 정치제도, 전략, 설득과 양보 등과 같은 정치적 요소를 수반하는 정치과정이라고 할 수 있다.

행정개혁을 해야 하는 원인 혹은 발생동기에 대해 A. F. Leemans는 대체로 다음과 같이 여섯 가지로 들고 있다. 첫째, 신생국의 탄생을 들 수 있다. 제2차 세계대전 이후 신생국이 많이 탄생하였고 이들 국가는 국민통합과 단결, 새로운 정치 상황에 대처하면서 정치·사회개혁, 경제발전 등을 효과적으로 수행하기 위한 첫 단계로서 행정개혁을 시도하게 된다는 것이다. 둘째, 정치적 수요의 증가이다. 발전도상국에 있는 국민들은 정부에 대하여 보다 많은 봉사와 서비스를 요구하며 국가 활동을 증가시켜 주기를 바란다. 선진 각국은 봉사의 질과 생활의 질 향상을 강조하고 있다. 따라서 이러한 점증적인 국민들의 요구는 관료제의 변화를 초래하게 되며 이는 정부기구 및 기능의 확대와 변화로 나타난다. 셋째, 기관형성(제도형성)을 들 수 있다. 제3세계 국가들은 새로운 제도를 추구하게 되고 각종 이익단체와 노동조합을 형성하게 되며, 이러한 기관은 정치·행정의 발전에 중요한 영향을 끼친다. 이러한 새로운 기관의 발생과 그 규모의 확대는 행정조직의 형태를 결정지으며 행정개혁의 중요한 요소가 된다. 넷째, 행정의 전문화·분화·통합을 들 수 있다. 이러한 현상은 선진국에서는 점차로 확대되고 있으며, 후진국에서는 새로운 현상으로 대두되고 있다. 이러한 전문화는 공기업과 같은 특수한 기관의 발생을 초래하였다. 다섯째, 행정규모의 확대이다. 행정기능의 양적 팽창과 질적 변화는 지방자치의 필요성을 증가시켜 주고 정책결정에 많은 사람들의 참여폭을 넓혀준다. 행정기능의 확대는 필연적으로 행정개혁을 수반하게 된다. 여섯째, 새로운 가치관과 태도의 변화이다. 민주화를 위한 각 사회집단의 참여는 조직의 효과성에 기여하게 되며 정책결정에 많은 시민들과 이익집단이 참여하고 갈등을 통하여 새로운 방향으로 합의가 이루어진다. 따라서 관료제의 역할과 공무원의 가치관 변화가 초래된다.

2. 행정개혁의 접근방법과 과정

행정개혁의 접근방법으로 구조적, 과정적, 행태적 접근방법으로 분류할 수 있다. 첫째, 구조적 접근방법은 조직의 구조적 설계를 재조정함으로써 행정개혁의 목적을 달성하려는 접근방법이다. 이러한 접근방법에서 추구하는 것은 집권화와 분권화의 확대, 또는 전통적 원리에 따라서 행정조직을 재편성하는 것이었다. 전통적 원리란 명령통일, 통솔범위, 부서 편성의 원리 등이다. 구조적 접근방법 중에서도 전통적 원리를 강조하는 입장은 기능중복의 제거, 책임의 재 규정, 통솔의 범위의 축소, 통제절차의 개선, 절차의 간소화 등에 주안점을 두었다. 이러한 입장은 조직의 내부구조에만 관심을 기울이다 보니 조직 내의 인간적인 문제나 조직과 환경과의 문제를 등한시하였다. 구조론자들은 이상적인 조직구조를 설계하는 데 유일한 최선의 길이 있다고 믿었다. 따라서 이상적인 조직구조에 맞추어 처방적인 입장에서 행정개혁을 다루었다. 대부분의 행정개혁들이 이러한 입장을 취한 것이 사실이다. 1차·2차 Hoover위원회6)의 행정개혁도 이러한 입장을 택하였다고 지적되고 있다. 시간이 흐름에 따라 이들은

---

6) Hoover위원회는 미국의 행정기구위원회(Commission on Organization of the U.S. Executive Branch)이다. 제31대 대통령을 지낸 H. C. Hoover를 위원장으로 하고 민주·공화 양당 대표 각 6명의 위원과 300명이 넘게 구성되었는데, 제1차는 1949년 2월에 이루어졌다. 활동후 보고서는 행정기구의 간소화·일원화, 예산·통계 시스템의 근대화, 국무성의 조직 강화 등의 내용을 담은 288개의 권고를 제시하였고, 상당수를 제33대 대통령인 H. S. Truman 때의 '행정부 재편성법(Reorganization Act of 1952)'에 의하여 실현되었다. 제34대 대통령인 D. D. Eisenhawer 때도 제2차 후버위원회가 설치되어 1955년까지 활동하였다. 활동 후 314개의 권고가 제출되었는데 보건교육복지부의 창설은 가장 중요한 업적이었다. 1955년 위원장 후버의 은퇴로 위원회는 해산되었으나, 실제로는 권고실천을 위한 법안이 의회에 제출된 1957년까지 그 업무를 수행하였다. 후버위원회는 미국연방정부의 행정기구를 현대사회에 적응시키는 데 크게 공헌하였다.

조직 내의 인간적인 문제와 행태적인 문제에도 관심을 기울이게 되고, 조직의 비공식적 측면도 중요시하게 되었다. 그러나 이들의 주요한 관심은 어디까지나 행정의 구조면에 있었다는 것은 말할 것도 없다.

둘째, 과정적 접근방법이다. 이 방법은 조직 내의 운영과정 또는 일의 흐름을 개선하려는 방법이다. 과정론자들이 주로 생각하는 방법은 OR이나 EDPS 등이다. OR은 수학적 개념과 계량성을 행정과정에 적용하여 행정현상을 개혁하려는 방법으로서 먼저 정보·작업·물자의 흐름을 분석하고, 이것을 모형정립에 적합하도록 재구성한다. OR이 주로 적용되는 분야로서는 재고관리·자원배분·우선순위 결정·대체결정 등이다. EDPS는 정보의 흐름을 신속하게 함으로써 정보를 제시간에 제공하여 최고 관리층이 정책결정을 하는 데 있어서 여러 가지 불편을 덜어 준다. 정보관리체제는 많은 일상적인 일들을 프로그램화시켜 중간 관리층의 업무를 없애거나 대폭적으로 줄임으로써 행정구조의 변화에도 크게 영향을 끼치고 있다.

셋째, 행태적(인간관계적) 접근방법으로, 이것은 개혁의 초점을 인간에게 둔다. 즉, 인간의 능력을 개선함으로써 행정개혁의 실효를 거두려는 입장이다. 행태론자들이 주로 사용하는 기법은 사회심리학이나 행태과학에서 개발한 실험실적 훈련, 팀개발, 과정상담 등이다. 행정개혁에서 행태론적 접근방법을 택한 사람들은 목표관리나 조직발전을 행정개혁의 주로 내용으로 생각한다. 이들의 주요 논점은 참여적 관리를 통해서 인간개발과 조직의 민주화를 기하자는 것이다. 인간의 태도와 가치관을 변화시키고, 인간의 능력을 개발시킬 때에 행정개혁이 이루어진다는 것이다. 행태적 접근방법이라고 해서 조직문제를 다루지 않는 것은 아니다. 이들은 조직은 어디까지나 후속변수이기 때문에 인간개발중심으로 재구성되어야 한다는 것이다. 분권화·수평조직·직무확장 등은 이들이 원하는 조직형태이다.

행정개혁은 행정의 전 국면을 포함하는 통합적인 과정으로 파악된다. 행정개혁의 필요성은 '해야 할 것'과 '실제 하고 있는 것'과의 심한 차이가 생길 때의 발생되는 것으로, 첫째, 행정이 국민의 여망을 명백히 충족시키지 못할 경우와 둘째, 어느 정도 국민의 여망을 충족시키고 있으나 그 이상의 것을 처리할 수 없는 경우, 그리고 마지막으로 행정이 여력을 가지고 있지만 장래의 요구에 응하지 못하거나 응할 태세를 갖추고 있지 않은 경우가 바로 그것이다. 이러한 개혁은 시간의 장단, 중요성의 정도에 따라 여러 과정으로 분류할 수 있으나 가장 일반적인 과정을 중심으로 설명하면, 개혁의 중요성 인식 → 개혁전략의 정립 → 개혁안의 탐색 → 개혁의 평가 순이다.

3. 행정개혁의 저항과 극복방안

행정개혁은 추진과정에 있어 저항을 받게 되는데, 기득권의 수호, 관성적 성향, 비용의 과중, 법 개정의 난이성, 관련 부서의 저항, 개혁내용의 모호성, 조직구성원의 능력부족 등을 들 수 있다. 개혁에 대한 저항은 개혁의 추진자, 개혁의 종류, 개혁의 도입방법 등에 따라 그 정도가 달라질 수 있다. 우선 개혁이 조직 외부의 세력에 의해서가 아니라 조직 자체의 프로그램에 의해서 추진되는 것으로 받아들이면 저항이 감소한다. 다음으로 개혁의 내용이 구성원들의 부담을 감소시켜주거나 그들의 신념, 가치관과 크게 다르지 않을 때, 그들의 자율성이나 안정이 위협되지 않는다고 느낄 때 저항이 감소한다. 또한 동일한 내용의 개혁이라 할지라도 도입 방법에 따라 저항의 정도가 달라지는 바, 조직구성원을 참여시켜 합의에 의해 개혁안을 작성하거나 이들의 의사에 따라 수정이나 재고가 가능하도록 하면 감소할 것이다.

그러나 개혁과정에서 저항을 완전히 제거할 수는 없다. 따라서 저항을 극복할 수 있는 방안을 미리 준비해야 한다. 첫째, 규범적 방법으로 개혁에 대한 이해와 협조를 구하기 위해 이해 관계자들의 참여를 확대하며, 개혁에 대한 정보를 제공하고 개혁의 당위성 및 예상되는 성과를 제시하며 설득한다. 둘째, 공리적 방법으로 되도록 기득권을 덜 침해하는 방법을 사용하며, 개인적으로 입게 되는 손해에 대해서는 적절히 보상해 준다. 그러나 지나치게 이 방법에 의존하면 비용이 많이 들뿐만 아니라 개혁의 의미가 퇴색할 수 있다. 셋째, 강제적 방법으로 최종적으로 저항을 극복하기 위해서는 저항자에 대해 물리적 제재나 불이익의 위협을 가하는 수밖에 없다. 이 외에 계층제상의 권한을 사용하거나 의식적으로 긴장을 조성하여 개혁에 순응하지 않을 수 없는 분위기를 조성하는 방법도 있다.

4. 주요국의 행정개혁 동향

1) 미국의 행정개혁

미국의 행정개혁은 정통관료제를 고수하려는 관료화의 노력과 이를 시정하려는 탈관료화의 노력으로 대립되어 왔다고 할 수 있다. 건국초기에 '신사에 의한 지배체제'(government by gentleman)라는 귀족적 정부 관료제가 '누구나에 의한 지배'(government by anyone)로 불리는 엽관제도(spoils system)의 정부 관료제로 개혁되고 이어서 관료적 정부조직의 구축과정을 거친 후에 1960년대에 들어오면서 탈 관료제로의 개혁이 이루어졌다. 최근의 클린턴 행정부의 정부개혁도 따지고 보면 지난 30년 전의 관료제 개혁에 그 뿌리를 두고 있으며, 1960년대에 들어오면서 미국의 Lyndon Johnson대통령은 '위대한 사회건설'(The Great Society)을 국정지표로 하여 획기적인 행정개혁을 추구하기 위하여 두 개의 작업 팀을 구성하였다. 하나는 '정부재조직에 관한 작업팀'(President's Task-Force on Government Reorganization)이고 다른 하나는 '정부조직에 관한 작업팀'(President's Task-Force on Government Organization)이다. 신연방주의(New Federalism)를 R. Nixon대통령도 R. Ash가 이끄는 작업팀을 구성한 바 있다. 이들 작업 팀이 낸 보고서의 공통점은 첫째, 정부의 관심을 특수이익으로부터 유권자 모두의 일반이익으로 전환시키는 것, 둘째, 서비스전달을 효율화하는 것, 셋째, 분권화를 촉진하는 것 등을 개혁방향으로 삼고 있다는 점이다. 이것은 바로 클린턴 행정부에서 강조하는 정부재발명의 핵심 내용이 이미 1960년대에 시작되었다는 증거이기도 하다. 과거의 개혁과 현재의 개혁에 있어서의 차이는 개혁을 보는 기본 관점의 차이라기보다는 다만 문제에 대한 접근방식에서의 차이로 보는 것이 옳다.

거대한 관료조직으로 인해 과도한 비용을 낭비하는 정부, 국민의 요구에 반응이 더딘 정부, 질적으로 낮은 공공서비스를 제공하는 정부, 과도한 규제를 가하는 정부에 대한 반감과 혐오감은 기업가적 정부를 요청하는 상황을 맞이하게 되었다. Osborn과 Gabler는 기업가적 정신을 도입하는 것이 정부재창조의 길이라고 한다. 이러한 인식은 정부개혁에 그대로 반영되어 나타났는데, 이러한 개혁을 이끈 배경을 정리하면 다음과 같다.

첫째, 엄청난 재정적자와 정부에 대한 불신이다. 미국 연방정부의 재정적자는 1992년 회계연도 말을 기준으로 할 때 4조 20억 달러에 달하고 있다. 국민들도 이러한 재정적자를 안고 있는 정부에 대하여 심각한 불신을 표하면서 정부 예산의 48%가 낭비되고 있다는 생각을 하고 있었다. 정부가 제대로 일하고 있다는 평가를 하는 미국인은 20%에 불과하게 되었다. 둘째, 지방정부와 민간기업의 혁신이 성공을 거두었다는 사실이다. 지방정부는 연방정부로부터 받는 보조금이 삭감되었다. 따라서 심각한 재정난에 직면하게 되고, 이것이 지방 정부의 경영혁신을 착수케 하는 동기가 되었다. 연방정부는 국방, 외교 등 순수 공공재나 전국적인 외부효과를 가진 서비스를 제공하는 한편, 지방정부가 공급하는 서비스는 비교적 외부효과가 적은 것들이어서 경쟁요소가 도입되고 기업가적 경영방식이 도입되기가 그만큼 용이한 이유로 인해 상대적으로 혁신에 쉽게 착수하게 되었다. 미국의 행정개혁이 소규모 지방정부로부터 시작된 상향식(bottom-up) 접근방법을 취하고 있다는 것은 시사하는 바가 크다. '국가업무평가팀'이 텍사스주 행정성과평가 사례로부터 많은 아이디어를 원용한 것은 바로 이러한 맥락에서다.

2) 일본의 행정개혁

일명 '하시모토 비전'으로 불리는 일본의 행정개혁의 청사진이 담고 있는 핵심 내용은 바로 '21세기 일본의 생존전략'이다. 일본의 행정개혁은 국가개조론에 더 가깝다는 인상을 준다. 이처럼 파격적인 개혁안은 한마디로 일본이 처한 국내외적 상황에 대한 인식이 매우 심각하다는 반증이기도 하다. 여기에는 다음과 같은 일본의 상황이 바탕에 깔려 있다고 보인다.

첫째, 미국과 아시아 부흥으로 상징되는 대경쟁시대(mega-competition)가 도래했다는 사실이다. 지금 일본에서는 경제대국을 이룩하는데 커다란 공헌을 담당한 관료제가 이제 와서 타성에 젖어 변화를 거부하는 국가발전의 장애물로 변해버렸다는 인식이 확산되어 있다. 대장성을 위시한 후생성, 통산성 등에서 최근 잇따라 발생한 공무원 비리사건은 이제는 활력을 잃은 제도가 만들어낸 부작용이라는 평가를 내리고 있다. 혹자는 이를 '제도의 피로현상'의 결과로 해석하기도 한다.

둘째, 노령화 및 인구감소 그리고 재정적자와 거품경제 붕괴에 따른 활력 상실이다. 심각한 일본의 현실을 그대로 반영하고 있다고 해도 과언이 아니다. 이런 상황에서 다가오는 21세기에 대비한 개혁이 성공을 거두지 못한다면 제3의 개국을 이뤄내지 못한다는 절박한 생각을 하고 있기도 하다. 미국의 흑선 함대와 메이지유신에 의한 일본의 근대화가 제1의 개국이라면 미군정하에서 이뤄진 민주화는 제2의 개국이 된다. 그래서 제3의 개국론을 펼치는 자들에게는 새 일본의 건설에 있어서 일본인의 자발적인 힘에 의해 이룩되기를 희망하고 있다는 점이 특기할 일이다. 한마디로 '스스로의 개혁'에 의미를 부여하는 다분히 정치적인 행정개혁[7]이 지금 일본에서 일어나려 하고 있다.

셋째로는 공무원의 채용방식과 인사교류를 개선하는 등 공무원인사관리제도를 대폭 수정함으로써 2000년까지 현재 인원의 30%를 감축하고 공직에로의 민간인 참여[8]를 유도하겠다는 계획을 수립하고 있다. 즉, 신규공무원채용을 절

---

7) 정치적인 행정개혁은 일본의 자민당 행정개혁추진본부가 작성한 보고서 '하시모토 행정개혁 기본방향원안'에서는 기존의 21개 부처를 기능별로 7개 부처로 통합하여 축소하는 것을 비롯하여 규제완화, 과학기술지원, 노령화대책 등을 담고 있다. 무엇보다도 이 보고서의 초점은 '행정부처의 재편'에 두고 있다. 이른바 행정부의 역할을 백지상태에서 재검토하자는 제안인 셈이다. 중앙부처조직을 '정책 수립과 집행'으로 분리하는 것을 검토하며, 기능적으로 7개 부처로 통합하여 축소하는 것을 주요 골자로 하고 있다. 이를 위해 정책입안업무에만 명, 정책집행업무에 2만 9천명을 배치하여 지금의 85만명의 국가공무원을 3만 9천명 수준으로 감축하려는 야심에 찬 계획을 가지고 있다.

8) 민간인 참여로는 담당부처인 총무청의 장관을 제외하고는 도요다 쇼이치로 경단련회장 겸 경제심의회장, 아시다 간노스케 연합회장, 와타나베 쓰네오 요미우리 신문사장 등 민간인 거물을 위원으로 영입하는 등의 以民制官전략을 구사하고 있다.

반으로 줄일 경우 약 6천명의 고용이 감소해 민간을 포함한 전체 고용상황에도 적지 않은 영향을 미칠 수 있다는 판단하고 있다. 특히 일본의 연공서열제로 대표되는 공무원인사제도의 개혁 작업에는 총리자문기관인 '공무원제도 조사회'가 앞장서고 있다. 이 기구에서 겨냥하고 있는 개혁의 최우선 대상은 일본 공무원 인사제도의 골격을 이루어 왔던 종신고용과 연공 서열제이다. 한번 임용되면 정년까지 임기가 보장되고 특별한 잘못이 없으면 정기적으로 승급하고 승진되는 이 제도가 무사안일과 보신주의 등 공직사회의 폐단을 낳고 있다는 판단에서 대대적인 개혁을 단행할 채비를 서두르고 있다. 더욱이 연공서열제도는 공직사회를 보수화하고 집단이기주의를 불러일으켜 행정개혁의 최대 장애물이 되고 있다.

5. 한국의 행정개혁과 과제

1) 행정개혁의 변천

한국의 행정개혁의 변천을 공화국별로 나누어 설명하면 다음과 같다. 제1공화국에서의 행정개혁은 대개 기구개편과 인력조정에 그친 것으로서 민주행정 발전을 위한 근본적인 개혁운동이 조직적으로 추진되지는 못하였다고 할 수 있다. 즉, 이 시기의 행정개혁은 대상이 정부기구에 한정되어 있었고 개혁의 범위는 광범위하였으나 제도화는 한계가 있었으며 독립국가로서의 형식을 구비하는 데 만족하여야 했다.

제2공화국 정부는 사회적 기강이 해이해진 가운데 한꺼번에 폭증된 국민적 기대 속에서 많은 노력을 하였는바, 단기간에 많은 개혁을 시도하고 준비하였기 때문에 온전한 행정개혁의 성과를 거두기에는 역부족인 측면이 있었다. 2공화국이 추진하였던 제도개혁과 인사쇄신은 대체로 민주주의의 구현을 명분으로 하는 것이었다.

제3공화국의 가장 큰 개혁상의 특징은 군사정부 특유의 면모로서 행정기구를 목표달성을 위한 수단으로 간주하고, 목표달성을 위해서 필요한 경우에는 기구의 증설도 마다하지 않았다. 군사정부의 주도세력은 기구의 간소화를 원칙으로 삼지 않았고 정부의 안정성과 능률성을 기초로 하여 근대화와 빈곤의 추방에 목표를 두었으며 민주성보다는 합목적성에 더 중점을 두고 행정개혁을 단행하였다. 여하튼 제 3공화국에서 우리 나라 행정개혁은 크게 팽창되고 많은 변화를 거쳤다고 할 수 있지만 개혁의 방향이 주로 경제개발에 치우쳐 전통적 관료제의 성향을 전반적으로 바꾸어보려는 시도는 없었다. 주로 기술과 절차에 관한 관리개선 작업은 상당히 진행되었지만 관리개성의 기준은 역시 능률성의 제고에 국한되었다고 할 수 있다.

제4공화국은 이른바 '유신시대'로 표현되는 시기로서 이시기의 행정개혁은 능률의 극대화를 추구하는 것이었으며 보다 상위가치인 민주성이 희생될 소지를 안고 있었다. 또한 집권적이고 권위적인 방법에 의하여 추진된 것으로서 이념적·실천적으로 추진하는 데 한계가 있다.

제5공화국에서는 권위주의적 정부에 의해 추진된 관주도형 산업화정책이 가져온 급격한 도시화와 양적 성장의 부작용이 나타났으며, 사회적 분위기의 변화 등으로 행정개혁이 불가피하게 되었다. 제5공화국 정부는 집권초기인 1981년 10월 15일 행정개혁을 단행하여 중앙 행정기구를 개편하고 행정기능을 조정하여 관리적 측면의 개선을 동시에 도모하였다. 또한 집권 초기에 추진한 '사회정화 운동'의 일환으로도 많은 행정개혁이 추진되었다. 그러나 제5공화국의 행정개혁은 역대 어느 정부보다도 더 많은 정권의 한계를 안고 있었다고 할 수 있다. 행정적 폐단 가운데서 기술적 요인들을 개선하여 능률의 향상을 도모하고 강압적 방법에 의해 비리 척결을 시도한 것에서는 부분적으로 성과를 거둔 측면도 있으나, 제5공화국 정부의 행정개혁은 이들이 천명한 '선진 민주행정'의 구현과는 근본적으로 거리가 있는 것이었다. 사회정화 운동의 일환으로 시도된 공직사회의 개혁 작업도 권위주의적 추진방법과 졸속한 내용 때문에 부작용과 후유증이 많았으며, 시간이 흐름에 따라 그 추진력이 현저히 감퇴되었다.

제6공화국의 노태우 정부는 6월 항쟁과 6.29 선언 등으로 격앙되어 있는 정치사회적 분위기와 국민기대 속에서 출범하였다. 노태우 정부는 그동안 여당이 지배정당으로서 과반수 이상의 의석을 차지했던 과거와는 달리 여소야대의 정국 속에서 시작되었으며, 따라서 이전과는 다른 방식의 정부운영이 불가피하였다. 노태우 정부는 1988년 5월 대통령 직속에 새로운 행정수요에 대응해 나가기 위한 목적으로 위원 21명과 전문위원 8명 등으로 구성되는 행정개혁위원회를 설치하여 행정개혁방안을 모색하게 하였다. 행정개혁위원회는 개혁안 입안 작업에서 기본방향 및 비전으로 민주화 추진 및 인권보장, 민간의 자율성과 창의성 신장, 국제화·개방화 시대 대비, 지방화 시대 대응, 지속적 경제성장, 복지행정 구현, 그리고 권위주의적 행태의 배제를 제시하였다. 행정개혁위원회는 정부가 민간부문에 대해 과다하게 간여하여 민간부문의 자율성을 해치고 정부기능의 효율성을 떨어뜨리고 있다는 인식하에, 정부가 해야 할 일과 민간이 담당해야 할 일을 구분하고 기준을 제시하려고 하였다. 이를 위해 먼저 과다한 행정규제를 폐지, 완화 및 간소화하고 정부투자기관의 민영화를 추진하였다. 그러나 최고위층의 정책조정능력과 행정력이 결여된 상태에서 전반적으로 혼란스럽고 가시적인 노력이나 효과가 없는 것으로 나타났다.

김영삼 정부는 문민정부를 만들어 1993년에 출범하였다. 김영삼 정부의 행정개혁의 내용은 한국병을 치유하고, 신한국을 창조하는 것이며, 아래로부터 위로(bottom-up)의 방식을 추진하였다. 개혁기준은 민간중심의 행정, 경쟁체제의 도입, 작은 정부로 집약되며, 민간 중심적이며 경쟁중심적인 것이었다. 추진체제는 대통령 직속의 행정쇄신위원회이며 실무조직은 국무총리 소속의 행정쇄신실무위원회였다. 개혁대상은 행정관청, 제도, 조직이 모두 포함되었고, 금융실명제 실시, 토지실명제 실시, 공직자 재산등록 및 공개제도 실시 등의 정치개혁과 아울러 부정부패척결을 위한 개혁활동을 강화하였다. 문민정부의 행정개혁을 평가하면 창구중심의 절차간소화 면에서는 큰 성과를 이루었으나, 사법과 조세, 경찰분야에서는 그렇지 못했고, 각종 규제, 기관 간의 조정, 위기관리 능력면에서 취약한 속성을 드러냈다.

김대중 정부는 국민의 정부를 만들어 1998년에 출범하였다. 행정개혁은 신자유주의라는 시대적 흐름에 영향을 받았고, 기업형 정부, 통제중심의 국가운영에서 성과중심의 국가경영으로 기본방향을 설정했다. 그리고 '작지만 봉사하는 효율적인 정부'를 비전으로 제시하면서 작은 정부 구현을 위하여 기능·기구·인력을 최소화하는 중앙 및 지방, 산하기관의 구조개혁과 효율적인 정부를 위해 경쟁원리를 도입하고 성과를 중시하는 인사·재정·관리체도 등 운영시스템의 개혁, 봉사하는 정부를 위해 국민을 고객으로 생각하는 행정서비스 개혁을 추진했다. 그러나 이러한 신관리주의 행정개혁으로 공공부문의 기능을 위축시키고, 공직에 대한 사회적 신망을 떨어뜨리는 현상을 낳았다. 그리고 인력감축, 성과규제, 목표관리제, 개방형직위 제도 등의 개별 개혁조치의 개도로 인해 공무원들의 반발을 불러일으켰다. 행정개혁의 추진주체는 대통령 당선 직후에는 정부조직개편심의위원회가 맡았으나, 그 후로는 행정개혁위원회가 담당하였다.

노무현 대통령의 참여정부는 2003년 선진혁신국가건설을 비전으로 제시하고, 국민과 함께 일 잘하는 정부를 목표로 제시하면서 출범하였다. 2003년 4월 9일 설치된 정부혁신지방분권위원회를 중심으로 정부로드맵을 구상하고 혁신작업을 가속화하였다. 참여정부의 행정개혁의 목표는 효율적인 행정, 봉사하는 행정, 투명한 행정, 함께하는 행정 그리고 깨끗한 행정으로 설정하였다. 이는 OECD 주요 국가에서 주장하는 목표 혹은 가치와 유사하지만, 개혁의 구체화 과정에서 이념적 맥락 및 전략면에서 차이가 있다. 효율성을 강조하는 정부의 모형이 미국의 기업가적 정부 모형과 유사하지만, 개혁전략에서 미국에서는 포함된 감축관리, 인력감축 등의 논의는 배제되었다. 그리고 복지, 노동 등 사회적 인프라의 구축과정에서 정부의 역할을 증대하였다. 노무현 정부의 행정개혁에 대한 평가는 향후 지속적으로 이루어질 것이나, 개혁지도자의 신뢰와 도덕성 문제, 개혁의제 수의 과다와 광범위성, 개혁대상 집단의 순응문제 등으로 행정개혁의 성과가 높지 않을 것으로 보인다. 노무현 정부의 개혁추진체제는 대통령 직속위원회인 정부혁신지방분권위원회이다.

2) 행정개혁의 필요성

우리나라에서는 행정개혁이 지속적으로 필요하다. 그 이유는 국가경쟁력의 지속적 저하, 탈산업화사회 및 정보화 사회의 도래, 새로운 세계 경제질서의 도래 및 사회문화의 변화 때문으로 볼 수 있다.

첫째, 국가경쟁력의 지속적 향상을 위해 필요하다. 현재 우리에게 절실히 필요한 것은 단순한 경제성장이 아닌 국가의 총체적 차원의 경쟁력 향상이라고 할 수 있다. 그동안 우리나라 정부부문은 전체 경쟁력 중 가장 뒤떨어지는 분야로 인식되었지만, 최근 정부부문의 개혁으로 국가경쟁력은 높아지고 있다. 따라서 지속적으로 정부부문이 개혁되지 않고서는 우리나라의 국가경쟁력을 상위수준으로 끌어올릴 수 없다. 그 이유는 정부부문은 사회간접자본의 제공, 산업 활동지원을 위한 법·제도의 정비 및 유효수요관리 등 국가시스템에서 매우 중요한 역할을 담당하고 있고, 또한 우리나라 정부부문이 GNP에서 차지하는 비중은 약 30%에 육박하고 있어 정부생산성이 총체적 국가경쟁력에 지대한 영향을 미치고 있기 때문이다.

둘째, 탈산업화사회 및 정보화 사회의 고도화를 들 수 있다. 행정관료 중심의 정부의 역할은 한정된 투입 예산을 중심으로 계획의 틀 안에서 민간부문을 통제하는 이른바 규제 중심적 행정이 핵심을 이룬다. 이는 산업화 초기 단계에서 한정된 인적자원과 부족한 국가재원을 효율적으로 활용하기 위한 불가피한 선택이기도 하였다. 결과적으로 관료중심의 발전 행정적 정부의 역할은 산업화 초기 그리고 경제개발의 초기 단계에서는 어느 정도 적합한 것으로 이해될 수도 있다. 그러나 탈산업사회 및 정보화 사회는 단순히 정부개입활동의 축소만을 의미하는 것은 아니고, 과학·기술·교육·복지·환경 등을 중심으로 정부활동이 전개되어야 할 것임을 제시하고 있다.

　탈산업사회 및 정보화 사회가 고도화되고 있는 지금 예전과 다른 정부의 역할이 요구된다. 즉, 정보화 사회에서는 정부의 역할을 사회 전체(거시적 구조)의 맥락을 재구성하는 역할로 한정하고 있으며, 미시적 부문은 민간부분의 창의적 활동과 전문성을 중시하는 방향으로 정부개입활동을 축소·조정하는 것이 바람직하다는 정책적 시사점을 제공하고 있다. 또한 정부역할의 기능적 변화를 시사하고 있는데, 즉 종전의 직접개입(조직가)에서 시민활동(사회활동) 촉진자로의 변화를 요구하고 있다. 따라서, 사회요구 및 사회문제해결에 대한 대응방식도 재정지출이나 하드웨어 구축보다는 창의적 활동과 혁신적 방법에 의해 대응하는 것이 바람직하다는 것이다. 결국, 탈산업사회 및 정보화 사회의 도래는 정부·민간부문 간 역할분담의 재설계, 정부의 역할수행방식의 전환, 정부의 전략적 기획기능(정보수집능력, 분석능력 등) 중시, 민간 유도기능의 강화 등을 요구하고 있는 것이다.

셋째, 새로운 세계 경제질서의 도래 및 사회문화의 변화이다. 정보화 사회의 진전에 따른 지구촌화, 1994년의 UR 협상 타결 및 WTO체제의 출범, 1997년 IMF경제위기, 2007년 한미 FTA 등으로 세계가 무한경쟁시대에 접어들게 됨을 계기로 우리나라 역시 민간부문의 자율성과 창의성을 획기적으로 제고하지 않고서는 치열한 국제경쟁에서 생존하기조차 어려운 환경에 놓이게 되었다. 사회·문화적 측면에서도 국민 전체의 의식수준이나 생활수준의 향상으로 종래의 권위주의, 국가주도주의에서 개인의 책임과 자율이 강조되는 개인주의로 전환되었고, 정책결정과정의 민주화 및 행정의 공개화, 정부혁신과 분권, 그리고 참여 등이 불가피하게 되었다.

3) 행정개혁의 방향과 혁신과제

우리나라의 행정개혁의 필요성이 대두됨에 따라 정부부문의 전면적 개편이 요구된다. 최근 새로 탄생한 정부에서 지속적으로 요구되는 행정개혁의 방향을 제시하면 다음과 같다.

첫째, 자체진화형 정부로 개편해야 한다. '살아 움직이는 정부조직', 즉 행정수요에 스스로 반응하고, 진화·발전해 나갈 수 있는 정부조직이 필요하다. 왜냐하면, 극심하게 복잡하고 다원화된 현대사회에서는 법률이나 규정 등으로 모든 정부업무를 구체화한다는 것 자체가 불가능하기 때문이다. 따라서 정부조직에서 절대적으로 필요한 핵심적인 사항 이외에는 세부적인 표준운영절차를 지정해서는 안 된다. 즉, 정부조직에서 절대적으로 필요한 핵심적인 사항만을 규정하고 그 밖의 사항은 각 부처가 행정수요에 자율적으로 반응, 상황적으로 조직화하는 것이 필요하다.

　자체진화형 정부조직을 만들기 위해서 각 부처 장관에게 인사·조직·예산권을 부여하고 임기를 보장하되 인사청문회 같은 제도를 활용하여 인사검증작업을 병행하는 것을 검토할 필요가 있다. 또한 이러한 분권화에 따른 자유재량권의 남용을 방지하기 위해, 주로 정책을 집행하는 정부조직 및 공무원의 평가를 과정(process) 중심의 평가에서 일 및 성과 중심, 즉 행정서비스 중심의 평가로 강화하는 것을 고려해야 한다. 이전의 정부가 성과 및 일중심의 평가를 강조하였음에도 아직까지 제대로 이루어지지 않았다. 또한 정부조직 및 공무원들을 성과 중심으로 평가하기 위하여, 평가의 주체로 감사원, 언론 및 평가기관을 포함시키면서, 행정서비스의 대상이 되는 시민과 민간기업도 참여시키는 것이 필요하다. 또한 감사원의 기능 강화, 정부조직 내 내부 고발제도(whistle blowing)의 활성화를 위하여 고발자에 대한 보호법을 제정하는 것도 필요하다.

　둘째, 기업가적 정부조직(entrepreneurial organization)으로 개혁해야 한다. 우리나라 정부조직이 직면한 근본적인 문제는 경직화된 관료제를 그대로 유지하고 있다는 것이다. 관료제는 산업사회의 대량생산에는 적합한 조직구조이지만, 환경에 민감하게 대처하는 대응능력 및 다양성을 요구하는 정보화 시대에는 부적합하다. 따라서 해결책은 경직적인 관료제를 기업가적 조직으로 변화시키는 것이다. 기업가적 조직의 특징은 분권화되고 개혁적이며, 신축적인 동시에 환경의 변화에 신속하게 대응하는 새로운 방법을 학습한다는 것이다.

　기업가적 정부조직의 구축을 위한 기본적인 전략은 다음과 같이 네 가지로 제시할 수 있다. 첫째, 형식적 관료주의의 철폐다. 효과적이고 기업가적 정부조직에서는 형식적 관료주의를 버리고 공무원들이 규칙을 따라야 할 의무가 있는 체계로부터 결과를 성취할 책임이 있는 체계로 변화한다. 둘째, 고객 우선주의다. 정부조직은 고객의 만족을 중요시하여, 고객의 요구를 주의깊게 살피고, 고객의 요구에 부응하는 방향으로 정부조직을 재구성해야 한다. 셋째, 일선공무원의 권한강화다. 권한을 분권화시킴으로써 정부조직의 조직문화를 변화시킨다. 즉, 일선공무원들에게 그들 자신의 업무에 관해 결정하고 그들 자신의 문제를 해결하도록 권한을 부여하는 것이 필요하다. 넷째, 불필요한 기구의 축소와 인력의 감축이다. 비용은 적게 들이면서도 생산적으로 운영되는 조직을 만들기 위해 공기업화 또는 민영화해야 하며, 불필요한 인력의 감축을 위해, 중앙정부의 사업부서와 지방자치단체부터 고위관리직을 계약제 및 공개경쟁제로 채용하고 실적에 따라 성과급을 등 탄력적인 운영이 필요하다.

셋째, 고객 지향적인(customer-driven) 정부형태가 요구된다. 고객지향적인 정부조직은 시민을 고객으로 규정하여 선택의 권한을 부여한다. 이는 공무원이 국가의 주인이고 국민의 정책집행의 대상이라는 기존의 인식이, 국민이 주인이고 공무원은 고용된 자(public servants)라는 관계로 국민과 공무원의 관계가 변화하는 것을 의미한다. 즉, 고객 지향적 정부조직은 정부의 주인이며 동시에 고객인 국민에게 고품질의 행정서비스를 능동적으로 제공하고 국민들의 요구에 민감하게 대응함으로써, 국민들의 만족도(customer satisfaction)를 극대화시켜주는 조직이라고 할 수 있다.

고객 지향적 정부는 민간부문의 고객만족, 고객감동이란 개념을 행정에 도입한 것으로 행정의 고객인 국민에게 보다 나은 행정서비스를 능률적으로 제공하여 국민만족도를 향상시키는 효율적인 정부를 말한다. 우리나라에서는 1995년 민선지방자치제가 시작되면서 비로소 고객지향에 대한 관심이 고조되기 시작하였으며, 1998년 김대중 정부의 행정개혁 차원에서 영국의 시민헌장을 벤치마킹한 행정서비스헌장제도를 우리나라에 도입함으로써 고객지향 행정서비스의 개념이 비로소 행정에서 시작되었다. 최근 고객 지향적 행정서비스는 중앙정부나 지방정부에서 그 중요성을 강조하면서 부서의 신설이나 고객만족 시책개발, 고객의 소리를 듣는 여러 채널들을 운영하고 있을 뿐만 아니라 공익을 빙자한 행정편의주의보다는 최대다수 고객의 최대 복지를 지향하는 고객만족 행정서비스를 선언하고 경쟁적으로 시책을 개발하고 실천에 옮기고 있다.

넷째, 성과중심적(performance-oriented)·경쟁적(competitive)인 정부운영을 지속적으로 지향해야 한다. 최근 정부는 투입보다는 성과에 의해 조직을 평가하는데, 그 핵심은 바로 공공서비스 분야에 경쟁의 개념을 도입하는 것이다. 따라서 이러한 정부운영은 연공서열이 아닌 성과에 따른 보상과 승진기회의 제공을 통해 복지부동의 공무원에서 뛰면서 일하는 공무원으로 변화시키고자 한다. 물론 경쟁이 정부조직의 모든 문제를 해결할 수는 없으나 관료제의 경직성을 완화하는 데에는 큰 도움을 줄 수 있다.

그동안 정부의 성과중심의 경쟁체제 방식제도로는 조직혁신부분에서는 조직개편, BSC도입, 팀제 전환, 인사혁신부분에서는 고위공무원단제도, 4급 이상 직무성과계약제, 5급 이하 근무성적평가제도 개편, 예산혁신부분에서는 성과주의 예산제도 도입 등 많이 시행되고 있다. 향후 공무원 퇴출제도, 공직채용시스템 개편, 성과관리시스템(BSC), 업무프로세스관리시스템(BPM), 고객관리시스템(CRM) 등이 활성화될 것으로 보인다.

한국행정이 수행해야 할 과제는 상당히 많다. 민주화, 경제발전, 복지증진 및 민족통일을 민주적·능률적으로 이룩하는 것이라고 할 수 있다. 이러한 과제를 성공적으로 수행하기 위해서는 현재의 행정이 시정·개혁해야 할 점을 정리하면 다음과 같다.

첫째, 책임성 및 민주성의 강조이다. 조직 내에서 권위주의 행정으로부터 국민에 대한 봉사를 강조하고 국민에 대한 책임성을 중시해야 한다. 이러한 것은 결국 과거의 합법성 및 효율성 위주의 행정에서 민주성 및 형평성을 중시하는 행정으로 나아가는 지름길이 되는 것이다. 둘째, 행정의 전문직업주의 추구이다. 유능한 행정가는 전문직업인으로서 자율적으로 직책에 충실해야 하며, 정치적 세력이나 인사권자의 의도에 좌우되어서는 안 된다. 이렇게 하기 위해서는 과거의 전인격적 지배, 사적인 충성의 강조에서 벗어나 성과주의·실적위주의 인사관리와 조직관리가 요청된다 하겠다. 셋째, 공익실현을 우선적으로 생각해야 한다. 관료제로 대표되는 공공부문과 시장으로 표현되는 민간부문의 구분이 매우 모호해지고 있다. 최근의 정부 관리는 정부실패에 따른 구조조정(restructuring), 조직혁신(reinventing), 작은 정부(downsizing), 민영화(privatizing) 등과 같이 공공부문에 민간부문의 시장원리를 그대로 적용하기 때문이다. 그러나 공공부문이든 민간부문이든 공익을 먼저 생각하지 않으면 안 된다. 즉, 약간의 비효율적인 면이 존재한다 하더라도 공익을 달성하는 방향으로 나가야지, 효율적이라고 해서 공익을 저버려서는 안 된다. 앞으로 행정은 국민이 어떤 위치에 있더라도 공익을 위해 일한다는 신념을 가지도록 노력해야 한다. 넷째, 한국행정의 진정한 토착화가 필요하다. 한국의 행정현실은 과거의 소극적이고 정적인 대응방식을 지양하고 적극적이고 능동적인 상황대응방식이 전개되고 있다. 이러한 행정의 선진화를 위해서 필수적인 과제임에 틀림없다. 따라서 발전된 외국의 행정이론을 취사선택하여 한국적 현실에 맞게 소화·수용하고 그 토대 위에서 한국의 고유의 행정사상과 방법론을 접합시켜 새로운 행정사상을 전개해 나가야 한다.

19세기 말에 미국에서 시작된 행정학은 이제 1세기의 세월을 훌쩍 넘어 2020년대에 진입하였다. 정치와 행정을 별개로 나누어서 생각하던 시기부터 최근의 학문까지 학제적인 연구(interdisciplinary)인 연구 또는 종합학문적인(multidisciplinary) 연구 등으로 행정학은 괄목할 만한 발전을 해왔다. 미래의 행정학은 정치·경제·사회·문화의 변화에 따라 심각한 도전을 받게 될 것이고, 이에 능동적인 대처가 필요하다.

국가경쟁력과 행정개혁

스위스 국제경영개발연구원(IMD)은 세계 주요 55개 국가 및 지역의 경쟁력 종합순위를 평가한 '세계 경쟁력 연감 2007' 자료를 발표했다. 이 자료에 따르면 한국의 국가경쟁력은 2006년 32위에서 2007년 29위로 3계단 상승했다. 한국은 참여정부 초기인 지난 2003년과 2004년 각각 32위와 31위에서 2005년에는 27위로 뛰어올랐다. 그러나 우리나라 국가경쟁력은 아시아·태평양 13개국 중 10위에 그쳤다. 중국(15위), 대만(18위), 말레이시아(23위), 일본(24위), 인도(27위) 등에 비해서 낮은 수준이다. 또한 1위는 미국, 2위 싱가포르, 3위 홍콩, 일본은 지난해 16위였지만 올해 8계단이나 크게 추락한 24위를 기록했다. 한국이 3계단 상승한 것은 정부 효율성 향상에서 높은 점수를 받았기 때문인 것으로 분석된다. 정부 효율성은 지난해 41위에서 올해 31위로 10계단 올라섰다. 그러나 지난해에는 전년의 28위에서 13계단이나 내려가는 등 오르락내리락하는 모습을 보이고 있다. 경제성과 부문은 올해 49위로 지난해 36위에서 13계단 주저앉았다. 재정경제부 관계자는 경기부진과 고물가, 낮은 관광수입, 외국인 직접투자 부진 등으로 경제성과 평가가 하락했다고 말했다.

최근 5년간 한국경쟁력 (정부효율성/전체)	2003	2004	2005	2006	2007	전년대비증감
	33위 /32위	32위 /31위	28위 /27위	41위 /32위	31위 /29위	+10 /+3

자료: 스위스국제경영개발대학원(2007. 10. 17), http://www.imd.ch

제10장 참고문헌

김영종. (2001). 「부패학」(개정증보판), 서울: 숭실대학교출판부.

김재기 외. (2016). 「행정학」 서울: 법문사.

김용철 외. (2006). 「지방정부와 혁신정책」 서울: 대영문화사.

노승용 외. (2018). 「행정학 트레이닝」 서울: 윤성사.

백완기. (2005). 「한국 행정학 50년」 서울: 나남.

이종수 외. (2012). 「새 행정학」 서울: 대영문화사.

정충식. (2012). 「미래정부론」 서울: 대영문화사.

정승건. (2003). 「행정개혁론」(개정판), 부산: 부산대학교 출판부.

하연섭 외. (2019). 「한국사회와 한국행정」 서울: 다산출판사.

Frederick, C. Mosher. (1967). *Governmental Reorganization: Cases and Commentary*, Bobbs-Merrill, Co.

Herman Finer, "Administrative Responsibility in Democratic Government", *Public Administration Review* (Summer 1941): 335.

Shafritz, Jay M., E. W. Russell and Christopher P. Borick. (2007), *Introducing Public Administration*, Pearson Longman.

Thomas, Craig W. (1988), Maintaining and Restoring Public Trust in Government Agencies and Their Employees. *Administration and Society*, 30: 166-182.

Williamson, O. E. (1993), Calculativeness, Trust, and Economic Organization. *Journal of Law and Economics*, 36: 453-486.

Zucker, L. G. (1986), Production of Trust: Institutional Sources of Economic Structure, 1840-1920. *Research in Organizational Behavior*, 8: 53-111.

관련 웹사이트

행정안전부, http://www.mogaha.go.kr

기획예산처, http://www.mpb.go.kr

서울신문, http://www.seoul.co.kr

세계일보, http://www.segye.com

연합뉴스, http://www.yonhapnews.co.kr

국가청렴위원회, http://www.kicac.go.kr

국제투명성기구, http://www.transparency.org

한국투명성기구, http://www.ti.or.kr

국무조정실, http://www.opc.go.kr

국회예산정책처, http://www.nabo.go.kr

정부업무평가위원회, http://www.psec.go.kr

행정개혁시민연합, http://www.ccbg.or.kr

정부혁신지방분권위원회, http://www.innovation.go.kr

규제개혁위원회, http://www.rrc.go.kr

색인

[ㄱ]

가치(value) 19

갈등 63

감봉 123

감염병 322, 323, 325

강등 109, 123

강임(降任) 104

강제적 권력 62

개방형 직위제 111

객관성 107

거래비용이론 32

거버넌스(governance) 13

견인이론적 조직 81

견책 123

경계 14

경력직 93, 95

경상수입 233

경영평가제도 272, 284

계급제(rank classification) 103

계선 67

계속비 143

계층제 76

고객 지향적인(customer-driven)
    정부형태 377

고위공무원단 111

공공가치론 35

공공기관 운영에 관한 법률 273

공공부문 4

공공선택이론 30

공공성 18

공공재(public goods) 9

공공재 135

공기업 18, 274

공동의 비극(the tragedy of the
    commons) 11

공동조직 81

공무원 노동조합 126

공무원 노동조합법 92

공무원 보수 117

공무원 보수규정 92

공무원 징계 123

공무원 91

공무원연금 121

공무원연금공단   121

공무원연금법   92

공무원윤리헌장   121

공무원의 노동조합 설립 및 운영 등에
  관한 법률   127

공무원의 노동조합   128

공무원의 보수   119

공무원임용령   105

공식적 조직   68

공유지의 비극   10

공익   4, 12, 191

공익성   273

공익집단   176

공직자윤리법   125

공직적격성평가   108

과세표준   163

과잉동조   79

과정평가   203

과학적 관리원칙   45

관대화   116

관료적 내부성   30

관료제   77

관료제의 병리   79

관방학(官房學)   25

광역지방자치단체   214

광역행정   239

구성정책   173

국가공무원 인재개발원   112

국가공무원법   91, 93, 95, 98, 101,

104, 122, 125

국고보조금   233

국회   174

굿나우(Goodnow, 1900)   26

귤릭(L. H. Gulick)   27

권력구조이론   178

규모의 경제   137, 212

규모의 제약(size constraint)   7

규제정책   172

규칙   216

균형인사   102

근무성적평정   114

근평   114, 115

기관대립형   224

기관위임사무   218

기관통합형   224

기금관리형 준정부기관   274

기본급   118

기업가적 정부조직   376

기업성   18, 273

기초지방자치단체   214

기타공공기관   274

기후변화   304, 323

김영란법   122

[ㄴ]

내부임용   109
내부접근모형   184
뉴거버넌스   34
능력주의   99

[ㄷ]

다수적 제약(majority constraint)
    7
다원주의   179
다중흐름모형   185
단결권   126
단독제   69
단체교섭   127
단체교섭권   126
단체위임사무   218
단체행동   127
단층제   214, 215
대내적 민주성   22
대비   314
대비단계   316
대외적 민주성   22
대응   305, 314
대응과정   319
대응단계에   318
대통령   175
대표관료제(representative

bureaucracy)   100
데이터기반 행정   263
델파이 기법   192
도덕적 위험(moral hazard)   358
독점(monopoly)   10
동기부여 이론   47
동원모형   184
디지털전환   258

[ㄹ]

루즈벨트(Franklin Roosevelt)   25
루즈벨트주의   28

[ㅁ]

마르크스주의   179
만족모형   195
맞춤형 복지   121
매디슨(James Madison)   20, 25
매디슨주의   25
매트릭스조직   70
메르스   308, 320
메이요(Elton Mayo)   28
명령통일   76
목표의 대치   71
목표의 변동   71

목표의 승계   72
무의사결정   178
무임승차   10
무임승차자   281
미노우브룩 회의(Minnowbrook
  Conference)   29
민간부문   4
민간위탁(contracting-out)   32
민영화(privatization),   32
민주성(democracy)   21
민주성   90

[ㅂ]
발생주의 회계   162
방법론적 개체주의   31
배치전환   110
범주적 한계(categorical
  constraint)   7
법치행정   20
변혁적 리더십 이론   61
별정직   94
보상적 권력   62
보수   116, 117
보조기관   228
보충성의 원칙   220
보통지방자치단체   214
복구   305, 314

복구과정   321
복대리인 비용   281
봉급   116
부가급   118
부정부패   350
부정청탁 및 금품 등 수수의 금지에
  관한 법률   122
부정청탁금지법   92
부주도모형   184
부처할거주의   194
부패기회   352, 353
부패이미지   353
분권화   66
분배정책   172
불확실성   310
뷰캐넌(J. M. Buchanan)   30
브레인스토밍   190
비경합성   169
비경합의 원칙   220
비공식적 조직   68
비배제성   169
비영리조직   7
비용편익분석   192
비정부단체   176
비정부조직   7

[ㅅ]

사이몬(Herbert Simon)   29

사익   4, 12

사전평가   203

사회적 가치 실현   291

사회적 거리두기   325, 331

사회적 약자   328

사회적 재난   302

사회적 포용(social inclusion)   34

사회적 형평성(social equity)   30

삼엽조직   80

상향식 접근방법   200

상황이론   48

생태계   262

선결처분권   228

성과평가   114

성숙-미성숙 이론   47, 55

성취동기이론   54

세계잉여금   160

세외수입   233

세인의 모형   73

셀즈닉(P. Selznick)   28

소망성   191

소속행정기관   229

소수집단 우대조치   100

소청심사위원회   93

수당(手當)   118

숙의   35

순환고리 학습   82

승진   109

시간-동작연구   46

시간범위의 제약(time horizon
    constraint)   7

시민사회   16

시민통제   360

시보   108

시스템(system)   13

시스템이론   48

시장실패(market failure)   8, 9,
    137, 169, 277

시장주의   32

시장형 공기업   274

시장화   283

시험의 효용성   107

신공공관리론   32, 277

신관리주의   32

신뢰   342

신뢰성   107

신제도론   32

신행정학   29

실적제(實績制, merit system)   97

실적주의   98

실현가능성   191

쓰레기통모형   198

[ㅇ]

아웃소싱(out sourcing)   32

애자일 정부   264

애플비(P. Appleby)   28

앨리슨 모형   198

엄격화   116

엘리트 이론   178

여성관리자 임용확대계획   101

역선택(adverse selection)   358

연금   120, 121

연쇄효과(halo effect)   115

연합모형   197

엽관제(獵官制, spoils system)   26,
  96

예방   314

예비비   153

예산의 변경   154

예산의 이용   154

예산의 이월   143

옴부즈만(ombudsman)   359

외부경제   170

외부불경제   170

외부성   136

외부효과(externalization)   9,
  170

왈도(Dwight Waldo)   28, 29

욕구계층제이론   47

위기   303, 304

위기관리   302, 329

위기대비   317

위기복구단계   321

위기예방   315

위기학습   306, 307

위원회 조직   69

위임의 사슬(the chain of
  delegation)   21

위탁집행형 준정부기관   274

윌로비(Willoughby)   27

윌슨(Woodrow Wilson)   25, 26

윤리헌장 실천강령   121

의사전달   65

이음매 없는 조직   81

이익집단   176

이중 순환고리 학습   82

인간관계론(human relation)   28,
  47

인공지능   249

인사청문회   125

인사행정   18

인사혁신처   93, 124

인적자원   89

인적자원계획   105

일반직   94

임시수입   233

임파워먼트   63

[ㅈ]

자기조직화 82

자연독점 137

자연재난 309

자유주의 경제체제 15

자체진화형 정부 375

자치권 211

자치사무 211, 218

자치입법권 216

자치재정권 216

자치조직권 216

자치행정권 216

장애인 고용률 101

재난 및 안전관리기본법 312

재난불평등 329

재무행정 19

재분배정책 172

재산공개 125

재산등록 125

재정분권 232

재해구호 327, 328

잭슨주의 26

적극적 모집 107

적극행정 124

적실성(relevance) 30

적응적·유기적 조직 81

전문적 권력 62

전보(轉補) 104, 110

전자정부 247

전직(轉職) 104, 110

전통적 지배 78

점증모형 194

정급(定級) 104

정당 176

정무직 94

정보의 비대칭성(asymmetric
  information) 10, 21

정부 간 관계 239

정부간 재정조정 235

정부실패(government failure) 6,
  30, 31, 171

정부재창조 368

정부조직법 91

정부혁신 247

정실제(情實制, patronage system)
  96

정직 123

정책 17

정책결과 203

정책공동체 181

정책과정 173

정책 네트워크 180

정책대안 189

정책목표 169, 187

정책문제 182

정책분석 189

정책산출 203

정책수단 169

정책의 창 185

정책의제설정 182

정책집행 199

정책평가 202, 203

정치중립성(political neutrality)
    124

제3섹터 6

제도의제 183

제한된 합리성 195, 280

조례 216

조정 77

조직구조 66

조직문화 72

조직의 목표 71

조직정치 63

조직학습 44

조직혁신 74

조직환경 43

조합주의 179

주민감사청구제 222

주민발안(발의)제 223

주민소송제 223

주민소환제 223

주민참여 221

주민참여 예산제도 222

주민투표제 223

주인-대리인 관계 21

주인-대리인 모형(principal-agent
    model) 32, 357

준거적 권력 62

준시장형 공기업 274

준정부기관 274

중앙인사위원회 92

지능정보사회 249

지대추구행위(rent-seeking
    behavior) 30

지방공무원법 93, 104, 122

지방교부세 233

지방교육자치단체 229

지방교육재정 234

지방세 233

지방의회 225

지방자치 210

지방자치단체 211

지방자치단체장 227

지방자치단체조합 214

지방재정 231

지방행정 17, 210

지역인재 추천채용제도 101

직군(職群) 104

직급(職級) 104

직렬(職列) 104

직류(職類) 104

직무 분석 104

직무 평가 104

직무등급(職務等級) 104

직업공무원 제도 102

직위(職位) 104

직위공모제   110

직위분류제(position classification)
    104

직접환경   16

진행평가   203

집권화   66

집중화   116

집행기관   227

[ㅊ]

참모(staff)   67

책무성(accountability)   21

책임성(responsibility)   23

책임의 사슬(the chain of
    accountability)   21

청탁금지법   122

체제의제   183

초동대응   319, 320

초동대응단계   318

초연결성   248

초지능화   248

총액배분 예산제도   156

총액예산제도   159

최적모형   197

추가경정예산   154

추출정책   173

7s모형   73

[ㅋ]

카리스마적 지배   78

코로나19   88, 323

코로나19 대응   324, 323

[ㅌ]

타당성   107

탈관료제   80

태스크포스   70

털럭(G. Tulluck)   30

테러   302

테일러(Frederick Taylor)   27

통솔범위   76

통제(control)   355

특별지방자치단체   214

특별지방행정기관   210

특수경력직   93, 94, 95

특정직   94

[ㅍ]

파견(派遣)   110

파면   123

패욜(Henri Fayol)   27

펜들턴법   98

평가성 사정   204

포획현상 30

표준운영절차 194

프로젝트팀 70

플랫폼 정부 261

피터의 원리 109

[ㅎ]

하향식 접근방법 200

할거주의 80

합리모형 194

합리성 194, 283

합법성 20, 90

합법적 권력 62

합법적·합리적 지배 78

해임 123

행정 11

행정가치 19

행정개혁(administration reform) 361

행정과학(the science of administration) 26

행정관리학파 46

행정기관 175

행정시스템 14

행정신뢰 342

행정정보자원 19

행정조직 17, 42

행정책임 346, 355

행정통제 346, 355

행정환경 14

행태주의 29

협력적 파트너십 34

형평성(equity) 23, 90

혼합탐사(주사)모형 196

회계연도 140

회사모형 197

효과성(effectiveness) 24, 72

효율성(efficiency) 24, 90, 282

후기 기업가 조직 80

후기관료제 80

저자 약력

·김동신
행정학박사
대구대학교 행정학과 부교수
한국행정학회 외 다수 학회 이사

·김태운
도시계획학 박사
경북대학교 행정학부 교수
제2회 지방고등고시 합격(1996년)
행정안전부 정책자문위원 역임

·박동균
행정학박사
대구한의대학교 경찰행정학과 교수(현 대외교류처장)
한국치안행정학회장, 한국경찰연구학회장, 국가위기관리학회장 역임

·박상철
행정학 박사
영남대학교 행정학과 부교수
영남대학교 행정대학원 학과장

·송건섭
행정학박사
대구대학교 행정학과 교수
행정고시출제위원(2020)/한국정부학회 회장(2021)

·이시철
도시계획학 박사
경북대 교학부총장/행정학부 교수
제31회 행정고시 합격
한국정부학회장, 인사혁신처 정책자문위원, 대구광역시 인사위원 역임

·이윤석
행정학박사, 정책학 박사
계명대학교 행정학과 교수
게이오대학교 법학부 교수, 대통령직속 저출산고령사회위원(장관급) 및 정책기획위원(차관급)

·이준호
공공관리학 박사
동국대학교 경주캠퍼스 행정·경찰공공학부 교수
한국정부학회 총무위원장(2017)

·황성수
행정학박사
영남대학교 행정학과 교수
지역정보화학회 회장(2021)

K행정학

초판발행	2021년 2월 1일
지은이	김동신·김태운·박동균·박상철·송건섭·이시철·이윤석·이준호·황성수
펴낸이	안종만·안상준
편 집	배근하
기획/마케팅	장규식
표지디자인	조아라
제 작	고철민·조영환
펴낸곳	(주) **박영사**
	서울특별시 금천구 가산디지털2로 53, 210호(가산동, 한라시그마밸리)
	등록 1959. 3. 11. 제300-1959-1호(倫)
전 화	02)733-6771
f a x	02)736-4818
e-mail	pys@pybook.co.kr
homepage	www.pybook.co.kr
ISBN	979-11-303-1168-5 93350

정 가   22,000원